# DIREITO & MERCADO

Volume II

**TEMAS DE DIREITO BANCÁRIO PENAL E TRABALHISTA**

0343

*Conselho Editorial*
André Luís Callegari
Carlos Alberto Molinaro
Daniel Francisco Mitidiero
Darci Guimarães Ribeiro
Draiton Gonzaga de Souza
Elaine Harzheim Macedo
Eugênio Facchini Neto
Giovani Agostini Saavedra
Ingo Wolfgang Sarlet
Jose Luis Bolzan de Morais
José Maria Rosa Tesheiner
Leandro Paulsen
Lenio Luiz Streck
Paulo Antônio Caliendo Velloso da Silveira

---

D598    Direito & mercado, volume 2: temas de direito bancário penal e trabalhista / Álisson dos Santos Cappellari, Antonio Fernando Monteiro Garcia, Marcelo Nicolaiewski Sant'Anna (organizadores). – Porto Alegre: Livraria do Advogado Editora, 2015.

334 p.; 23 cm.

Inclui bibliografia.

ISBN 978-85-7348-954-5

1. Direito bancário - Direito penal. 2. Sigilo bancário. 3. Direito trabalhista. 4. Dano moral. 5. Bancos - Trabalhadores. I. Cappellari, Álisson dos Santos. II. Garcia, Antonio Fernando Monteiro. III. Sant'Anna, Marcelo Nicolaiewski.

CDU  347.734
CDD  346.082

Índice para catálogo sistemático:
1. Direito bancário                    347.234
2. Direito trabalhista                 349.2

(Bibliotecária responsável: Sabrina Leal Araujo – CRB 10/1507)

Álisson dos Santos Cappellari
Antonio Fernando Monteiro Garcia
Marcelo Nicolaiewski Sant'Anna
(organizadores)

# DIREITO & MERCADO

Volume II

**TEMAS DE DIREITO BANCÁRIO PENAL E TRABALHISTA**

Álisson dos Santos Cappellari
David Corrêa Dória
Felipe Alves Sanmartin
Leonardo Rabêlo de Amorim
Marcos Roberto Bertoncello
Nádia Kist
Priscilla Willers
Rodrigo da Silva Gonçalves
Tiago Rafael da Silva Balbé
Vanessa Scheibler
Vicente Cardoso de Figueiredo

*livraria*
DO ADVOGADO
*editora*

Porto Alegre, 2015

©
Álisson dos Santos Cappellari
David Corrêa Dória
Felipe Alves Sanmartin
Leonardo Rabêlo de Amorim
Marcos Roberto Bertoncello
Nádia Kist
Priscilla Willers
Rodrigo da Silva Gonçalves
Tiago Rafael da Silva Balbé
Vanessa Scheibler
Vicente Cardoso de Figueiredo
2015

*Capa, projeto gráfico e diagramação*
Livraria do Advogado Editora

*Revisão*
Rosane Marques Borba

*Direitos desta edição reservados por*
**Livraria do Advogado Editora Ltda**.
Rua Riachuelo, 1300
90010-273  Porto Alegre  RS
Fone/fax: 0800-51-7522
editora@livrariadoadvogado.com.br
www.doadvogado.com.br

Impresso no Brasil / Printed in Brazil

# Prefácio

Desde a motivação por uma linha de pesquisa com vertente de temas de direito bancário penal e trabalhista neste segundo volume, pulsava a vontade de organizar esta obra coletiva com os colegas advogados do Banco do Brasil S/A. Trata-se de legítima manifestação jurídica que reúne a experiência e o conhecimento dos operadores do direito que atuam, atualmente no Estado do Rio Grande do Sul. A obra traz à tona temas de direito trabalhista, assuntos recorrentes das discussões diárias no meio jurídico e no cotidiano das sociedades empresariais. São essas palpitantes questões que a obra busca esclarecer, tratando os assuntos que invadem nosso dia a dia e suscitando as respostas técnicas para o debate jurídico.

No primeiro capítulo é previdente a visão da vida em sociedade onde existe um complexo de normas disciplinadoras que estabeleça as regras indispensáveis ao convívio entre os indivíduos que a compõem. Este conjunto de regras, denominado direito positivo, que deve ser obedecido e cumprido por todos integrantes do grupo social, prevê as consequências e sanções aos que violarem seus preceitos. Assim à reunião das normas jurídicas pelas quais o Estado proíbe determinada condutas, sob ameaça de sanção penal, estabelecendo ainda os princípios gerais e de pressupostos para a aplicação das penas e das medidas de segurança é a fonte do trabalho constante da primeira parte.

Avançando a segunda parte da obra torna-se presente o enfoque dos novos temas surgidos na avaliação da evolução do direito do trabalho no Brasil porquanto presencia-se temas recorrentes na esfera trabalhista que abarcam: i – o assédio moral; ii – o dano moral coletivo; iii – a prova na ação indenizatória por dano moral; iv – a responsabilidade trabalhista da Administração Pública nos contratos de terceirização; e por fim do ponto de vista processual os pressupostos intrínsecos e específicos do recurso de revista na justiça do trabalho.

Neste sentido, sem sombra de dúvidas a referida obra trabalha bem a ideia do direito positivo, para significar a ordem jurídica em vigor, em sua jurisdição, numa determinada época atual, com referencia a princípios científicos inspiradores, complementares ou reformativos. Referido entendimento jurídico é a manifestação cultural, da inteligência, do sentimento e não se desliga da ordem jurídica.

Esse o objetivo da obra: discutir ideias, avaliar dificuldades, verificar soluções e, serenamente, até mesmo, trabalhar os próprios limites diante de novos paradigmas. Neste sentido, deseja-se àqueles que tiverem acesso ao presente trabalho, frutífera e gratificante leitura.

*Antonio Fernando Monteiro Garcia*
Advogado integrante da ARABB,
Professor Universitário e Doutorando em Ciência Jurídica

# Sumário

Apresentação – *Marcelo Nicolaiewski Sant'Anna*.................................................9

**Parte I – Aspectos Penais**...................................................................11

1. Os aspectos penais do desvio de valores do agronegócio
   *Álisson dos Santos Cappellari*.........................................................13

2. Crimes contra o Sistema Financeiro Nacional: da impossibilidade de responsabilização penal dos gerentes de agência bancária pelos crimes de gestão fraudulenta e de gestão temerária de instituição financeira
   *Vicente Cardoso de Figueiredo*........................................................53

3. O sigilo bancário e os recursos públicos: uma visão constitucional
   *Tiago Rafael da Silva Balbé*..........................................................73

4. A nova lei de lavagem de dinheiro e a responsabilidade penal dos agentes de instituições financeiras
   *Vanessa Scheibler*...................................................................107

**Parte II – Direito Trabalhista**..............................................................131

5. Relevância da prova na ação indenizatória por dano moral decorrente de acidente e/ou doença do trabalho
   *Nádia Kist*..........................................................................133

6. Pressupostos intrínsecos e específicos do recurso de revista
   *Marcos Roberto Bertoncello*..........................................................159

7. Assédio moral nas relações de emprego
   *Leonardo Rabêlo de Amorim*...........................................................195

8. A coletivização do Direito: o dano moral coletivo na Justiça do Trabalho
   *Priscilla Willers*...................................................................221

9. Responsabilidade trabalhista da administração pública em contratos de terceirização: uma leitura a partir da alteração paradigmática promovida pela ADC nº 16 – STF
   *Rodrigo da Silva Gonçalves*..........................................................247

10. A responsabilidade da administração pública na terceirização de serviços: cotejo entre a Lei 8.666/1993 e a Súmula 331 do TST, a partir da ADC-16/DF
    *David Corrêa Dória*.................................................................283

11. A configuração do exercício de cargo de confiança dos empregados em estabelecimentos bancários do Brasil à luz do disposto no artigo 224, § 2º, da Consolidação das Leis do Trabalho
    *Felipe Alves Sanmartin*.............................................................317

# Apresentação

Há uma lenda urbana que diz que todo livro tem uma história. Não sei bem se a história do nosso livro começa em 1808, com a fundação do Banco do Brasil, empresa para a qual trabalhamos, ou se em 1987, data da fundação de nossa associação rio-grandense de advogados (ARABB) ou, ainda, com a oportunidade oferecida pela Diretoria Jurídica de ascensão na carreira profissional, quando estabeleceu que para atingir os cargos de analista jurídico II e analista jurídico I, deveria ser apresentada uma monografia ou uma dissertação.

Mas a verdade é que a determinação para implementação desta ideia nasceu em um momento de puro ócio, quando me dirigia para o nosso litoral para passar um prazeroso final de semana por lá. Ao retornar à cidade, propus aos meus colegas o desafio de compilarmos tais trabalhos escritos pelos advogados, fazendo as devidas adaptações para publicá-los em forma de artigo, o que fora imediatamente aceito por estes (aqui, é imperioso fazer um agradecimento especial ao meu colega advogado Me. Álisson dos Santos Cappellari, sem o qual não seria possível a realização deste livro), que hoje chega ao seu segundo volume, quero agradecer também a todos os membros da diretoria e aos demais colegas pela colaboração.

Tenho a mais absoluta convicção de que este livro se tornará leitura obrigatória de todo militante na esfera penal e trabalhista, que atue na área bancária. A contribuição que se pretende, na referida obra, trata-se da conciliação empírica e teórica com a norma jurídica, visando à divulgação do conhecimento aos operadores do Direito. Quanto aos autores, em sua maioria formada por jovens advogados, quero referir que já possuíam minha estima e admiração, ao longo dos últimos anos, trabalhando lado a lado, passando a terem um lugar muito especial em minha vida, com a concretização da publicação do segundo volume da nossa obra.

Os textos escritos, ainda que não desenvolvidos com vínculo em nenhuma universidade, resultaram todos com substrato jurídico bastante consistente, próprio da vida acadêmica, porém com aplicação imediata no dia a dia do advogado que atua vinculado às instituições bancárias.

Note-se que a qualidade dos textos, assim como a diversidade dos temas tratados neste volume, traduzem o reflexo fidedigno da realidade dos embates enfrentados pelos operadores do direito, sendo necessário salientar que nossa proposta de publicação não nega a existência e tampouco deixa de reconhecer o importante e efetivo papel que desempenhamos na vida jurídica por longos anos de atividade, sustentado pela dignidade e ética de nossa equipe jurídica.

Por fim, desejo a todos uma excelente leitura e aproveitamento do livro no labor diário e que ele contribua de forma positiva e profícua na atividade profissional de todos os colegas.

*Marcelo Nicolaiewski Sant'Anna*
Organizador

Parte I

# Aspectos Penais

— 1 —

# Os aspectos penais do desvio de valores do agronegócio[1]

ÁLISSON DOS SANTOS CAPPELLARI[2]

*Sumário*: 1. Introdução; 2. Dos crimes contra o sistema financeiro nacional; 2.1. O Sistema Financeiro Nacional; 2.2. Conceituação e elementos constituintes; 3. A Lei 7.492 e a tipificação dos crimes contra o Sistema Financeiro Nacional; 4. Instituições financeiras à luz da Lei 7.492; 4.1. Classificação legal para fins penais trazida pela Lei 7.492/1986; 5. Os métodos de financiamento do agronegócio no Brasil; 5.1. Evolução dos métodos de produção agrícola no Brasil; 5.2. Aspectos históricos do fomento oficial da produção agropecuária no Brasil; 5.3. Análise do cenário atual do crédito rural no Brasil; 5.4. Opção política pela criminalização – efetiva proteção do bem jurídico proposto; 6. Análise estrutural do tipo incriminador do desvio de financiamento – artigo 20 da Lei 7.492/1986; 6.1 Considerações iniciais; 6.2. Financiamento: conceituação técnico-legal; 7. O crime de desvio de financiamento – a previsão do tipo; 7.2. Análise do tipo subjetivo; 7.2. Configuração e consumação do crime; 8. Considerações finais; Referencial bibliográfico.

## 1. Introdução

Nota-se, na sociedade atual, um crescente dinamismo nas relações atinentes à economia. O fenômeno da globalização apresentou como consequências a desmaterialização das riquezas e a dinamização das relações econômicas. A economia e, consequentemente, o sistema jurídico que a legitima, tal qual originalmente formulados, tiveram seus paradigmas rompidos. Os estados nacionais, território base para a aplicação das teorias econômicas tradicionais, também tiveram o seu conceito modificado, sobretudo no período pós-guerra. Vemos então que a mudança

---

[1] O presente artigo foi apresentado no Programa de Ascensão Profissional da Diretoria Jurídica do Banco do Brasil, como requisito para a nomeação do cargo de Analista Jurídico A, atual Assessor Jurídico I, em março de 2010.

[2] Advogado. Mestre em Ciências Criminais pela Pontifícia Universidade Católica do Rio Grande do Sul – PUCRS, Especialista em Direito Penal Empresarial pela Pontifícia Universidade Católica do Rio Grande do Sul – PUCRS.

na concepção do poder legalmente constituído foi fator decisivo para a alteração da economia tradicional.

Com a configuração deste novo cenário, apresenta-se como consequência inevitável a mutação cada vez maior da delinquência econômica. Os contextos de sua conceituação passam a ser cada vez mais vagos, e os modos de controle da ordem pelo sistema jurídico-legal são cada vez mais ineficazes.

Silva Sánchez (2002)[3] detecta claramente este fenômeno, quando relata que o avanço tecnológico ocorrido no século passado deu origem a uma nova criminalidade em resposta àquela tradicional. Ele aponta o surgimento a cada dia de novas modalidades delituosas que se projetam nos novos espaços abertos pela tecnologia.

Reforçando esta problemática, uma conduta delituosa em particular afigura-se cada vez mais presente no cotidiano do Sistema Financeiro, tanto nacional como internacional. Trata-se do crime comumente tratado como desvio de financiamento agrícola, cujo tipo genérico está previsto no artigo 20 da Lei 7.492, de 16 de junho de 1986, a chamada Lei dos Crimes Contra o Sistema Financeiro Nacional.

Não são atuais as críticas formuladas pela doutrina especializada à precitada legislação. Seja por ordem estrutural, seja por ordem conceitual, a opinião dominante aponta carências profundas em sua elaboração.

O presente ensaio se justifica na carência de bibliografias sobre um tema de tamanha relevância e cuja atuação tem reflexos diretos na vida em sociedade. Ignorar a questão do desvio de verbas destinadas ao agronegócio nos dias de hoje significa fechar os olhos para um crime que lesa diretamente a população em um aspecto primordial de sua subsistência. Diante disso, esta análise modestamente se propõe efetuar uma análise estrutural e histórica da referida legislação, esmiuçando seus detalhes técnicos, tendo por ponto de partida a doutrina, a jurisprudência e a normatização, legal e administrativa, a ela correlata.

## 2. Dos crimes contra o sistema financeiro nacional

### 2.1. O Sistema Financeiro Nacional

O mercado financeiro brasileiro, apesar de apresentar uma das normatizações mais detalhadas do panorama mundial, pode ser considerado de regramento recente. Até a primeira metade do século XX, a política

---

[3] SÁNCHEZ, Jesus-María Silva. A Expansão do Direito Penal – Aspectos da política criminal nas sociedades pós-industriais. 2ª ed. São Paulo : Revista dos Tribunais. 2002, p. 29-30.

econômica brasileira era estritamente estatizada e de difícil dinamização.

A ascensão do método capitalista-industrial de mercado, no final do século XIX, fez com que o aumento do fluxo de riquezas no cenário brasileiro fosse uma constante. Apesar deste panorama dinâmico, a economia nacional via-se paralisada pelos dogmas cristãos, que balizavam as diretrizes monetárias, fator predominante em economias de origem ibérica, como as da América Latina. Historicamente eram registrados índices internos de inflação de considerável monta. Porém, ainda com base na arcaica Lei de Usura – o Decreto 22.626, de 1933 – baseada nos ensinamentos antijudaicos da igreja católica, consolidados pelo Direito Canônico, os juros praticados no mercado eram imobilizados na casa dos 12 por cento ao ano. Esta prática levava os investidores a buscar à margem da lei formas para investir suas riquezas, o que gerava, dentre várias consequências, uma grande evasão tributária.[4]

Outras decorrências deste cenário eram a fragilidade do Governo Federal, cuja política externa se limitava a emitir títulos no mercado internacional a uma baixa remuneração, sem perspectiva de lucro para os seus investidores, além da falta de credibilidade dos resultados financeiros apresentados pelo governo no mercado internacional. Estes fatores geravam uma emissão descontrolada da moeda nacional, o que acabava alimentando a, por quanto não saudosa, espiral inflacionária.[5]

Visando a uma maior adaptação do Brasil à economia mundial, e buscando o ideal milagre econômico, foi que, logo após o golpe militar de 1964, foi elaborada uma série de leis que visavam à regulamentação dos agentes da economia nacional. Dentre elas podemos citar a Lei da Correção Monetária (Lei 4.357/1964),[6] que indexava os débitos fiscais através da ORTN (Obrigações Reajustáveis do Tesouro Nacional), buscando abrandar os efeitos da desvalorização da moeda nacional, antecipando receitas com a finalidade de custear investimentos internos; a Lei do Plano Nacional da Habitação (Lei 4.380/1964),[7] que criava o BNH (Banco Nacional da Habitação), visando à criação de empregos na construção civil com o financiamento direto à população para a aquisição de imóveis residenciais, em uma tentativa de amainar os efeitos da recessão econômica então presente; a Lei do Mercado de Capitais

---

[4] Fortuna, 1999, p. 11-13.

[5] Ibidem.

[6] BRASIL. Lei 4.357, de 16 de julho de 1964. Autoriza a emissão de Obrigações do Tesouro Nacional, altera a legislação do imposto sobre a renda, e dá outras providências.

[7] BRASIL. Lei 4.380, de 21 de agosto de 1964. Institui a correção monetária nos contratos imobiliários de interesse social, o sistema financeiro para aquisição da casa própria, cria o Banco Nacional da Habitação (BNH), e Sociedades de Crédito Imobiliário, as Letras Imobiliárias, o Serviço Federal de Habitação e Urbanismo e dá outras providências.

(Lei 4.728/1965),[8] com o objetivo de incentivar a dinamização da poupança interna em títulos mobiliários, que até então eram concentrados em imóveis de renda e reserva de valor, visando a suprir a carência da crescente demanda por crédito e popularizar os investimentos desta modalidade; a Lei da CVM (Lei 6.385/1976),[9] que criava a Comissão de Valores Mobiliários, entidade que fiscalizava o mercado de capitais; e a Lei das S.A. (Lei 6.404/1976),[10] que visava a modernizar a regulamentação das sociedades anônimas e do mercado acionário e de valores mobiliários no Brasil.

A grande mudança, no entanto, veio com a edição da Lei da Reforma do Sistema Financeiro Nacional (Lei 4.595/1964).[11] Com a finalidade principal de normatizar a economia nacional, criou o Conselho Monetário Nacional (CMN), entidade governamental com a finalidade de determinar os rumos da política econômica interna, e o Banco Central do Brasil (BACEN), com o intuito de regular a atuação dos bancos, as normas operacionais e procedimentos de funcionamento das instituições financeiras junto ao público, papel este até então reservado ao Ministério da Fazenda, à Superintendência da Moeda e do Crédito (SUMOC) e ao Banco do Brasil. Ao lado destas entidades, indiscutível papel na determinação dos rumos da economia nacional é exercido pelo Comitê de Política Financeira – COPOM –,[12] que apresenta como objetivos principais "implementar a política monetária, definir a meta da Taxa Selic e seu eventual viés, e analisar o 'Relatório de Inflação'".[13]

## 2.2. Conceituação e elementos constituintes

O Sistema Financeiro Nacional constitui-se em uma complexa rede de mecanismos e instituições que operam, regulam e equilibram o mer-

---

[8] BRASIL. Lei 4.728, de 14 de julho de 1965. Disciplina o mercado de capitais e estabelece medidas para o seu desenvolvimento.

[9] BRASIL. Lei 6.385, de 07 de dezembro de 1976. Dispõe sobre o mercado de valores mobiliários e cria a Comissão de Valores Mobiliários.

[10] BRASIL. Lei 6.404, de 15 de dezembro de 1976. Dispõe sobre as Sociedades por Ações.

[11] BRASIL. Lei 4.595, de 31 de dezembro de 1964. Dispõe sobre a Política e as Instituições Monetárias, Bancárias e Creditícias, Cria o Conselho Monetário Nacional e dá outras providências.

[12] O Copom foi instituído em 20 de junho de 1996, com o objetivo de estabelecer as diretrizes da política monetária e de definir a taxa de juros. A criação do Comitê buscou proporcionar maior transparência e ritual adequado ao processo decisório, a exemplo do que já era adotado pelo Federal Open Market Committee (FOMC) do Banco Central dos Estados Unidos e pelo Central Bank Council, do Banco Central da Alemanha. Em junho de 1998, o Banco da Inglaterra também instituiu o seu Monetary Policy Committee (MPC), assim como o Banco Central Europeu, desde a criação da moeda única em janeiro de 1999. Atualmente, uma vasta gama de autoridades monetárias em todo o mundo adota prática semelhante, facilitando o processo decisório, a transparência e a comunicação com o público em geral. – in "www.bcb.gov.br/?COMPOMHIST".

[13] in "www.bcb.gov.br/?COMPOMHIST".

cado financeiro brasileiro. Sua estrutura é constituída pelas chamadas instituições financeiras, cuja conceituação foi criada originalmente pela Lei 4.595/1964, que, ao regular o Sistema e as entidades que se submetiam às decisões do Conselho Monetário Nacional (CMN), em seu artigo 17 dispõe serem estas, *"para os efeitos da legislação em vigor, as pessoas jurídicas públicas e privadas, que tenham como atividade principal ou acessória a coleta, a intermediação ou a aplicação de recursos próprios ou de terceiros, em moeda nacional ou estrangeira, e a custódia e valor de propriedade de terceiros"*. O texto ainda determina, em seu parágrafo único, que *"para os efeitos desta Lei e da legislação em vigor, equiparam-se às instituições financeiras as pessoas físicas que exerçam qualquer das atividades referidas neste artigo, de forma permanente ou eventual"*.

Fortuna (1999), de acordo com a finalidade das instituições que as compõem, divide o Sistema Financeiro Nacional em dois grandes subsistemas, o normativo e o de intermediação. Segundo ele, no primeiro grupo, estariam localizadas as entidades diretivas da economia nacional, responsáveis pela organização e determinação das regras normativas e operacionais dos atores de intermediação. Esse subsistema é composto pelas autoridades monetárias, grupo constituído pelo Conselho Monetário Nacional (CMN), que, dentre outras atribuições, é responsável pela emissão do papel-moeda, fixar as diretrizes da política cambial e regular a constituição, o funcionamento e a fiscalização de todas as demais instituições financeiras operantes no país e o Banco Central do Brasil (BACEN), principal executor das medidas definidas pelo CMN. A seu lado operam as autoridades de apoio, que são a Comissão de Valores Mobiliários (CVM), o Banco do Brasil (BB), o Banco Nacional de Desenvolvimento Econômico e Social (BNDES), a Caixa Econômica Federal (CEF) e o Conselho de Recursos do Sistema Financeiro Nacional (CRSFN).

O sistema de intermediação financeira traz em sua composição aquelas instituições atuantes no ramo de varejo financeiro, operando com captação e aplicação de recursos de terceiros. Aí estão agrupados os Bancos Comerciais; as Caixas Econômicas; os Bancos de Desenvolvimento; as Cooperativas de Crédito; os Bancos de Investimento; as Sociedades de Crédito, Financiamento e Investimento (Financeiras); as Sociedades Corretoras e Distribuidoras de Valores Mobiliários; as Sociedades de Arrendamento Mercantil; as Associações de Poupança e Crédito; as administradoras de Cartão de Crédito; *Factoring* e consórcios; as Bolsas de Valores; as Sociedades de Crédito Imobiliário; os Investidores Institucionais, Seguradoras e Entidades de Previdência Privada; as Companhias Hipotecárias; as Agências de Fomento; os Bancos Múltiplos; os Bancos Cooperativos; entes do Sistema Financeiro da Habitação e da Superintendência de Seguros Privados.

Divergência há na doutrina sobre o real termo inicial do tratamento constitucional do Sistema Financeiro Nacional. Maia (1999)[14] afirma não ter havido até a Carta Magna de 1988 um tratamento de *status* constitucional ao Sistema Financeiro Nacional, concentrando-se eventuais dúvidas institucionais à legislação ordinária então preexistente. Por sua vez, Silva[15] nos traz cenário anteriormente traçado por doutrinadores de grandeza como Jose Afonso da Silva e Manoel Pedro Pimentel, que relatam já ter havido expressamente uma preocupação do legislador constitucional sobre o tema.

A Constituição Federal de 1988 regulou expressamente o Sistema Financeiro Nacional no seu artigo 192,[16] alterado posteriormente com a promulgação da Emenda Constitucional 40/2003.[17] As propostas tramitantes no Congresso Nacional visando à regulamentação do determinado

---

[14] MAIA, 1999, p. 17

[15] SILVA, 2006, p. 17

[16] O texto original do artigo 192 da Constituição Federal de 1988 continha a seguinte redação: "O sistema financeiro nacional, estruturado de forma a promover o desenvolvimento equilibrado do País e a servir aos interesses da coletividade, em todas as partes que o compõem, abrangendo as cooperativas de crédito, será regulado por leis complementares que disporão, inclusive, sobre a participação do capital estrangeiro nas instituições que o integram. I – a autorização para o funcionamento das instituições financeiras, assegurado às instituições bancárias oficiais e privadas acesso a todos os instrumentos do mercado financeiro bancário, sendo vedada a essas instituições a participação em atividades não previstas na autorização de que trata este inciso; II – autorização e funcionamento dos estabelecimentos de seguro, previdência e capitalização, bem como do órgão oficial fiscalizador e do órgão oficial ressegurador; III – as condições para a participação do capital estrangeiro nas instituições a que se referem os incisos anteriores, tendo em vista, especialmente: a) os interesses nacionais; b) os acordos internacionais. IV – a organização, o funcionamento e as atribuições do Banco Central e demais instituições financeiras públicas e privadas; V – os requisitos para a designação de membros da diretoria do Banco Central e demais instituições financeiras, bem como seus impedimentos após o exercício do cargo; VI – a criação de fundo ou seguro, com o objetivo de proteger a economia popular, garantindo créditos, aplicações e depósitos até determinado valor, vedada a participação de recursos da União; VII – os critérios restritivos da transferência de poupança de regiões com renda inferior à média nacional para outras de maior desenvolvimento; VIII – o funcionamento das cooperativas de crédito e os requisitos para que possam ter condições de operacionalidade e estruturação próprias das instituições financeiras. § 1º A autorização a que se referem os incisos I e II será inegociável e intransferível, permitida a transmissão do controle da pessoa jurídica titular, e concedida sem ônus, na forma da lei do sistema financeiro nacional, a pessoa jurídica cujos diretores tenham capacidade técnica e reputação ilibada, e que comprove capacidade econômica compatível com o empreendimento. § 2º Os recursos financeiros relativos a programas e projetos de caráter regional, de responsabilidade da União, serão depositados em suas instituições regionais de crédito e por elas aplicados.§ 3º As taxas de juros reais, nelas incluídas comissões e quaisquer outras remunerações direta ou indiretamente referidas à concessão de crédito, não poderão ser superiores a doze por cento ao ano; a cobrança acima deste limite será conceituada como crime de usura, punido, em todas as suas modalidades, nos termos que a lei determinar".

[17] BRASIL. Emenda Constitucional 40, de 29 de maio de 2003. Altera o inciso V do art. 163 e o art. 192 da Constituição Federal, e o caput do art. 52 do Ato das Disposições Constitucionais Transitórias. As alterações vieram a excluir os incisos e parágrafos do texto original. De caráter eminentemente político, a referida emenda visou acabar com as discussões acerca de pontos polêmicos da economia nacional, como a independência do banco Central e a limitação da taxa de juros a 12% ao ano nas atividades financeiras.

artigo previam, dentre outras medidas, a extinção do Conselho Monetário Nacional (CMN) e a sua substituição pelo Conselho Financeiro Nacional (CFN), órgão que seria responsável pela normatização do sistema financeiro e seus integrantes, e a autonomia do Banco Central do Brasil (BACEN) para a autonomia da condução da política econômica nacional. Tais discussões vieram a praticamente perder efeito após a reforma do texto constitucional.

Apresentando, por fim, uma conceituação tida como satisfatória para o problema, ficamos com o trazido por Silva,[18] que classifica o Sistema Financeiro Nacional como sendo "o conjunto articulado de instituições financeiras ou entes a elas equiparados, públicos ou privados, que correspondam ao modelo expressamente definido em lei e estruturados com o escopo de 'promover o desenvolvimento equilibrado do país e a servir aos interesses da coletividade', [...] sob a fiscalização do Estado, bem como as relações jurídicas existentes entre tais instituições, seus usuários, seus funcionários e o poder público".

### 3. A Lei 7.492 e a tipificação dos crimes contra o Sistema Financeiro Nacional

Os estudos para a elaboração de um sistema protetivo da economia nacional vêm desde os meados do século passado. Eminentes juristas de outrora já preparavam as bases teóricas da estrutura da referida legislação. Roberto Lyra, em 1933, já tratava na sua tese para concurso de docência, nomeada Economia e Crime, das possibilidades delitivas que se abriam na época. As obras de Manoel Pedro Pimentel – Direito Penal Econômico, de 1973 – e Gerson Pereira dos Santos – Direito Penal Econômico, de 1981 – vieram a impulsionar o funcionamento de grupos de estudo e comissões a respeito da penalização de condutas danosas aos interesses supraindividuais.[19]

Na história legal do país, um grande marco foi a criação da Lei 6.024, de 13.03.1974, que dispunha sobre a liquidação extrajudicial de instituições financeiras. Abria-se, pela primeira vez no Brasil, a possibilidade da busca do patrimônio individual dos responsáveis pela má gestão das referidas entidades a fim de satisfazer os seus credores. A punição penal, no entanto, ainda não havia sido prevista.[20] Inúmeros escândalos finan-

---

[18] SILVA, 2006, p. 20
[19] DUARTE, 2003
[20] Duarte, 2003, p. 51-52.

ceiros ocorridos nos anos seguintes[21] fizeram com que surgissem vários projetos neste sentido, *"entre eles do Banco Central do Brasil, da Comissão de Reforma da Parte Especial do Código Penal, da Procuradoria-Geral da Fazenda nacional e da Ordem dos advogados do Brasil, sem que nenhum deles fosse encaminhado ao Congresso"*.[22]

Foi de autoria do Deputado Nilson Gibson, no entanto, o projeto de lei que originou o sistema hoje vigente. Apreciado pelas Comissões de Constituição, Justiça e de Redação, de Economia, Indústria e Comércio e de Fiscalização Financeira e de Tomada de Contas da Câmara dos Deputados, a lei teve sua redação final aprovada, em regime de urgência, em 16.05.1985.[23]

Ficou claro, desde o início de sua tramitação, que o referido texto legal vinha como uma solução emergencial e imperfeita aos anseios da época.[24] Não foram poupadas críticas à técnica legislativa aplicada na elaboração da referida lei por praticamente a unanimidade dos juristas nacionais.[25] As ressalvas às suas disposições foram claras, a começar pelas feitas pelos próprios membros do Congresso Nacional que, ao aprovar a referida lei "às pressas", praticamente condicionaram a sua existência a um suposto caráter transitório da mesma. As desconfianças na aprovação não se limitaram somente aos integrantes do Poder Legislativo, como bem retrata Pimentel:

> Quando da sua aprovação, o Deputado João Gilberto ressaltou: "O projeto sai imperfeito e reclamará a curto prazo nova legislação para revisar alguns de seus pontos. Infelizmen-

---

[21] Nas décadas de 70 e 80, o Brasil passou por uma sucessão de escândalos e quebras com grande repercussão. Entre os 'casos' ou 'escândalos' podemos citar as intervenções: no Grupo Halles (1974); no Grupo Ipiranga (1975); no Grupo Lume (1976); na Tieppo S.A. Corretora de Câmbio e Título (1980), no Grupo Delfim (1983), na Capemi (1983); na Coroa Brastel (1983); nas cadernetas de poupança Haspa e Letra (1984); na Grupo Sulbrasileiro (1985); no Grupo Habitasul (1985); no Brasilinvest (1985); NOS BANCOS Comind, Auxiliar e Maisonnave (1985). (CASTILHO, Ela Wiecko Volkmer de, O Controle Penal nos Crimes Contra o Sistema Financeiro Nacional. Belo Horizonte: Del Rey, 1988, *apud* DUARTE, Maria Carolina de Almeida, Crimes Contra o Sistema Financeiro Nacional: Uma Abordagem Interdisciplinar – Crimes do Colarinho Branco. Rio de Janeiro: Forense. 2003, p. 52)

[22] WALD, 1995, p. 66 *apud* DUARTE, 2003, p. 52-53.

[23] DUARTE, 2003.

[24] Essa escalada dos economistas às fontes do Direito escrito, do ponto de vista técnico-jurídico, foi como uma incursão de macacos em casa de louças. As regras e os rigores que presidiam a elaboração de textos legislativos foram substituídos pela improvisação e pela afoiteza com que os economistas se puseram a legislar. PIMENTEL, Manoel Pedro. Crimes Contra o Sistema Financeiro Nacional, Comentários à Lei 7.492, de 16.6.86. São Paulo: Revista dos Tribunais. 1987, p. 11.

[25] "Quase duas décadas já se passaram e esse diploma, que era para ser uma lei temporária, até hoje segue vigendo, não obstante suas inúmeras imperfeições. Conforme ressalta Muylaert: 'Talvez esteja na hora de examinarmos os mecanismos de controle da própria ação governamental que conforme preconiza o autor, em muita medida, utiliza-se direito penal para suprir as desorientações da política econômica" ("O Outro lado do colarinho branco", Eduardo Augusto Muylaert Antunes, "Direito Penal dos negócios", AASP 90, p. 8-9 *apud* FRANCO, Alberto Silva e STOCO, Rui (orgs.). *Leis Penais Especiais e Sua Interpretação Jurisprudencial*. 7ª ed. São Paulo: Revista dos Tribunais. 2001, p. 820).

te, não nos é dada mais a possibilidade de correção pelo estágio em que se encontra o processo legislativo". O próprio Presidente da República, através da Mensagem 252/86, ressaltou: *"As críticas ao resultado dos trabalhos da Comissão de Juristas, feitas por quantos desejarem trazer-lhe aperfeiçoamento, estão em fase final de catalogação e avaliação para eventual incorporação ao anteprojeto, o qual tão logo esteja em condições de ser apreciado pelo Congresso Nacional, encaminharei como projeto de lei à apreciação de VV.EXAS. Sem embargo da providência acima referida, entendi dar sanção ao projeto que o Congresso houve por bem aprovar".*[26]

Como decorrência da urgência e imperfeição da técnica legislativa aplicada quando da elaboração do texto legal sob análise, a dificuldade em limitar o bem jurídico a ser tutelado passa a ser marcante. Os elementos normativos do discutido texto legal foram trazidos, como já referido anteriormente, da Lei 4.595/1964, cujos termos eram de caráter eminentemente financeiro. Embora a sua finalidade seja a de definir os crimes contra o Sistema Financeiro Nacional, o que, inclusive, retrata o seu título, não traz em seu corpo qualquer elemento que conceitue ou limite o alcance do objeto de sua tutela, remetendo o seu intérprete a fontes secundárias e à analogia para uma melhor compreensão de sua abrangência.[27]

Não temos na doutrina nacional uma uniformidade de opiniões a respeito do que está sob proteção legal. Feldens[28] observa que a interpretação a ser dada quando da análise da lei deve ser ampliada substancialmente, não se limitando à proteção ao Sistema Financeiro Nacional

---

[26] PIMENTEL, 1989, p. 31.

[27] Ainda sobre a dificuldade de limitação do limite de proteção empregado pela Lei 7.492/1986, assim se manifesta Maia (1999): "Destarte, a proteção penal emprestada ao SFN deve envolver não apenas a garantia de consecução das metas das políticas públicas –, quer monetárias, quer cambiais, que norteiam o sistema – como a preservação das instituições públicas e privadas que o compõem – quer propriamente financeiras, quer a elas equiparadas – bem como viabilizar a licitude e a transparência das relações existentes entre tais instituições, abrangendo este relacionamento o ocorrente entre elas mesmas, o existente entre elas e seus funcionários, o estabelecido entre elas e o Estado (quer como controlador e regulador de suas atividades, quer como utilizador de seus serviços em suas atividades de fomento) e, finalmente, o que ocorre entre tais entes e os usuários de seus serviços (pessoas físicas ou jurídicas), aplicadores, poupadores, tomadores, segurados, consorciados, etc. É exatamente esta teia de relações jurídicas, que constitui a matéria-prima por excelência do bem jurídico Sistema Financeiro Nacional, que nos permite a construção de um conceito compatível com as modernas exigências do princípio da reserva legal." (MAIA, Rodolfo Tigre. Dos Crimes Contra o Sistema Financeiro Nacional – Anotações à Lei Federal n. 7.492/86. São Paulo: Malheiros, 1999. p. 27).

[28] A ordem econômica em sentido estrito traduz a concepção ideológica do Estado para a solução de conflitos sociais resultantes do jogo econômico, refletindo a política econômica e os meios jurídicos de sua consecução, designando, em termos operacionais, não um conjunto de normas reguladoras de relações sociais, mas de uma relação de fenômenos econômicos materiais entre si e entre os sujeitos econômicos. Significa, em dinastia – porém não incompatível – acepção, a ordem jurídica econômica, ou seja, a produção, distribuição, circulação e consumo de bens. Dessa arte, independentemente da forma de participação do Estado no setor econômico – a qual, em termos estritos, pode ser até negativa ou absenteísta –, um amplo complexo de valores, notadamente coletivos e sociais, estão a justificar uma atuação estatal de controle sobre essas relações econômicas, inclusive para a proteção da regularidade e sadia desenvoltura desse setor. (FELDENS, 2002, p. 120).

e seus entes, mas sim à ordem econômica como um todo. Para outros especialistas, como Silva (1999), a interpretação a ser dada é mais restrita, considerando a estrutura do Sistema Financeiro e seus entes constituintes, aproximando-se da conceituação literal da lei. Esta posição é compartilhada por Maia (1999), que também defende uma conceituação estrutural do Sistema Financeiro Nacional.

Neste ponto, em particular, vemos que a elaboração legislativa neste particular foi desprovida de uma análise mais profunda sob a ótica da política criminal. O bem jurídico a ser protegido pela legislação sob análise não apresenta definição concreta, sendo impossível a sua aplicação prática de forma precisa e eficiente. Roxin, em seus ensinamentos, apresenta frontal discordância com a metodologia empregada na elaboração desta norma penal.[29]

Verifica-se, portanto, uma discrepância das conceituações do alcance da proteção a ser abarcada pela Lei 7.492 pelos estudiosos do direito. Esta é apenas uma das dificuldades encontradas pelos analistas e aplicadores deste texto legal na prática. Trata-se de um conceito aberto, propício às mais diversas distorções a respeito de sua composição, o que, em definitivo, torna-se incompatível com o Princípio da Legalidade, uma das ideias basilares do Direito Penal.

## 4. Instituições financeiras à luz da Lei 7.492

Embora pese a real dificuldade já demonstrada de delimitação do seu bem jurídico protegido, a Lei 7.492/1986 traz, anteriormente às condutas tipificadas, em seu artigo 1º,[30] a definição central da lei, qual seja, o conceito de instituição financeira.

---

[29] Uma outra crítica direciona-se contra a espécie de dogmática resultante da dicotomia lisztiana entre direito penal e política criminal: se os questionamentos político-criminais não podem e não devem adentrar no sistema, deduções que dele corretamente se façam certamente garantirão soluções claras e uniformes, mas não necessariamente ajustadas ao caso. De que serve, porém, a solução de um problema jurídico, que apesar de sua linda clareza e uniformidade é político-criminalmente errada? Não será preferível uma decisão adequada ao caso concreto, ainda que não integrável ao sistema? Quase se poderia responder afirmativamente a esta pergunta, e permitir que se quebrasse a rigidez da regra, por motivos político-criminais. (ROXIN, 2002, p. 7-8).

[30] Art. 1º. Considera-se instituição financeira, para efeito desta Lei, a pessoa jurídica de direito público ou privado, que tenha como atividade principal ou acessória, cumulativamente ou não, a captação, intermediação ou aplicação de recursos financeiros (vetado) de terceiros, em moeda nacional ou estrangeira, ou a custódia, emissão, distribuição, negociação, intermediação ou administração de valores mobiliários. Parágrafo único. Equipara-se à instituição financeira: I – a pessoa jurídica que capte ou administre seguros, câmbio, consórcio, capitalização ou qualquer tipo de poupança, ou recursos de terceiros; II – a pessoa natural que exerça quaisquer das atividades referidas neste artigo, ainda que de forma eventual.

Desde a sua elaboração, a legislação sofreu diversas críticas. O primeiro objeto de polêmica foi o veto presidencial ao texto original. Aos termos legais, originalmente transplantados da legislação financeira, fora excluída a expressão "próprios ou", afastando do alcance da lei os investidores particulares.[31]

Como se não fosse suficiente, a busca na legislação financeira de conceitos que foram transpostos de forma pura e simples ao Direito Penal foi outro ponto de contundente reprovação por parte da doutrina. Ante a sua conceituação confusa e ausente da mais apurada técnica jurídica, vários autores, cada qual à sua maneira, apresentam a sua definição de instituição financeira à luz da Lei 7.492/1986.[32]

*4.1. Classificação legal para fins penais trazida pela Lei 7.492/1986*

Ante a já esmiuçada imprecisão legislativa, trazemos como a classificação das instituições financeiras para fins penais mais elucidativa a elaborada por Baltazar Jr. (2009), que, de acordo não apenas com a letra da Lei, mas também com a prática do mercado, apresenta a divisão das instituições em três grandes categorias, quais sejam, as típicas, as integrantes do mercado de valores mobiliários e as por equiparação.

A primeira espécie de instituições financeiras é a retratada na primeira parte do *caput* do artigo 1º da Lei 7.492, que especifica ser *"a pessoa jurídica de direito público ou privado, que tenha como atividade principal ou acessória, cumulativamente ou não, a captação, intermediação ou aplicação de recursos financeiros (vetado) de terceiros, em moeda nacional ou estrangeira (...)"*. Trata-se de conceito extraído originalmente da normatização prevista anteriormente no artigo 17 da Lei 4.595/1964, que regulamentou o Sistema Financeiro Nacional. Nota-se, no entanto, uma sutil distinção,

---

[31] Tal medida fora duramente criticada por Maia (1999): Como se infere das razões do veto presidencial, tal restrição pretendia excluir da incidência típica os investidores individuais atuantes no mercado financeiro com recursos próprios, eis que seus prejuízos não teriam o condão de afetar o sistema como um todo e lesionar poupanças de terceiros, e sua atuação, aos moldes de uma instituição financeira, se indevida, estaria subsumida no art. 16 da Lei de Regência. Nada mais errôneo. De fato. Para além de ignorar a existência de poderosos investidores individuais, que movimentam recursos vultosos, capazes de desestabilizar o sistema, a supressão serviu para criar uma distinção artificiosa, estabelecida entre 'recursos próprios' da instituição financeira e 'recursos de terceiros' alocados na instituição, com a finalidade de eximirem-se seus administradores de eventual responsabilidade penal. Na realidade, é impassível desta cisão o patrimônio das instituições financeiras, não só pela fungibilidade dos ativos que o compõe em sua maioria, e pela origem destes (...), como porque qualquer malversação ou dilapidação deste patrimônio afetará, inevitavelmente, os recursos de terceiros alocados na empresa, colocando potencialmente em risco, assim, os bens jurídicos objetos de proteção por estas normas. (MAIA, 1999, p. 31-32).

[32] A começar por Silva (1999), que traz ideia por demais abrangente dos entes constituintes do Sistema Financeiro Nacional: Dentre seus integrantes (do Sistema Financeiro Nacional), as instituições financeiras são definidas como 'as pessoas jurídicas públicas ou privadas que tenham como atividade principal ou acessória a coleta.

pois a conceituação, para fins penais, não abrange os entes que tenham como objeto capital próprio, mas tão somente de terceiros, tornando assim a conceituação penal mais restrita que a originalmente elaborada. Tal modificação se deu em virtude de veto presidencial, cujas razões já foram objeto de apreciação anteriormente.

A segunda parte do *caput* do artigo 1º da Lei 7.492 também enumera como instituições financeiras aquelas que apresentam como objeto *"a custódia, emissão, distribuição, negociação, intermediação ou administração de valores mobiliários"*.

O conceito de valores mobiliários refere-se diretamente àqueles recursos de terceiros com negociação direta em mercado de bolsa ou balcão.[33] A legislação brasileira adotou a pelo sistema europeu de regulamentação dos valores mobiliários, optando pela enumeração normativa exaustiva das espécies existentes, conforme rol presente na Lei 6.385/1976[34] em artigo 2º.[35] A redação original desta legislação previa a possibilidade de criação de novos valores mobiliários pelo Conselho Monetário Nacional. Tal atribuição acabou sendo extirpada do ordenamento jurídico pela Lei 10.303/2001,[36] que manteve a classificação anterior e

---

[33] Baltazar Júnior (2009, p. 314) os define como sendo "títulos negociáveis representando direitos de sócios ou de empréstimos a longo prazo. São também chamados títulos de bolsa, caracterizados: a) pela emissão em massa, com valores idênticos; b) circulação em âmbito de bolsa e mercado de balcão; c) longo prazo. (...) Presente, sempre, no entanto, a idéia de que se trabalha com recursos de terceiros, na qualidade de investidores".

[34] BRASIL. Lei nº 6.385/1976, de 07 de dezembro de 1976. Dispõe sobre o mercado de valores mobiliários e cria a Comissão de Valores Mobiliários.

[35] Art. 2º São valores mobiliários sujeitos ao regime desta Lei: I – as ações, debêntures e bônus de subscrição; II – os cupons, direitos, recibos de subscrição e certificados de desdobramento relativos aos valores mobiliários referidos no inciso II; III – os certificados de depósito de valores mobiliários; IV – as cédulas de debêntures; V – as cotas de fundos de investimento em valores mobiliários ou de clubes de investimento em quaisquer ativos; VI – as notas comerciais; VII – os contratos futuros, de opções e outros derivativos, cujos ativos subjacentes sejam valores mobiliários; VIII – outros contratos derivativos, independentemente dos ativos subjacentes; e IX – quando ofertados publicamente, quaisquer outros títulos ou contratos de investimento coletivo, que gerem direito de participação, de parceria ou de remuneração, inclusive resultante de prestação de serviços, cujos rendimentos advêm do esforço do empreendedor ou de terceiros. § 1º Excluem-se do regime desta Lei: I – os títulos da dívida pública federal, estadual ou municipal; II – os títulos cambiais de responsabilidade de instituição financeira, exceto as debêntures. § 2º Os emissores dos valores mobiliários referidos neste artigo, bem como seus administradores e controladores, sujeitam-se à disciplina prevista nesta Lei, para as companhias abertas. § 3º Compete à Comissão de Valores Mobiliários expedir normas para a execução do disposto neste artigo, podendo: I – exigir que os emissores se constituam sob a forma de sociedade anônima; II – exigir que as demonstrações financeiras dos emissores, ou que as informações sobre o empreendimento ou projeto, sejam auditadas por auditor independente nela registrado; III – dispensar, na distribuição pública dos valores mobiliários referidos neste artigo, a participação de sociedade integrante do sistema previsto no art. 15 desta Lei; IV – estabelecer padrões de cláusulas e condições que devam ser adotadas nos títulos ou contratos de investimento, destinados à negociação em bolsa ou no balcão, organizado ou não, e recusar a admissão ao mercado da emissão que não satisfaça a esses padrões.

[36] BRASIL. Lei nº 10.303/2001, de 31 de outubro de 2001. Altera e acrescenta dispositivos na Lei nº 6.404, de 15 de dezembro de 1976, que dispõe sobre as Sociedades por Ações, e na Lei nº 6.385,

introduziu a figura dos derivativos. Incluem-se nesta classificação as sociedades corretoras de títulos e valores mobiliários, as distribuidoras de títulos e valores mobiliários, as corretoras de mercadorias, as bolsas de valores, as bolsas de mercadorias e futuros e as câmaras de liquidação e custódia. Os agentes autônomos de investimento são considerados instituições financeiras por equiparação. O exercício irregular das atividades previstas na legislação caracteriza crime previsto no artigo 27-E da Lei 6.385/1976.[37]

Por fim, o parágrafo único do artigo primeiro da Lei 7.492 traz as entidades equiparadas a instituições financeiras para efeitos desta legislação. Em seus incisos estão expressamente arroladas "I -a pessoa jurídica que capte ou administre seguros, câmbio, consórcio, capitalização ou qualquer tipo de poupança, ou recursos de terceiros" e "II -a pessoa natural que exerça quaisquer das atividades referidas neste artigo, ainda que de forma eventual".

A redação do referido parágrafo único retrata a já mencionada imprecisão técnica para a definição dos termos legais, uma vez que se tratava de legislação elaborada substancialmente por economistas. Notamos no inciso primeiro, uma ênfase em atividades de intermediação financeira que estavam em voga quando da elaboração de sua redação. Tanto assim que o dispositivo legal, em um verdadeiro atentado ao princípio da legalidade, permite o uso da analogia para que sejam incluídas no tipo penal atividades que porventura viriam a ser praticadas ou regulamentadas no setor econômico.

Atualmente, o conceito construído pela jurisprudência é bem mais amplo do que aquele originalmente traçado pelo legislador. Tal movimento se dá não apenas em relação aos conceitos fechados trazidos no bojo do tipo, mas principalmente às figuras que analogicamente foram se englobando ao grupo.[38]

---

de 7 de dezembro de 1976, que dispõe sobre o mercado de valores mobiliários e cria a Comissão de Valores Mobiliários.

[37] Art. 27-E. Atuar, ainda que a título gratuito, no mercado de valores mobiliários, como instituição integrante do sistema de distribuição, administrador de carteira coletiva ou individual, agente autônomo de investimento, auditor independente, analista de valores mobiliários, agente fiduciário ou exercer qualquer cargo, profissão, atividade ou função, sem estar, para esse fim, autorizado ou registrado junto à autoridade administrativa competente, quando exigido por lei ou regulamento: Pena – detenção de 6 (seis) meses a 2 (dois) anos, e multa.

[38] Este cenário é bem retratado por Baltazar Júnior (2009): Nessa linha, são consideradas instituições financeiras por equiparação: a) a corretora de valores e câmbio (TRF3, HC 920031905-8/SP, Aricê Amaral, 2ª T., u., 30.6.92); b) pessoa "que exercia informalmente atividade de consórcio, física, para complementar rendas de seu pequeno negócio, sem autorização do Banco Central, ainda que a atividade seja exercida de forma eventual" (TRF3, AC 96.03.095220-6/SP, Sinval Antunes, 1ª T., u., 18.11.97); c) a pessoa física que capta recursos junto a terceiros, "a pretexto de investi-los no mercado financeiro, com a promessa de rendimentos", ainda que de forma eventual (TRF4, RSE 20007006000570-3/PR, Darós, 2ª T., u., 11.12.00); d) a empresa que age como intermediária ou captadora de metais preciosos como prata, ouro e chumbo (TRF1, AC 01374449/GO, Eliana Calmon,

Como podemos ver a uma breve explanação, as definições dos elementos centrais da Lei 7.492 apresentam acentuada fragilidade, resultante da imperfeita técnica legislativa utilizada para sua elaboração. O seu artigo primeiro, de caráter eminentemente demonstrativo, vindo a servir como uma introdução a uma melhor compreensão dos crimes lá arrolados, só vem a desorientar ainda mais os que com ela trabalham. Para o combate a uma macrocriminalidade, a utilização de conceitos vagos e imprecisos dificulta cada vez mais a ação, não só para a defesa dos seus agressores, mas, principalmente, das autoridades em sua repressão. Aos operadores do Direito resta a confusão ante ao real espírito do sistema aqui estudado.

### 5. Os métodos de financiamento do agronegócio no Brasil

*5.1. Evolução dos métodos de produção agrícola no Brasil*

A produção primária possui um caráter diferente das demais atividades da economia. Trata-se de um setor cuja produtividade é indispensável para a vida humana. A falta de alimentos produziria o caos social e levaria milhares de pessoas à morte, motivo pelo qual o Estado tem o dever de assumir a política agrícola de um país, para garantir o abastecimento da população e controlar a exploração racional e adequada da terra. Motivos mais que suficientes para a proteção estatal, consubstanciados no artigo 186 do texto constitucional.[39]

As propriedades que cumprem esta função não bastam em si mesmas para alcançar seu intento. Necessário se faz o apoio do Estado, dado

---

4ª T., u., OJ 28.4.97; TRF4, AC 20010401004135-0/PR, Vladimir Freitas, 7ª T., u., 6.8.02); e) a entidade de previdência privada, ainda que fechada (TRF3, AC 19990399039158-3, Peixoto Junior, 2ª T., 22.4.02) como fundos de pensão (STF, RHC 85094/SP, Gilmar Mendes, 2ª T., u., 15.2.05; STJ, REsp. 575684, Carvalhido, 6ª T., m., 4.10.05; STJ, HC 64100/RJ, Napoleão Maia, 5ª T., u., 23.8.07); f) a empresa que realiza contratos de "venda a prestação com entrega futura do bem" (TRF4, RSE 20037000034038-0/PR, Maria de Fátima, 7ª T., u., 9.12.03); g) a empresa que intermediava uma modalidade de poupança, consubstanciada no depósito de valores destinados a aquisição ou compra programada de ouro, sendo certo que, a título de taxa de administração ou custeio administrativo, eram deduzidos percentuais dos depósitos efetuados (TRF1, AC 20000100101470-3/GO, Hilton Queiroz, 4ª T, u., 15.8.06; TRF1, AC 20010100001782-4/GO, Olindo Menezes, 3ª T., u., 27.2.07); h) a agência de turismo credenciada para realizar operações de câmbio (TRF1, AC 19955101030158-6/RJ, Maria Helena Cisne, 1ª TE, u., 15.8.07). Não foi considerada instituição financeira, porém a empresa que se dedicava à atividade de venda de linha telefônica mediante financiamento, para entrega no final do pagamento (TRF1, AC 20000100065521-6/DF, Ítalo Mendes, 4ª T., u., 30.10.07)."(BALTAZAR JÚNIOR, 2009, p. 319-320).

[39] Art. 186. A função social é cumprida quando a propriedade rural atende, simultaneamente, segundo critérios e graus de exigência estabelecidos em lei, aos seguintes requisitos: I – aproveitamento racional e adequado; II – utilização adequada dos recursos naturais disponíveis e preservação do meio ambiente; III – observação das disposições que regulamentam as relações de trabalho; IV – exploração que favoreça o bem-estar dos proprietários e dos trabalhadores.

que a atividade rural é extremamente frágil, sujeita a alterações do clima, desastres da natureza e a mudanças provocadas por planos econômicos. Por tais motivos, conforme a Carta Federal, o Governo Federal deve proporcionar ao produtor as condições necessárias para o plantio, a manutenção e a comercialização dos alimentos. O financiamento rural, como parte da política agrária brasileira, atua de forma a prover a verba necessária para estas atividades.[40]

O setor produtivo primário consiste em um delicado, porém estratégico setor de atividade econômica nacional, cuja potencialidade está intimamente ligada com a atuação estatal, através da política agrícola governamental. Esta deve, para que seja alcançada a plenitude de seus objetivos, sempre ser pautada pelo equilíbrio. Caso a política seja desfavorável, a agricultura não se desenvolve de modo satisfatório. No sentido contrário, com incentivos exagerados, há desperdício de recursos que poderiam ser realocados em outras atividades produtivas.[41]

O crédito rural situa-se em uma classificação típica de fomento, visto que financia o desenvolvimento de uma atividade que diretamente importa ao interesse público. Contribuindo para o correto abastecimento do país, ele ajuda a garantir a ordem pública, segundo os ditames da Lei 4.829/65,[42] em seus artigos 1º[43] e 2º[44]

A atividade agropecuária apresenta como característica intrínseca o seu caráter de continuidade. Diferentemente de outras atividades produtivas, o setor primário, independentemente de eventuais contratempos e intempéries necessita recomeçar a cada período temporal. Tendo em vista tal característica, o crédito rural possui taxas e condições de pagamentos diferenciadas. Isso ocorre para que o produtor não seja prejudicado caso imprevistos impeçam a quitação no tempo certo. O contrato de financiamento agrário pode ser alterado de forma que um agricultor que perdeu sua safra em função de alguma intempérie climática, por exemplo, seja lesado e desta forma não possa retomar as atividades de cultivo em sua propriedade.

---

[40] Os mútuos de espécie, necessários e relevantes ao setor campesino, (...) têm como objetivos específicos e inarredáveis: estimular o crescimento de investimentos, qualquer que seja a sua finalidade na propriedade rural; propiciar atendimento creditício no tempo e nas condições adequadas segundo as exigências da exploração empreendida; criar condições ou possibilidades para que haja maior fortalecimento econômico dos produtores rurais. (PEREIRA, 2009, p. 20)

[41] (LUCENA e SOUZA, 2001).

[42] BRASIL. Lei 4.829, de 05 de novembro de 1965. Institucionaliza o Crédito Rural.

[43] Art. 1º. O crédito rural, sistematizado nos termos desta lei, será distribuído e aplicado de acordo com a política de desenvolvimento da produção rural do país e tendo em vista o bem-estar do povo.

[44] Art. 2º. Considera-se Crédito Rural o suprimento de recursos financeiros por entidades públicas e estabelecimentos de crédito particulares a produtores rurais ou a suas cooperativas para aplicação exclusiva em atividade que se enquadrem nos objetivos indicados na legislação em vigor.

A atual política de crédito rural teve suas origens na década de 1960, onde foi instrumento de continuidade de expansão do sistema de transporte com a implantação do Sistema Nacional de Crédito Rural (SNCR) em 1965. Tal fator se tornou um instrumento relevante da modernização agrícola. Até os dias de hoje, o crédito rural tem sido considerado um dos principais instrumentos de que dispõe o Estado para incentivar a produção agrícola.

O crédito agrícola pode ser empregado em diversos elementos da cadeia produtiva. Geralmente é utilizado para custeio (compra de insumos), investimento (compra de máquinas, bovinos, reflorestamento, etc.) e comercialização (descontos de promissórias, duplicatas rurais e transporte de produtos). Com o surgimento e institucionalização da política do crédito rural, notório foi o desenvolvimento da agricultura comercial, gerando crescimento do PIB, ingresso de divisas, redução do déficit comercial e abastecimento interno.

Na atualidade, as principais políticas do Estado para o incentivo das atividades agropecuárias são linhas de crédito (para investimento, custeio e comercialização), apoio à comercialização e seguro agrícola.

As modalidades de crédito visam investir na modernização tecnológica da agricultura brasileira, no custeio do plantio (especialmente de produtos essenciais, como soja, trigo, milho, entre outros) e na garantia de venda. O Programa Nacional de Agricultura familiar (Pronaf) e o Programa de Geração de Emprego e Renda (Proger) beneficiam respectivamente pequenos e médios produtores com taxas de juros mais amenas do que as aplicadas para os grandes latifúndios. O crédito para comercialização objetiva auxiliar o produtor na venda durante a entressafra ou para antecipar o valor que seria obtido mediante a entrega do produto para investimentos como novos plantios ou compra de maquinário.

O apoio à comercialização dos insumos agrícolas tem como objetivo reduzir os efeitos das oscilações do mercado para o produtor rural. Um dos instrumentos utilizados com esta finalidade é a garantia de preço oferecida pelo governo federal: os preços são fixados antes do plantio de modo a orientar a produção. Em casos de supersafras, o governo pode realizar a compra da mercadoria excedente, de modo a impedir uma queda acentuada dos preços. Como esta conduta é, atualmente, menos usual, uma alternativa a ela é o Prêmio por Escoamento de Produto (PEP). Através deste sistema, o governo paga um prêmio ao comprador que adquirir os produtos em excesso no mercado. Há também o Contrato de Opção de Venda de Produtos Agrícolas. Este permite ao agricultor ou à cooperativa vender por preços preestabelecidos, com o valor fixado na época do contrato. Estes contratos são oferecidos pelo governo em leilões públicos de bolsas de mercadorias. Já a Cédula do Produtor Rural (CPR) é um título que pode ser emitido por produtores ou cooperativas e têm a liquidação vinculada à entrega física da mercadoria. O Seguro Agrícola tem como principal política o Programa de Garantia da Atividade Rural (Proagro). Este programa tem como objetivo segurar os riscos do crédito rural.

Toda a normatização e regulamentação do crédito rural e de seus instrumentos de implementação compete ao Conselho Monetário Nacional. Sua atuação consiste na definição de termos, prazos, juros e demais condições a serem aplicadas pelas instituições financeiras concessivas dos valores destinados ao financiamento da atividade primária.

### 5.2. Aspectos históricos do fomento oficial da produção agropecuária no Brasil

A intervenção do estado brasileiro nas atividades agropecuárias tem início logo após a proclamação da república, em um período da história conhecido como "a república do café com leite". O período, assim denominado devido aos principais insumos dos dois estados que alternavam o governo federal (São Paulo e Minas Gerais), foi marcado pela supremacia da atividade cafeeira, que era, então, o produto de maior peso positivo na balança comercial brasileira.

Dependente dos bons resultados da venda do café no cenário internacional, o Brasil precisava manter o controle do preço do produto, uma vez que as crises da *commodity* faliam dezenas de produtores e provocava um *crash* na economia nacional. Em 26 de fevereiro de 1906, foi firmado o Convênio de Taubaté, segundo o qual a valorização do café era mantida através da compra do produto pelos estados, o que diminuía quantidade ofertada no exterior.

Após 1930, outras modalidades produtivas receberam incentivo governamental. O açúcar da região nordeste recebeu estímulo para que pudesse competir com as produções da região centro-sul que, devido ao menor custo de transporte para os centros consumidores, possuía preços mais atrativos. O trigo também foi auxiliado pelas políticas públicas, porém, de forma diferente ao café e o açúcar. Ao contrário dos anteriores, que eram líderes de mercado, o insumo possuía baixa produção, o que o tornava suscetível ao mercado externo. A intervenção do Estado agiu no sentido de criar condições para o desenvolvimento da atividade no país.

O período de auge do fomento agrícola no Brasil ocorreu a partir da década de 1960, com a implementação da política de crédito rural com a criação do Sistema Nacional do Crédito Rural (SNCR), em 1965. Tal iniciativa impulsionou a produção agrícola nacional.

Nos anos 60, a produção agrícola apresentou melhor desempenho do que na década anterior, sendo que a maior parte dos produtos exportáveis e de mercado interno cresceram mais do que a população nacional, na época em torno de 3% ao ano. De outra parte, a economia brasileira, nessa década, ficou mais aberta ao Exterior, com aumento das exportações de produtos agrícolas industrializados. No final da década, a situação do mercado internacional estava favorável. Os preços dos insumos e dos bens de capital estavam em declínio, e os preços agrícolas, em alta. Isto mostrava o acerto da política agrícola que estava sendo adotada.[45]

A tendência de crescimento perdurou por durante boa parte da década seguinte. A conjunção de preços internacionais em patamar favorável com uma política agrícola de altos subsídios gerou um aumento nas exportações de produtos como soja e café. Outro fator que contribuiu para o aumento da produção foi a crise internacional do petróleo, que justificou o apoio governamental intenso na produção de álcool combustível.

Ao longo de toda a década de 70, as taxas nominais de juros do crédito rural ficaram abaixo da taxa de inflação. Nesse período, o crédito rural foi o responsável pelo desenvolvimento do setor agrícola, o que pode ser explicado pelos substanciais subsídios ao crédito rural. Até 1975, os empréstimos eram a juro zero, com três anos de carência e cinco anos para pagar. A fase de declínio do crédito rural iniciou em dezembro de 1979, aumentando as taxas de juros, que se tornaram mais altas do que a taxa de inflação, reduzindo a demanda de crédito.

As taxas de juros passaram a ser ajustadas por um coeficiente aplicado à correção monetária. Com o segundo choque do petróleo, em 1979, aumentou o desequilíbrio da balança comercial. A taxa de inflação passou de 77,2% ao ano em 1979 para 110,2% em 1980, reduzindo os subsídios implícitos nos empréstimos rurais.

Em função do crédito subsidiado, a agricultura cresceu cerca de 66% na década de 70. Isso também foi explicado pela abertura de novos mercados externos, assim como pelo crescimento da demanda internacional e do crescimento do próprio mercado interno. Esse crescimento teve dois aspectos. Primeiro, pela evolução dos preços internacionais de produtos agrícolas e pela política de crédito rural subsidiado; segundo, a partir de 1979, pela deterioração da política de crédito rural, provocada pelos desequilíbrios macroeconômicos internos.[46]

A alta inflação da década de 1980 reduziu as facilidades do crédito rural. O modelo de operação anterior, no qual a verba era disponibili-

---

[45] LUCENA e SOUZA, 2001, p. 181-182.
[46] Idem, p. 182.

zada em depósitos bancários à vista, foi desbancado pela crise, que não permitia que o dinheiro ficasse parado em conta-corrente. Os recursos, antes ilimitados, passaram a ficar condicionados a disponibilidades orçamentárias do governo. Dadas às dificuldades na oferta do crédito rural, a nova modalidade de incentivo passou a ser a fixação de preços mínimos para a compra de produtos agrícolas.

Em 1981, o Governo introduziu novas mudanças na política agrícola. A principal foi a adoção de limites ao crédito para custeio, que passaram a refletir apenas parte dos custos variáveis; a cobertura do seguro rural foi reduzida para apenas 80% do valor financiado. Houve, também, mudanças das taxas de juros; os créditos para investimento e comercialização passaram a receber as mesmas taxas de juros de mercado, praticada no resto da economia.

Em 1982, estabeleceu-se a vinculação das taxas de juros à variação do INPC. Os encargos financeiros aplicáveis ao crédito rural passaram, a partir daí, a incorporar correção monetária com percentuais variáveis das Obrigações Reajustáveis do Tesouro Nacional (ORTNs).

Em 1983, ainda com os resultados negativos da política de contenção do déficit público, veio a decisão do Governo de aumentar os encargos financeiros do crédito rural e de eliminar os subsídios embutidos nas taxas de juros cobradas. Essas intenções se concretizaram quando se estabeleceram novas regras de indexação para os anos de 1983, 1984 e a partir de 1985. Em 1983, foi introduzida uma taxa de juros de 3% ao ano, mais 85% da variação das ORTNs. Em 1984-85, a taxa de juros cobrada tornou-se positiva, pela primeira vez, desde a criação do SNCR (3% ao ano mais variação integral das ORTNs).[47]

A produção agrícola, assim como toda a atividade produtiva nacional, sofreu com os seguidos planos de estabilização econômica e combate da inflação implementados a partir da segunda metade da década de 1980. As exportações baixaram de maneira significativa, gerando um colapso na atividade primária no país.

Na segunda metade da década de 80, as exportações agrícolas entraram em crise. Foram reduzidas de US$ 5.089 milhões em 1985 para US$ 2.985 milhões em 1990 (-41,3%), correspondendo à queda de participação no total de 19,8% para 9,5% no mesmo período. Caíram as participações de todos os grupos de produtos agrícolas nas exportações totais. Novamente, esse mau desempenho foi devido à redução das exportações de café e de seus derivados, cujos valores passaram de US$ 2.487 milhões em 1985 para US$ 1.190 milhões em 1990. Em toda a década de 80, a queda das exportações agrícolas foi de 31,2%, correspondendo à redução nas

---

[47] LUCENA e SOUZA, 2001, p. 183.

exportações totais de 21,6% em 1980 para 9,5% em 1990. Porém, como se viu, a crise ocorreu mesmo na segunda metade dos anos 80. A expressiva redução das exportações agrícolas nas exportações totais, sobretudo entre 1985 e 1990, deve-se à crise econômica e aos sucessivos planos de estabilização, que penalizaram o setor agrícola.[48]

A partir dos anos 1990, as políticas agrícolas vigentes no Brasil mostram uma redução da intervenção estatal no financiamento rural. Alternativas com capital não governamental são apresentadas de modo a amparar o produtor.

Nota-se, portanto, uma tentativa de adaptação da atividade primária nacional ao novo cenário internacional, tanto por parte dos produtores quanto do governo, buscando a descentralização das fontes de recursos para o financiamento da produção, quanto o incremento do apoio governamental em reformas de infraestrutura para o escoamento da produção para a satisfação dos mercados interno e internacional.

### 5.3. Análise do cenário atual do crédito rural no Brasil

O advento deste século veio a traçar um novo paradigma econômico mundial. O cenário anteriormente apresentado, sobretudo nas décadas de 80 e 90 do século passado – centralização econômica em torno de uma única superpotência mundial – foi abandonado, dando lugar ao surgimento de novas forças produtivas mundiais. O crescimento econômico se distribuiu em novas fronteiras onde anteriormente reinava o subdesenvolvimento. Este crescimento econômico trouxe também um aumento no consumo de alimentos e combustíveis em países como China, Índia, Rússia, América Latina e outros países asiáticos.

Outro fator de destaque é o crescimento das áreas anteriormente destinadas a alimentos e que no momento estão sendo direcionadas para a produção de combustíveis orgânicos, como é o caso do milho, nos Estados Unidos e a canola na Europa.

Ocupando lugar de destaque neste novo cenário, o Brasil apresenta como grande força mestra de seu impulso ao desenvolvimento a produção primária, sendo uma das grandes potências mundiais no agronegócio, sobretudo no tocante à produção agrícola, pecuária e de combustíveis renováveis. O Brasil é um dos raros exemplos mundiais de país que consegue suprir a demanda interna de alimentos e combustíveis orgânicos e, ao mesmo tempo, apresenta o maior crescimento mundial na produção de excedentes. Além disso, apresenta ainda um potencial de incremento da área cultivável, o que é extremamente raro em outros países.

---
[48] LUCENA e SOUZA, 2001, p. 188.

De acordo com o Plano Agrícola e Pecuário 2014-2015, traçado pelo Governo Federal e apresentado ao público através do Ministério da Agricultura, Pecuária e Abastecimento, a meta traçada para o período é a de superar a produção conquistada no período anterior, que alcançou 191,2 milhões de toneladas de grãos, fibras e cereais. Para pôr em prática a sua política de agronegócio, destinou, para a safra 2014-2015, R$ 156,1 bilhões. Deste montante, R$ 112 bilhões foram direcionadas para o custeio e a comercialização da safra, e o restante foi para a aplicação de políticas complementares de apoio à produção primária, tais como alongamento de dívidas consolidadas, o Programa de Subvenção ao Prêmio do Seguro Rural e a criação do Fundo de Catástrofe, além de aprimoramento da infraestrutura de escoamento da produção.[49]

*5.4. Opção política pela criminalização – efetiva proteção do bem jurídico proposto*

Ante o cenário traçado, inegáveis os motivos que levaram a eleição dos elementos constituintes do agronegócio como bens jurídicos dignos de proteção jurídica. Trata-se de fator estratégico deveras importante na política nacional ante o paradigma mundial apresentado atualmente.

No entanto, é necessário termos a noção de que vivemos em um cenário originário do século passado, quando num espaço onde certas barreiras jurídicas cessam, o direito penal, apesar do movimento de descriminalização, sofreu um certo alargamento, operado pela maior intervenção do Estado na sociedade. Este permitiu que o direito penal interviesse em novas áreas até então reservadas a outros sistemas de proteção, sem que abdicasse dos seus princípios fundamentantes (direito penal secundário).

Nota-se que este movimento ainda não cessou. A expansão da pseudoproteção estatal a bens jurídicos que, evidentemente, prescindem de tal status vem se acentuando gradativamente, como resposta a um anseio social de proteção aos supostos males da sociedade de risco. Movimento este típico de um contexto pós-moderno caracterizado sobretudo pela fragmentação. Sofremos a passagem do ideal societário, a busca por uma sociedade perfeita, limpa, para o ideal comunitário, onde o conceito de espaço se relativiza e pessoas com características e interesses em comum se interagem, em uma relação que Mafessoli[50] (1995) chama de tribalismo pós-moderno.

---

[49] Plano Agrícola e Pecuário 2014-2015 / Ministério da Agricultura, Pecuária e Abastecimento. Secretaria de Política Agrícola. – Brasília: Mapa/SPA, 2014.
[50] MAFESSOLI, 1995

Vemos também esta evolução em outros ramos da ciência. Na economia, aspecto essencial de análise para o desenvolvimento do presente trabalho, o pensamento econômico clássico, assim construído e consagrado dentro de um contexto liberal, dominante na idade moderna, entrou em crise. A estrutura básica da economia enquanto ciência foi construída em uma época onde todos os fatores de produção eram seccionados. A economia era analisada como uma ciência independente, separada da cultura e da religião, por exemplo. Por certo que tal modo de aplicação não é compatível com a realidade atualmente presenciada. Com todos os domínios da vida social se interagindo, o isolamento proposto pela doutrina clássica tem sua aplicação impossibilitada atualmente.[51]

Com a configuração deste novo cenário, apresenta-se como consequência inevitável a mutação cada vez maior da delinquência econômica. Os contextos de sua conceituação passam a ser cada vez mais vagos, e os modos de controle da ordem pelo sistema jurídico-legal são cada vez mais ineficazes dentro desse caos institucionalizado.

Com o fenômeno da globalização, da desmaterialização das riquezas e da dinamização das relações econômicas, a economia e, consequentemente, o sistema jurídico que o legitima, tal qual originalmente formulados, tiveram seus paradigmas rompidos. Os Estados nacionais, território base para a aplicação das teorias econômicas tradicionais também tiveram o seu conceito modificado, sobretudo a partir da segunda metade do século passado. Vemos então que a mudança na concepção do poder legalmente constituído foi fator decisivo para a alteração da economia tradicional.[52] Essa falta de potencialidade por parte do Estado repressor acaba gerando, via de consequência, uma sensação de insegurança institucional sobre a população em geral, acarretando naquilo que Beck muito bem diagnosticou como sendo a consagração da Sociedade do Risco.[53] As respostas dadas pelo Direito Penal, da forma como atualmente instituído, não geram o menor efeito. A diversificação das condutas delituosas levou o sistema jurídico a uma confusão de referenciais,

---

[51] MAFESSOLI, 1995

[52] O "redesdobramento" econômico na fase atual do capitalismo, auxiliado pela mutação das técnicas e das tecnologias segue em paralelo, já se disse, com uma mudança de função dos Estados: a partir desta síndrome forma-se uma imagem da sociedade que obriga a revisar seriamente seus enfoques apresentados como alternativa. Digamos sumariamente que as funções de regulagem e, portanto, de reprodução, são e serão cada vez mais retiradas dos administradores o confiadas a autômatos. A grande questão vem a ser e será a de dispor das informações que este deverão ter na memória a fim de que boas decisões sejam tomadas. O acesso às informações é e será de alçada dos *experts* de todos os tipos. A classe dirigente é e será a dos decisores. Ela já não é mais constituída pela classe política tradicional, mas por uma camada formada por dirigentes de empresas, altos funcionários, dirigentes de grandes órgãos profissionais, sindicais, políticos, confessionais. Lyotard (2002, p. 27)

[53] BECK, Ulrich. *La sociedad del riesgo*: hacia una nueva modernidad. Barcelona: Paidós. 1998.

gerando uma inflação legislativa de forma totalmente desarrazoada, ante a pressão da opinião pública.

Assim, por mais que vejamos ser necessária uma proteção diferenciada e até certo ponto qualificada por parte do Direito para com os mecanismos constituintes do agronegócio, há que ser feito o alerta de que o modelo ora vigente em nada contribui para sua efetiva proteção. No cenário atual, o princípio da legalidade foi completamente desvirtuado. A criação cada vez maior de normas penais sem a determinação clara e objetiva sobre qual seria a conduta a ser considerada como criminosa vem a se contrapor com a completa falta de proporcionalidade das penas fixadas. O trabalho de decidir sobre o que é certo ou errado, punível ou não, foi repassado para o arbítrio do Juiz de cada causa. Há um choque claro entre a tendência da descriminalização e aplicação de penas alternativas com a criminalização exacerbada, como resposta ao clamor popular.

A perspectiva a se fazer do atual sistema é a da falência total do Direito Penal clássico ante estas novas condutas. O sistema jurídico-legal atual foi concebido dentro de uma perspectiva de controle social típica da modernidade. O atual cenário fará com que sempre a ordem estatal estará em defasagem com esta criminalidade, pois a velocidade das mudanças entre um e outro é de espantosa diferença. Infelizmente, a situação tende a piorar. O quadro apresentado precisa ser imediatamente reformulado, com uma mudança de pensamento por parte dos controladores da ordem.[54]

Assim, buscamos trazer esta análise crítica do atual panorama das ciências criminais a um aspecto que pouco tem merecido consideração por parte da doutrina. O agronegócio é, historicamente, o setor econômico que mais contribui com a geração de riquezas no Brasil e passou a ser, principalmente após a entrada do Século XXI, um setor extremamente estratégico no jogo mundial de poder, não apenas pela produção de alimentos, mas também por um infindável potencial de produção de combustíveis renová-

---

[54] Talvez a resposta já tenha sido dada há muito tempo por Beccaria (2003), que criticando o então sistema legal vigente nos países europeus, assim ensinava: "Quando as leis forem fixas e literais, quando apenas confiares ao magistrado a missão de examinar os atos dos cidadãos, para indicar se esses atos são conformes a lei escrita, ou se a contrariam; quando, finalmente, a regra do justo e do injusto, que deve orientar em todos os seus atos o homem sem instrução e o instruído, não constituir motivo de controvérsia, porém simples questão de fato, então não se verão mais os cidadãos submetidos ao poder de uma multidão de ínfamos tiranos, tanto mais intoleráveis quanto menor é a distância em ter o opressor e o oprimido; que se fazem tanto mais cruéis quanto maior resistência encontram, pois a crueldade dos tiranos é proporcional, não às suas forças, porém aos entraves que lhes são opostos; e são tanto mais nefastos quanto não há quem possa libertar-se de seu jugo senão submetendo-se ao despotismo de um só. [...] À proporção de que as penas forem mais suaves, quando as prisões deixarem de ser a horrível mansão do desespero e da fome, quando a piedade e a humanidade adentrarem as celas, quando, finalmente, os executores implacáveis dos rigores da justiça abrirem o coração à compaixão, as leis poderão satisfazer-se com provas mais fracas para pedir a prisão". (BECCARIA, 2003, p. 26).

veis. Evidente se faz que esses elementos merecem a devida proteção. No entanto, longe de ser a ideal a proteção hoje vigente.

## 6. Análise estrutural do tipo incriminador do desvio de financiamento – artigo 20 da Lei 7.492/1986

### 6.1. Considerações iniciais

Entrando na seara de proteção ao Sistema Financeiro Nacional, o legislador elegeu como uma das condutas lesivas passíveis de repreensão pelo sistema penal a destinação de financiamentos obtidos, sobretudo com recursos governamentais, para finalidades diversas das previstas em norma legal ou administrativa ou ainda no instrumento contratual.

Tendo-se por base de que o bem jurídico protegido pela Lei 7.492 é a higidez do Sistema Financeiro Nacional e da ordem econômica interna, a proteção trazida pelo artigo 20 se destina primordialmente ao combate à aplicação indevida de financiamentos de natureza rural, comercial e industrial, com recursos fornecidos por agentes estatais ou, em caso de instituição financeira privada, que seja esta mera intermediária no repasse de recursos de origem pública.[55] Tal conduta delituosa já havia sido objeto de destaque no anteprojeto de reforma da Parte Especial do Código Penal, no trabalho que culminou com a elaboração e promulgação da Lei 7.209/1984, que gerou a nova Parte Geral.[56]

Muito embora se trate de tipo penal de redação imprecisa, já fora decidido pela jurisprudência não se tratar de norma inconstitucional, pois não ofende a previsão constitucional de vedação de prisão por dívida, mas sim visa a assegurar que os beneficiários da concessão do dinheiro público venham a aplicar corretamente tais valores a fim de fazer valer as finalidades dos programas governamentais.[57] Na mesma senda,

---

[55] BALTAZAR JÚNIOR, 2009.

[56] [...] esta figura vinha prevista no § 1º do art. 392 do anteprojeto elaborado pela Comissão de Reforma da Parte Especial do Código Penal, com algumas modificações. Assim é que, naquele dispositivo mencionam-se a autarquia, a sociedade de economia mista, a empresa pública ou instituição credenciada, enquanto que, nesta figura, é fácil constatar, apenas se enumeram a instituição financeira oficial e a instituição credenciada para repassar financiamentos. [...] O Projeto originário da Câmara dos Deputados, no art. 21, definiu de modo semelhante este delito, apenas colocando no singular a expressão recurso proveniente. A emenda do Senado levou-a para o plural, mantendo-se, assim, na redação final do Projeto transformado em lei. (PIMENTEL, 1989, p. 147).

[57] Sobre a finalidade do tipo penal em questão, elucidativos são os esclarecimentos de Maia: "Tem por escopo o dispositivo resguardar o interesse público prevalente na destinação dos recursos financeiros originários do erário governamental, e assegurar que os beneficiários de tais recursos, em geral pessoas jurídicas, apliquem-nos na concretização das metas socioeconômicas que presidiram sua concessão. Protege-se, pois, nesta norma penal em branco, a regular implementação da política econômica publica, quer esteja tal concepção fixada em normas legais aplicáveis à espécie, vinculando o dispêndio publico, quer esteja estabelecida nos instrumentos contratuais próprios, estes con-

em decisão proferida pelo Egrégio Tribunal Regional Federal da Quarta Região, está exposto o entendimento da Corte sobre não tratar a lei em questão de prisão por dívida.[58]

### 6.2. Financiamento: conceituação técnico-legal

Quando da análise e delimitação do tipo objetivo, necessária se faz a diferenciação entre financiamento e mútuo.

O principal elemento caracterizador do financiamento é a sua finalidade. Enquanto este se vincula ao custeio de uma operação certa e determinada, o empréstimo apresenta destinação livre.[59]

Assim, de acordo com os entendimentos acima transcritos, no caso de se tratar de mútuo simples – empréstimo em instituição financeira, sem vinculação de valores a destinação especifica – a sua aplicação é livre. Trata-se, no caso, de fato atípico. Neste caso, passível de punição apenas a sua obtenção por meio fraudulento, em tese, por estelionato. Não apresenta trâmite na Justiça Federal, apenas possível de alteração de competência na ocorrência de alguma das hipóteses do artigo 109 da Constituição Federal.[60]

---

sentâneos, necessariamente, com as finalidades públicas que presidiram a criação das instituições oficiais contratantes [...]". (MAIA, 1999, p. 125).

[58] DIREITO PENAL. CRIME CONTRA O SISTEMA FINANCEIRO. ART. 20 DA LEI Nº 7.492/86. APLICAÇÃO DE RECURSOS EM FINALIDADE DIVERSA DA PREVISTA NO CONTRATO. PRISÃO CIVIL POR DÍVIDA. INOCORRÊNCIA. PROVA PERICIAL. DESNECESSIDADE. TIPICIDADE, MATERIALIDADE E AUTORIA CARACTERIZADAS. DOLO. CONDENAÇÃO MANTIDA. 1. Não configura hipótese de prisão civil por dívida, vedada pela Constituição, o tipo previsto no art. 20 da Lei dos Crimes Contra o Sistema Financeiro Nacional, porquanto o objetivo da norma é garantir a correta aplicação dos recursos obtidos em financiamento, punindo a conduta de desviar os respectivos valores, independentemente do regular adimplemento das parcelas (...) (TRF4, ACR 2000.70.00.008787-9, Oitava Turma, Relator José Paulo Baltazar Junior, DJ 29/03/2006).

[59] Sobre esta sutil diferença, assim nos leciona Coelho (2009): "O mútuo bancário é o contrato pelo qual o banco empresta ao cliente certa quantia de dinheiro [...]. O mútuo bancário é um contrato real, ou seja, somente se aperfeiçoa com a entrega, pelo banco mutuante ao cliente mutuário, do dinheiro objeto do empréstimo[...]. Por fim, anote-se que defino financiamento como sendo aquele mútuo bancário em que o mutuário assume a obrigação de conferir ao dinheiro emprestado uma determinada finalidade, como, por exemplo, investir no desenvolvimento de uma atividade econômica ou adquirir a casa própria. Nesta hipótese, o banco tem direito de proceder a vistorias confirmatórias ou, mesmo, entregar o dinheiro emprestado diretamente a terceiros [...]. Uma das razões disso se encontra no fato de que, por vezes, há crédito bancário subsidiado por programas governamentais para o fomento de determinadas finalidades econômicas ou destinado ao equacionamento da questão habitacional. Neste caso, com o objetivo de se evitarem desvios ou distorções, a instituição financeira tem não só a prerrogativa, mas até o dever de se assegurar quanto ao adequado emprego dos recursos financiados". (COELHO, 2009, p. 452-454)

[60] Art. 109. Aos juízes federais compete processar e julgar: I – as causas em que a União, entidade autárquica ou empresa pública federal forem interessadas na condição de autoras, rés, assistentes ou oponentes, exceto as de falência, as de acidentes de trabalho e as sujeitas à Justiça Eleitoral e à Justiça do Trabalho; II – as causas entre Estado estrangeiro ou organismo internacional e Município ou pessoa domiciliada ou residente no País; III – as causas fundadas em tratado ou contrato da União com Estado estrangeiro ou organismo internacional; IV – os crimes políticos e as infrações penais

No tocante ao agronegócio, usualmente é apresentada em nosso cotidiano a conduta de desvio puro e simples dos valores objeto do financiamento, seja por destinação diversa ou inexata da prevista no instrumento contratual. No entanto, grande é a variedade de condutas derivadas que, de via indireta, acabam por configurar a incidência do tipo no que tange à produção primária.

Podemos citar como exemplo, primeiramente, o reconhecimento da culpabilidade dos tomadores em casos de retirada de financiamento em duplicidade a uma mesma área cultivável;[61] em caso de não aplicação integral dos recursos tomados sem a devida devolução do excedente à instituição financeira,[62] a aplicação de recursos em atividades-meio di-

---

praticadas em detrimento de bens, serviços ou interesse da União ou de suas entidades autárquicas ou empresas públicas, excluídas as contravenções e ressalvada a competência da Justiça Militar e da Justiça Eleitoral; V – os crimes previstos em tratado ou convenção internacional, quando, iniciada a execução no País, o resultado tenha ou devesse ter ocorrido no estrangeiro, ou reciprocamente; V-A – as causas relativas a direitos humanos a que se refere o § 5º deste artigo; VI – os crimes contra a organização do trabalho e, nos casos determinados por lei, contra o sistema financeiro e a ordem econômico-financeira; VII – os "habeas-corpus", em matéria criminal de sua competência ou quando o constrangimento provier de autoridade cujos atos não estejam diretamente sujeitos a outra jurisdição; VIII – os mandados de segurança e os "habeas-data" contra ato de autoridade federal, excetuados os casos de competência dos tribunais federais; IX – os crimes cometidos a bordo de navios ou aeronaves, ressalvada a competência da Justiça Militar; X – os crimes de ingresso ou permanência irregular de estrangeiro, a execução de carta rogatória, após o "exequatur", e de sentença estrangeira, após a homologação, as causas referentes à nacionalidade, inclusive a respectiva opção, e à naturalização; XI – a disputa sobre direitos indígenas. § 1º As causas em que a União for autora serão aforadas na seção judiciária onde tiver domicílio a outra parte. § 2º As causas intentadas contra a União poderão ser aforadas na seção judiciária em que for domiciliado o autor, naquela onde houver ocorrido o ato ou fato que deu origem à demanda ou onde esteja situada a coisa, ou, ainda, no Distrito Federal. § 3º Serão processadas e julgadas na justiça estadual, no foro do domicílio dos segurados ou beneficiários, as causas em que forem parte instituição de previdência social e segurado, sempre que a comarca não seja sede de vara do juízo federal, e, se verificada essa condição, a lei poderá permitir que outras causas sejam também processadas e julgadas pela justiça estadual. § 4º Na hipótese do parágrafo anterior, o recurso cabível será sempre para o Tribunal Regional Federal na área de jurisdição do juiz de primeiro grau. § 5º Nas hipóteses de grave violação de direitos humanos, o Procurador-Geral da República, com a finalidade de assegurar o cumprimento de obrigações decorrentes de tratados internacionais de direitos humanos dos quais o Brasil seja parte, poderá suscitar, perante o Superior Tribunal de Justiça, em qualquer fase do inquérito ou processo, incidente de deslocamento de competência para a Justiça Federal.

[61] CRIME DO ART. 20 DA LEI 7.492/86. DUPLICIDADE DE CRÉDITO. DESVIO DE FINALIDADE DE CRÉDITO CONCEDIDO PARA PLANTIO. 1. Comete o crime previsto no art. 20 da Lei 7.492/86 quem recebe recursos de instituição financeira oficial e os utiliza com o fim diverso do contratado. 2. Caso em que o réu pactuou 02 (dois) financiamentos, um no Bamerindus e outro no Banco do Brasil que englobavam, em parte, a mesma área de 90 hectares para o plantio de soja, sendo os recursos provenientes do Banco do Brasil utilizados para pagar outros financiamentos obtidos junto à própria instituição. 3. Recurso do réu improvido. (TRF4, ACR 2000.04.01.019157-4, Oitava Turma, Relator Manoel Lauro Volkmer de Castilho, DJ 12/06/2002)

[62] PENAL. PROCESSUAL PENAL. APELAÇÃO CRIMINAL. SISTEMA FINANCEIRO NACIONAL. LEI Nº 7.492/86, ART. 20. APLICAÇÃO EM FINALIDADE DIVERSA RECURSOS DECORRENTES DE CONTRATO FIRMADO COM INSTITUIÇÃO FINANCEIRA. MATERIALIDADE. AUTORIA. COMPROVAÇÃO. ERRO DE TIPO. INOCORRÊNCIA. DOSIMETRIA. RETIFICAÇÃO. DESNECESSIDADE. 1. Se o contrato de crédito (Cédula Rural Pignoratícia) firmado entre o recorrente e a Caixa Econômica Federal tinha por objeto o plantio de 550ha de soja, a comprovação de que apenas 219ha foram plantados, cotejada com a não devolução imediata dos valores à instituição financeira,

versas das originalmente contratadas,[63] bem como a simples ausência de comprovação de aplicação dos recursos na atividade devida.[64]

No entanto, por mais amplo que seja o espectro de incidência do tipo, certas condutas não foram vistas pela jurisprudência como configuradoras do crime do desvio de finalidade. Exemplos são as chamadas "operações mata-mata", consistente na concessão de novo financiamento com a finalidade precípua de quitar operação anterior de mesma finalidade.[65] Merece também destaque o entendimento de que o repasse de

---

implica infração ao art. 20 da Lei nº 7.492/86. 2. Se o agente pratica a conduta livre e conscientemente, resta evidenciado o seu dolo. 3. A alegação de que a parcela da quantia não aplicada na lavoura de soja foi redirecionada para o plantio de arroz, por não espelhar erro de tipo, também não afasta a responsabilidade criminal do agente. (TRF4, ACR 1999.04.01.129177-8, Sétima Turma, Relator Vladimir Passos de Freitas, DJ 03/07/2002)

[63] PENAL. PROCESSO PENAL. APELAÇÃO CRIMINAL. CRIME CONTRA O SISTEMA FINANCEIRO NACIONAL. ARTIGO 20 DA LEI 7.492/86. APLICAÇÃO DE RECURSOS ORIUNDOS DE FINANCIAMENTO JUNTO AO BANCO DO NORDESTE DO BRASIL EM FINALIDADE DIVERSA DA PREVISTA NO CONTRATO. CRIME FORMAL. DOLO. AUTORIA E MATERIALIDADE COMPROVADAS. REFORMA DO DECRETO MONOCRÁTICO ABSOLUTÓRIO. CONDENAÇÃO. *SURSIS*. PRESCRIÇÃO RETROATIVA. PENA APLICADA IN CONCRETO. OCORRÊNCIA. EXTINÇÃO DA PUNIBILIDADE. 1 – A aplicação de recursos públicos em finalidade diversa daquela prevista em contrato de financiamento celebrado pelo réu e instituição financeira oficial -Banco do Nordeste do Brasil, para fins de custeio de entressafra, atendendo a programas de irrigação e de investimentos agro-pecuários, autoriza a concluir pela perfeição do delito previsto no artigo 20, da Lei nº 7.492/86. 2 – Materialidade e autoria delituosas comprovadas à vista das provas coligidas. 3 – O crime narrado na exordial é de natureza formal, bastando para sua consumação que se positive a aplicação dos recursos desviados independentemente da prova de obtenção de qualquer vantagem por parte do agente. 4 – Suficientemente presente o elemento subjetivo do tipo -dolo, consistente na vontade de aplicar os recursos advindos do financiamento em finalidade que o mesmo sabia ser diversa dos termos do contrato originário. 5 – Em face da evidência da prática do crime previsto no artigo 20 da lei nº 7.492/86, impõe-se a reforma do decreto absolutório, para ter o réu condenado à pena mínima, tendo em vista a primariedade e ausência de maus antecedentes. 6 – Atendendo que, entre a data do fato (13.02.1987) e a data do recebimento da denúncia (18.03.1997), e considerando a pena in concreto aplicada, 02(dois) anos de reclusão, decorreram mais de10(dez) anos, há de ser declarada em favor do acusado a extinção da punibilidade, pela ocorrência da prescrição retroativa, *ex vi* dos artigos 107, IV; 109, V e 110 e 118, todos do Código Penal vigente. 7 – Apelação do Ministério Público Federal provida. (TRF5, ACR 20010500008164-0, 2ª T., u., Petrúcio Ferreira, DJ 29.05.2002)

[64] APELAÇÃO CRIMINAL. SISTEMA FINANCEIRO NACIONAL. LEI Nº 7.492/86, ART. 20. APLICAÇÃO DE RECURSOS DECORRENTES DE CONTRATO FIRMADO COM INSTITUIÇÃO FINANCEIRA EM FINALIDADE DIVERSA. MATERIALIDADE. AUTORIA. COMPROVAÇÃO. USO DE DOCUMENTO FALSO. CP, ARTS. 299 E 304. TIPIFICAÇÃO. PRESCRIÇÃO. DOSIMETRIA. 1. Se o contrato de crédito firmado entre o recorrente e o BESC tinha por objeto investimentos em apicultura, a não comprovação do uso dos recursos em tal finalidade, implica infração ao art. 20 da Lei nº 7.492/86. Se o agente pratica a conduta livre e conscientemente, resta evidenciado o seu dolo. 2. A apresentação de notas fiscais ideologicamente falsas revela intenção de fraudar a real aplicação dos recursos. Falsidade que traduz iter da conduta, sendo absorvida pelo crime fim da Lei especial. 3. Se um dos agentes é condenado à pena de até dois anos, o decurso de mais de quatro anos entre a data dos fatos e a do recebimento da denúncia materializa a prescrição, acarretando a extinção da sua punibilidade (CP, arts. 107, IV, 109, V e 110, § 1º). Ao outro, presentes os requisitos do artigo 44 do CP, é deferida a substituição da pena corporal por restritivas de direitos. (TRF4, ACR 2001.04.01.074592-4, Sétima Turma, Relator Vladimir Passos de Freitas, DJ 09/04/2003)

[65] No entendimento exposto, aqui criticado, não se configuraria o crime uma vez que, mesmo que por via indireta, os valores se prestam a atender os fins a que originariamente se destinaram. No caso, "não se caracteriza o crime previsto no artigo 20 Lei nº 7.492/86 se demonstrado que o empréstimo

financiamentos destinados ao crédito rural a entidades intermediárias – no caso cooperativas – para que estas façam o rateio dos valores a seus associados não configura o crime previsto no tipo legal, segundo entendimento do Tribunal Regional Federal da Quarta Região.[66]

Assim, retratando o dinamismo das relações negociais que rege o agronegócio, notável a tendência da jurisprudência pátria em paulatinamente flexibilizar a aplicabilidade do tipo penal incriminador em debate.

### 7. O crime de desvio de financiamento – a previsão do tipo

O artigo 22 da Lei 7.492/1964 apresenta como verbo nuclear do tipo o verbete *aplicar*, compreendido na doutrina mais festejada como utilizar, destinar, dispor, gastar, os valores adquiridos de financiamento em finalidade diversa daquela disposta em lei ou contrato.

---

contraído serviu ao pagamento de outro anterior da mesma natureza (agrícola), atendendo os fins a que o crédito rural se destina. Absolvição mantida. [...]" (TRF4, ACR 2000.04.01.092988-5, Oitava Turma, Relator Élcio Pinheiro de Castro, DJ 05/06/2002). Ainda, não entendido como configurado o crime, uma vez que "a retenção, pela diretoria executiva do Banco do Estado de Goiás, de parte do financiamento relativo ao contrato de abertura de crédito fixo para exportação de bens firmado com a empresa COMING, com recursos oriundos do Banco de Desenvolvimento Econômico e Social BNDES, a pretexto de assegurar o adimplemento de outros contratos em aberto da empresa com o BEG, não caracteriza intenção de desviar financiamento. [...] Impedidos os tomadores de utilizar os dinheiro na finalidade prevista, em razão da aludida retenção, também não se lhes pode atribuir dolo pela não aplicação do financiamento nos fins contratados." (TRF1, ACR 20003500013034-9/GO, 3ª T., u., Maria Lúcia Gomes de Souza (conv.), DJ 17.11.2006). Em sentido contrário, entendido como configurado o crime, pois "comprovada a conduta descrita na denúncia em relação ao réu, por ter ele, na condição de signatário de contrato de financiamento firmado com o Banco do Brasil, utilizado os recursos em aplicação financeira (liquidação de empréstimo anterior), ao invés de custeio de atividade agrícola, e, uma vez inexistindo causas excludentes de culpabilidade ou antijuridicidade, deve ser mantida a sentença condenatória" está a decisão proferida na ACR 2003.72.00.012325-7, do TRF 4 (7ª T., u., Luiz Carlos Canalli (conv), D.E. 05/09/2007);

[66] PENAL. CRIME CONTRA O SISTEMA FINANCEIRO NACIONAL. ARTIGOS 19 E 20 DA LEI 7.492/86. CUSTEIO AGRÍCOLA. EMPRÉSTIMOS INDIVIDUAIS CONCEDIDOS ATRAVÉS DE COOPERATIVA PRESIDIDA POR DEPUTADO ESTADUAL. CIÊNCIA E CONCORDÂNCIA DO AGENTE FINANCEIRO. INEXISTÊNCIA DE FRAUDE NA OBTENÇÃO DO FINANCIAMENTO. REPASSE DOS RECURSOS À COOPERATIVA. PAGAMENTO DE ANTECIPAÇÃO DE RECEITA. VIABILIZAÇÃO DO PLANTIO. RECURSOS APLICADOS NA FINALIDADE PREVISTA. EVENTUAIS IRREGULARIDADES DEVEM SER DIRIMIDAS NO ÂMBITO ADMINISTRATIVO. CONDUTAS ATÍPICAS. INQUÉRITO ARQUIVADO. 1. Os indiciados obtiveram financiamento agrícola individual do Banco do Brasil para cultivo da safra de arroz através da intermediação da Cooperativa Arrozeira Extremo Sul, presidida por Deputado Estadual, que inclusive figurou como avalista das operações financeiras. 2. Atípica a conduta prevista no art. 19 da Lei nº 7.492/86, uma vez que o banco tinha ciência da vultosa operação financeira que realizara com os cooperativados, através de seus representantes. 3. O repasse dos valores obtidos com o custeio agrícola à cooperativa não se constitui no crime do art. 20 da Lei nº 7.492/86, uma vez que a cooperativa tornara-se credora dos cooperativados ao antecipar recursos financeiros enquanto não era liberado o valor financiado pelo banco, viabilizando o plantio da safra e colheita na época prevista. 4. Comprovada a aplicação dos recursos na finalidade contratualmente estipulada, inocorreu lesão à integridade do Sistema Financeiro Nacional, devendo eventuais irregularidades ser dirimidas no âmbito administrativo. 5. Inquérito arquivado. (TRF4, INQ 19997110009214-7, 4ª S., u., Fábio Bittencourt da Rosa, DJ 08.05.2002)

Trata-se de um crime cometido *a posteriori*, pois a conduta delituosa não está no adquirir o financiamento de modo fraudulento. Todos os estudos e requisitos necessários para a concessão do benefício são verdadeiros e comprováveis, inclusive a declaração da finalidade à qual o financiamento se destina. O delito está justamente em um segundo momento, quando, após a liberação do numerário, o seu destino acaba sendo viciado, não cumprindo com a finalidade da determinação governamental.[67]

Quanto ao seu complemento, trata-se de norma penal em branco, cujo preenchimento, segundo a doutrina, se faz com as disposições legais do programa no qual é fornecido o financiamento ou no próprio instrumento contratual. Indiferente é à luz do direito penal se tais valores são concedidos mediante instituições financeiras públicas ou privadas agindo mediante delegação ou convênio, mas sim necessário é que se tratem de recursos de origem pública, sendo atípica a conduta no caso de recursos de origem privada.[68]

Está-se, portanto, diante de crime formal, onde para a sua configuração independente é a demonstração da obtenção de vantagem alguma

---

[67] Conforme nos leciona Pimentel (1999), "trata-se de previsão de um desvio de finalidade do financiamento, o que poderia ser considerado um engano *a posteriori*, revelando que a intenção do agente não era a de cumprir a lei ou o contrato, quanto à destinação dos recursos provenientes do financiamento. [...]o solicitante, no caso desta infração, apresenta como verdadeira uma finalidade que autoriza a concessão, mas ao obter o financiamento aplica os recursos em finalidade diversa, não prevista na lei ou no contrato". (PIMENTEL, 1999, p.147)

[68] Após discussões acaloradas acerca do tema, o Supremo Tribunal Federal, quando do julgamento de questão preliminar no Recurso Ordinário em *Habeas Corpus* 75.37544, firmou entendimento de que desnecessária também à luz do Direito Penal, para fins de aceitação e recebimento da denúncia, que seja demonstrada a real destinação dos recursos desviados, bastando como necessária apenas a demonstração de que estes não foram aplicados na finalidade específica, em decisão que quedou-se assim ementada: "FINANCIAMENTO -DESTINAÇÃO -DESVIO. O tipo do artigo 20 da Lei nº 7.492/96 prescinde da indicação, na denúncia, da destinação dos recursos obtidos mediante financiamento. Cumpre ao titular da ação penal demonstrar de forma robusta o alegado desvio do numerário obtido. Assim firmou-se o elucidativo voto do Relator, Ministro Carlos Velloso, sobre o ponto: [...] Segundo a denúncia, constatou a fiscalização do Banco do Brasil que os recursos provenientes de alguns dos financiamentos foram aplicados em finalidades diversas das previstas nos contratos, pois as benfeitorias e as lavouras financiadas não foram implantadas pelo denunciado. [...] Os fatos estão expostos na denúncia. Há, no caso, no mínimo, suspeita da prática do crime do art. 20 da Lei 7.492, de 1986, que tipifica, conforme falamos linhas atrás, a conduta da pessoa que, tendo obtido financiamento de instituição financeira oficial, aplica os recursos decorrentes do financiamento em finalidade diversa da prevista em lei ou contrato. No caso, vimos que o recorrente obteve financiamento para a construção de cercas e não construiu cercas (denúncia, item 1); tomou empréstimo para plantar arroz, na Fazenda Margarida, e não plantou arroz (denúncia, item 2); o recorrente financiou o plantio de arroz irrigado na Fazenda Margarida e não implantou a cultura (denúncia, item 3); obteve financiamento para o plantio de milho irrigado na Fazenda Santa Alice/São Domingos, e não implantou a cultura (denúncia, item 4); finalmente obteve financiamento para o plantio de milho na Fazenda Santa Alice e não plantou o milho (denúncia, item 5). [...]Certo é que, não tendo aplicado as verbas na finalidade constante no contrato, desviou-as para finalidades outras. O fato de o Ministério Público não indicar em que finalidade outra a verba foi aplicada não tem relevância. A relevância está no fato, afirmado na denúncia, de que as verbas não foram aplicadas na finalidade constante no contrato [...]" (STF, RHC 75.375-2, Marco Aurélio, 2ª T., m., DJ 6.4.01).

pelo financiado, mas sim realmente importa a demonstração de que as verbas obtidas pelo financiamento não foram aplicadas na forma prevista na lei ou no contrato.[69] Outro aspecto irrelevante para a configuração do delito é a possibilidade de ressarcimento dos danos ou a realocação dos valores tidos como desviados na finalidade original antes do recebimento da denúncia como motivos bastantes para a descaracterização da pretensão punitiva estatal. Prevalece, neste caso, a regra geral do Código Penal de que eventual arrependimento posterior deve ser analisado apenas como mera atenuante genérica quando da dosimetria da pena,[70] não sendo motivo impeditivo da persecução penal.[71]

---

[69] Neste sentido, segue decisão proferida pelo Tribunal Regional Federal da Quinta Região. "PENAL. PROCESSO PENAL. APELAÇÃO CRIMINAL. CRIME CONTRA O SISTEMA FINANCEIRO NACIONAL. ART. 20, DA LEI N° 7.492/86. APLICAÇÃO IRREGULAR DE RECURSOS PROVENIENTES DO FINOR -FUNDO DE INVESTIMENTOS DO NORDESTE, LIBERADOS PELO BANCO DO NORDESTE, COM AUTORIZAÇÃO DA SUDENESUPERINTENDÊNCIA DO DESENVOLVIMENTO DO NORDESTE. FINALIDADE DIVERSA DO OBJETO CONTRATADO. DESVIO APURADO EM PROCEDIMENTO FORMAL, COM OBSERVÂNCIA AO PRINCÍPIO DA AMPLA DEFESA. CRÉDITO TRIBUTÁRIO CONSTITUÍDO. INSCRIÇÃO EM DÍVIDA ATIVA. CONDENAÇÃO À PENA DE 03 (TRÊS) ANOS DE RECLUSÃO, SUBSTITUÍDA POR PENA RESTRITIVA DE DIREITO, ALÉM DA MULTA REMANESCENTE. MANUTENÇÃO QUE SE IMPÕE. AUSÊNCIA, NA DENÚNCIA, DA DATA DO EVENTO DELITUOSO QUE NÃO AFETOU A AMPLA DEFESA, PORQUE EXPLÍCITA NO PROCEDIMENTO ADMINISTRATIVO QUE APUROU A IRREGULARIDADE DO EMPREGO DA VERBA PÚBLICA, COMO SENDO EM OUTUBRO DE 1995. AUTORIA E MATERIALIDADE ROBUSTAMENTE COMPROVADAS, A PARTIR, INCLUSIVE DO DEPOIMENTO DO DENUNCIADO. EMPENHO ACUSATÓRIO QUE NÃO RESTOU DESCONSTITUÍDO, VISTO QUE O APELO NÃO SE DESINCUMBIU DO ÔNUS DE INFIRMÁ-LO, DADO QUE TOTALMENTE DESPROVIDO DE SUSTENTABILIDADE TÉCNICO-JURÍDICA, DESCOLADO DE PROVAS INCONTESTES, A EXEMPLO DE OBJETIVA PERÍCIA CONTÁBIL CAPAZ DE PROVAR A ALOCAÇÃO REGULAR DOS HAVERES FINANCIADOS. Provam, à saciedade, o cometimento do crime em espécie, pelo diretor financeiro da empresa contratante dos recursos públicos, os documentos emanados do Processo Administrativo n° 3056.000005/96-73, instaurado pela então Superintendência do Desenvolvimento do Nordeste -SUDENE, através da Portaria GAB n° 956/96, que instituiu a Comissão Mista SUDENE/BNB, incluindo o Relatório Final da Comissão, com irrestrita observância ao princípio da ampla defesa, que apontou os elementos técnicos configuradores do desvio de verba pública e aplicação irregular de recursos oriundos do FINOR, liberados pelo BNB -Banco do Nordeste do Brasil, em total desconformidade com projeto inicialmente aprovado pela SUDENE, restando inscrito o débito na Dívida Ativa da União (fls. 27/30), para fins de cobrança judicial, apurado em março/2000, no valor de R$ 13.310.599,72 (treze milhões e trezentos e dez mil e quinhentos e noventa e nove reais e setenta e dois centavos). Precede o Relatório Final da Comissão Mista SUDENE/BNB, o Relatório de Auditoria Físico/Contábil , subscrito por profissionais do corpo técnico da SUDENE, que aponta para a positivação da malversação de dinheiro público obrada pela empresa dirigida pelo apelante. -Inegável, in casu, a presença do elemento subjetivo do tipo, a saber, o dolo traduzido na vontade livre de desviar a aplicação dos recursos públicos, em finalidade diversa da prevista no contrato de financiamento. De natureza formal, o delito do art. 20, da Lei n° 7.492/86, exaure-se com sua mera prática, atentando contra a higidez do Sistema Financeiro Nacional, independentemente de qualquer renda auferida pelo agente decorrente da aplicação diversa da prevista no contrato originário de financiamento -Ausentes quaisquer atecnias ou incongruências jurídicas, deve ser preservado o decisum em todos os seus termos e comandos. Apelação Improvida." (TRF5, AC 20008100012822-0/CE, Marcelo Navarro, 4ª T., u., 4.12.07).

[70] Regra esta exposta no artigo 16 do Código Penal: "Nos crimes cometidos sem violência ou grave ameaça à pessoa, reparado o dano ou restituída a coisa, até o recebimento da denúncia ou da queixa, por ato voluntário do agente, a pena será reduzida de um a dois terços."

De igual consequência para a concretização do delito é a localidade de aplicação dos recursos. É compreendido pela jurisprudência como configurado o crime no caso de os valores serem aplicados em lugar diverso do ajustado no contrato, uma vez que basta para a configuração do crime a não obediência aos dispositivos contratuais.[72]

A análise, portanto, da conduta delitiva foi feita nos casos acima transcritos de forma simples e direta, buscando reduzir ao mínimo a utilização de conceitos dúbios, tanto em relação à conduta do agente quanto ao objeto tutelado. Louvável a iniciativa das cortes nacionais neste sentido, uma vez que tratamos aqui de norma penal que apresenta graves defeitos no tocante à precisão técnico-jurídica.

### 7.1. Análise do tipo subjetivo

Independe de maiores discussões o apontamento do sujeito ativo direto do crime em exame. Trata-se de crime comum, onde a sujeição ativa da conduta delituosa, pode, em tese, ser atribuída a qualquer pessoa tomadora do empréstimo, se pessoa física, ou o administrador, se pessoa jurídica, não requerendo para tanto qualquer qualidade particular específica do agente.[73]

Mais especificamente no que interessa aos integrantes do Sistema Financeiro, nota-se uma tendência crescente na jurisprudência da possibilidade de imputação de coautoria e participação do administrador ou gerente da instituição financeira que liberou os valores relativos ao

---

[71] *HABEAS CORPUS*. CRIME CONTRA O SISTEMA FINANCEIRO. INÉPCIA DA DENÚNCIA. AUTORIA. EXAME APROFUNDADO DE PROVA. INVIABILIDADE. RESSARCIMENTO DO DANO. 1. A conduta descrita na exordial é típica. Ademais, a narração do fato foi precisa, apontando todos os elementos configuradores da atividade criminosa, explicitando-se o necessário a respeito da atuação de cada denunciado. 2. A destinação diversa dos recursos obtidos mediante empréstimo bancário enquadra-se, em tese, na hipótese do art. 20 da Lei nº 7.492/86. 3. Incabível exame detalhado de provas na via estreita do habeas corpus. 4. O eventual ressarcimento do dano antes do recebimento da denúncia não impede a persecução penal, uma vez que o delito em tela se consuma com o ato caracterizador do desvio de finalidade. 5. Ordem denegada. (TRF4, HC 2001.04.01.071099-5/SC, Élcio Pinheiro de Castro, 8ª T., u., , DJ 24.10.2001)

[72] Neste sentido, decisão proferida pelo Tribunal Regional Federal da Quinta Região: APELAÇÃO CRIMINAL. CRIME CONTRA O SISTEMA FINANCEIRO NACIONAL. DESVIO DE RECURSOS DE FINANCIAMENTO AGRÍCOLA. ART. 20 DA LEI Nº 7.492/86. FRAUDE CONTRATUAL E MUDANÇA NO LOCAL DA EXECUÇÃO DO CONTRATO. CONSUMAÇÃO CARACTERIZADA. Qualquer mudança acerca da execução das atividades objeto do financiamento a que se obrigou o recorrido no momento da celebração do contrato não prescinde da autorização prévia da instituição financiadora que disponibiliza o crédito para finalidade específica. A comunicação posterior não afasta o crime, tendo em vista que o tipo do art. 20 da Lei nº 7.492/86 se concretizou com o simples desvio ou aplicação em finalidade diversa da pactuada no contrato de financiamento. -Apelação provida. (TRF5, AC 99.05.16608-4/RN, Francisco Cavalcanti, 3ª T., u., , DJ 15.3.01)

[73] Conforme nos leciona Maia (1989), *"sujeitos ativos de tal conduta serão os administradores da pessoa jurídica beneficiária do financiamento ou o próprio tomador, conforme o caso, com a eventual participação dos funcionários da instituição financeira, que, na hipótese de serem funcionários públicos, cometerão este crime, e não o do artigo 315 do CP"*. (Maia, 1989, p. 126)

empréstimo.[74] Na mesma senda, presente também a possibilidade de, em juízo de cognição preliminar, de que a sujeição ativa também possa ser imputada, além do administrador, para qualquer outro preposto que, dentre suas atribuições, esteja a responsabilidade para o deferimento ou liberação de valores para financiamento.[75]

Conforme se denota do entendimento jurisprudencial vigente, por se tratar de crime onde não há a previsão de punição na sua forma culposa,[76] apenas relevante para a seara criminal a conduta dolosa, direta ou eventual, consistente na "vontade livre e consciente de aplicar os recur-

---

[74] Um exemplo deste movimento é transcrito na decisão proferida em sede de *Habeas Corpus* pelo Tribunal Regional Federal da Quarta Região: "DIREITO PENAL E PROCESSUAL PENAL. *HABEAS CORPUS*. LEI 7492/86. ART. 20. GERENTE DE INSTITUIÇÃO FINANCEIRA OFICIAL. CONCURSO DE AGENTES X DELITO DE MÃO PRÓPRIA. MATÉRIA PROBATÓRIA. 1. Diz-se dos delitos de mão própria aqueles que somente podem ser cometidos pelo autor realizando pessoalmente a conduta típica. A doutrina traz como exemplos mais claros o crime de estupro e o auto-aborto, crimes que somente podem ser cometidos por aquele que manteve conjunção carnal e pela gestante. Por mais ninguém. Entretanto, não é esta a hipótese do delito de desvio de finalidade do financiamento concedido para custear plantio agrícola, já que o tipo penal em questão tranquilamente pode permitir a concorrência de outras pessoas, como por exemplo, o gerente do banco, além do tomador do empréstimo. Ainda que assim não fosse, cairia na regra geral prevista no art. 29 do Código Penal, que estabelece que: 'quem, de qualquer modo, concorre para o crime incide nas penas a este cominadas, na medida de sua culpabilidade'. 2. As demais alegações não podem vingar, ao menos neste momento inicial das investigações, uma vez que, todas, dependem de dilação probatória, o que é inviável na estreita via do *habeas corpus*. 3. Ademais, e também é entendimento dos Tribunais, que a simples instauração de Inquérito Policial e o indigitamento criminal, ainda que com efeitos nefastos na reputação dos investigados, não comprometem absolutamente a liberdade de ir e vir do indivíduo, configurando mero procedimento preparatório, peça informativa para uma futura e eventual ação penal. 4. Ordem de habeas corpus denegada". (TRF4, HC 19990401029928-9, 2ª T., u., Vilson Darós, DJ 28/06/1999)

[75] RECURSO DE *HABEAS CORPUS*. PACIENTE DENUNCIADO COMO INCURSO NO CRIME DESCRITO NO ARTIGO 20 DA LEI 7492/86. *HABEAS CORPUS* CONCEDIDO DE OFÍCIO. MAGISTRADO A QUO DEU NOVA DEFINIÇÃO LEGAL AOS FATOS E ENQUADROU A CONDUTA DO PACIENTE NO CRIME TIPIFICADO NO ARTIGO 4º, PARÁGRAFO ÚNICO, DA LEI 7492/86, E, POR ANALOGIA APLICOU DECISÃO PROFERIDA EM OUTRO *HABEAS CORPUS* IMPETRADO PERANTE ESTE TRIBUNAL. RECONHECIMENTO DA AUSÊNCIA DE JUSTA CAUSA PARA A AÇÃO PENAL. I – O tipo penal previsto no artigo 20 da lei 7492/86 trata do crime de aplicação, em finalidade diversa da prevista em lei ou contrato, de recursos provenientes de financiamento concedido por instituição financeira oficial ou por instituição financeira credenciada para repassá-los. II – Os sujeitos ativos do citado crime serão os administradores da pessoa jurídica beneficiária do financiamento ou próprio tomador, podendo, ainda, ser cometido por funcionários da instituição financeira. III – Na hipótese dos autos, tendo em vista a possibilidade de o acusado ter cometido, em tese, o crime previsto no artigo 20 da lei 7492/86, impõe-se dar provimento a remessa *ex officio* a fim de que o paciente responda pelos fatos descritos na denúncia e ação penal contra ele seja retomada. IV – Ainda que a conduta descrita na denúncia venha a ser capitulada como gestão temerária, é de rigor a existência, em tese, de justa causa para prosseguir-se com a ação penal, pois o ato, pelo qual o paciente foi denunciado já caracteriza, ao menos um segundo ato praticado dentro do mesmo período, o que, em tese, configuraria uma hipotética gestão fraudulenta. V – Remessa *ex officio* provida para determinar que a ação penal instaurada contra o paciente retome seu curso. (TRF3, RHC 19996000002249-0/MS, Néri da Silveira, 2ª T., u., DJ 14.06.02)

[76] Muito embora no projeto de lei havia expressamente tal previsão. PIMENTEL menciona que "a sugestão da Comissão de Reforma (do Código Penal) era no sentido de incluir-se, relativamente a este crime, a previsão do comportamento culposo, consoante a redação dos §§ 1º e 2º do art. 392 do Anteprojeto elaborado por aquela Comissão". (PIMENTEL, 1989, p. 149)

sos do financiamento em finalidade que o agente sabia ser diversa dos termos do contrato originário".[77]

Tendo em vista, portanto, a atipicidade do delito em sua modalidade culposa, imprescindível se faz com que a imputação de culpabilidade aos funcionários da instituição financeira responsável pela liberação dos recursos, à título de coautoria, seja condicionada a aderência destes à conduta dos autores dolosamente.

Aspecto não menos importante de análise se dá a respeito do apontamento do sujeito passivo da conduta prevista no artigo 20 da Lei 7.492/1986.

No tocante a sujeição passiva, o tipo apresenta uma peculiaridade. Segundo a doutrina, trata-se de conduta onde presente a duplicidade de sujeitos passivos. Indiscutível que, primordialmente, o maior afetado com a conduta delituosa seja o Estado, enquanto executor da política financeira nacional. A um segundo plano, também cabível a sujeição eventual à instituição financeira liberadora dos fundos, desde que mediante comprovação do efetivo prejuízo (PIMENTEL, 1989).

A possibilidade, concretamente reconhecida por diversos autores da doutrina nacional, de apontamento da instituição financeira concessora dos valores do financiamento como sujeito passivo do crime é fator de indiscutível relevância prática, uma vez que possibilita à entidade a busca ao ressarcimento dos eventuais prejuízos em ação cível ex-delito.

### 7.2. Configuração e consumação do crime

Devido não somente às imprecisões técnicas da redação do tipo, mas principalmente às lacunas próprias das normas penais em branco, tanto a doutrina quanto a jurisprudência não encontram tranquilidade quando se tratam da configuração do crime.

Por sua vez a caracterização da consumação apresenta cenário mais pacificado na doutrina e jurisprudência atuais. Majoritário o entendimento de que se trata de crime formal, consumado quando da não aplicação dos valores nos fins contratados, sendo desnecessária a aferição de vantagem de espécie alguma por parte do agente.[78]

O complemento requerido pelo tipo, a fim de que seja caracterizada sua configuração, passa ao largo do direito penal. Conforme anterior-

---

[77] TRF5, AC 2.527/RN, Petrúcio Ferreira, 2ª T., u., DJ 29.5.02.
[78] Sobre o momento de sua consumação, didáticas as lições de Pimentel (1987) sobre o assunto: "O crime, sendo de natureza formal, consuma-se no momento em que a conduta se concretiza, isto é, no momento em que se realiza a efetiva aplicação dos recursos desviados. O resultado requisitado pelo tipo é a efetiva aplicação dos recursos, o que ocorre quando se completa a conduta aplicar". (PIMENTEL, 1987, p. 148)

mente referido, os conceitos de financiamento, finalidade específica, lei ou contrato e instituição financeira requerem subsídios de natureza administrativa, civil e financeira, ramos com os quais os operadores do direito nem sempre encontram facilidade ou familiaridade para trabalhar.

O reconhecimento do erro de tipo na conduta criminosa é de difícil configuração. A tendência jurisprudencial é pelo não reconhecimento da tese, uma vez que improvável que tanto o tomador do financiamento quando o agente que o concede apresentem ignorância sobre algum dos elementos previstos na redação do tipo penal, visto a familiaridade de suas atividades com o setor produtivo.[79][80]

---

[79] PENAL. PROCESSUAL PENAL. APELAÇÃO CRIMINAL. SISTEMA FINANCEIRO NACIONAL. LEI Nº 7.492/86, ART. 20. APLICAÇÃO EM FINALIDADE DIVERSA RECURSOS DECORRENTES DE CONTRATO FIRMADO COM INSTITUIÇÃO FINANCEIRA. MATERIALIDADE. AUTORIA. COMPROVAÇÃO. ERRO DE TIPO. INOCORRÊNCIA. DOSIMETRIA. RETIFICAÇÃO. DESNECESSIDADE. 1. Se o contrato de crédito (Cédula Rural Pignoratícia) firmado entre o recorrente e a Caixa Econômica Federal tinha por objeto o plantio de 550ha de soja, a comprovação de que apenas 219ha foram plantados, cotejada com a não devolução imediata dos valores à instituição financeira, implica infração ao art. 20 da Lei nº 7.492/86. 2. Se o agente pratica a conduta livre e conscientemente, resta evidenciado o seu dolo. 3. A alegação de que a parcela da quantia não aplicada na lavoura de soja foi redirecionada para o plantio de arroz, por não espelhar erro de tipo, também não afasta a responsabilidade criminal do agente. (TRF4, ACR 19990401129177-8, Vladimir Passos de Freitas,7ª T, u., DJ 03/07/2002)

[80] No mesmo sentido, retratamos outra decisão onde não foi reconhecido o erro de tipo alegado pelos acusados. PENAL. PROCESSO PENAL. APELAÇÃO. JUÍZO DE ADMISSIBILIDADE. CRIME CONTRA O SISTEMA FINANCEIRO NACIONAL. LEI Nº 7.492/86, ARTIGO 20. RECURSOS DE FINANCIAMENTO. APLICAÇÃO EM FINALIDADE DIVERSA DA PREVISTA NO CONTRATO. MATERIALIDADE E AUTORIA COMPROVADAS. ADIMPLEMENTO DAS OBRIGAÇÕES. DELITO FORMAL. ERRO DE TIPO. CIÊNCIA DA FINALIDADE A QUE DESTINADOS OS RECURSOS. ERRO DE PROIBIÇÃO. CIÊNCIA DA EXISTÊNCIA DA REGRA ACERCA DA ILICITUDE DO FATO. CONSEQÜÊNCIAS DO DELITO GRAVOSAS. CIRCUNSTÂNCIAS DO CRIME INERENTES À ESPÉCIE. ATENUANTE DA CONFISSÃO ESPONTÂNEA. RECONHECIMENTO. 1. Não se conhece do recurso de apelação quanto a pedido já contemplada na sentença apelada, haja vista a inexistência de interesse recursal a embasar tal pretensão. 2. A aplicação de recursos em finalidade diversa daquela prevista em contrato de celebrado pelos réus e instituição financeira oficial, para fins de custeio de insumos e bens para a aplicação na atividade agropecuária, tipifica o delito previsto no artigo 20, da Lei nº 7.492/86. 3. Comprovadas as condutas descritas na denúncia em relação aos réus, por terem eles, na condição de signatários dos contratos de financiamento firmados com o Banco do Brasil, em nome da cooperativa da qual eram gestores, utilizado os recursos em aplicação financeira (CDB/RDB), ao invés de em custeio de atividade agropecuária, e, uma vez inexistindo causas excludentes de culpabilidade ou antijuridicidade, deve ser mantida a sentença condenatória. 4. Ainda que satisfeito o débito contraído com a instituição financeira oficial, permanece íntegra a caracterização do delito previsto no art. 20 da Lei nº 7.492/86, para a qual basta que se deixe de aplicar na finalidade prevista em lei ou no contrato os recursos provenientes de financiamento concedido. 5. Demonstrado terem os réus conhecimento da natureza e da finalidade dos contratos que estavam assinando, tanto pelo nome constante em cada documento ("Cédula Rural Pignoratícia" e "Nota de Crédito Rural"), quanto pelos altos valores envolvidos nos dezesseis contratos firmados com a instituição financeira, não há como acolher a tese de ocorrência de erro sobre elementos do tipo. 6. Comprovado que os acusados sabiam da existência de regra de proibição relativa às condutas levadas a efeito, é de ser afastada a alegação de erro sobre a ilicitude do fato. 7. Sendo expressiva a quantia aplicada em finalidade diversa da prevista no contrato, o que implica efeitos anormalmente gravosos, desvinculados da normal produção do resultado típico, as conseqüências do crime devem ser consideradas como circunstância judicial gravosa. 8. O contexto em que cometido o crime (obtenção de financiamento concedido por instituição financeira oficial e a posterior aplicação dos recursos

A tentativa é tida pela doutrina como perfeitamente possível, embora ressalvada ser esta de difícil configuração. Pimentel (1989) nos leciona que "nos crimes formais a tentativa, mesmo que seja possível doutrinariamente, na pratica é de difícil caracterização, porque os atos de execução não são inequívocos e, quando chegam a sê-lo, ocorre a consumação do crime".

No tocante à possibilidade de ocorrência de concurso de crimes, é admitida a ocorrência de concurso material com o crime de obtenção fraudulenta de financiamento, previsto no artigo 19 da Lei 7.492,[81] conforme já reconhecido pelo Tribunal Regional Federal da Quarta Região.[82] No caso de concurso formal, a jurisprudência apresenta precedentes onde foi decidido no sentido de sua caracterização com o crime de defraudação de penhor, previsto no inciso III do § 2º do artigo 171[83] do Código Penal.[84]

Muito embora todo o histórico legislativo conturbado acerca da legislação vigente, as questões referentes à configuração do crime e à

---

daí provenientes em finalidade diversa da estipulada no instrumento contratual) não desborda dos limites da própria conduta prevista no tipo penal, o que, isoladamente, não tem o condão de gerar especial reprovação da conduta delituosa motivada pelas circunstâncias em que praticada. 9. É de se reconhecer a atenuante da confissão espontânea quanto aos acusados que, a despeito de terem apontado ter havido sugestão do gerente da instituição financeira para o cometimento da infração e de não saberem do caráter ilícito da conduta perpetrada, acabam por admitir como verdadeiros, perante a autoridade judicial, os fatos narrados na denúncia. (TRF4, ACR 20040401012555-8, 7ª T., u., Néfi Cordeiro, DJ 10/05/2006)

[81] Art. 19. Obter, mediante fraude, financiamento em instituição financeira. Pena – Reclusão, de 2 (dois) a 6 (seis) anos, e multa.

[82] PENAL. CRIME CONTRA O SISTEMA FINANCEIRO. EMPRÉSTIMO OBTIDO MEDIANTE FRAUDE. BANCO DO BRASIL. FINANCIAMENTO DE MILHO. ARTIGOS 19 E 20 DA LEI Nº 7.492/86. DOLO DOS TIPOS CONFIGURADOS. APELAÇÕES IMPROVIDAS. 1. Obtenção de empréstimo rurícola para plantação de milho mediante falsidades (garantias hipotecárias e pignoratícias fictícias) e utilização de empresa idônea cadastrada junto ao Banco do Brasil para realização de projetos técnicos nas lavouras. 2. Plantação inexistente. 3. Dolo dos tipos previstos nos artigos 19 e 20 da Lei 7.492/86 plenamente configurados. 4. Apelações improvidas. (TRF4, ACR 20000401073074-6, T. Esp., u., Fábio Bittencourt da Rosa, DJ 06.03.2002)

[83] Art. 171. Obter, para si ou para outrem, vantagem ilícita, em prejuízo alheio, induzindo ou mantendo alguém em erro, mediante artifício, ardil, ou qualquer outro meio fraudulento. Pena reclusão, de um a cinco anos, e multa. [...] § 2º Nas mesmas penas incorre quem: [...] III – defrauda, mediante alienação não consentida pelo credor ou por outro modo, a garantia pignoratícia, quando tem a posse do objeto empenhado.

[84] PENAL. DEFRAUDAÇÃO DE PENHOR. ART. 171, § 2º, III, E § 3º, DO CÓDIGO PENAL. CRIME CONTRA O SISTEMA FINANCEIRO NACIONAL. ART. 20 DA LEI 7.492/86. CONCURSO FORMAL. 1. A defraudação de penhor, constituído para garantir empréstimo junto ao governo federal, ofende interesse da União, fixando a competência da Justiça Federal, mesmo que os recursos sejam provenientes do Banco do Brasil, mero repassador, e executor, na condição de agente financeiro, da política agrícola do País. Inteligência do art. 109, inc. IV, CF/88. 2. A defraudação de penhor (art. 171, § 2º, inciso III, do CP: concretiza-se no momento da obtenção da vantagem ilícita, isto é, no momento da venda do bem empenhado, efetuada sem o consentimento do credor. Materialidade e autoria comprovadas. 3. Concurso formal com o crime do art. 20 da Lei nº 7.492/86, pois os recursos financiados pelo Banco do Brasil foram aplicados em finalidade diversa daquela estabelecida no contrato. (TRF4, ACR 20010401087637-0, 7ª T., u., José Luiz Borges Germano da Silva, DJ 12.06.2002)

delimitação de sua autoria já se encontram direcionadas a uma solução pacificada na jurisprudência das cortes de justiça nacionais, de modo que cabe o estudo de casos pontuais aos integrantes do Sistema Financeiro para a prevenção de imputações desnecessárias que acarretam, além do prejuízo financeiro, o desgaste de sua imagem perante a sociedade.

## 8. Considerações finais

Após tecidas estas considerações sobre alguns aspectos do crime de desvio de financiamento ao agronegócio, podemos arrolar alguns resultados conclusivos.

Na primeira parte deste ensaio, ao analisar a conceituação e estrutura do Sistema Financeiro Nacional ficou demonstrado que, primeiramente, o referido sistema, assim como todo o mercado financeiro brasileiro, é de recente desenvolvimento, cenário comum a praticamente toda a América Latina. Devido à grande influência religiosa resultante de séculos de dominação colonial ibérica, os conceitos básicos de uma economia de mercado capitalista não estão ainda solidificados, gerando uma indeterminação na delimitação de um bem jurídico a ser tutelado penalmente.

Concluímos também que a evolução legislativa do Sistema Financeiro Nacional apresenta falhas históricas. As leis que ainda hoje regem o complexo econômico brasileiro tiveram sua origem durante o regime militar, quando a tônica era a elaboração legislativa por técnicos não especializados nas ciências jurídicas, sendo eles, em sua maioria, economistas. Isto levou a inconsistências estruturais gritantes da citada legislação.

Além disso, não há na legislação nacional um conceito definitivo do que seria, ou de qual seja o alcance do chamado Sistema Financeiro Nacional. O que há são normas legais esparsas e sobrepostas, resultantes do reexame de outras preexistentes, que não visam a definir a discussão, dificultando muito a sua correta aplicação pelos operadores do Direito.

A Lei 7.492, de 16 de junho de 1986, é um exemplo claro deste cenário. Sua elaboração foi impulsionada por um momentâneo clamor popular resultado de escândalos financeiros reiterados, repercutidos amplificadamente pelos meios de comunicação de massa. Propostas legislativas sérias, elaboradas pelas mais diversas fontes íntegras foram desconsideradas. Foi aprovada, no entanto, uma legislação abolida da mais correta técnica, cujo caráter foi descrito pelo então Presidente da República como emergencial, dotada de imperfeições e carente de novos melhoramentos. O referido texto legal surgiu como resultante de um processo legislativo dirigido por técnicos carentes de maior traquejo jurídico. Não é apresentado claramente qual seria o bem jurídico a ser por ela tutelado, muito menos o alcance das relações por ela abrangidas. No seu corpo vemos disposições de natureza penal, comercial e tributária, envoltas em uma massa disforme. Não há sequer um conceito de instituição financeira integrado ao restante da legislação nacional. Esse emaranhado de regras unidas em uma só unidade legislativa é de existência condenável ante a Ciência Penal, muito embora seja algo comum na legislação pátria.

No que pertine a análise conceitual do crime de desvio de financiamento ligado à produção primária, objeto central deste estudo, tratado na seção seguinte, notam-se os mesmos defeitos já acima transcritos. Sua previsão foi transplantada da legislação italiana de modo integral, sem ser adaptada à realidade nacional, levando à desconsideração de outras propostas legislativas que, embora posteriormente reconhecidas como imperfeitas, eram dotadas de melhor técnica legislativa, retratando satisfatoriamente as necessidades locais.

Perceptível é também a falta de uma definição satisfatória de quem seriam os sujeitos ativos do crime sobre análise. As conceituações hoje conhecidas nasceram fruto da atividade jurisdicional dos pretórios nacionais que, analisando caso a caso vieram construindo noções a ser aplicadas pela jurisprudência. Tal conduta, apesar de muito valorosa, não se coaduna com a mais recomendável técnica jurídica, uma vez que atinge frontalmente o princípio constitucional da legalidade.

As considerações aventadas na parte final do presente ensaio nos demonstram que as condutas incriminadas pelo artigo 20 da Lei 7.492 não apresentam uma interpretação exaustiva, sendo necessário o exame de normas de natureza administrativa para o preenchimento de seu alcance. Muito embora se discuta se estamos ou não diante de norma penal em branco, é inegável o seu vazio conceitual, o que gera, não só aos operadores do Direito, mas também aos potenciais sujeitos ativos das condutas lá descritas, uma enorme sensação de insegurança jurídica. Ainda, muito embora a normatização complementar administrativa esteja disposta de forma clara, há em seu bojo um enorme espaço para a existência de contradições que praticamente causam a inviabilidade da persecução criminal deste tipo de conduta típica no país.

As considerações a que se chegou neste estudo preliminar podem ser consideradas apenas como um ponto de partida para novas análises do sistema dentro do âmbito do Direito Penal Econômico, apontando seus pontos fracos visando sugestões consistentes para o aprimoramento das condutas e procedimentos das instituições integrantes do Sistema Financeiro Nacional enquanto sujeito passivo direto de tais condutas criminosas.

# Referencial bibliográfico

ALFONSÍN, Ricardo Barbosa. *Dívidas agrícolas.* 2ª ed. Porto Alegre: Livraria do Advogado. 2006.

——. *Crédito rural. Questões polêmicas.* Porto Alegre: Livraria do Advogado. 2000.

BALTAZAR JR., José Paulo. *Crimes federais.* Porto Alegre: Livraria do Advogado, 5ª ed., 2010.

BARATA, Alessandro. *Criminologia crítica e crítica do direito penal.* Rio de Janeiro: Revan, 2ª ed. 2004.

BAUMANN, Zigmunt. *Em busca da política.* Rio de Janeiro: Jorge Zahar Editor, 2000.

——. *O mal-estar da pós-modernidade.* Rio de Janeiro: Jorge Zahar editor, 1998.

BECCARIA, Cesare. *Dos delitos e das penas.* São Paulo: Martin Claret, 2003.

BECK, Ulrich. Sociedade do risco – Rumo a uma nova modernidade. São Paulo: Editora 34. 2010.

BETTI, Francisco de Assis. Aspectos dos crimes contra o sistema financeiro no Brasil: Leis 7.492/86 e 9.613/98. Belo Horizonte: Del Rey. 2000.

BITTENCOURT, Cezar Roberto. "Princípios garantistas e a delinqüência do colarinho branco". *Revista brasileira de ciências criminais.* São Paulo: Revista dos Tribunais, v. 11, 1995.

CASTILHO, Ela Wiecko Volkmer de. *O controle penal nos crimes contra o sistema financeiro nacional.* Belo Horizonte: Del Rey, 1988.

COELHO, Fábio Ulhôa. *Manual de direito comercial.* 21ª ed. Saraiva, São Paulo.

COSTA, José de Faria. "O fenómeno da globalização e o direito penal económico". *Revista brasileira de ciências criminais.* São Paulo: Revista dos Tribunais, v. 34, 2001.

COSTA JR., Paulo José da., MACHADO, Charles M. e QUEIJO, Maria Elisabeth. *Crimes do colarinho branco.* 2ª ed. São Paulo: Saraiva. 2002.

D'URSO, Luiz Flávio Borges (coord.). Direito criminal contemporâneo – Estudos em homenagem ao Ministro Francisco de Assis Toledo. São Paulo: Juarez de Oliveira, 2004.

DAVID, Fernando Lopes. Dos crimes contra o sistema financeiro nacional. São Paulo: Iglu. 2003.

DUARTE, Maria Carolina de Almeida. Crimes contra o sistema financeiro nacional: uma abordagem interdisciplinar – crimes do colarinho branco. Rio de Janeiro: Forense, 2003.

ESTORILIO, Jairo Amodio. *Investigação criminal nos delitos empresariais.* Curitiba: Juruá, 2005.

FELDENS, Luciano. Tutela penal dos interesses difusos e crimes do colarinho branco. Porto Alegre: Livraria do Advogado. 2002.

FELDENS, Luciano e SCHMIDT, Andrei Zenker. *Investigação criminal e ação penal.* 2ª ed. Porto Alegre: Livraria do Advogado. 2007.

FORTUNA, Eduardo. *Mercado financeiro: produtos e serviços.* 13ª ed. Rio de Janeiro: Qualitymark. 1999.

FRANCO, Alberto Silva e STOCO, Rui (orgs.). *Leis penais especiais e sua interpretação jurisprudencial.* 7ª ed. São Paulo: Revista dos Tribunais. 2001.

GALA, Paulo e REGO, José Márcio (orgs.). A história do pensamento econômico como teoria e retórica – Ensaios sobre metodologia em economia. São Paulo: Editora 34. 2003.

GOMES, Luiz Flávio. *Princípio da ofensividade no direito penal.* São Paulo : Revista dos Tribunais. 2002.

——; BIANCHINI, André. *O direito penal na era da globalização.* São Paulo : Revista dos Tribunais. 2002.

HINKELAMMERT, Franz Josef. *Crítica à razão utópica.* São Paulo: Paulinas, 1988.

HUNT, Emery Kay; História do pensamento econômico: uma perspectiva crítica. 2. ed. Rio de Janeiro: Elsevier, 2005.

LIMA, Sebastião de e LIMA, Carlos Augusto Tosta de. *Crimes contra o sistema financeiro nacional.* São Paulo: Atlas. 2003.

LOPES JÚNIOR, Aury. *Sistemas de investigação preliminar no processo penal.* Rio de Janeiro: Lumen Juris, 2003.

——. *Direito processual penal e sua conformidade constitucional.* Vol. I. 4ª ed. Rio de Janeiro: Lumen Júris, 2009.

——. *Direito processual penal e sua conformidade constitucional.* Vol. II. 2ª ed. Rio de Janeiro: Lumen Juris, 2009.

LUCENA, Romina Batista e SOUZA, Nali de Jesus. "Políticas agrícolas e desempenho da agricultura brasileira: 1950-00". *Indicadores econômicos FEE.* Porto Alegre: Ed. UFRGS, v. 29, n. 2, 2001.

LYOTARD, Jean-François. *A condição pós-moderna.* 7ª ed. Rio de Janeiro: José Olympio, 2002.

LYRA, Roberto. *Criminalidade econômico-financeira.* Rio de Janeiro: Forense, 1978.

MACHADO, Agapito. *Crimes do colarinho branco e contrabando/descaminho.* São Paulo: Malheiros. 1998.

MAFESSOLI, Michel. *A contemplação do mundo.* Porto Alegre: Artes e Ofícios. 1995.

MAIA, Rodolfo Tigre. *Dos crimes contra o sistema financeiro nacional – anotações à lei federal n. 7.492/86.* São Paulo: Malheiros. 1999.

MAZLOUM, Ali. *Crimes do colarinho branco.* São Paulo: Síntese, 1999.

MORIN, Edgar. *As duas globalizações*: complexidade e comunicação, uma pedagogia do presente. 2ª ed. Porto Alegre: Sulina/EDIPUCRS. 2002.

PEZZINI, Ari. *O código civil de 2002 e o crédito rural.* Ijuí: Unijuí. 2005.

PIERANGELI, José Henrique; ZAFFARONI, Eugenio Raúl. *Manual de direito penal brasileiro v. 1 – parte geral.* 7ª ed. São Paulo: Revista dos Tribunais. 2007.

PIMENTEL, Manoel Pedro. *Crimes contra o sistema financeiro nacional, comentários à lei 7.492, de 16.6.86.* São Paulo: Revista dos Tribunais. 1987.

——. *Direito penal econômico.* São Paulo: Revista dos Tribunais. 1973.

PODVAL, Roberto (org.). *Temas de direito penal econômico.* São Paulo: Revista dos Tribunais. 2001.

REALE JÚNIOR, Miguel. *Instituições de direito penal.* Rio de Janeiro: Forense. 2002.

ROXIN, Claus. *Política criminal e sistema jurídico-penal.* Rio de Janeiro: Renovar. 2002.

SÁNCHEZ, Jesus-María Silva. A expansão do direito penal – aspectos da política criminal nas sociedades pós-industriais. 2ª ed. São Paulo : Revista dos Tribunais. 2002.

SANTOS, Maria Walquíria Batista dos; QUEIROZ, João Eduardo Lopes (org.). *Direito do agronegócio.* Belo Horizonte: Fórum. 2005.

SCHECAIRA, Sérgio Salomão (org.). Estudos criminais em homenagem a Evandro Lins e Silva (criminalista do século). São Paulo: Método. 2001.

SILVA, Ângelo Roberto Ilha da. *Dos crimes de perigo abstrato em face da constituição.* São Paulo: Revista dos Tribunais. 2003.

SILVA, Antônio Carlos Rodrigues da. *Crimes do colarinho branco*. Brasília: Brasília Jurídica. 1999.

SILVA, De Plácido e. *Vocabulário jurídico*. 14ª ed. Rio de Janeiro: Forense. 1998.

SILVA, Paulo Cezar da. *Crimes contra o sistema financeiro nacional. Aspectos penais e processuais da lei 7.492/86*. São Paulo: Quartier Latin. 2006.

STEIN, Ernildo. *Aproximações sobre hermenêutica*. Porto Alegre: Edipucrs, 1996.

TIEDMANN, Klaus. *Poder económico y delito: introducción al derecho penal económico y de la empresa*. Barcelona: Ariel, 1985.

TOLEDO, Francisco de Assis. *Princípios básicos de direito penal*. 4ª ed. São Paulo: Saraiva. 1994.

TORTIMA, José Carlos. *Crimes contra o sistema financeiro nacional*. 2ª ed. Rio de Janeiro: Lumen Juris. 2002.

WALD, Arnoldo. "Da interpretação da Lei n. 7.492/86 e das suas eventuais conseqüências em relação às operações das empresas de arrendamento mercantil". *Revista dos Tribunais*, v. 713. São Paulo: Revista dos Tribunais, ano 84, 1995.

# — 2 —

# Crimes contra o Sistema Financeiro Nacional: da impossibilidade de responsabilização penal dos gerentes de agência bancária pelos crimes de gestão fraudulenta e de gestão temerária de instituição financeira[1]

VICENTE CARDOSO DE FIGUEIREDO[2]

*Sumário*: 1. Introdução; 2. Dos crimes previstos na Lei 7.492/86; 2.1. Dos crimes de gestão temerária e gestão fraudulenta de instituição financeira; 2.2. Do elemento subjetivo "risco" como vetor para a compreensão do conceito de gestão temerária; 2.3. Dos sujeitos ativos; 3. Conclusões; 4. Referências bibliográficas.

## 1. Introdução

A consolidação da economia brasileira, a partir da década de 1950, levou à expansão do mercado de intermediação financeira no Brasil, onde os bancos expandiram seus negócios, tardando por *demonstrar "os primeiros sintomas de uma debilitada capacidade empresarial para administrá-los"*.[3]

Neste cenário, surgiram os primeiros instrumentos legais regulatórios das atividades bancárias, dentre eles a Lei 1.521/51, que define os crimes contra a Economia Popular. Especificamente em relação às instituições financeiras, tipificaram-se as condutas previstas nos artigos 3º, inciso IX, que criminalizando a gestão fraudulenta ou temerária de bancos ou estabelecimentos bancários, dentre outras, desde que levando-as à

---

[1] O presente artigo foi apresentado no Programa de Ascensão Profissional da Diretoria Jurídica do Banco do Brasil, como requisito para a nomeação do cargo de Assessor Jurídico II, em Outubro de 2012.
[2] Advogado. Mestrando em Ciências Criminais pela Pontifícia Universidade Católica do Rio Grande do Sul – PUCRS, Especialista em Direito Penal e Processo Penal.
[3] FORTUNA, Eduardo. *Mercado Financeiro: Produtos e Serviços*. 18ª ed. Rio de Janeiro, Editora Qualitymark, 2011, p. 3.

falência ou à insolvência, ou pelo não cumprimento de qualquer das cláusulas contratuais com prejuízo dos interessados.[4] Posteriormente, a Lei 4.595/64 veio trazer novo regramento às instituições financeiras, além de criar o Conselho Monetário Nacional, e de cominar sanções criminais a condutas atentatórias ao Sistema Financeiro Nacional.

A regulamentação e a normatização do mercado de intermediação bancária não evitou a série de escândalos financeiros ocorrida nos anos 1970, no entanto. SILVA apercebeu-se acerca das quebras de instituições financeiras de grande porte, que estas *"evidenciaram a fragilidade do sistema de fiscalização preventiva e a ausência de integridade moral e financeira de alguns gestores das organizações bancárias"*.[5] Neste escopo, o Estado brasileiro adotou uma série de medidas buscando garantir a normalidade dos mercados e os interesses dos depositantes em instituições financeiras.

O sistema de controle jurídico assentado nos tipos criminais previstos na Lei 1.521/51 e nas medidas administrativas previstas na Lei 6.024/74, que na prática mostraram-se insuficientes, levaram à aprovação, pelo Congresso Nacional, do Projeto de Lei 273/83, que redundara na Lei 7.492/86. Referida norma – conhecida como Lei dos Crimes contra o Sistema Financeiro Nacional – fora aprovada:

> [...] focando-se, especificamente, na insuficiência da regulação administrativa sobre o setor, que não logrou estancar os abusos gerenciais, sendo recorrente a necessidade de aplicação de enormes recursos na contenção dos efeitos negativos que as manobras fraudulentas e/ou temerárias lançavam no restante do sistema [...].[6]

Assim, por meio da Lei 7.492/86, o Estado brasileiro tentou superar a ineficácia dos dispositivos da Lei dos Crimes contra a Economia Popular e das regulamentações administrativas pertinentes. Referida norma legal é alvo de crítica por diversos doutrinadores, como BATISTA, que assenta que *"a lei 7.492/86 desenvolve sua aplicação nos planos da alucinação,*

---

[4] Art. 1º. Serão punidos, na forma desta Lei, os crimes e as contravenções contra a economia popular, Esta Lei regulará o seu julgamento... Art. 3º. São também crimes desta natureza: ... IX – gerir fraudulenta ou temerariamente bancos ou estabelecimentos bancários, ou de capitalização; sociedades de seguros, pecúlios ou pensões vitalícias; sociedades para empréstimos ou financiamento de construções e de vendas e imóveis a prestações, com ou sem sorteio ou preferência por meio de pontos ou quotas; caixas econômicas; caixas Raiffeisen; caixas mútuas, de beneficência, socorros ou empréstimos; caixas de pecúlios, pensão e aposentadoria; caixas construtoras; cooperativas; sociedades de economia coletiva, levando-as à falência ou à insolvência, ou não cumprindo qualquer das cláusulas contratuais com prejuízo dos interessados.

[5] SILVA, Antônio Carlos Rodrigues da. *Crimes do Colarinho Branco – comentários à Lei 7492, de 16 de junho de 1986*. Brasília: Editora Brasília Jurídica, 1999, p. 13.

[6] FELDENS, Luciano. *Gestão fraudulenta e temerária de Instituição Financeira: contornos identificadores do tipo*. In VILARDI, Celso Sanchez *et alli* (org.). *Direito Penal Econômico – Crimes Financeiros e Correlatos*. Série GV Law. São Paulo: Saraiva, 2011, p. 84.

*da memória e da realidade"*.[7] TÓRTIMA, ao seu tempo, aduz que *"as notórias imperfeições da Lei 7.492/86 não causam surpresa a tantos quantos puderam acompanhar ou conhecer o mal iluminado caminho de sua elaboração".*[8]

Em sentido oposto, SILVA defende a Lei, também conhecida como "Lei dos Crimes do Colarinho Branco":[9]

> [...] sedimentou-se em nosso sistema penal vigente, consagrando um clamor social da época e, sobretudo, hodierno, de apenação rigorosa e adequada dos maus administradores de instituições financeiras, que estariam e estão lesando o público investidor, as organizações bancárias, os acionistas e, especialmente, onerando os cofres públicos chamados a preservar a confiabilidade no sistema [...].[10]

Assim, sem afastar-se da polêmica que se espraia pelos campos doutrinários e jurisprudenciais, focalizamos o presente texto nos delitos previstos no artigo 4º, *caput* e parágrafo único da Lei 7.492/86, que tratam da gestão temerária e da gestão fraudulenta de instituição financeira.[11]

Tais tipos penais se apresentam concisos e ambíguos, redundando em dificuldades práticas na definição dos seus elementos constitutivos, em se tratando de normas penais em branco, definidas por GRECO como:

> [...] aquelas em que há uma necessidade de complementação para que se possa compreender o âmbito de aplicação de seu preceito primário. Isso significa que, embora haja uma descrição da conduta proibida, essa descrição requer, obrigatoriamente, um complemento extraído de um outro diploma – leis, decretos, regulamentos, etc. – para que possam, efetivamente, ser entendidos os limites da proibição ou imposição feitos pela lei penal, uma vez que sem esse complemento, torna-se impossível a sua aplicação [...][12]

---

[7] TÓRTIMA, José Carlos. *Crimes contra o Sistema Financeiro Nacional* – Uma contribuição ao Estudo da Lei 7.492/86. 3ª ed. 2011. Rio de Janeiro: Editora Lumen Juris, p. 23.

[8] *Idem*, p. 1.

[9] Tem-se por equivocada a denominação, tendo sido esta adotada inclusive por parte da doutrina, por exemplo, na obra de Antônio Carlos Rodrigues da Silva, intitulada "Crimes do Colarinho Branco – Comentários à Lei 7.492 de 16 de junho de 1986". O conceito de *"White collar crime"*, talhado a partir do estudo do sociólogo norte-americano Edwin Hardin Sutherland, publicado na *"American Sociological Review"* em fevereiro de 1940, partiu da comparação *"da criminalidade nas classes sociais superiores, que ele denominou "white collar class", com a criminalidade das classes inferiores, de pessoas de mais baixo status social (...)"*. Constatou que *"a diferença na implementação da lei penal se deve sobretudo à diferença de posição social dos dois tipos de criminosos"* (apud VERAS, Ryana Palas. *Nova Criminologia e os crimes do colarinho branco*. São Paulo: 2010, Martins Fontes, p. 23-28). Hermann MANNHEIM, ao seu turno, baseado no conceito de *white-collar crime* proposto por Sutherland, define os quatro elementos básicos para o enquadramento de condutas neste conceito: a) tratar-se de crime; b) cometido por pessoa respeitável; c) com elevado *status* social; d) no exercício de sua profissão. (*in Criminologia Comparada*. Tradução de José Francisco Farias Costas e Manoel da Costa Andrade. Lisboa: Fundação Calouste Gulbenkian, 1984, volume II, p. 725). Diversas outras condutas criminalizadas no sistema penal brasileiro detêm tais características, como os crimes contra a administração pública (art. 312 ao 359-H do Código Penal), por exemplo, o que demonstra a falha na adoção deste conceito para referir-se à Lei 7.492/86.

[10] SILVA, Antonio Carlos Rodrigues da. *Op. cit.*, p. 13;

[11] Art. 4º Gerir fraudulentamente instituição financeira: Pena – Reclusão, de 3 (três) a 12 (doze) anos, e multa. Parágrafo único. Se a gestão é temerária: Pena – Reclusão, de 2 (dois) a 8 (oito) anos, e multa.

[12] GRECO, Rogério. *Curso de Direito Penal: Parte Geral*, v. I. 6ª ed. Niterói (RJ): Impetus, p. 25.

Deste cenário surge a questão acerca da imputação dos crimes de gestão fraudulenta ou temerária contra gerentes de agências bancárias, sendo estes empregados das instituições financeiras, com restrita parcela de poder decisório, geralmente delimitado ao segmento de atuação da dependência bancária ou à base territorial de atuação destas, por condutas que, via de regra, poderiam ser consideradas irregulares apenas na esfera de controle disciplinar da empresa, quiçá no plano civil ou administrativo, ensejando sanções de responsabilidade civil, trabalhista ou administrativa, tanto à empresa quanto ao empregado.

Pretende-se assim analisar a possibilidade de responsabilização criminal pelas condutas de gestão fraudulenta ou de gestão temerária dos gerentes de agências bancárias, averiguando se tais crimes não seriam próprios, sendo passível de imputação apenas à alta administração da sociedade bancária, ou se a interpretação do tipo permitiria a ampliação da esfera de responsabilização criminal aos empregados comuns da instituição financeira.

## 2. Dos crimes previstos na Lei 7.492/86

Nos artigos 2º ao 23º da Lei 7.492/86 encontram-se as condutas tipificadas como crimes contra o Sistema Financeiro Nacional. Tais resguardam um regramento cuja intenção é a repressão e punição de atos que atentem contra a higidez do mesmo, no que ressalva PIMENTEL:

> [...] Embora a lei faça referência ao Sistema Financeiro Nacional, esta expressão deve ser entendida com sentido amplo, de mercado financeiro, ou mercado de capitais, abrangendo os seguros, câmbio, consórcio, capitalização ou qualquer outro tipo de poupança, que se situam no âmbito do Direito Econômico [...].[13]

Os tipos penais elencados referem-se a diversas condutas praticadas no âmbito de instituições financeiras, e em outras pessoas jurídicas que captem ou administrem seguros, câmbio, consórcio, capitalização ou qualquer tipo de poupança, bem como recursos de terceiros, ou mesmo à pessoa natural que exerça quaisquer das atividades referidas no artigo 1º, inciso I, ainda que de forma eventual (art. 1º, II), cominando pena de reclusão (exceto no crime previsto no art. 21 e parágrafo único, que trata da falsa identificação ou sonegação de informação na realização de operação de câmbio), sendo que as penas variam entre um e doze anos, prevendo também a aplicação de multa em todas as condutas arroladas.

Vislumbra-se que o bem jurídico tutelado pelas condutas criminalizadas pela Lei 7.492/86 é o que VIEIRA define como "o *bom funciona-*

---

[13] PIMENTEL, Manoel Pedro. *Crimes Contra o Sistema Financeiro Nacional (Comentários à Lei 7.492 de 16.6.1986)*. São Paulo: Revista dos Tribunais, 1987, p. 27.

*mento do sistema financeiro nacional, espécie do bem jurídico mais geral ordem econômica"*.[14] Neste escopo, o sistema financeiro caracteriza-se como um bem jurídico supraindividual (ou transindividual, de acordo com BALTAZAR JÚNIOR[15]), no qual se destacam: a organização do mercado, a regularidade dos seus instrumentos, a confiança neles exigida e a segurança dos negócios.

PRADO delimita com precisão o bem jurídico tutelado pela Lei Penal em debate:

> [...] Em termos gerais, o bem jurídico tutelado neste diploma é, fundamentalmente, o sistema financeiro nacional consistente no conjunto de instituições (monetárias, bancárias e sociedades por ações), e do mercado financeiro (de capitais e valores mobiliários). [...][16]

TÓRTIMA, ao seu tempo, frisa que "secundariamente, protegem-se, através de severa ameaça penal, os investidores e o próprio mercado financeiro das funestas consequências de possíveis quebras de instituições, causadas pela cupidez ou irresponsabilidade de seus gestores".[17]

O artigo 26 da lei em discussão define a competência da Justiça Federal para processamento e julgamento dos crimes contra o Sistema Financeiro, sendo que a ação penal será pública incondicionada.[18]

Encontram-se no artigo 4º e parágrafo único da Lei dos Crimes Contra o Sistema Financeiro Nacional as condutas tipificadas de gestão temerária e de gestão fraudulenta de instituições financeiras.

### 2.1. Dos crimes de gestão temerária e gestão fraudulenta de instituição financeira

Importante conceituar instituição financeira, para fins de incidência dos crimes previstos na Lei 7.492/86, como a pessoa jurídica de direito público ou privado que tenha como atividade (principal ou acessória; cumulativamente ou não), a captação, intermediação ou aplicação de recursos financeiros de terceiros, em moeda, nacional ou estrangeira, ou a custódia, emissão, distribuição, negociação, intermediação ou administração de valores mobiliários, no que se extrai do seu artigo 1º.

---

[14] VIEIRA, Vanderson Roberto. *"Criminalidade econômica – considerações sobre a lei 7.492/86 (lei do colarinho branco), que define os crimes contra o sistema financeiro nacional"*. Internet. Disponível em http://www.faimi.edu.br/v8/RevistaJuridica/Edicao3/crimes%20financeiros%20-%20vanderson.pdf, acesso em 28.08.2012.

[15] BALTAZAR JÚNIOR, José Paulo. *Crimes Federais*. 8ª ed. Livraria do Advogado. Porto Alegre, 2012, p. 378.

[16] PRADO, Luiz Régis. *Direito Penal Econômico*. 3ª ed. São Paulo: Revista dos Tribunais, 2009, p. 152.

[17] TÓRTIMA, José Carlos. *Op. cit.*, p. 32.

[18] PRADO, Luiz Régis. *Op. cit.*, p., 168.

Na sequência, encontramos as instituições equiparadas às instituições financeiras, para fins de aplicação da lei penal, no parágrafo único.[19]

Sobre o artigo 1º, MAIA afirma tratar-se de norma penal explicativa, qual seja:

> [...] sua função é a de explicitar algum conceito com reflexos, muitas vezes, na tipicidade. [...] O conceito de instituição financeira é nuclear à compreensão e à aplicação da Lei de Regência [...]. O preceito alicerça-se sobre a dicotomia instituições financeiras propriamente ditas e instituições financeiras por equiparação, quer públicas quer privadas, e incluindo-se indivíduos, tendo por fio condutor a captação, intermediação e gestão de recursos colhidos de terceiros.[20]

Ao seu tempo, PIMENTEL assevera acerca do conceito de instituição financeira veiculado no artigo 1º da norma em estudo:

> [...] É amplíssimo o conceito, alargado ainda mais com as disposições dos ns. I e II do parágrafo único deste artigo, que equipara à instituição financeira a pessoa jurídica que capte ou administre seguros, câmbio, consórcio, capitalização ou qualquer tipo de poupança, ou recursos de terceiros, bem como a pessoa natural que exerça quaisquer das atividades referidas no artigo, ainda que de forma eventual (...) A rede de proteção lançada pelo art. 1º e seu parágrafo único foi trançada como uma malha fina, para que não escapasse conduta alguma, lesiva ou perigosa, contra o Sistema Financeiro Nacional, razão pela qual o dispositivo legal tornou-se excessivamente amplo [...].

Podemos afirmar assim que a incidência da Lei 7.492/86 se limita às instituições financeiras propriamente ditas, conceituadas no artigo 1º da referida norma e àquelas equiparadas, em conformidade com o parágrafo único da referida lei.

Os tipos penais que definem os crimes de gestão temerária e de gestão fraudulenta de instituição financeira, para BITTENCOURT e BREDA, se caracterizam como crimes pluriofensivos,[21] em que a pretensão do legislador é *"tutelar mais de um bem jurídico, destacando-se fundamentalmente o sistema financeiro brasileiro contra gestões fraudulentas ou arriscadas levadas a efeito por seus controladores, administradores diretores e gerentes"*.[22]

Em conceito oriundo da Ciência da Administração, DIAS define que gerir é "lançar mão de todas as funções e conhecimentos necessários para

---

[19] Art. 1º [...] Parágrafo único. Equipara-se à instituição financeira: I – a pessoa jurídica que capte ou administre seguros, câmbio, consórcio, capitalização ou qualquer tipo de poupança, ou recursos de terceiros; II – a pessoa natural que exerça quaisquer das atividades referidas neste artigo, ainda que de forma eventual.

[20] TIGRE MAIA, Rodolfo. *Dos Crimes contra o Sistema Financeiro Nacional – Anotações à Lei Federal 7492/86*. São Paulo: Malheiros, p. 29.

[21] Característica também apontada por MANOEL PEDRO PIMENTEL. *Op. cit.*, p. 55.

[22] BITTENCOURT, Cezar Roberto; BREDA, Juliano. *Crimes contra o Sistema Financeiro Nacional & Contra o Mercado de Capitais*. Rio de Janeiro: Lumen Juris, 2010, p. 36.

através de pessoas atingir os objetivos de uma organização de forma eficiente e eficaz".[23]

De outra banda, BITTENCOURT e BREDA referem que o verbo nuclear do tipo gerir *"deve ser interpretado à luz da própria função de instituição financeira, insculpida no art. 1º da Lei 7492/86"*.[24] Prosseguem, subsumindo que o caráter abstrato dessa descrição típica *"faz com que sejam subsumidas uma infinidade de práticas do mercado financeiro"*.

FELDENS suscita que "sob a perspectiva objetiva, há de se vincular o verbo nuclear ao universo de atos praticados pelos gestores enquanto tais, ou seja, atos de gerência ou direção tomados na própria instituição".[25]

No tocante à tipificação, MAIA assevera que a conduta tida como fraudulenta pode ser qualquer ação ou omissão passível de enganar ou ludibriar terceiros, induzindo-os ao erro, falsa representação da realidade ou ignorância desta, por meio de artifícios, com o fito de aferir vantagem.[26]

Ao que se refere à abrangência das condutas fraudulentas que se enquadram nos tipos penais em questão, SILVA aponta que:

> [...] apesar do tipo aberto lançado pela norma, a doutrina e jurisprudência, ao interpretarem-no, deixaram assentado que, entre outros requisitos para configurar essa modalidade de crime, é necessário que tenha havido fraude na administração da instituição e que ela de alguma forma haja causado prejuízo ou colocado em risco a saúde financeira ou administrativa da entidade, assim como tais condutas não sejam praticadas de forma solitária ou isolada no universo de outras próprias de gestão, executadas pelo agente, sendo ainda indispensável a presença do dolo específico para prática desse tipo penal. [...].[27]

FELDENS leciona que "embora a fraude seja elemento do delito, este não se esgota na fraude, senão que requer um resultado por ela intermediado".[28]

Neste tento, temos que para enquadrar uma conduta no tipo penal de gestão fraudulenta de instituição financeira, são requisitos: a) que a gravidade da fraude não seja passível de resolver-se por meio de sanções cíveis (indenização, execução forçada, etc.) ou trabalhistas; b) que a frau-

---

[23] DIAS, EMERSON DE PAULO. *Conceito de Gestão de Administração: uma revisão crítica*. Revista Eletrônica de Administração – Facef, volume I, Edição I, Julho-Dezembro de 2002. Versão disponível na internet: http://legacy.unifacef.com.br/rea/edicao01/ed01_art01.pdf, acesso em 06.09.2012.
[24] BITTENCOURT, CEZAR ROBERTO; BREDA, JULIANO. *Op. cit.*, p. 40.
[25] FELDENS, Luciano. *Op. cit.*, p. 99.
[26] MAIA, Rodolfo Tigre. *Op. cit.* p. 55.
[27] SILVA, Jorge Vicente. *Gestão fraudulenta, apropriação e desvio de valores. Crime único ou concurso de crimes?* Revista de Doutrina da 4ª Região, Porto Alegre, n. 14, setembro 2006. Internet: Disponível em: http://www.revistadoutrina.trf4.jus.br/artigos/edicao014/Jorge_Silva.htm. Acesso em 05.09.2012.
[28] FELDENS, Luciano. *Op. cit.*, p. 101.

de tenha causado efetivo prejuízo à instituição financeira; c) que tenha sido originada de ações reiteradas, e não isoladas; d) dolo específico.

Desse modo, verifica-se que o crime em debate se enquadra como habitual,[29] no que constatou SILVA:

> [...] o referido núcleo, gerir, é predicado verbal de natureza habitual, evidenciando condutas reiterativas, repetitivas no tempo e no espaço. Gerir significando administrar, reger e governar, não se consuma com apenas um ato de gestão, de gerência, de administração ou de governo, exige, necessariamente, uma sucessão de atos apreciáveis num determinado contexto e lapso temporal [...][30]

Acerca do aspecto subjetivo do tipo, a conduta deve ser necessariamente dolosa, ao tempo em que o tipo subjetivo é composto pelo dolo, direto ou eventual, isto é, pela consciência e vontade de gerir fraudulentamente instituição financeira, não havendo previsão da modalidade culposa para o delito de gestão fraudulenta.[31]

Ao partir para a análise do crime de gestão temerária de instituição financeira, cumpre-nos demarcar a diferença entre esta conduta e a de gestão fraudulenta, na definição de TÓRTIMA:

> [...] Verificam-se, portanto, duas marcantes e essenciais diferenças, na conduta do agente, a distinguir a gestão fraudulenta da temerária. Na primeira, o sujeito age dissimuladamente (fraudar significa ludibriar, enganar, levar a erro, mediante ardil), operando através de artifícios engenhados para encobrir a fraude. Já na gestão temerária, o agente, em regra, atua abertamente, não necessitando de artifícios para executar as operações perdulárias ou de alto risco para o patrimônio da instituição e dos investidores. [...].[32]

OLIVEIRA, por outro lado, trata de apontar a diferença nas condutas no aspecto subjetivo das ações criminalmente tipificadas:

> [...] Os crimes de gestão fraudulenta e gestão temerária em Instituição Financeira encerram conceitos efetivamente distintos, fulcrados principalmente no animus do agente – a busca de encobrir ou alcançar negócio ilícito, para o primeiro tipo penal, e a situação de aventurança com o dinheiro dos correntistas, poupadores e investidores, para o segundo. [...].[33]

Neste aspecto, requer-se igualmente o dolo, mas este especificamente em sua modalidade eventual. O sujeito deve agir com dolo, *"antecipan-*

---

[29] Juliano Breda conceitua crime habitual como aquele em que "o fato isolado não constitui em fato típico. A tipicidade se verifica na repetição de uma conduta isoladamente atípica". In *Gestão Fraudulenta de Instituição Financeira e Dispositivos processuais da Lei 7492/86*. Rio de Janeiro: Renovar, 2002, p. 101.

[30] SILVA, Antonio Carlos Rodrigues da. *Op. cit.*, p. 48.

[31] PRADO, Luiz Régis. *Op. cit.*, p. 164.

[32] TÓRTIMA, José Carlos. *Op. cit.*, p. 38.

[33] OLIVEIRA, Leonardo Henrique Mundim Moraes. *Crimes de Gestão Fraudulenta e Gestão Temerária em Instituição Financeira*. Internet: Disponível em http://www.cesarkallas.net/arquivos/livros/direito/00716%20-%20Crimes%20de%20Gest%E3o%20Fraudulenta%20e%20Gest%E3o%20Temer%E1ria%20em%20Institui%E7%E3o%20Financeira.pdf, acesso em 10.09.2012.

*do mentalmente e querendo a situação de alto risco, extraordinário risco",[34] no que ressalva* TÓRTIMA:

> [...] Ao contrário do que pode sugerir a expressão temerária, a mera imprudência do agente não chega a configurar o ilícito penal em tela, por ser inadmissível a punição penal apenas culposa, salvo quando a lei expressamente permite (art. 18, parágrafo único do Código Penal).[35]

No tocante à habitualidade, *"a caracterização dos crimes em análise está a exigir a reiteração, pelo agente, dos atos fraudulentos ou temerários (...)",*[36] denotando igualmente a necessária habitualidade para a qualificação da conduta de gestão como temerária.

MANTECCA, ao seu tempo, ensina que:

> A gestão temerária traduz-se pela impetuosidade com que são conduzidos os negócios, o que aumenta o risco de que as atividades empresariais terminem por causar prejuízos a terceiros, ou por malversar o dinheiro empregado na sociedade infratora.[37]

Conceitualmente, TÓRTIMA assevera que a gestão temerária "deve ser entendida a atuação potencialmente ruinosa dos gestores da instituição financeira, com a plena assunção dos riscos, de tal maneira de agir (dolo eventual)".[38]

As instituições financeiras demandam capital alheio para a consecução de suas atividades, em prática conhecida como "alavancagem",[39] o que é demonstrado por FELDENS:

> [...] O sistema financeiro nacional serve tanto a superavitários quanto a deficitários. Os primeiros ali investem, encontrando uma remuneração pelo capital aportado; os últimos ali investem, pagando um preço pela possibilidade de terem antecipados os recursos para a realização de seus projetos. (...) A intermediação financeira tem, assim, a capacidade de aumentar a quantidade de formação de capital (v.g. pelo incentivo à poupança), possibilitando que grandes somas excedentes seja redistribuídas, tornando possíveis maiores investimentos, bem como é capaz de propiciar um alargamento no consumo.[40]

Em sendo função precípua de um Banco intermediar agentes superavitários e deficitários, além de outras atribuições referentes à prestação de serviços conforme a segmentação do mercado de clientes bancários

---

[34] REALE JUNIOR, Miguel. *Problemas penais concretos.* São Paulo: Malheiros, 1997, p. 24 e 25.
[35] TÓRTIMA, José Carlos. *Op. cit.,* p. 43.
[36] *Idem,* p. 34.
[37] MANTECCA, Paschoal. *Crimes contra a economia popular e sua repressão.* São Paulo: Saraiva, 1989, p. 41.
[38] TÓRTIMA, José Carlos. *Op. cit.,* p. 36.
[39] Alavancagem financeira "consiste em tomar recursos de terceiros a um determinado custo e investir esses recursos em sua atividade a uma taxa de retorno maior que o custo de captação deste capital, sendo que essa diferença se apresenta como ganho do proprietário". *In:* ASSAF NETO, Alexandre. *Finanças Corporativas e Valor.* 3ª ed. São Paulo: Atlas, 2010.
[40] FELDENS, Luciano. *Op. cit.,* p. 85.

(que atualmente divide-se em varejo, atacado e governo),[41] resta verificável o risco inerente de sua atividade – lidar com patrimônio de terceiros de forma a garantir rentabilidade e segurança tanto para si quanto para os clientes – gerindo tal risco de forma estratégica, por meio de uma política de governança corporativa ética e transparente.

*2.2. Do elemento subjetivo "risco" como vetor para a compreensão do conceito de gestão temerária*

Nos parágrafos anteriores, utilizou-se a palavra "risco", sem entretanto conceituá-lo. BERGAMINI JUNIOR leciona que risco *"é a possibilidade de ocorrência de um evento adverso para uma situação esperada"*.[42]

CAPELETTO, MARTINS e CORRAR definem, na ciência das finanças, que "o risco é a probabilidade de não obter o retorno esperado no investimento realizado. (...) O risco é definido como a própria variância do retorno. Quanto maior a amplitude desse desvio, maior será o resultado exigido para compensar o risco assumido".[43]

Na busca por uma definição precisa de risco, DAMODARAN traz a lição de HOLTON, que defende a ideia de que, para a configuração do risco, são necessários dois ingredientes: *"O primeiro é a incerteza sobre os prováveis resultados de um experimento, e o segundo é o fato de que os resultados obtidos precisam ser relevantes em termos de utilidade"*.[44]

KNIGHT difere o risco quantificável objetivamente e o risco subjetivo:

> [...] A incerteza precisa ser considerada com um sentido radicalmente distinto da noção comumente aceita de Risco, da qual nunca foi adequadamente separada... o aspecto essencial está no fato de "risco" significar, em alguns casos, uma variável passível de ser medida enquanto em outros termos não aceita esse atributo; além disso, há enormes e

---

[41] FORTUNA ressalva que, na atualidade, "a atividade bancária brasileira possui características próprias. O nosso banco tem múltiplas funções. Muitas tarefas, às vezes consideradas até como estranhas à área financeira, acabam sendo transferidas aos bancos, que souberam, de alguma forma, assimilar essas peculiaridades". Os bancos passaram a oferecer diversas outras modalidades de serviços aos seus clientes, de forma cada vez mais rápida e sofisticada. E que "a facilidade de atendimento ao grande público levou os órgãos da administração pública a utilizar intensamente a rede bancária nacional na arrecadação de sua receita. Junto com esses recebimentos, surgiram outras atribuições, tais como o pagamento a funcionários públicos e beneficiários da Previdência, assim como a prestação de serviços burocráticos-administrativos, que obrigaram a estabelecimentos bancários a criar controles para posterior informação ao Governo e clientes". *Op. cit.*, p. 11.

[42] BERGAMINI JUNIOR, Sebastião. *Controles Internos como Instrumento de Governança Corporativa.* Revista do BNDES, 2005, p. 5.

[43] CAPELETTO, Lucio Rodrigues; MARTINS, Eliseu; CORRAR, Luiz João. Mensuração do Risco Sistêmico no Setor Bancário com Variáveis Contábeis e Econômicas. In: Trabalhos para discussão nº 169. Banco Central do Brasil. p. 7.

[44] *Apud* DAMODARAN, Aswath. *Gestão Estratégica do Risco: uma referência para a tomada de riscos empresariais.* Tradução de Félix Nonnenmacher. São Paulo: Artmed, 2008, p. 23.

cruciais diferenças nas consequências desses fenômenos, dependendo de qual dos dois esteja realmente presente e operante... está claro que uma incerteza mensurável, ou o risco propriamente dito, na acepção que utilizaremos, é tão diferente de uma incerteza não-mensurável, que não se trata, de forma alguma, de uma incerteza (...).[45]

Neste espraio, AMARAL, BRAGA, FREITAS e NEVES alinham com precisão que *"todos os agentes econômicos, incluindo as organizações empresariais, estão submetidos a diversos tipos de riscos"*.[46]

Assim, em sendo a gestão do risco processo elementar na administração de instituições financeiras, a expressão "temerária", constante do tipo incriminador previsto no parágrafo único do artigo 4º da Lei 7.492/86, mostra-se ambígua, sobre o que constata TÓRTIMA:

[...] a fórmula singularmente vaga e abrangente, adotada pelo legislador na redação do art. 4º e, sobretudo, de seu parágrafo único, propicia grande insegurança jurídica na aplicação de tais normas. [...].[47]

PRADO também critica o uso do elemento normativo *"gestão temerária"*, asseverando que:

[...] como não houve nenhuma distinção no caso de a gestão temerária trazer prejuízos ou benefícios, entende-se que é bastante sua ocorrência para que o delito reste configurado. (...) É claro que, agindo dessa forma, o legislador de 1986 desrespeitou o princípio da legalidade, no aspecto da taxatividade (...), e deixou para o julgador a delimitação exata desse conceito, ou seja, é o critério subjetivo que deverá ser utilizado para precisá-lo.[48]

Ao diagnosticar a demonstrada dificuldade de interpretação originada na ambiguidade da expressão "gestão temerária", FELDENS sugere o conceito de "risco sistêmico" como horizonte compreensivo do tipo penal em debate.[49] CAPELETTO, MARTINS e CORRAR conceituam risco sistêmico como

[...] o grau de incerteza existente no sistema, resultante de variações no nível de risco de crédito, da taxa de juros e de câmbio. A mensuração é feita pelo impacto da variação do risco sobre o patrimônio líquido do sistema. Quanto maior a perda não esperada, potencial em relação ao patrimônio líquido, maior é o risco sistêmico.[50]

Temos assim o risco sistêmico como aquele em que o não cumprimento das obrigações contratuais por um participante pode gerar uma reação em cadeia de dificuldades financeiras maiores.[51] BARTHOLOMEW

---

[45] DAMODARAN, Aswath. *Op. cit.*, p 23.
[46] AMARAL, Isis de Castro; Braga, Marcelo José; FREITAS, Alan Ferreira; NEVES, Mateus de Carvalho reis. Gerenciamento dos riscos operacionais: os métodos utilizados por uma cooperativa de crédito. In: *Revista de Contabilidade e Organizações* – FEARP/USP, v. 3, n. 7, set-dez 2009, p. 93-108.
[47] TÓRTIMA, José Carlos. *Op. cit.*, p. 32.
[48] PRADO, Luiz Régis. *Op. cit.*, p. 163.
[49] FELDENS, Luciano. *Op. cit.*, p. 85;
[50] CAPELETTO, Lucio Rodrigues *et alli*. *Op. cit.*, p. 11.
[51] Idem, p. 10.

e WHALEN tratam do risco sistêmico como *"um evento com efeito em todo o sistema econômico financeiro, e não apenas em poucas instituições"*.[52]

Desta forma, mitigar o risco sistêmico é a uma das funções basilares tanto do Estado, em cumprimento à obrigação que lhe fora diligenciada pelo art. 192 da Constituição de 1988,[53] na forma da regulação administrativa e de legislação, inclusive penal; quanto das instituições financeiras, por meio da autorregulação, para evitar o evento de perda de confiança dos credores do sistema financeiro, o que pode levar a uma crise sistêmica, no que explana FELDENS:

> [...] Nesses termos, o controle do risco sistêmico – na perspectiva de uma perda de confiança seguida de uma sucessividade de perdas – torna-se a maior preocupação dos reguladores dos sistemas financeiros, figurando, também, como o horizonte compreensivo da intervenção jurídico-penal no setor [...].[54]

Por certo, o Direito Penal "não se ocupa de todas as hipóteses geradoras de risco sistêmico, na medida em que este pode advir de uma prática externa à gestão da instituição financeira *stricto sensu*.[55]

Constata-se assim que apenas a situação de administração bancária que gere risco sistêmico de crise generalizada em todo o Sistema Financeiro enquadra-se no tipo penal da gestão temerária de instituição financeira, sendo que tal raciocínio aplica-se igualmente ao delito de gestão fraudulenta. Deste aspecto surge a questão central da presente investigação: quem são os sujeitos passíveis de responsabilização penal por tais condutas?

## 2.3. Dos sujeitos ativos

O artigo 25 da Lei 7.492/86 define os sujeitos ativos dos crimes previstos nesta norma: o controlador e os administradores da instituição financeira, assim definindo os diretores e gerentes desta. O parágrafo primeiro equipara o interventor judicial, o liquidante ou o síndico[56] a estes.[57]

---

[52] CAPELETTO, Lucio Rodrigues *et alli*. *Op. cit.*, p. 10.

[53] Art. 192. O sistema financeiro nacional, estruturado de forma a promover o desenvolvimento equilibrado do País e a servir aos interesses da coletividade, em todas as partes que o compõem, abrangendo as cooperativas de crédito, será regulado por leis complementares que disporão, inclusive, sobre a participação do capital estrangeiro nas instituições que o integram.

[54] FELDENS, Luciano. *Op. cit.*, p. 89.

[55] Idem, p. 90.

[56] Insta apontar que a Lei 11.101, de 9 de fevereiro de 2005, substituiu a figura do síndico da massa falida pelo administrador, que segundo o artigo 21 da respectiva lei, será advogado, economista, administrador de empresas ou contador, ou pessoa jurídica especializada, atuando tanto no procedimento de recuperação judicial quanto no de falência. Seus encargos estão elencados no artigo 22 da referida norma legal.

[57] Art. 25. São penalmente responsáveis, nos termos desta lei, o controlador e os administradores de instituição financeira, assim considerados os diretores, gerentes (Vetado). § 1º Equiparam-se aos administradores de instituição financeira (Vetado) o interventor, o liquidante ou o síndico.

Neste ensejo, alude TÓRTIMA tratarem o artigo 4º e seu parágrafo de crimes próprios, pois podem ser cometidos por pessoas que detenham uma particular condição,[58] no caso, o administrador ou controlador da instituição financeira, ou os sujeitos equiparados a estes (interventor judicial, liquidante ou síndico),[59] o que é corroborado por MAIA[60] e PIMENTEL, que complementa: *"O sujeito ativo desta infração é próprio, pois somente as pessoas que tenham a condição de gerir a instituição financeira poderão ser sujeito ativo"*.[61]

Assim, analisemos a questão acerca da responsabilização penal de gerentes de Agência bancária pelas condutas de gestão fraudulenta e/ou temerária de instituição financeira. TÓRTIMA suscita a querela, expondo-a nos seguintes termos: *"Questão que tem provocado controvérsia, inclusive na jurisprudência, é saber se o gerente de agência bancária, ou até mesmo o chamado gerente de contas, podem responder como autores do crime"*.[62]

O gerente de agência bancária é o preposto da Instituição Financeira, detentor de poderes outorgados por esta via instrumento procuratório, para a administração de uma dependência desta. Na forma do artigo 62, II da CLT,[63] são os exercentes de cargos de gestão, e que de acordo com o parágrafo único, percebam gratificação de função não inferior a 40% sobre o salário efetivo.

Cabe-lhes, por delegação, a gestão dos interesses do Banco na área de atuação da unidade, dentro dos critérios definidos pelos órgãos diretivos responsáveis pela organização da Instituição Financeira (segmentação de mercado, área geográfica, por exemplo), competindo-lhe gerir os negócios do Banco dentro das alçadas que lhe forem delegadas.

Alinhavando-se o reconhecimento de que o bem jurídico tutelado pela norma é a higidez do sistema financeiro nacional, com o vetor interpretativo de enquadramento nos crimes de gestão temerária e/ou fraudulenta apenas para aquelas condutas que gerem risco sistêmico, e da constatação que o Gerente de Agência é um mero preposto da instituição bancária, outorgado de poderes definidos pelo Conselho de Administra-

---

[58] Neste sentido GUILHERME NUCCI firma que "são próprios os crimes que exigem sujeito ativo especial ou qualificado, isto é, somente podem ser praticados por determinadas pessoas". In: *Manual de Direito Penal – Parte Geral e Especial*. 2ª ed. São Paulo: Revista dos Tribunais, 2006, p. 166.

[59] TÓRTIMA, José Carlos. *Op. cit.*, p. 45.

[60] MAIA, Rodolfo Tigre. *Op. cit.*, p. 62.

[61] PIMENTEL, Manoel Pedro. *Op. cit.*, p. 50.

[62] TÓRTIMA, José Carlos. *Op. cit.*, p. 45.

[63] Art. 62. Não são abrangidos pelo regime previsto neste capítulo: [...] II – os gerentes, assim considerados os exercentes de cargos de gestão, aos quais se equiparam, para efeito do disposto neste artigo, os diretores e chefes de departamento ou filial. Parágrafo único – O regime previsto neste capítulo será aplicável aos empregados mencionados no inciso II deste artigo, quando o salário do cargo de confiança, compreendendo a gratificação de função, se houver, for inferior ao valor do respectivo salário efetivo acrescido de 40% (quarenta por cento).

ção da Instituição Financeira, com alçada reduzida de atuação perante o público-alvo da dependência, coaduna-se com o postulado de TÓRTIMA, que entende incabível que Gerentes de Agência bancária possam responder como autores dos crimes em questão, *"pela singela razão de que tais funcionários, vinculados à instituição bancária por contrato de trabalho regidas pela legislação trabalhista, não pertencem aos quadros dirigentes da entidade"*.[64]

Nesta seara, não se vislumbra que uma atuação fraudulenta, ou mesmo temerária daqueles empregados da instituição financeira com poderes decisórios restritos, adstritos a uma dependência com um número limitado de clientes, possa ocasionar situação de risco que gere uma crise sistêmica, o que redundaria em efetiva agressão ao bem jurídico tutelado pela norma – o correto funcionamento do Sistema Financeiro Nacional.

GOMES, sinteticamente, alude que "o art. 25 da Lei 7.492/86 limitou a responsabilidade penal, apenas, aos controladores, administradores, o interventor, o liqüidante ou o síndico de instituição financeira".[65]

Por outro lado, MAIA assenta seu posicionamento, divergente dos expostos anteriormente:

> [...] deve ser entendido, apenas, como um mero indicativo, sem valor absoluto, em matéria de imputação, de que se o tipo penal tiver por pressuposto uma atuação ou uma qualidade característica de pessoa jurídica serão os indicados aqueles que, no âmbito da instituição financeira, responderão pela prática do ilícito, se o mesmo não contiver disposição expressa sobre a matéria de autoria. Trata-se de presunção *juris tantum*, porque a própria lei contém dispositivos que são próprios de sujeitos ativos não indicados no dispositivo (v.g. arts. 14 e 23) e porque a matéria subordina-se às normas gerais vigentes no Código Penal, acerca do concurso de agentes (art. 29 do CP).[66]

Depreende-se a imprecisão do legislador na redação do artigo 25 da Lei 7.492/86, que define os crimes contra o sistema financeiro como próprio dos controladores e administradores de instituição financeira, considerando estes seus diretores e gerentes, e por equiparação, o interventor, o liquidante ou o administrador da massa falida ou da recuperação extrajudicial.

Assim, e em respeito ao princípio da reserva legal, apenas os controladores (assim entendidos a pessoa natural que é titular de direitos de sócio que lhe assegurem, de modo permanente, a maioria dos votos nas deliberações da assembleia geral e o poder de eleger a maioria dos administradores da companhia e usa efetivamente seu poder para dirigir as

---

[64] TÓRTIMA, José Carlos. *Op. cit.*, p. 45.

[65] GOMES, Reginaldo Gonçalves. *Do sujeito ativo nos crimes contra o Sistema Financeiro Nacional.* Internet: disponível em <http://jus.com.br/revista/texto/2655/do-sujeito-ativo-nos-crimes-contra-o-sistema-financeiro-nacional#ixzz271KXB9RB>, acesso em 20.09.2012.

[66] MAIA, Rodolfo Tigre. *Op. cit.*, p. 144.

atividades sociais e orientar o funcionamento dos órgãos da companhia, nos termos do artigo 116 da Lei 6.404/76), os detentores de cargos de alta administração – Presidente, Vice-Presidentes, Diretores e Executivos – nos termos do Estatuto Social, das Normas Internas de organização, com poderes bastantes para que suas ações de gestão – quando fraudulentas ou temerárias – violem efetivamente o bem jurídico protegido (sanidade do sistema financeiro nacional), causando risco que possa ocasionar crise sistêmica no mercado, no caso da gestão tida como temerária.

De outra banda, entendemos que o gerente de agência bancária, no caso de cometimento de atos de gestão de sua unidade eivados de forma fraudulenta, poderá ser responsabilizado na esfera trabalhista, com a demissão, nos termos do art. 482, incisos "a" e/ou "c" da Consolidação da Legislação do Trabalho (CLT),[67] que trata da demissão por justa causa por ato de improbidade[68] e da negociação habitual por conta própria ou alheia sem permissão do empregador,[69] além de civil (no escopo da responsabilidade civil por descumprimento a mandato e por danos materiais e morais); eventualmente, na esfera penal, pelos crimes de estelionato e/ou de outras fraudes, falsidade documental e ou ideológica, e no caso de sociedades de economia mista ou empresas públicas, por improbidade administrativa, nos termos da Lei 8.429/92.[70]

Importa frisar também dissenso na discussão acerca da responsabilização de terceiros, na condição de coautor ou partícipe, no que PIMENTEL entende como possível, *"incluindo-se os beneficiários conscientes dos atos lesivos"*.[71] TÓRTIMA não se afasta da ideia, ponderando que *"nada*

---

[67] Art. 482. Constituem justa causa para rescisão do contrato de trabalho pelo empregador: a) ato de improbidade; (...) c) negociação habitual por conta própria ou alheia sem permissão do empregador, e quando constituir ato de concorrência à empresa para a qual trabalha o empregado, ou for prejudicial ao serviço; [...].

[68] Sérgio Pinto Martins aponta que "a improbidade revela mau caráter, perversidade, maldade, desonestidade; ímproba é uma pessoa que não é honrada. O ato ensejador da falta grave pode ocorrer com furto, roubo, apropriação indébita de materiais da empresa, a falsificação de documentos para obtenção de horas-extras não prestadas (...)". In: *Direito do Trabalho*. 27ª ed. São Paulo, Atlas, 2011, p. 382.

[69] "A negociação diz respeito aos atos de comércio praticados pelo empregado. Essa negociação, segundo a lei trabalhista, deve ser feita sem permissão do empregador com habitualidade". *Idem*, p. 383.

[70] Art. 1º Os atos de improbidade praticados por qualquer agente público, servidor ou não, contra a administração direta, indireta ou fundacional de qualquer dos Poderes da União, dos Estados, do Distrito Federal, dos Municípios, de Território, de empresa incorporada ao patrimônio público ou de entidade para cuja criação ou custeio o erário haja concorrido ou concorra com mais de cinquenta por cento do patrimônio ou da receita anual, serão punidos na forma desta lei. (...) Art. 10. Constitui ato de improbidade administrativa que causa lesão ao erário qualquer ação ou omissão, dolosa ou culposa, que enseje perda patrimonial, desvio, apropriação, malbaratamento ou dilapidação dos bens ou haveres das entidades referidas no art. 1º desta lei, e notadamente: (...).

[71] PIMENTEL, Manoel Pedro. *Op. cit.*, p. 62.

*impede, entretanto, a participação de terceiros, estranhos à instituição financeira, através de auxílio, instigação ou cumplicidade"*.[72]

Neste aspecto, entende-se perfeitamente possível o concurso de agentes nos crimes de gestão fraudulenta ou temerária de instituição financeira, sendo que apenas nas hipóteses de coautoria ou de participação o cabimento da responsabilização de gerentes de agência pelas condutas supramencionadas.

### 3. Conclusões

Pretendeu-se com a presente pesquisa explorar aspectos específicos dos crimes de Gestão Fraudulenta e de Gestão Temerária de Instituição Financeira, que fazem parte do rol de condutas criminalizadas pela lei 7.492/86, na equivocadamente chamada "Lei dos Crimes do Colarinho Branco", no tocante à atividade dos gerentes de agência bancária, tendo em vista a discussão que se origina acerca de sua responsabilização ou não por esta conduta.

Analisaram-se os dispositivos desta lei, tal como o conceito de instituição financeira, e os tipos penais em questão, classificando-os de acordo com os critérios predominantes na doutrina, sem deixar de adotar um ponto de vista crítico, quando pertinente. Apontaram-se tanto as principais características de ambas as condutas típicas, indicando os bens jurídico protegidos por estes, bem como as diferenças entre ambas.

No que se refere ao crime de gestão temerária, evidenciada a problemática da caracterização da conduta em razão do uso de tipo penal em branco, partiu-se do vetor hermenêutico do "controle do risco sistêmico", sugerido por FELDENS, como "horizonte compreensivo" para o entendimento do tipo penal em questão.[73]

Ao averiguar acerca dos sujeitos ativos do crime, constatou-se tratarem os mesmos de crimes de próprios, na forma do artigo 25 da Lei 7.492/1986. Diagnosticou-se, entretanto, a imprecisão do legislador na redação do referido dispositivo, ao tempo em que deixou de prever a possibilidade do concurso de agentes, abrindo vazão para a aplicação de normas gerais do Direito Penal sobre o tema, no que se entendeu pertinente, desde que respeitado o princípio da reserva legal.

Analisou-se a situação específica dos gerentes de agência bancária, avaliando-se a possibilidade de responsabilização dos mesmos pelas condutas de Gestão Fraudulenta e/ou Temerária de Instituição Finan-

---

[72] TÓRTIMA, José Carlos. *Op. cit.*, p. 45.
[73] FELDENS, Luciano. *Op. cit.*, p. 101.

ceira. Constatou-se que estes se limitam a prepostos da empresa, com atuação negocial limitada, não detendo alçada decisória bastante para cometer qualquer dos ilícitos mencionados. Consectário lógico, a aplicação da norma penal incriminadora se limita aos cargos de Alta Direção da instituição bancária, quais seja, os controladores (nos termos do art. 116 da Lei 6.404/76) e gestores tais como Presidente, Vice-Presidente, Diretores e Executivos, dentro das alçadas previstas no Estatuto Social ou concedidas pelo Conselho de Administração, ressalvando a hipótese de coautoria ou participação de terceiros, inclusive estranhos à administração bancária.

Vislumbra-se assim a impossibilidade de responsabilização penal de gerentes de agência bancária pelos crimes de gestão fraudulenta e/ou temerária de instituição financeira, em razão da limitação da atuação negocial destes, que não teriam, mesmo cometendo condutas fraudulentas ou temerárias na administração de sua unidade, potencial de violação aos bens jurídicos protegidos, qual seja, a higidez do sistema financeiro e a segurança dos investidores e do mercado das consequências de uma crise sistêmica, ressalvada a hipótese de coautoria. Entende-se, assim, que eventual condenação poderá ser aplicada na esfera trabalhista, com a demissão por justa causa do empregado; bem como com a responsabilização civil por danos morais e materiais, e em situações críticas, como a condenação penal por crimes de estelionato ou de outras formas de falsidade, além da implicação de empregados de bancos públicos por improbidade administrativa.

## 4. Referências bibliográficas

ADAMODARAN, Aswath. *Gestão Estratégica do Risco: uma referência para a tomada de riscos empresariais*. Tradução de Félix Nonnenmacher. São Paulo: Artmed Editora S.A., 2008.

AMARAL, Isis de Castro; BRAGA, Marcelo José; FREITAS, Alan Ferreira & NEVES, Mateus de Carvalho Reis. Gerenciamento dos Riscos Operacionais: os métodos utilizados por uma cooperativa de crédito. In: *Revista de Contabilidade e Organizações – FEARP/USP*, volume II, n° 7, set-dez 2009.

ARAÚJO JÚNIOR, João Marcello de. Os crimes contra o sistema financeiro no esboço de nova parte especial do Código Penal de 1994. *Revista Brasileira de Ciências Criminais*, São Paulo, n. 11, jul./set. 1995.

ASSAF NETO, Alexandre. *Finanças Corporativas e Valor*. 3ª Edição, São Paulo: Atlas, 2010.

BERGAMINI JUNIOR, Sebastião. Controles Internos como Instrumento de Governança Corporativa. *Revista do BNDES*, 2005.

BITTENCOURT, Cezar Roberto, e BREDA, Juliano. *Crimes contra o Sistema Financeiro Nacional & Contra o Mercado de Capitais*. Rio de Janeiro: Lumen Juris, 2010.

———. Gestão Fraudulenta de Instituição Financeira e Dispositivos processuais da Lei 7492/86. Rio de Janeiro: Renovar, 2002.

BRASIL. *Consolidação das Leis do Trabalho*. Decreto 5.452 de 01 de Maio de 1943. Internet. www.planalto.gov.br, acesso em 16.10.2012.

———. *Constituição Federal da República Federativa do Brasil*, de 05 de Outubro de 1988. Internet: www.planalto.gov.br, acesso em 16.10.2012.

———. *Decreto-Lei 2.848, de 07 de dezembro de 1940*. Internet. www.planalto.gov.br, acesso em 16.10.2012.

———. *Lei 1.521, de 26 de dezembro de 1951*. Internet: www.planalto.gov.br, acesso em 16.10.2012.

———. *Lei 4.595, de 31 de Dezembro de 1964*. Internet: www.planalto.gov.br, acesso em 16.10.2012.

———. *Lei 7.492, de 16 de Junho de 1986*. Internet. www.planalto.gov.br, acesso em 16.10.2012.

———. *Lei 11.101, de 09 de fevereiro de 2005*. Internet: www.planalto.gov.br, acesso em 16.10.2012.

CAPELETTO, Lucio Rodrigues; MARTINS, Eliseu & CORRAR, Luiz João. Mensuração do Risco Sistêmico no Setor Bancário com Variáveis Contábeis e Econômicas. In: *Trabalhos para discussão* nº 169. Banco Central do Brasil.

DIAS, Emerson de Paulo. Conceito de Gestão de Administração: uma revisão crítica. *Revista Eletrônica de Administração – Facef*, vol. I, Edição I, Julho-Dezembro de 2002. Versão disponível na internet: http://legacy.unifacef.com.br/rea/edicao01/ed01_art01.pdf, acesso em 06.09.2012.

FELDENS, Luciano. Gestão fraudulenta e temerária de Instituição Financeira: contornos identificadores do tipo. In: VILARDI, Celso Sanchez *et alli* (org). *Direito Penal Econômico – Crimes Financeiros e Correlatos* – série GV Law. 2011, p. 81-108.

FORTUNA, Eduardo. *Mercado Financeiro: Produtos e Serviços*. 18ª ed. Rio de Janeiro, Editora Qualitymark, 2011.

GOMES, Reginaldo Gonçalves. *Do sujeito ativo nos crimes contra o Sistema Financeiro Nacional*. Internet: disponível em http://jus.com.br/revista/texto/2655/do-sujeito-ativo-nos-crimes-contra-o-sistema-financeiro-nacional#ixzz271KXB9RB, acesso em 20.09.2012.

GRECO, Rogério. *Curso de Direito Penal: Parte Geral, Volume I*. 6ª ed. Niterói (RJ); Editora Impetus, 2007.

MAIA, Rodolfo Tigre. *Dos crimes contra o sistema financeiro nacional*: anotações à Lei federal n. 7492/86. São Paulo: Malheiros, 1987.

MANNHEIN, Herrman; *Criminologia Comparada*. Tradução de José Francisco Farias Costas e Manoel da Costa Andrade. Lisboa: Fundação Calouste Gulbenkian, 1984, volume II, p. 725.

MANTECCA, Paschoal. *Crimes contra a economia popular e sua repressão*. São Paulo: Saraiva, 1989.

MARTINS, Sérgio Pinto. *Direito do Trabalho*. 27ª ed. São Paulo: Atlas, 2011.

NUCCI, Guilherme de Souza. *Manual de Direito Penal – Parte Geral e Especial*. 2ª ed. São Paulo: Revista dos Tribunais, 2006.

OLIVEIRA, Leonardo Henrique Mundim Moraes. *Crimes de Gestão Fraudulenta e Gestão Temerária em Instituição Financeira*. Internet: Disponível em http://www.cesarkallas.net/arquivos/livros/direito/00716%20-%20Crimes%20de%20Gest%E3o%20Fraudulenta%20e%20Gest%E3o%20Temer%E1ria%20em%20Institui%E7%E3o%20Financeira.pdf, acesso em 10.09.2012.

PIMENTEL, Manoel Pedro. *Crimes Contra o Sistema Financeiro Nacional (Comentários à Lei 7.492 de 16.6.1986)*. São Paulo: Revista dos Tribunais, 1987, p. 27.

PRADO, Luiz Régis. *Direito Penal Econômico*. 3ª ed. São Paulo: Revista dos Tribunais, 2009, p. 152.

REALE JUNIOR, Miguel. *Problemas penais concretos*. São Paulo: Malheiros, 1997.

SILVA, Antônio Carlos Rodrigues da. *Crimes do Colarinho Branco* – Comentários à Lei 7.492 de 16 de junho de 1986. Brasília: Editora Brasília Jurídica, 1999.

SILVA, João Paulo da. *Análise Financeira das Empresas*. 8ª Edição, São Paulo: Atlas, 2006.

SILVA, Jorge Vicente. Gestão fraudulenta, apropriação e desvio de valores. Crime único ou concurso de crimes? *Revista de Doutrina da 4ª Região*, Porto Alegre, n. 14, setembro 2006. Internet: Disponível em: http://www.revistadoutrina.trf4.jus.br/artigos/edicao014/Jorge_Silva.htm. Acesso em 05.09.2012.

SUTHERLAND, Edwin Hardin. *White-collar criminality*. American Sociological Review. nº 1, vol. 5, fevereiro de 1940, p. 1-12.

TÓRTIMA, José Carlos. Crimes contra o Sistema Financeiro Nacional. (Uma contribuição ao Estudo da Lei 7.492/86). 3ª ed. Rio de Janeiro: Lumen Júris, 2011.

VERAS, Ryana Palas. *Nova Criminologia e os crimes do colarinho branco*. São Paulo: Martins Fontes, 2010.

VIEIRA, Vanderson Roberto. *Criminalidade econômica – considerações sobre a Lei 7.492/86* (lei do colarinho branco), que define os crimes contra o sistema financeiro nacional. Internet. Disponível em http://www.faimi.edu.br/v8/RevistaJuridica/Edicao3/crimes%20financeiros%20%20vanderson.pdf , acesso em 28.08.2012.

# — 3 —

# O sigilo bancário e os recursos públicos: uma visão constitucional[1]

## TIAGO RAFAEL DA SILVA BALBÉ[2]

*Sumário*: 1. Introdução; 2. Direitos fundamentais; 2.1. Características; 2.2. O caráter relativo dos direitos fundamentais; 2.3. Classificação; 2.4. Os direitos fundamentais de primeira dimensão; 2.5. Características da primeira dimensão de direitos; 2.6. Dos direitos e deveres individuais e coletivos; 2.7. Direito à intimidade e à vida privada; 3. Sigilo bancário; 3.1. Conceito e natureza jurídica; 3.2. Fundamentos jurídicos; 3.3. O sigilo bancário enquanto direito fundamental; 3.4. O sigilo bancário enquanto direito fundamental à vida privada; 4. Princípios constitucionais; 4.1. Princípio da publicidade na doutrina e na jurisprudência do Supremo Tribunal Federal; 4.2. Princípio da moralidade; 4.3. Princípio da supremacia do interesse público; 5. A relativização do sigilo bancário; 5.1. Interesses a serem sopesados; 5.2. A quebra do sigilo bancário sem a transgressão dos direitos individuais; 5.3. Da reserva jurisdicional; 6. Considerações finais; Referencial bibliográfico.

## 1. Introdução

O sigilo bancário se constitui em matéria de grande celeuma, tanto na doutrina, quanto na jurisprudência, especialmente em relação a sua natureza jurídica, bem como no que diz respeito a sua (in)aplicabilidade quando do envolvimento de recursos públicos.

Com base nisso, a presente pesquisa tem por finalidade a exposição e análise crítica dos posicionamentos doutrinários e jurisprudenciais sobre o assunto proposto, buscando definir suas principais características e campo de atuação.

Primeiramente, discorre-se a respeito dos direitos e garantias fundamentais, trazendo à baila seu conceito, características, classificação, etc.,

---
[1] Artigo elaborado a partir da monografia apresentada no Programa de Ascensão Profissional da Diretoria Jurídica do Banco do Brasil, para preenchimento de requisito à obtenção da comissão de Assessor Jurídico I, em novembro de 2013.
[2] Advogado. Especialista em Direito Público com ênfase em Direito Constitucional e em Processo Civil pelo Centro Universitário Leonardo da Vinci – Grupo Uniasselvi.

para, ao final, enfatizar os direitos fundamentais de primeira dimensão, categoria na qual o direito à vida privada se insere e que, por conseguinte, abrange o sigilo bancário.

Partindo da premissa exposta no capítulo precedente, passa-se a analisar o instituto do sigilo bancário fazendo breves considerações quanto as teorias doutrinárias que o explicam, notadamente a de fundo constitucional com lastro no direito à privacidade, e, ainda, realiza-se uma análise acerca do enquadramento dado ao tema na jurisprudência do Supremo Tribunal Federal.

Posteriormente, delineia-se acerca dos princípios constitucionais da administração pública que podem vir a ser aplicados quando há o envolvimento de recursos públicos. Nesse ponto, o estudo busca demonstrar padrões de conduta passíveis de adoção por parte do administrador bancário em razão dos princípios abordados.

O trabalho chega ao seu desfecho tecendo considerações sobre a possibilidade de relativização do sigilo bancário, pois, ainda que lastreado no direito fundamental à vida privada, é certo que inexistem direitos absolutos. Por último, mas não menos importante, fala-se que sua relativização, mesmo quando relacionada com recursos públicos, necessita ser aferida por um órgão imparcial e equidistante, de modo que somente o Poder Judiciário é que pode resolver o conflito existente entre os interesses público e privado, bem como a respeito da observância da legislação em vigor.

## 2. Direitos fundamentais

Hodiernamente, os direitos fundamentais possuem significativo relevo no cenário jurídico e, em face disso, são utilizados para mensurar o nível democrático de uma sociedade na mesma proporção em que a existência de uma sociedade democrática é *conditio sine qua non* para a eficácia dos direitos fundamentais. Por tais razões, é seguro afirmar que as aludidas expressões se constituem em conceitos indissociáveis e interdependentes (MENDES; COELHO; BRANCO, 2000).

No que concerne ao uso da terminologia adequada, Bonavides (2009) menciona ser corrente o uso indiscriminado das expressões direitos humanos, direitos do homem e direitos fundamentais. No ponto, o ilustre doutrinador observa que as primeiras são de utilização ampla entre autores anglo-americanos e latinos, enquanto que a última parece ficar circunscrita à preferência dos publicistas alemães.

Silva, J. (2005), a par dessa dificuldade, critica diversas terminologias para ao final concluir que a mais adequada se constitui em direitos fundamentais do homem, pois, além de representar os princípios que resumem a concepção do mundo e informam a ideologia política de cada ordenamento jurídico, designam, no campo normativo, prerrogativas e instituições que se concretizam em garantias de uma convivência digna, livre e igual para todas as pessoas.

Esse conceito, porém, não é dotado de consenso doutrinário, tanto que Bulos (2012, p. 522-523) sugere o uso da expressão liberdades públicas em sentido amplo[3] e define direitos fundamentais em um conjunto de princípios "[...] *inerentes à soberania popular, que garantem a convivência pacífica, digna, livre e igualitária, independentemente de credo, raça, origem, cor, condição econômica ou status social*".

Hesse (*apud* BONAVIDES, 2009, p. 560), por seu turno, acredita que os direitos fundamentais, em uma acepção ampla, almejam "[...] *criar e manter os pressupostos elementares de uma vida na liberdade e na dignidade humana*". Em um aspecto mais restritivo, e em consonância com sua natureza variável, o citado publicista alemão entente que os "[...] *direitos fundamentais são aqueles direitos que o direito vigente qualifica como tais*".

Contudo, trazer à baila uma concepção fechada, um conceito, parece ser tarefa difícil, mormente quando feita uma análise sob o ponto de vista histórico e social, pois tais direitos, como já referido, estão em constante *mutabilidade*, razão pela qual, também, pode-se concluir que se constituem em *categoria jurídica aberta e potencialmente ilimitada, com reflexo filosófico, sociológico e político*.

### 2.1. Características

A doutrina não é unânime quando o assunto trata das características dos direitos fundamentais, entretanto, como forma de sistematizar o estudo de seus atributos, far-se-á, a seguir, uma breve explanação na qual serão condensadas as ideias de alguns escritores nacionais.

Silva, J. (2005) entende que os direitos fundamentais caracterizam-se pela historicidade, inalienabilidade, imprescritibilidade e irrenunciabilidade.

São *históricos* porque, como qualquer direito, nascem, modificam-se (por vezes evoluem) e desaparecem. *Inalienáveis* em função de que não possuem conteúdo econômico-patrimonial, portanto indisponíveis. *Imprescritíveis*, pois, como já dito, não possuem caráter patrimonial (são personalíssimos) e são sempre exercíveis, razão pela qual não há que se falar em perda da exigibilidade pelo decurso do tempo (prescrição). *Irre-*

---

[3] Conjunto de normas constitucionais que consagram limitações jurídicas aos Poderes Públicos, projetando-se em três dimensões: civil (direitos da pessoa humana), política (direitos de participação na ordem democrática) e econômico-social (direitos econômicos e sociais).

*nunciáveis* visto que são direitos personalíssimos, os quais, a despeito de não poderem ser objeto de disposição, podem até não serem exercidos, todavia, não admitem renúncia.

Moraes (2006) acrescenta, ainda, que os direitos fundamentais também são *invioláveis* (uma vez que não podem deixar de ser observados por disposições infraconstitucionais ou por atos de autoridades públicas), *universais* (pois abrangem todo e qualquer indivíduo), *efetivos* (em razão da atuação do poder público), *interdependentes* (relacionam-se, apesar de autônomos), *complementares* (posto que sua interpretação se dá de forma global) e *relativos* (haja vista que nem todos podem ser exercidos de modo absoluto e irrestrito).

Por derradeiro, registra-se que Bulos (2012), no intuito de justificar a possibilidade de os direitos fundamentais serem exercitados de forma concomitante, acrescenta o caráter *cumulativo* (ou concorrente).

## 2.2. O caráter relativo dos direitos fundamentais

Conforme mencionado no tópico anterior, a *relatividade* se constitui em um dos atributos dos direitos fundamentais.

Uma das razões que justificam a existência de tal característica se deve ao seu *caráter histórico*, pois, como já referido alhures, *os direitos e garantias fundamentais se constituem em um conjunto aberto, dinâmico e mutável no tempo*.

Por esse prisma, percebe-se que a relatividade dos aludidos direitos deriva de sua mutabilidade histórica (evolutiva, por vezes), a qual indica os valores perseguidos pela sociedade ao longo do tempo.

Por outro ângulo, a relatividade pode ser vista a partir de determinado lapso temporal, no qual se tem por consolidado certos valores. Nessa senda, também é correto afirmar que, no direito pátrio, nenhum direito fundamental dispõe de caráter absoluto, posto que encontram limites nos demais direitos igualmente consagrados pelo texto constitucional.

Corroborando a citada ideia, consigna-se, a título de exemplo, que nossa Lei Fundamental, em seu art. 5º, § 2º, não exclui outros direitos de igual quilate decorrentes do regime e dos princípios por ela adotados ou dos tratados internacionais em que a República Federativa do Brasil seja parte, isto é, existe diretriz hermenêutica que determina a coalizão[4] entre os direitos em conflito.

---

[4] Princípio da convivência entre liberdades.

Nessa linha também é o entendimento jurisprudencial, conforme se pode observar do precedente oriundo do Supremo Tribunal Federal (MS 23.452/RJ), no qual o Min. Celso de Mello afirma não existir, no sistema constitucional brasileiro, direito ou garantia de caráter absoluto, haja vista ser possível a incidência de limitações jurídicas destinadas a proteger a integridade do interesse social, bem como para assegurar a coexistência harmoniosa das liberdades.

Lavié (*apud* MORAES, 2012, p. 31) afirma, inclusive, que os direitos fundamentais servem "[...] para produzir a ação do Estado aos limites impostos pela Constituição, sem contudo desconhecerem a subordinação do indivíduo ao Estado, como garantia de que eles operem dentro dos limites impostos pelo direito".

E, no mesmo sentido, a Declaração dos Direitos Humanos das Nações Unidas menciona, em seus arts. XXIX e XXX, que o ser humano tem deveres para com a comunidade e que o exercício de direitos e liberdades se sujeita às limitações determinadas pela lei.

Nesse contexto, resta evidente que os direitos e garantias fundamentais, notadamente os consagrados em nossa Carta Republicana, *não são ilimitados*, haja vista que *possuem limites* nos demais direitos igualmente consagrados, cabendo ao exegeta empreender uma interpretação "[...] *harmonizante das normas asseguratórias de liberdades públicas, de modo a evitar contradições entre bens e princípios jurídicos consagrados pelo Texto de 1988*" (BULOS, 2012, p. 531).

### 2.3. Classificação

A Constituição Federal de 1988, a partir de uma classificação topológica, consoante se verifica de seu índice, possibilita classificar os Direitos e Garantias Fundamentais da seguinte forma: Direitos e Garantias Individuais e Coletivos (art. 5º); Direitos Sociais (arts. 6º a 11); Direitos de Nacionalidade (art. 12); Direito Políticos (art. 14) e Direitos de Criação, Organização e Participação em Partidos Políticos (art. 17).

Não obstante a classificação acima apresentada, não se pode olvidar acerca da tradicional catalogação doutrinária dos Direitos e Garantias Fundamentais sob o enfoque temporal, o qual, além de ser o critério mais comumente usado, sistematiza tais direitos em *dimensões*, as quais podem ser assim definidas: *primeira dimensão* (liberdades públicas e direitos políticos – arts. 5º e 14); *segunda dimensão* (direitos sociais, culturais, econômicos – arts. 6º, 7º e 205); *terceira dimensão* (direitos de solidariedade – art. 225) (MORAES, 2012).

Modernamente, tem-se notícia acerca da existência de uma quarta e quinta dimensão de direitos fundamentais, contudo, não há consenso doutrinário a respeito dos direitos que cada uma delas abrange. (SARLET; MARINONI; MITIDIERO, 2012).

Bobbio (1992, p. 6) entende que a quarta dimensão se relaciona com a "[...] pesquisa biológica, que permitirá manipulações do patrimônio genético de cada indivíduo". Bonavides (2013, p. 590), por outro lado, leciona que são "[...] o direito à democracia, o direito à informação e o direito ao pluralismo [...]" os representantes dessa novel dimensão.

Quanto aos direitos de *quinta dimensão*, Zimmermann (2002) aponta aqueles decorrentes da realidade virtual, em face do grande desenvolvimento da internet, enquanto Bonavides (2013) menciona o direito à paz.[5]

Importante referir, no entanto, que a existência de uma nova dimensão de direitos fundamentais não implica na caducidade das preexistentes. Na verdade, conforme lecionam Mendes, Coelho e Branco (2000, p. 113), "[...] *a visão dos direitos fundamentais em termos de gerações indica o caráter cumulativo da evolução desses direitos no tempo [...]*" visto que tais direitos não estão em um contexto de unidade e indivisibilidade. Há, de fato, uma interação entre os direitos integrantes das dimensões, situação que acaba por conferir uma nova roupagem aos direitos fundamentais das dimensões envolvidas.

Ademais, impende observar que o raciocínio acima também justifica a utilização do termo dimensão, adotado neste trabalho, em detrimento da expressão geração, pois "*[...] a ideia de 'geração' está diretamente ligada à de sucessão, substituição, enquanto que os direitos fundamentais não se sobrepõem, não são suplantados uns pelos outros*" (DIÓGENES JÚNIOR, 2012).

### 2.4. Os direitos fundamentais de primeira dimensão

Silva, J. (2005), ao tratar da primeira dimensão de direitos fundamentais afirma que o reconhecimento dos citados direitos é algo recente e muito há para evoluir, dado o seu caráter evolutivo e cumulativo, chegando a afirmar que seu aparecimento caracteriza-se, na verdade, como reconquista de algo que há muito tempo se perdeu (direito natural[6]).

---

[5] De modo a confirmar o dissenso doutrinário afirmado, verifica-se que Bulos (2009, p. 407) engloba em uma única dimensão alguns direitos que outros doutrinadores subdividem em duas. O citado doutrinador entende que a quarta dimensão (para ele, geração) compreende aqueles direitos ligados "[...] à informática, softwares, biociências, eutanásia, alimentos transgênicos, sucessão dos filhos gerados por inseminação artificial, clonagens, dentre outros acontecimentos ligados à engenharia genética".

[6] Bastos (1998, p. 170), menciona que a teoria dos direitos individuais, proposta pelo liberalismo, se caracteriza por "[...] uma forma de repartição de competências entre o Estado e o indivíduo". Aquele, é competente para tudo, exceto para "[...] imiscuir-se naquelas questões cuja decisão cabe soberanamente ao indivíduo [...]", cuja "[...] área de liberdade não é senão a reprodução, no campo das leis, de uma série de direitos que preexistiam à própria formação do Estado (jusnaturalismo)".

O aludido constitucionalista, fazendo breves apontamentos históricos, cita diversos precedentes atinentes ao período pré-constitucional, mormente a Magna Carta (1215-1225), *a Petition of Rights* (1628), o *Habeas Corpus Amendment Act* (1679) e o *Bill of Rights* (1688), todos de origem inglesa.

Em sequência, já em tempos modernos, fala a respeito da Declaração de Direitos do Bom Povo da Virgínia (1776), da Constituição dos Estados Unidos da América (1787) e da Declaração de Direitos do Homem e do Cidadão (1789), sendo que esta última, segundo o respeitado doutrinador, é a que possui o traço mais marcante em sede de direitos fundamentais de primeira dimensão, tendo em vista sua despreocupação com particularidades regionais e justamente por ser mais abstrata e universalizante.[7]

Bastos (1998, p. 171), demonstrando entendimento análogo, afirma que as declarações anglo-saxônicas afiguravam-se limitadas às circunstâncias históricas que as precederam enquanto que a Declaração Francesa fora válida para toda a humanidade.

De fato, embora existam significativas convergências[8] entre as Declarações americana e francesa, é nesta onde se encontra o maior conteúdo social e democrático, sendo seguro afirmar que "[...] *enquanto os americanos tinham apenas direitos fundamentais, a França legou ao mundo os direitos humanos*" (KRIELE apud SARLET; MARINONI; MITIDIERO, 2012, p. 258).

Marques, L. (2007, p. 63), em sua dissertação, chega a similar conclusão quando observa que "[...] a abstração foi o móvel da Revolução, pois, enquanto na Inglaterra aqueles que escreviam sobre o governo mesclavam-se aos que governavam, introduzindo novas idéias [*sic*] na prática e corrigindo as teorias com a ajuda empírica [...]", na França, o mundo político foi colocado em posições diametralmente opostas. De um lado, a realidade do governo; de outro, as construções teóricas que visavam à regeneração do reino.

Significa dizer, portanto, que a primeira dimensão de direitos possui razão existencial "[...] justamente no contraponto entre a realidade histórica e o aspecto ideológico-político da Revolução Francesa [...]", que consistia, tão somente, no "[...] reconhecimento e exercício das regras do liberalismo burguês, quais sejam, a liberdade e os direitos políticos" (MARQUES, L. 2007, p. 65 e 144).

---

[7] Mendes, Coelho e Branco (2000, p. 107) afirmam que tal universalismo, porém, ocorre apenas no plano abstrato, pois alguns direitos, como o de propriedade, aproveitavam a uma certa classe e outros, como o sufrágio, dependiam de requisitos de riqueza para serem desfrutados.
[8] Especialmente no que se refere às influências iluministas e da doutrina do direito natural.

## 2.5. Características da primeira dimensão de direitos

Bonavides (2009, p. 563) afirma que a primeira dimensão de direitos corresponde à fase inaugural do constitucionalismo ocidental, tendo-se consolidado *"[...] em sua projeção de universalidade formal, não havendo Constituição digna desse nome que os não reconheça em toda a extensão"*.

Em face do contexto histórico em que surgiram, *denota-se que os direitos fundamentais de primeira dimensão realçam o princípio da liberdade*, haja vista refletirem os ideais do Estado liberal em detrimento do Estado absoluto.

Caracterizam-se em um dever de abstenção estatal, de não intromissão no espaço de autodeterminação de cada indivíduo e, portanto, são oponíveis frente ao Estado, uma vez que, como já dito, traduzem-se em postulados de abstenção dos governantes, criando obrigações de não fazer, sendo considerados indispensáveis a todos os homens, ostentando, pois, pretensão universalista (MENDES; BRANCO, 2012, p. 155).

Em suma, a primeira dimensão reflete as chamadas liberdades individuais propriamente ditas,[9] preocupadas com a liberdade do homem individualmente considerado e despidas de interesse quanto às desigualdades sociais,[10] limitando-se, tão somente, a impor restrições à atuação Estatal em favor da liberdade individual.

## 2.6. Dos direitos e deveres individuais e coletivos

Os direitos e deveres individuais e coletivos se constituem em *espécie* do *gênero* direitos e garantias fundamentais, mormente os de primeira dimensão,[11] dispersos pelo texto constitucional, razão pela qual, em face dessa relação de continência, é seguro afirmar que se constituem em desdobramento da Declaração de Direitos do Homem e do Cidadão (1789).

Consoante classificação topológica constitucional, já especificada anteriormente (item *2.3 CLASSIFICAÇÃO*), o art. 5º (e seus incisos) da Constituição da República enumera *considerável parcela*[12] dos direitos

---

[9] Também chamadas de liberdades negativas, direitos negativos ou direitos de defesa do indivíduo frente ao Estado.

[10] Identificados a partir do século XX, com o surgimento da segunda dimensão de direitos fundamentais.

[11] É importante referir, também, que essa *primeira dimensão* corresponde aos *status negativo* referido por Jellinek em sua teoria dos quatro *status*. Esclarece-se, brevemente, que a teoria de Jellinek, segundo Mendes, Coelho e Branco (2000), se traduz em quatro *status*: o *ativo* (exercício de direitos políticos visando influir na formação da vontade do Estado), o *passivo* (indivíduo como detentor de deveres para com o Estado), o *positivo* (direitos que os indivíduos têm de exigir do Estado uma atuação positiva) e o *negativo* (direitos que garantem aos indivíduos a ausência intervenção Estatal).

[12] Visto que existem os chamados direitos fundamentais *"fora de catálogo"*, dada a sua característica de categoria jurídica aberta e potencialmente ilimitada, ou seja, previstos em outros artigos dentro

fundamentais de primeira dimensão, os quais correspondem aos direitos diretamente ligados ao conceito de pessoa humana e de sua própria personalidade.

São, nos dizeres de Silva, J. (2005, p. 191), os "[...] direitos fundamentais do homem-indivíduo, que são aqueles que reconhecem a autonomia aos particulares, garantindo a iniciativa e independência aos indivíduos diante dos demais membros da sociedade política e do próprio Estado, [...]" e, por consequência, revestem-se dos elementos caracterizadores dos chamados direitos negativos, formadores da já citada primeira dimensão de direitos fundamentais.

*2.7. Direito à intimidade e à vida privada*

Após os esclarecimentos feitos acima acerca dos direitos fundamentais em sua acepção ampla, passar-se-á a analisar uma parcela deles, *notadamente integrantes da primeira dimensão*, que, em suma, engloba os direitos individuais expressos no artigo 5º de nossa atual Constituição, dentre os quais se destacam o *direito à intimidade* e *à privacidade*[13] (inciso X).

Moraes (2012, p. 54) ensina que "[...] os conceitos constitucionais de intimidade e vida privada apresentam grande interligação, podendo, porém, ser diferenciados por meio da menor amplitude do primeiro, que se encontra no âmbito do segundo".

Segundo o raciocínio acima citado, destaca-se que o *direito à privacidade* teria uma maior influência nos comportamentos e acontecimentos atinentes aos relacionamentos pessoais em geral, bem como no que concerne às relações comerciais e profissionais que o indivíduo não deseja dar ampla divulgação. Já o *direito à intimidade* se identifica com as relações de foro íntimo, no qual se inserem os relacionamentos familiares e de amizades mais próximas (MENDES; BRANCO, 2012, p. 318).

No que concerne à diferenciação acima feita, não se pode perder de vista a chamada teoria dos círculos concêntricos da esfera da vida privada ou teoria das esferas da personalidade. Tal teoria,[14] segundo Costa Jr. (*apud* MARQUES, K. 2010, p. 62), é de origem germânica e é capitaneada

---

da Constituição, mas fora do rol compreendido que vai do art. 5º ao 17. Isso é o que se extrai do julgamento da ADI 939/DF, na qual ficou reconhecido ser garantia individual do contribuinte o princípio da anterioridade tributária, previsto no art. 150, inciso III, alínea "b", da Carta Republicana.

[13] Fregadolli (*apud* BALTAZAR JÚNIOR, 2005, p. 23), ante a ausência de consenso quanto sentido das expressões "intimidade" e "privacidade", entende "[...] que o nosso legislador constituinte preferiu garantir tanto o direito à intimidade como o direito à vida privada, a fim de incluir todos os elementos que podem estar implícitos em cada um dos conceitos".

[14] Ganhou relevo na doutrina alemã, a partir de 1953, com Heinrich Hubmann. Em 1957, Heinrich Henkel apresentou sua formulação.

por Henkel, o qual "[...] *subdivide a esfera da vida particular ou privada em esferas progressivamente menores, à medida que vai restringindo o espectro da intimidade*". Para Henkel, são três as esferas que compõe a vida privada *lato sensu*: esfera da vida privada *stricto sensu* (na qual se inclui o sigilo bancário), a esfera da intimidade e a esfera do segredo.[15]

Nessa linha, arremata-se dizendo que a intimidade é, necessariamente, derivada de relações subjetivas, de trato íntimo da pessoa (relações familiares e de amizade), enquanto que a privacidade "*envolve todos os demais relacionamentos humanos, inclusive os objetos, tais como relações comerciais, de trabalho, de estudo, etc.*" (FERREIRA FILHO apud MORAES, 2012, p. 54).

A partir de tudo o que foi dito, fica fácil concluir que o direito ao sigilo bancário, assunto do próximo capítulo, é um direito fundamental de primeira dimensão[16] e se constitui em um desdobramento do direito à privacidade, contando, inclusive, com o beneplácito da doutrina e jurisprudência pátrias, como se verá.

### 3. Sigilo bancário

Em face da ausência de expressa previsão constitucional a respeito do direito ao sigilo bancário, persiste a celeuma quanto a sua caracterização como direito fundamental. A partir disso, na pretensão de se obter resposta à indagação, este capítulo fará uma abordagem doutrinária e jurisprudencial acerca de seu conceito, fundamento e natureza jurídica.

#### *3.1. Conceito e natureza jurídica*

Segundo aponta Carvalho (2008, p. 24), a conceituação do direito ao sigilo bancário se configura em tarefa difícil em razão de sua complexidade, pois existem diversos fatores que influenciam na formação de um conceito adequado. Como forma de corroborar seu entendimento, a autora cita a existência de divergências (doutrinárias e jurisprudenciais) quanto ao seu fundamento jurídico,[17] ao seu objeto,[18] bem como em rela-

---

[15] A respeito das citadas esferas concêntricas, Silva, T. (*apud* BALTAZAR JÚNIOR, 2005, p. 26) relata que "[...] na primeira, estariam os dados e informações conhecidos por um número determinado de pessoas. Na segunda, mais restrita, o acesso se daria somente por pessoas íntimas ou de confiança, compreendendo o segredo profissional e o sigilo de correspondência. Por fim, no segredo, o acesso é excluído de todos os demais indivíduos".

[16] Pois, oponível frente a terceiros, mormente o Estado.

[17] Uso ou costume comercial; contratual; extracontratual; legal e; constitucional.

[18] Conjunto de informações por ele protegido.

ção aos sujeitos[19] envolvidos para, ao final, chegar à conclusão de que, em regra, grande parte dos conceitos atribuídos ao instituto o apresentam como um *dever*[20] do banco.

Contudo, a citada autora, na contramão dos demais conceitos supracitados, parte do pressuposto de que o sigilo bancário consiste em um *direito do cliente e de terceiros* à manutenção da confidencialidade de seus dados pessoais,[21] inclusive financeiros, cuja revelação pode, exceto em hipóteses justificadas, afetar a *privacidade* de seu titular.

Nessa linha, significa dizer que a *obrigação* de sigilo imposta às instituições financeiras se dá de forma meramente reflexa, em razão da existência de um *direito* (fundamental) assegurado ao cidadão enquanto cliente, pois "[...] *do direito ao sigilo bancário decorre, em contrapartida, o dever [garantia] de sigilo bancário da instituição bancária*" (CARVALHO, 2008, p. 27).

Apesar de todas as dificuldades apontadas inicialmente, as quais denotam divergências na fixação de um conceito em razão de sua complexidade, *acredita-se que o sentido do sigilo bancário* (ao menos no direito brasileiro) *como direito fundamental*,[22] *notadamente de primeira dimensão, é a que se apresenta de forma mais robusta e, consequentemente, mais difícil de refutar*.

### 3.2. Fundamentos jurídicos

Baltazar Júnior (2005, p. 57), ao discorrer acerca dos fundamentos jurídicos do instituto, afirma que "[...] não há consenso acerca do fundamento do sigilo financeiro, nem é possível uma conclusão absoluta e indiscutível a respeito, uma vez que esta fundamentação varia no tempo e também no espaço, de país para país".[23]

Covello (2001, p. 116) arremata citando que o problema do fundamento jurídico se agrava porque nem todos os ordenamentos têm disposição legal que estabeleça, de maneira inequívoca, essa obrigação de segredo.

---

[19] Discute-se se os sujeitos obrigados a manter o sigilo bancário são apenas os bancos ou tal obrigação se estenderia a outras instituições financeiras.

[20] Nesse sentido: Farhat (apud ABRÃO, 2011, p. 89); Wald (*apud* CARVALHO, 2008, p. 24); Oliveira (*apud* Covello, 2001, p. 85) e Covello (2001, p. 86).

[21] Conhecidos por um banco como consequência da relação negocial estabelecida entre este e o cliente.

[22] Situação que revela, inclusive, sua *natureza jurídica* de direito do cidadão (enquanto cliente) criador de uma obrigação de observância obrigatória pelas instituições financeiras.

[23] Nota-se, no ponto, que a variabilidade espaço temporal, concernente ao fundamento jurídico, apontada pelo autor possui estreita relação com a característica histórica relacionada com os direitos fundamentais (mutabilidade histórica, evolutiva, por vezes). Ver item 1.1.

Nessa toada, percebe-se que existem teorias justificadoras dos fundamentos jurídicos do direito ao sigilo bancário dissociadas de embasamento legal (inclusive constitucional), todavia, são escassos os doutrinadores nacionais que defendam tais teorias,[24] as quais não estão adstritas ao Direito positivo (CARVALHO, 2008, p. 89).

Contudo, a despeito de toda a problemática envolvida, o ordenamento jurídico brasileiro vigente possui legislação específica[25] a respeito do tema e, em que pese a ausência de previsão expressa no texto constitucional, *a doutrina e jurisprudência majoritária o consideram como um direito fundamental, com respaldo no direito à privacidade* (CARVALHO, 2008).

### 3.3. O sigilo bancário enquanto direito fundamental

A teoria do sigilo bancário enquanto direito fundamental possui quatro ramificações, todas expressamente previstas no art. 5º do Estatuto Supremo. São elas: a) *sigilo profissional* (inciso XIV);[26] b) *sigilo de dados* (inciso XII);[27] c) *direito à intimidade* (inciso X)[28] e d) *direito à privacidade* (inciso X).

Por questões didáticas, não há como se aprofundar nas três primeiras teorias, no entanto, algumas considerações são necessárias.

Para a teoria do *sigilo profissional*, o segredo serve como meio de proteção dos profissionais em razão de eventuais dados obtidos em virtude de seu desempenho laboral. Encontra amparo constitucional no art. 5º, inciso XIV, da Constituição Federal, contudo, tal teoria não está livre de críticas, posto que "[...] *ao sustentar que o sigilo bancário é sigilo profissional, ela desloca o problema do fundamento para outra esfera, porque, também, em matéria de sigilo profissional existe a polêmica em torno do fundamento, pondo-se várias teorias em conflito [...]*" (COVELLO, 2001, p. 141), isto é, a teoria do sigilo profissional, em vez de resolver o problema, traz outro questionamento: qual é o fundamento do sigilo profissional?

Considerando que a melhor dicção do dispositivo faz menção "[...] *ao sigilo profissional como garantia e limite ao direito de informar, enquanto fa-*

---

[24] Teorias consuetudinária, contratualista e extracontratual.

[25] Lei Complementar nº 105, de 10 de janeiro de 2001.

[26] Art. 5º, inciso XIV, CF/88: é assegurado a todos o acesso à informação e resguardado o sigilo da fonte, quando necessário ao exercício profissional.

[27] Art. 5º, inciso XII, da CF/88: é inviolável o sigilo da correspondência e das comunicações telegráficas, de dados e das comunicações telefônicas, salvo, no último caso, por ordem judicial, nas hipóteses e na forma que a lei estabelecer para fins de investigação criminal ou instrução processual penal.

[28] No caso, vale referir que as duas últimas teorias possuem o mesmo substrato constitucional, que é o art. 5º, inciso X, da Carta Republicana: são invioláveis a intimidade, a vida privada, a honra e a imagem das pessoas, assegurado o direito de indenização pelo dano material ou moral decorrente de sua violação.

*culdade de veicular ou transmitir informação sem qualquer forma de obstrução ou censura do Estado [...]"* (CARVALHO, 2008, p. 140), salta aos olhos toda a problemática envolvida na questão quando se pretende utilizar o sigilo profissional como justificativa do sigilo bancário, especialmente porque *"[...] o sigilo da fonte se acha resguardado quando indispensável ao desempenho profissional, que, nesse contexto, diz respeito necessariamente a uma atividade que envolve expressão intelectual, artística ou de comunicação"* (CARVALHO, 2008, p. 140) [grifo nosso].

A teoria do *sigilo de dados*, por seu turno, amparada pelo art. 5°, inciso XII, da Carta Política, também retrata situação bastante controversa, posto que as indagações orbitam em torno da interpretação da expressão "sigilo de dados", isto é, questiona-se se a inviolabilidade se refere aos *dados propriamente ditos* ou no que concerne a sua *comunicação*.

Nesse prisma, Baltazar Júnior (2005) entende ser incabível fundamentar o sigilo financeiro no inciso XII do art. 5° porque os dados ali referidos somente estão protegidos enquanto objeto de correspondência ou de comunicação.

Ferraz Júnior (2001, p. 13-27), no mesmo sentido, manifesta-se dizendo que *"[...] o que fere a inviolabilidade do sigilo é, pois, entrar na comunicação alheia, fazendo com que o que devia ficar entre sujeitos que se comunicam privadamente passe ilegitimamente ao domínio de um terceiro"*.

Em termos jurisprudenciais, a questão parece estar sedimentada na mesma linha doutrinária acima exposta, ao menos é o que se pode extrair dos votos dos Ministros do Supremo Tribunal Federal nos seguintes julgamentos (citados exemplificativamente): Min. Cézar Peluso (fls. 1309-1310), no RE 418.416/SC;[29] Min. Sepúlveda Pertence (fl. 154) no MS 23.452/RJ[30] e Min. Francisco Rezek (fl. 119-120), no MS 21.729-4/DF.[31]

---

[29] "[...] Tiro uma prova per absurdum: se estivéssemos pensando em sigilo de registros, isto é, entendida a palavra 'dados', não como objeto de comunicação eletrônica em processo, mas como objeto de mero registro, esta norma constitucional, além de absurda, tornaria inviável o exercício de todo um complexo de atividades estatais. Por que? Porque teríamos a seguinte contradição: se esses dados, tomados como registros, não são invioláveis em outros meios de registro, como poderiam ser invioláveis pelo simples fato de estarem armazenados num computador"?

[30] "[...] O que ali se protege, pois, é a comunicação telemática de dados: a não ser assim, então, todos os dados, todos os apontamentos, todos os fichários antigos e modernos existentes no mundo estariam protegidos por uma reserva que até se pode sustentar absoluta, porque a alusão do final do inc. XII do art. 5°, é restrita às comunicações telefônicas. A meu ver, o absurdo a que levaria conferir quanto a tudo o mais uma reserva absoluta mostra que, naquele inciso, só se cogitou das diversas técnicas de comunicação. E, por isso mesmo, teve-se de resguarda mesmo de intromissão judicial o próprio ato da comunicação, salvo se cuida da comunicação telefônica, única em que a interceptação é necessária, porque não deixa prova de seu conteúdo".

[31] "[...] Sobre o disparate que resultaria de entendimento de que, fora do domínio das comunicações, os dados em geral – e a seu reboque o cadastro bancário – são invioláveis, não há o que dizer. O funcionamento do Estado e do setor privado enfrentaria um bloqueio. A imprensa, destacadamente, perderia sua razão de existir".

A teoria que justifica o sigilo bancário com base no *direito à intimidade*,³² de igual forma, não se caracteriza robusta o suficiente para tanto, haja vista que a intimidade está muita mais atrelada "*[...] aos sentimentos, emoções, estados de ânimo e à imanência, ou seja, aquilo que permanece dentro do agente, por ter nele seu próprio fim [...]*". (GONZÁLES GAITANO apud BALTAZAR JÚNIOR, 2005, p. 27 e 60) e, via de consequência, não pode ser expressa em cifras, razão pela qual, não há que se falar em direito ao sigilo bancário com base no direito à intimidade.

### 3.4. O sigilo bancário enquanto direito fundamental à vida privada

A teoria em destaque entende que o fundamento constitucional do sigilo bancário reside no art. 5°, inciso X, da Constituição Federal, especialmente na expressão "vida privada" (ou privacidade).³³

Baltazar Júnior (2005, p. 24-25) menciona que os direitos à *vida privada* e *intimidade* possuem traços comuns, uma vez que fundados na dignidade da pessoa humana, contudo, o magistrado pontua que a dificuldade "*[...] na conceituação da vida privada [no intuito de diferenciá-la da intimidade], ou mesmo da determinação de seu núcleo essencial, diante da enormidade das penumbras que o cercam, não deve significar, porém, o abandono da perseguição de sua concretização*".

Nesse contexto, partindo do pressuposto de que nosso Estatuto Fundamental expressamente citou ambas as expressões, *é certo que sinônimas não são*.³⁴ Outrossim, valendo-se da célebre regra hermenêutica de que a lei (ou Constituição) não possui palavras inúteis,³⁵ fica fácil concluir que, de fato, existem diferenças, apesar de oriundas do mesmo fundo comum acima referido.

Assim, a par das diferenciações a respeito dos termos "intimidade" e "vida privada" feitas ao longo deste trabalho, não é desarrazoado incluir o sigilo bancário sob o manto protetivo específico do direito à

---

³² Ver diferenciação feita no item 1.7.

³³ Para Costa Júnior (*apud* BALTAZAR JÚNIOR, 2005, p. 24), "[...] a expressão exata, em bom vernáculo, é privatividade, que vem de privativo. E não privacidade, que é péssimo português e bom anglicismo (vem de *privacy*)".

³⁴ Essa também é a conclusão que chega o Min. Carlos Ayres Britto quando da prolação de seu voto (fls. 1303-1304), consignado nos autos do Recurso Extraordinário n° 418.416/SC, no qual, fazendo alusão à teoria dos círculos concêntricos da esfera da vida privada, afirma que "[...] a Constituição não confunde privacidade com intimidade. Tanto que usa de duas palavras diferentes, ligando uma a outra pela conjunção aditiva".

³⁵ Como ensinava Maximiliano (1993, p. 250), "[...] devem-se compreender as palavras como tendo alguma eficácia".

privacidade, principalmente quando caracterizado como algo de índole objetiva (privada, mas não íntima).[36]

Conquanto seja possível dizer que direito à privacidade tem por escopo a proteção à *integridade moral* do indivíduo, pois integrante do rol dos *direitos de personalidade*,[37] isso não significa que os dados bancários não possam vir a ter repercussão no plano da vida privada de uma pessoa, tendo em vista que os *direitos de personalidade*[38] também abrangem aspectos externos, como por exemplo, os dados patrimoniais.

No ponto, vale dizer que a patrimonialidade não deve servir como óbice ao reconhecimento do sigilo financeiro com fundamento na proteção da vida privada, haja vista que o que se protege, na verdade, são os dados por si mesmos, independentemente de representarem patrimônio. Além disso, a movimentação financeira permite que se conheçam outros dados, próprios da vida privada, que o cidadão pretende manter em sigilo, tais como doações, compras, relacionamentos amorosos, etc. (BALTAZAR JÚNIOR, 2005, p. 61).

Desse modo, o entendimento doutrinário dominante demonstra que o sigilo bancário possui estreita relação com o direito fundamental à privacidade, inerente à personalidade das pessoas, com substrato constitucional ancorado na expressão "vida privada" contida no art. 5°, inciso X, da Constituição Federal.

No campo jurisprudencial, já nos idos de 1992, conforme se observa do precedente Petição n° 577 QO/DF, a Suprema Corte pátria já sinalizava que o sigilo bancário estava sob o abrigo do art. 5°, inciso X, como espécie do direito à privacidade. Naquela oportunidade, o Relator Min. Carlos Velloso (fl. 16) assinalou que *"[...] o sigilo bancário protege interesses privados. É ele espécie de direito à privacidade, inerente à personalidade das pessoas e que a Constituição consagra [...]"*. Igualmente, o então Min. Paulo Brossard (fl. 33) asseverou que *"[...] mais do que leis, a Constituição assegura*

---

[36] No ponto, esclarece-se que a objetividade citada está ligada a todos os relacionamentos diversos das relações familiares e de amizade (subjetivas, portanto), como por exemplo, relações comerciais, profissionais e acadêmicas.

[37] Baltazar Júnior (2005, p. 40) leciona que: "[...] no atual momento histórico, aliás, é desnecessário recorrer aos direitos de personalidade para fundamentar a preservação da vida privada, o que se dava antes da consagração constitucional dessa proteção". Para ele, "[...] o direito à vida privada emana da proteção conferida à dignidade da pessoa humana, arrolada no inciso III do art. 1° da Constituição, como um dos objetivos fundamentais da República Federativa do Brasil".

[38] "O patrimônio integra esfera privada do indivíduo e deve, por isso, ficar protegido contra as indiscrições alheias. Pelo patrimônio, o homem projeta sua personalidade, de tal sorte que não é apenas um simples dado patrimonial que permanece velado pelo segredo, mas um traço moral de sua personalidade: como ele gasta o dinheiro, como amealha a sua fortuna, com quais pessoas negocia, etc. [...] Não são só as necessidades de ordem espiritual que se apresentam como atributos da personalidade, mas, também, as de ordem material. O quantum que o ser humano ganha, o montante que despende com sua manutenção e lazer, as dívidas que contrai expressam modos de ser tão importantes, quanto qualquer manifestação espiritual da personalidade". Covello (2001, p. 161-162).

*o direito à privacidade [...]"*, sendo que *"[...] o sigilo bancário é um aspecto do direito à privacidade"*.

Em outro momento, quando do julgamento do Mandado de Segurança nº 21.729/DF, o Min. Maurício Corrêa (fls. 94-95) pontuou que "[...] no contexto da inviolabilidade destes direitos à intimidade e à vida privada, assegurado pela Constituição aos brasileiros e aos estrangeiros aqui residentes, estão contidos desdobramentos do direito à privacidade, entre os quais, inexoravelmente, o direito ao sigilo bancário e ao fiscal".

Nessa assentada, o Min. Carlos Velloso (fl. 132), fazendo referência ao seu voto proferido na Petição nº 577 QO/DF, reitera seu entendimento no sentido *"[...] de que o sigilo bancário protege interesses privados; ele é espécie do direito à privacidade, que é inerente à personalidade das pessoas e que a Constituição consagra no art. 5º, inciso X"*.

Em duas outras ocasiões, no julgamento dos Recursos Extraordinários nº 215.301/CE e nº 219.780/PE, ambos datados de 13/04/1999, o Pretório Excelso foi categórico ao afirmar que o sigilo bancário se constitui em espécie de direito à privacidade, constitucionalmente protegido, forte no art. 5º, inciso X.

Posteriormente, idêntica situação ocorreu na análise do Agravo Regimental no Agravo de Instrumento nº 655.298/SP, de 04/09/2007, da relatoria do então Min. Eros Grau.

Nessa toada, fica evidente que a jurisprudência pátria, notadamente a do Supremo Tribunal Federal, abarca o sigilo bancário como direito fundamental à privacidade, situação que, aliás, revela o entendimento similar explicitado por Baltazar Júnior (2005, p. 72) quando conclui que, em julgados mais recentes, *"[...] não têm havido mudanças significativas de orientação [...]"*, haja vista que o Pretório Excelso continua fundamentando o sigilo financeiro no art. 5º, inciso X, da Constituição, *"[...] especificamente na proteção da vida privada"*.

## 4. Princípios constitucionais

Não há dúvida de que os princípios são as vigas mestras de um sistema. São, na visão de Espíndola (1998, p. 47), aqueles que designam a estruturação de um sistema de ideias por uma baliza normativa na qual todos os demais pensamentos ou normas derivam, reconduzem-se ou se subordinam.

Mello (*apud* BARROSO, 1999, p. 149), por seu turno, destaca que princípio se constitui em um mandamento nuclear de um sistema "[...] que se irradia sobre diferentes normas compondo-lhes o espírito e servindo de critério para sua exata compreensão e inteligência [...]".

Em suma, são eles (os princípios) que determinam o alcance e o sentido das regras,[39] conduzem a interpretação e a própria produção normativa, uma vez que estabelecem diretrizes e conferem ao sistema um sentido lógico e racional, como forma de possibilitar uma adequada compreensão de sua estrutura.

Desse modo, este capítulo visa a demonstrar os principais princípios constitucionais relacionados com a Administração Pública passíveis de aplicação quando relacionado com o tema sigilo bancário, inclusive em relação aos administradores de instituições financeiras que agem por delegação,[40] notadamente quando há o envolvimento de dinheiro público.

### 4.1. Princípio da publicidade na doutrina e na jurisprudência do Supremo Tribunal Federal

O aludido princípio está consagrado na Carta Republicana no *caput* do art. 37[41] e apresenta dupla acepção.

*A primeira* diz respeito à exigência de publicação, em órgão oficial, como requisito de *eficácia* dos atos administrativos praticados que devam produzir efeitos externos e dos atos que impliquem ônus para o patrimônio público.

*A segunda* se relaciona com a exigência de *transparência* da atuação administrativa, tendo em vista que o preceito constitucional em tela "[...] *exige a ampla divulgação dos atos praticados pela Administração Pública [...]*" (DI PIETRO, 2001, p. 75), pois somente "[...] *com a transparência dessa conduta é que poderão os indivíduos aquilatar a legalidade ou não dos atos e o grau de eficiência de que se revestem*" (CARVALHO FILHO, 2012, p. 25).

Ademais, consoante lição de Medauar (2010, p. 132), "[...] o tema da transparência ou visibilidade, também tratado como publicidade de atuação administrativa, encontra-se associado à reivindicação geral de democracia administrativa".

Além disso, é necessário assinalar que o princípio da publicidade, enquanto revelador da transparência administrativa, possui estreita relação com o *dever de prestar contas* que está jungido à conduta do administrador público.

---

[39] Os princípios, espécie do gênero norma jurídica, orientam a correta aplicação das regras hierarquicamente inferiores, exercendo uma função criativa na exata medida em que impõem ao legislador a necessidade de criação de novas regras que venham a complementar o sistema ou o microssistema em que estão insertos (LUCON).

[40] Especialmente nos casos em que instituições financeiras (públicas e/ou privadas) atuam no repasse de recursos subsidiados por meio de empréstimos e/ou financiamentos.

[41] Art. 37, *caput*, CF/88. A administração pública direta e indireta de qualquer dos Poderes da União, dos Estados, do Distrito Federal e dos Municípios obedecerá aos princípios de legalidade, impessoalidade, moralidade, *publicidade* e eficiência e, também, ao seguinte:

Para Meirelles (1999, p. 93-94), o dever de prestar contas é uma decorrência natural para quem administra bens e interesses alheios, o qual se alteia quando se está na gestão de bens e interesses da coletividade, assumindo, inclusive, "[...] *caráter de um múmus público, isto é, de um encargo para com a comunidade [...]*" que "[...] *alcança não só administradores de entidades e órgãos públicos, como, também, os de entes paraestatais e até os particulares que recebam subvenções estatais para aplicação determinada*". [grifo nosso]

Nesse passo, o princípio da publicidade, quer na acepção da *transparência*, quer consubstanciado no *dever de prestar contas*, pode, em um cenário hipotético, vir a ser observado nas relações financeiras que envolvam *recursos públicos*,[42] uma vez que o administrador bancário, quando faz uso de verbas públicas como disseminador de políticas governamentais, *age como agente delegado* devendo, portanto, observar tal princípio.

Exemplo disso é o que Baltazar Júnior (2005, p. 81) destaca quando afirma que "[...] para as pessoas jurídicas de direito público, não haveria, em princípio, reserva [referente ao sigilo bancário], pois regidas pelo princípio constitucional da publicidade".

Com base nisso, compreende-se que as *contas públicas* não estão abarcadas pelo sigilo bancário, *contudo*, deve-se aferir a pertinência entre os objetivos colimados pelo requisitante com as informações bancárias das contas públicas requestadas.

Em que pese a legislação atual não ter elencado as contas que transitam recursos públicos como hipótese excludente do direito fundamental ao sigilo bancário, entende-se ser possível, a partir de um exercício interpretativo, que a referida situação pode vir a ser considerada possível, porque alicerçada no princípio constitucional da publicidade que, segundo o professor Cretella Júnior (1991, p. 2.147), é um "[...] *instituto administrativo, singularizado pela inspiração de abrir ao exame público a celebração dos contratos em que é parte a Administração, a fim de lhes expungir liminarmente, a eiva de clandestinidade, corrupção ou parcialidade*".

Ademais, partindo do raciocínio desenvolvido neste trabalho, no sentido de que o *sigilo bancário é um direito fundamental de primeira dimensão passível de utilização pelo particular de modo a frear o intervencionismo*

---

[42] O Tribunal de Contas da União, quando do julgamento do processo TC 017.177/2008-2, que resultou no acórdão nº 2731/2008, entendeu que a expressão *"recursos públicos"*, contida no art. 3º, *caput*, da Lei nº 8.958/94, abrange não apenas os recursos financeiros aplicados nos projetos executados com fundamento na citada lei, mas também toda e qualquer receita auferida com a utilização de recursos humanos e materiais. *No entanto, o presente estudo adota a visão financeira de recurso público, notadamente na modalidade de investimento,* pois é a que mais se relaciona com o tema sigilo bancário, tendo em vista que é por meio dele que o Estado intervém na economia, relacionando-se com particulares e ficando mais suscetível a investidas criminosas.

Estatal, percebe-se que o aludido sigilo é oponível ao Estado e não pode ser invocado por ele em seu favor.

De outra banda, idêntica conclusão *não pode* ser extraída a partir da situação em que existem *particulares* beneficiados com recursos do erário, pois nesses casos existe um *nítido conflito de interesses*, passível de resolução somente por intermédio do Estado-Juiz, haja vista tratar-se de matéria sujeita à *reserva jurisdicional*.[43]

Na jurisprudência do Supremo Tribunal Federal, o citado princípio não é novidade, sendo que em diversas oportunidades a matéria já foi enfrentada, mormente quando a controvérsia envolvia dinheiro público e denotava aparente colisão de princípios constitucionais como, por exemplo, a publicidade e a vida privada.

Na Suspensão de Segurança n° 3.902/SP, quando da interposição do segundo Agravo Regimental, de relatoria do Min. Ayres Britto, julgado em 09/06/2011, existia a discussão a respeito da divulgação nominal da remuneração bruta mensal dos servidores do Município de São Paulo (SP), em sítio eletrônico na Internet.

Nessa oportunidade, a polêmica cingiu-se, basicamente, no aparente conflito entre os princípios constitucionais da *privacidade* dos servidores e o da *publicidade*, de observância obrigatória para a Administração Pública. Na ocasião, o Min. Ayres Britto (fl. 66) pontuou *"[...] que não cabe sequer falar em intimidade ou de vida privada, pois os dados objeto da divulgação em causa dizem respeito a agentes públicos enquanto agentes públicos mesmos"*. Em arremate, consignou, ainda, que esse *"[...] é o preço que se paga pela opção por uma carreira pública no seio de um Estado republicano"*.

Em outro episódio semelhante (Suspensão de Liminar n° 623, julgada em 10/07/2012), o Presidente, Min. Ayres Britto, ao proferir monocraticamente sua decisão (fl. 2), novamente, prestigiou o princípio da publicidade, pois, conforme seu entendimento, o aludido princípio *"[...] propicia o controle da atividade estatal até mesmo pelos cidadãos"*.

Idêntica situação ocorreu no julgamento da Suspensão de Liminar n° 689, ocorrido no dia 15/04/2013, por meio de Decisão Monocrática do Presidente, Min. Joaquim Barbosa. Na espécie, o Presidente do Pretório Excelso (fls. 5-6) entendeu que o vínculo funcional com o poder público implica restrição ao direito fundamental insculpido no art. 5°, inciso X, da Carta Política, haja vista que o ingresso no serviço público sujeita o servidor a um regime jurídico peculiar no qual o princípio da publicidade se apresenta de forma indissociável, devendo ser observado inclusive quando houvesse relação com sua condição remuneratória.

---

[43] Nesse sentido: AC 0000284-77.2009.4.01.3702/MA, Tribunal Regional da 1ª Região. Rel. Desembargador Federal Hilton Queiroz, Rel.Conv. Juiz Federal Marcus Vinícius reis Bastos (Conv.), Quarta Turma, e-DJF1 p.930 de 31/08/2012.

A partir da análise desses precedentes (recentes, por sinal), vislumbra-se que nossa Corte Constitucional vem dando maior importância ao princípio da publicidade do que ao da privacidade quando relacionado à divulgação dos vencimentos dos servidores públicos, *em razão da origem pública do recurso*.

Embora de um passado mais remoto e dotado de sutil diferença, não se pode olvidar de importantíssimo julgado, oriundo do Supremo Tribunal Federal, *em que se discutiu se o sigilo bancário era capaz de abarcar operações lastreadas em dinheiro subsidiado pelo erário federal*. Trata-se do Mandado de Segurança nº 21.729/DF, de 05/10/1995, que, por estar mais atrelado ao tema tratado neste trabalho, será objeto de maiores detalhamentos.

Quando do julgamento do referido remédio constitucional, a Suprema Corte, *em apertada maioria*, entendeu que o sigilo bancário não constitui óbice capaz de impedir que o Ministério Público, *diretamente e sem a intervenção judicial*, obtenha dados financeiros atrelados a recursos subsidiados.

No ponto, o Min. Octávio Gallotti (fls. 145-146) asseverou que a instituição financeira impetrada não estava, simplesmente, atuando como um banco comercial, uma vez que, ao realizar empréstimos de recursos subsidiados pelos cofres públicos, desempenhava legítima função de agente delegado do Governo Federal. Em face disso, o respeitável ministro concluiu que não se tratava de uma quebra de sigilo, pois, por ser caso de repasse de recursos públicos, incidente na espécie o princípio da publicidade insculpido no art. 37 da Lei Maior.

O Min. Néri da Silveira (fls. 152-153), demonstrando entendimento análogo, pontuou que por se tratar de operação em que há dinheiro público, a publicidade deve ser a nota característica dessa operação.

No mesmo rumo é o entendimento do Min. Moreira Alves (fl. 168), o qual, ao verificar "[...] que há parcela representada por dinheiro público", entendeu "[...] que não é de invocar-se o instituto do sigilo bancário".

Na mesma tônica, o Min. Sepúlveda Pertence (fl. 170) referiu que *"[...] em matéria de gestão de dinheiro público, não há sigilo privado, seja ele de status constitucional ou meramente legal, a opor-se ao princípio basilar da publicidade da administração republicana"* [grifo nosso].

Nesse compasso, percebe-se que a jurisprudência do Supremo Tribunal Federal vem amadurecendo em relação ao tema representado pelo trinômio *publicidade, direito à privacidade* e *recursos públicos*. Nota-se, no ponto, que há uma forte tendência em privilegiar o primeiro, em detrimento do segundo, principalmente após a edição da Lei n° 12.527/2011,[44] consoante se denota dos julgados[45] citados acima, haja vista que a despesa com o pagamento do funcionalismo público se utiliza de recursos do erário.

Quando a discussão se agiganta em face do envolvimento da questão atinente ao *sigilo bancário*, é certo que não se pode afirmar, categoricamente, que o Pretório Excelso possui jurisprudência pacífica em torno do já referido trinômio, notadamente porque não se tem notícia de outro precedente que tenha tratado, *especificamente*, da celeuma como se tratou no Mandado de Segurança n° 21.729/DF e, também, em razão de que *a resolução se deu por pequena maioria*.[46]

### 4.2. Princípio da moralidade

Da mesma forma que o princípio anterior, a moralidade também está ancorada, expressamente, no texto constitucional de 1988 (art. 37, *caput*).

Carvalho Filho (2012, p. 21) entende que o princípio em tela impõe ao administrador o dever de pautar sua conduta em preceitos éticos, não bastando a mera observância aos critérios da conveniência, oportunidade e justiça em suas ações. Faz necessário distinguir o que é honesto do que é desonesto.

Mello, Celso Antônio. (1998, p. 73) sustenta que o princípio da moralidade compreende, também, os chamados princípios da lealdade e boa-fé, segundo os quais é vedado à Administração proceder em relação aos administrados mediante "[...] *qualquer comportamento astucioso, eivado de malícia, produzidos de maneira a confundir, dificultar ou minimizar o exercício de direitos por parte dos cidadãos*".

Di Pietro (2001), por seu turno, entende que para não ocorrer a violação do princípio em comento, os atos da Administração devem, além de observar a lei, atender aos preceitos da moral, dos bons costumes, as regras de boa administração, os princípios de justiça e equidade, assim como a ideia comum de honestidade. A notável professora, em outra obra de sua autoria esclarece, ainda, que haverá *imoralidade* quando "[...] *a Administração Pública é pródiga em despesas legais, porém inúteis, como propaganda ou mordomia, quando a população precisa de assistência médica,*

---

[44] Lei de Acesso à Informação.
[45] Suspensão de Segurança n° 3.902/SP; Suspensão de Liminar n° 623 e; Suspensão de Liminar n° 689.
[46] E, também, sem mencionar toda a mudança ocorrida na composição da Suprema Corte desde o julgamento do MS 21.729/DF até a presente data.

*alimentação, moradia, segurança, educação, isso sem falar no mínimo indispensável à existência digna"* (DI PIETRO, 1991, p. 111) [grifo nosso].

Significa dizer que *não adianta o cumprimento formal da legislação*, é imprescindível observar a letra e o espírito da lei, visto ser necessário haver uma junção entre ética e preceitos legais, como forma que o primeiro complemente o segundo, tornando mais efetivo o princípio da legalidade.

Em consequência, compreende-se que a moralidade administrativa está ligada à ideia de *finalidade*[47] do ato, sendo que seu resultado antagônico (o ato imoral) se caracteriza como espécie (desvio de poder) do gênero abuso de poder.[48]

Nessa linha, Medauar (2010, p. 131), após fazer sucinta explanação sobre o entendimento de outros autores, esclarece que, na sua concepção, *"[...] o princípio da moralidade é de difícil tradução verbal, talvez porque seja impossível enquadrar em um ou dois vocábulos a ampla gama de condutas e práticas desvirtuadoras das verdadeiras finalidades da Administração Pública [...]"* [grifo nosso]. A ilustre professora, contudo, acredita que "[...] *a percepção da imoralidade administrativa ocorre no enfoque contextual, ou melhor, ao se considerar o contexto em que a decisão foi ou será tomada".*[49]

Nesse diapasão, observa-se que o princípio da moralidade encontra solo fértil quando se fala de sigilo bancário e recursos públicos. Conforme já referido alhures, o administrador bancário, quando faz uso de verbas subsidiadas para propagar políticas governamentais, tem o dever de observar o princípio em comento, *pois age por delegação*.

Antes de alocar o recurso recebido no mercado financeiro, por meio de empréstimo ou financiamento, a instituição financeira lança mão de diversos mecanismos que visam estudar a operação de crédito, de modo que se possa ter uma visão acerca do risco envolvido, tanto no que tange ao retorno do capital emprestado, quanto no que concerne ao atingimento da finalidade (pública) almejada.[50]

Assim, sob essa perspectiva, *a moralidade restará abalada* quando se verificar a existência de créditos concedidos sem a observância dos critérios

---

[47] Deve sempre ser o interesse público.

[48] O *abuso de poder* pode ocorrer na modalidade de *excesso de poder*, quando relacionado à competência do agente público, ou na forma de *desvio de poder*, na hipótese quando a finalidade não atende ao interesse público.

[49] A autora, como forma de exemplificar a expressão "enfoque contextual", relata que se configura ato atentatório à moralidade administrativa (embora legal) situação em que determinado Estado, que vem passando por dificuldades financeiras e, consequentemente, enxugando a máquina pública, adquire automóveis de luxo para servir autoridades.

[50] Vale dizer que também existem mecanismos de controle posteriores, como é o caso das fiscalizações.

gerais[51] e específicos[52] atinentes à linha de crédito envolvida, mormente quando as falhas noticiadas se revestirem de notoriedade na mídia.

### 4.3. Princípio da supremacia do interesse público

Preliminarmente, destaca-se que o ente concretizador do interesse público é o Estado e é somente quando este se relaciona com o particular de forma *verticalizada* que o princípio em pauta é revelado. Contudo, não se pode confundir, conforme alerta Mello, Celso Antônio. (1998, p. 57), *"[...] o interesse público e o interesse meramente das pessoas estatais (ora coincidentes, ora antagônicos)"*.[53]

Para Viegas (2011), a expressão *interesse público*, em razão de sua amplitude, ainda é objeto de celeuma entre os doutrinadores, caracterizando-se, desse modo, em um conceito indeterminado. Grau (*apud* MARQUES K. 2010, p. 165), confirmando a indeterminação existente em torno citado termo, afirma que se trata de uma noção contingente passível de aplicação/interpretação somente diante de um caso concreto, haja vista se tratar de uma expressão que varia no tempo e no espaço.

A dita indeterminação, por sua vez, se dá em face da ausência de consenso entre os estudiosos, haja vista que uns defendem tratar-se de um interesse contraposto ao interesse individual, enquanto que outros entendem que o termo interesse público nada mais é do que a somatória de interesses individuais (VIEGAS, 2011).

Entretanto, a formação de um esboço do que hoje pode vir a ser considerado interesse público remonta à época de declínio do liberalismo econômico, quando do aumento das diferenças econômicas e sociais, em razão da má distribuição dos recursos. A partir de então, promoveu-se *"[...] uma verdadeira mudança de rumos na concepção de direito, que fez incrementar a interferência do Estado sobre o círculo privado do indivíduo e, por conseguinte, sobre as esferas econômica e social"* (MARQUES K. 2010, p. 167).

Nesse cenário, com todas as mudanças ocorridas, passou-se a exigir do Estado, antes minimalista, *"[...] uma postura ativa voltada à concretização do interesse público [...]"* (MARQUES K. 2010, p. 168), o qual, nas palavras de Marques Neto (*apud* MARQUES K. 2010, p. 169), deve ser visto *"[...] como um elo de mediação [conciliar os interesses em tensão] de interesses privados dotados de legitimidade [...]"*, algo que não significa *"[...] uma maior tolerância frente aos interesses privados, que se imiscuem e pervertem o funcio-*

---

[51] Por exemplo: garantias, capacidade de pagamento, formalização, etc.
[52] Por exemplo: correta utilização do crédito concedido.
[53] Marques, K. (2010, p. 166) também sinaliza que é necessário evitar "confundir Estado com sociedade".

*namento da máquina pública, favorecendo a indevida apropriação privada dos bens e dos serviços públicos"*.

Balizado por tais parâmetros, conclui-se que o interesse público não se constitui em algo que se contrapõe ao interesse privado, mas em categoria que se caracteriza no interesse do conjunto social sem se confundir com a somatória dos interesses individuais (MELLO, Celso Antônio *apud* VIEGAS, 2011), vez que *"[...] a única superioridade que se entende legítima é aquela pertinente ao interesse comum do conjunto de cidadãos em relação ao interesse individual de cada uma das pessoas que integram uma dada sociedade"* (CARVALHO, R. *apud* VIEGAS, 2011).

Nesse contexto, considerando que a lei e todos os órgãos estatais[54] estão legitimados a partir do interesse comum, tendo por base o Estado Democrático de Direito constitucionalmente previsto,[55] significa que a *"[...] defesa da preservação do sigilo bancário enquanto interesse individual, haverá sempre que ceder ante o interesse maior na investigação voltada ao combate à criminalidade, sobretudo, como já visto alhures, se envolve desvio ou malversação de recursos públicos"* (MARQUES, K. 2010, p. 171).

Ademais, a existência de direitos fundamentais não retira do princípio da supremacia do interesse público sobre o particular sua densidade, haja vista que, conforme afirma Carvalho Filho (2012, p. 33), se trata de *"[...] corolário natural do regime democrático, calcado, como por todos sabido, na preponderância das maiorias"*.

## 5. A relativização do sigilo bancário

Na linha do que já foi referido em capítulo anterior, o sigilo bancário possui índole constitucional, pois está amparado no direito fundamental à vida privada.

Também foi dito alhures que os direitos fundamentais, dentre outras características, são *relativos* (não possuem caráter absoluto, portanto), posto que limitados pelos demais direitos igualmente consagrados pelo texto constitucional.

Nesse sentido, vale lembrar, inclusive, que em nossa Constituição essas limitações, não raras vezes, estão expressamente previstas no Texto, como ocorre, por exemplo, com o direito à vida, que pode ser ceifado em caso de guerra declarada (art. 5º, inciso XLVII, alínea "a") e com o direito de propriedade, o qual pode sofrer limitações tanto por questões

---

[54] Principalmente os de ordem fiscalizatória e investigativa.
[55] Art. 1º da Constituição Federal de 1988.

ambientais, quanto para o atendimento da função social (MENDES; COELHO; BRANCO, 2000, p. 121).

Todavia, a notável relatividade somente poderá ser verificada diante de um *caso concreto*, no qual os interesses antagônicos deverão ser avaliados a partir de um juízo de ponderação, haja vista que inexiste um critério de solução de conflitos em termos abstratos (MENDES; COELHO; BRANCO, 2000, p. 183).

Para dirimir o citado conflito, há de se lançar mão da *regra de proporcionalidade*,[56] de modo a aferir, no caso concreto,[57] o direito que preponderará e aquele que sofrerá maior restrição. Deve-se, na verdade, achar o direito prevalente sem desrespeitar o núcleo essencial[58] do direito preterido.

Nesse sentido, *a relativização do sigilo bancário configura-se possível*,[59] pois, ainda que enquadrado na categoria de direito fundamental, revela-se passível de flexibilização, quando diante de uma situação conflituosa específica, que se resolverá por meio da ponderação de interesses e da regra de proporcionalidade, "[...] *visando a busca de uma harmonização que possa resultar nos menores prejuízos possíveis aos interesses legítimos em litígio, os quais podem, sim, ser limitados, mas nunca suprimidos em sua inteireza*" (MARQUES, K. 2010, p. 111).

Assim, confirma-se a ideia a respeito da relatividade dos direitos fundamentais, explicitada no primeiro capítulo, que abrange o direito ao sigilo bancário em razão dele estar ancorado no direito fundamental à privacidade insculpido no art. 5º, inciso X, da Carta Republicana. *Contudo, ressalva-se que a citada relativização somente é permitida quando da existência, no caso concreto, de um interesse público justificante, pois, do contrário, restará configurada uma desmotivada descaracterização do direito fundamental tutelado.*

---

[56] No ponto, esclarece-se que a proporcionalidade deve ser entendida como regra, em razão de que é aplicada *sem variações* a partir de seus subelementos (adequação, necessidade e proporcionalidade em sentido estrito), pois, em razão de sua *constância*, não entra em conflito com outras normas-princípio, tendo em vista que não se concretiza em vários graus ou mediante criação de regras de prevalência diante do caso concreto (SILVA, L. 2002, p. 25). Pode-se dizer, portanto, que ela é utilizada como *fórmula* (ou regra) para dirimir conflitos entre princípios.

[57] Mello, Celso de Albuquerque. (1999) sustenta que existem duas orientações doutrinárias acerca da natureza do conteúdo essencial dos direitos fundamentais: a teoria absoluta e a teoria relativa. Para a primeira, o conteúdo essencial deve ser delimitado abstratamente, enquanto que a segunda defende que tal delimitação apenas pode ocorrer à luz do caso concreto.

[58] Núcleo essencial é aquilo que se caracteriza em "[...] um conteúdo mínimo destes direitos, que não pode ser amputado, seja pelo legislador, seja pelo aplicador do direito [...]" (MELLO, Celso de Albuquerque. 1999, p. 60), destacando-se como um dos limites impostos pela doutrina à ponderação de bens.

[59] Nesse sentido: REsp 1.134.665/SP, Superior Tribunal de Justiça, Rel. Ministro Luiz Fux, Primeira Seção, julgado em 25/11/2009, DJe 18/12/2009.

## 5.1. Interesses a serem sopesados

Caracterizado o sigilo bancário como direito fundamental à vida privada, revelado está o seu escopo protetivo, que é a privacidade do cidadão.

Por outro lado, quando se depara com o envolvimento de recursos provenientes do erário, verifica-se que há o interesse da coletividade, consubstanciado, principalmente, nos princípios da publicidade, moralidade e supremacia do interesse público.

Com base nisso, *percebe-se que existem interesses diametralmente opostos em situação de conflito*, o qual somente poderá ser solucionado por meio da aplicação da técnica da ponderação de interesses, fazendo uso da regra de proporcionalidade, conforme já referido anteriormente.

O *interesse privado* (particular) surgiu com rompimento do paradigma caracterizado pelo Estado absolutista (e intervencionista), passando para uma fase de maior liberalidade e com a consequente garantia que o cidadão tem de que o Estado não intervirá em seu espaço de autodeterminação (liberalismo econômico).

O interesse coletivo, por sua vez, eclodiu a partir da crise do sistema econômico liberal (mão invisível do mercado), o qual, somente acentuou o distanciamento existente entre os integrantes de oligopólios dominantes e a grande maioria excluída. Aquela, posicionada como destinatária dos direitos fundamentais e esta, obstaculizada de qualquer possibilidade de mobilidade positiva, seja econômica, social ou política (MARQUES, K. 2010, p. 44).

A partir de então, o Estado passou a intervir na ordem econômica e social, de modo a proporcionar condições materiais, e não meramente formais como outrora, criando instrumentos jurídicos protetivos destinados à coletividade.

Evidentemente, tanto a concepção individual, quanto a perspectiva coletiva, sofreram temperamentos ao longo dos anos, tendo em vista que a essência de suas características foi se adaptando às constantes mutações históricas.

Nessa toada, observa-se que toda a problemática envolvendo o sigilo bancário quando ligado a recursos públicos se resume em um conflito, *real ou aparente*, de interesses: o individual e o coletivo.

Configura-se *conflito aparente*[60] quando se trata de Pessoa Jurídica de Direito Público, uma vez que, *conforme já referido outrora*, o sigilo bancá-

---

[60] Não se vislumbra, de fato, um conflito entre os interesses público e privado, contudo, como se verá adiante, há um conflito no que concerne á observância, ou não, da legislação de regência (LC 105/2001), que é dotada de generalidade, abstração e é observância obrigatória por todos, somente passível de resolução por meio da atuação estatal, representada pelo Poder Judiciário.

rio é oponível ao Estado e não pode ser invocado por ele em seu favor, uma vez que sua atividade financeira não se acha coberta por qualquer espécie de sigilo, mas se submete à impositiva prestação de contas dos recursos públicos recebidos e ao princípio da publicidade de seus atos.

Por outro lado, trata-se de *conflito real* quando a situação específica demonstrar que os recursos de origem pública entraram na esfera de domínio do particular *mesclando-se* com seus recursos privados, pois nessa situação, apesar de o recurso manter intacta sua origem, resta inviável a revelação direta dos dados, haja vista que isso implicaria na violação do direito à privacidade, que é fundamento do sigilo bancário.

Em situações da espécie, caso o Estado, por meio de seus órgãos fiscalizatórios ou investigativos, pretendesse quebrar o sigilo bancário de determinado indivíduo, *seria necessária a intervenção judicial para que fosse realizada a ponderação de interesses em conflito*, fazendo uso da regra de proporcionalidade, assim como de suas sub-regras: a adequação, necessidade e proporcionalidade em sentido estrito.

Assim, sob enfoque do conflito de interesses, excetuando os casos nos quais há o envolvimento de recursos públicos com Pessoas Jurídicas de Direito Público, faz-se necessário aquilatar os valores em conflito a ponto de avaliar, no caso concreto, qual prepondera em detrimento de outro.

### 5.2. A quebra do sigilo bancário sem a transgressão dos direitos individuais

O sigilo bancário, segundo o desenvolvimento lógico até então apresentado, é dotado de caráter constitucional, malgrado ausente previsão expressa no Texto de 1988 em tal sentido.

Pensamento diverso enseja dar ao Texto Constitucional uma interpretação inadequada, vez que, agindo assim, o hermeneuta estará a tentar decifrar o espírito das normas constitucionais por meio de sua expressa literalidade, olvidando-se dos fatores políticos e ideológicos, os quais "[...] *vão além do seu sentido e significado formais, atingindo valores externos ao sistema*" (MARQUES, K. 2010, p. 100).

Ademais, jungir a tarefa interpretativa, *notadamente a constitucional*, à semântica gramatical, significa relegar a um segundo plano toda a subjetividade de uma determinada situação jurídica, a qual, em razão de sua natureza, necessita buscar seu real significado através de "[...] *conceitos abertos, porquanto se tem em foco princípios e valores de conteúdo não previamente delimitado, passíveis, assim, de contínua atualização, sopesamento, discussão e configuração de seu real alcance de acordo com os casos concretos*" (MARQUES, K. 2010, p. 100) [grifo nosso].

No caso do sigilo bancário, portanto, a sua caracterização como direito fundamental de primeira dimensão decorreu, logicamente, da interpretação dada ao texto da norma constitucional, que levou em conta todo o avanço tecnológico, especialmente o bancário, para, ao fim e ao cabo, entender por sua estatura constitucional. Nesse ponto, arrisca-se a dizer que se trata do fenômeno da *mutação constitucional*.[61]

De outra banda, todo o intervencionismo econômico estatal, que se utiliza de recursos subsidiados e é concretizado com a ajuda do sistema financeiro, faz com que o público e o privado interajam de forma imbricada, restando por dificultar a separação de interesses em conflito.

Na hipótese aqui defendida, levando-se em consideração o binômio sigilo bancário e recursos públicos, somente a partir de um caso concreto é que se poderá verificar qual o interesse preponderante, pois, como já exaustivamente dito, excetuando os casos nos quais há o envolvimento de recursos públicos com Pessoas Jurídicas de Direito Público (conflito aparente), existe um conflito real de interesses que merece a atenção do Poder Judiciário.

Em tais situações, deve o Estado-Juiz aferir se há algum ponto de conflito consistente no antagonismo existente entre o *interesse particular*, ancorado em um direito fundamental que garante ao cidadão a abstenção estatal no que concerne as suas atividades privadas, e o *interesse coletivo* representado pelo recurso público, o qual jamais perde tal natureza, mesmo quando inserido na esfera privada de uma pessoa.

Conquanto seja possível entender, conforme concluiu o Min. Octávio Galotti, no voto proferido no MS 21.729/DF, fl. 145, que o recurso público se encontra "[...] imune por sua natureza [...]" e, via de consequência, "[...] não se acha em causa, propriamente, a quebra de um sigilo", compreende-se, *todavia*, segundo se infere do voto proferido pelo *Min. Celso de Melo* (fl. 111) no julgamento do já citado mandado de segurança, que "[...] *somente* os órgãos do Poder Judiciário dispõem do poder para decretar essa medida extraordinária, sob pena de a autoridade administrativa interferir *indevidamente* na esfera de privacidade constitucionalmente assegurada às pessoas [...]", visto que "[...] *apenas o Judiciário* pode eximir as instituições financeiras do dever que lhes incumbe em tema de sigilo bancário [...]" [grifo do autor].

São por essas razões que a publicização de informações de cunho financeiro, relativas a recursos oriundos do Poder Público, *necessitam passar pelo crivo de um Poder imparcial e equidistante,* tendo em vista ser imprescindível harmonizar os espaços de tensão existentes entre as normas constitucionais a concretizar.

---

[61] Alteração interpretativa (sem modificação do Texto Constitucional).

### 5.3. Da reserva jurisdicional

O raciocínio apresentado por meio do estudo realizado, tendente a flexibilizar o direito ao sigilo bancário quando da presença de recursos provenientes do erário, segue um desdobramento lógico muito singelo, todavia, denso.

Fala-se em densidade porque todo o delineamento teórico possui *alicerce constitucional, fundamentado no sentido de que o sigilo bancário consiste em um direito fundamental de primeira dimensão, oponível frente ao Estado, não passível de utilização por ele em seu favor, mas de ampla aplicação por parte do indivíduo, na defesa de sua intimidade e privacidade, visando obstar os abusos intromissivos absolutistas estatais banidos pelos ideais do Estado liberal.*

Muito se falou a respeito do *conflito de interesses* (público x privado), passível de resolução mediante a aplicação da regra de proporcionalidade. Pontuou-se, ainda, que em determinada situação (conflito aparente) não haveria, de fato, um conflito real de interesses apto a ser solvido, pois, na verdade, o sigilo bancário é oponível ao Estado e não pode ser invocado por ele em seu favor, uma vez que a atividade financeira estatal não se acha coberta por qualquer espécie de sigilo, mas se submete à impositiva prestação de contas dos recursos públicos recebidos e ao princípio da publicidade de seus atos.

Entretanto, é cediço que a Constituição Federal de 1988 é muito prolixa. Embora dotada de tal característica, depreende-se de seu texto que ela atribui a Lei Complementar a regulamentação do sistema financeiro nacional,[62] de modo que sua sistematização se opere mediante a edição de leis dotadas de generalidade, abstração e, consequentemente, de *observância obrigatória por todos* (cogentes).

Assim, quando se fala de sigilo bancário, mesmo nas situações caracterizadas como de conflito aparente de interesses, o embate existente somente é passível de resolução mediante a intervenção estatal, representado pelo Poder Judiciário, pois o que está em discussão se relaciona com o cumprimento, ou não, dos ditames consignados na legislação,[63] oriundos de um mandamento constitucional.

Significa dizer, portanto, que não cabe às instituições financeiras arvorarem-se na condição de intérpretes da Constituição ou da legislação infraconstitucional, *usurpando a função jurisdicional*, a ponto de dizer, no caso concreto, os valores tidos por preponderantes, pois, como já referi-

---

[62] Art. 192. O sistema financeiro nacional, estruturado de forma a promover o desenvolvimento equilibrado do País e a servir aos interesses da coletividade, em todas as partes que o compõem, abrangendo as cooperativas de crédito, será regulado por *leis complementares* que disporão, inclusive, sobre a participação do capital estrangeiro nas instituições que o integram.

[63] Até porque a legislação de regência não faz qualquer espécie de diferenciação quanto à origem dos recursos.

do assima, *somente o Judiciário pode eximi-las do dever que lhes foi incumbido pela Lei do Sigilo Bancário.*

## 6. Considerações finais

Conquanto dotado de legislação específica (Lei Complementar nº 105/2001), o estudo do tema proposto passou longe da mera análise dos artigos regulamentadores do citado regramento, haja vista que o viés constitucional concretiza-se como o rumo mais apropriado para a compreensão de sua essência, notadamente quando há o imbricamento com recursos públicos.

Nesse diapasão, preocupou-se com o detalhamento da questão relacionada com os direitos fundamentais, demonstrando que a primeira dimensão desses direitos, enquanto propagadores dos ideários do Estado liberal em detrimento do Estado absoluto, caracterizam-se em um dever de abstenção estatal, realçando o princípio da liberdade. No ponto, verificou-se que os direitos à intimidade e à vida privada representam um dos expoentes dessa dimensão, sendo a privacidade o fundamento jurídico com qual o sigilo bancário guarda maior pertinência.

Certamente, configura-se tarefa árdua negar a índole constitucional ao sigilo bancário, pois verificado o enfoque protetivo voltado para os particulares, característico da primeira dimensão de direitos fundamentais, é forçoso concluir por sua correlação com o art. 5º, inciso X, da Carta Republicana, mormente no que concerne ao direito à vida privada. Registra-se, por oportuno, que esse entendimento, conforme demonstrado ao longo do trabalho, encontra eco na jurisprudência do Supremo Tribunal Federal, embora não tenha havido, ainda, decisão peremptória a respeito.

Contudo, apesar da envergadura constitucional alçada ao sigilo bancário, restou demonstrado que ele não possui caráter absoluto, sendo passível de relativização quando em conflito com outros interesses, uma vez que é inadmissível o exercício de algum direito ou garantia em prejuízo da ordem pública ou com desrespeito aos direitos e garantias de terceiros.

De outra banda, não se olvida que é com a intervenção estatal na economia, mediante a utilização de recursos públicos disseminados por meio do sistema financeiro bancário, que o interesse público começa a interagir com a esfera privada. Todavia, é necessário esclarecer que esse relacionamento não desnatura a origem pública do interesse protetivo que incide sobre o dinheiro. Na verdade, é a partir desse relacionamento com o particular que esse interesse ganha maior relevo.

Com base nessa interação, as instituições financeiras atuam como responsáveis pela gestão de uma política governamental, razão pela qual devem se pautar pelos princípios constitucionais norteadores da administração pública, vez que se configuram, na hipótese, delegatárias de uma função igualmente pública.

Nessa perspectiva, a mescla de interesses privados e públicos, estes consubstanciados na proteção contra a malversação dos recursos provenientes do erário destinados a fomentar a economia e aqueles, como já referido, caracterizados pela proteção do particular no interesse de sua privacidade, culmina no ponto nevrálgico do estudo realizado, no qual restou demonstrado ser imprescindível a intervenção do Estado-Juiz, a fim de conciliar os interesses em tensão, representados tanto pelo conflito entre as esferas pública e privada, quanto pela necessidade de se defender a estrita observância dos ditames consignados na legislação, oriundos de um mandamento constitucional.

## Referencial bibliográfico

ABRÃO, Nelson. *Direito bancário*. 14.ed. rev. atual. e ampl. pelo Desembargador Carlos Henrique Abrão. São Paulo: Saraiva, 2011.

BALTAZAR JÚNIOR, José Paulo. *Sigilo Bancário e privacidade*. Porto Alegre: Livraria do Advogado Ed., 2005.

BARROSO, Luís Roberto. Interpretação e aplicação da constituição: fundamentos de uma dogmática constitucional transformadora. 3.ed. São Paulo: Saraiva, 1999.

BASTOS, Celso Ribeiro. *Curso de direito constitucional*. 19.ed. atual. São Paulo: Saraiva, 1998.

BOBBIO, Norberto. *A era dos direitos*. Rio de Janeiro: Campus, 1992.

BONAVIDES, Paulo. *Curso de direito constitucional*. 24.ed. São Paulo: Malheiros, 2012.

——. *Curso de direito constitucional*. 28.ed. São Paulo: Malheiros, 2013.

BRASIL. *Constituição Federal, de 05 de outubro de 1988*. Brasília. Disponível em: <http://www.planalto.gov.br/ccivil_03/constituicao/constituicao.htm>. Acesso em 22 jul. 2013.

——. *Lei Complementar n. 105, de 10 de janeiro de 2001*. Brasília. Disponível em: <http://www.planalto.gov.br/ccivil_03/leis/lcp/Lcp105.htm>. Acesso em 15 de set. 2013.

——. Superior Tribunal de Justiça. *Recurso Especial n. 1.134.665/SP*. Recorrente: Fazenda Nacional. Recorrido: Míriam Leila Durval Vasconcellos. Relator Min. Luiz Fux. Julgamento em 25/11/2009. Publicação em 18/12/2009. Disponível em: <https://ww2.stj.jus.br/revistaeletronica/Abre_Documento.asp?sLink=ATC&sSeq=7442122&sReg=200900670344&sData=20091218&sTipo=5&formato=PDF>. Acesso em Acesso em 11 de out. 2013.

——. Supremo Tribunal Federal. *Ação Direta de Inconstitucionalidade n. 939/DF*. Requerente: Confederação Nacional dos Trabalhadores do Comércio – CNTC. Requerido: Presidente da República; Presidente do Congresso Nacional. Relator Min. Sydney Sanches. Julgamento em 15/12/1993. Publicação em 18/03/1994. Disponível em: <http://www.stf.jus.br/portal/jurisprudencia/visualizarEmenta.asp?s1=000117880&base=baseAcordao>. Acesso em 13 de ago. 2013.

———. Supremo Tribunal Federal. *Agravo Regimental no Agravo de Instrumento n° 655.298/SP*. Agravante: Ubirajara dos Santos Macieira. Agravado: União. Relator Min. Eros Grau. Julgamento em 04/09/2007. Publicação em 28/09/2007. Disponível em: <http://www.stf.jus.br/portal/jurisprudencia/visualizarEmenta.asp?s1=000005028&base=baseAcordao>. Acesso em 20 de set. 2013.

———. Supremo Tribunal Federal. *Mandado de Segurança n. 21.729/DF*. Impetrante: Banco do Brasil S/A. Impetrado: Procurador-Geral da República. Relator Min. Marco Aurélio. Relator para o Acórdão Min. Néri da Silveira. Julgamento em 05/10/1995. Publicação em 19/10/2001. Disponível em: <http://www.stf.jus.br/portal/jurisprudencia/visualizarEmenta.asp?s1=000100788&base=baseAcordao>. Acesso em 28 de jul. 2013.

———. Supremo Tribunal Federal. *Mandado de Segurança n. 23.452/RJ*. Impetrante: Luiz Carlos Barretti Júnior. Impetrado: Presidente da Comissão Parlamentar de Inquérito. Relator Min. Celso de Mello. Julgamento em 16/09/1999. Publicação em 12/05/2000. Disponível em: <http://www.stf.jus.br/portal/jurisprudencia/visualizarEmenta.asp?s1=000020700&base=baseAcordao>. Acesso em 28 de jul. 2013.

———. Supremo Tribunal Federal. *Questão de Ordem na Petição n. 577 QO/DF*. Requerente: Delegado de Polícia Federal. Relator Min. Carlos Velloso. Julgamento em 25/03/1992. Publicação em 23/04/1993. Disponível em: <http://www.stf.jus.br/portal/jurisprudencia/visualizarEmenta.asp?s1=000154366&base=baseAcordao>. Acesso em 19 de set. 2013.

———. Supremo Tribunal Federal. *Recurso Extraordinário n. 215.301/CE*. Recorrente: Ministério Público Federal. Recorrido: José Carlos Aguiar. Interessado: Banco do Estado de São Paulo S/A – BANESPA. Relator Min. Carlos Velloso. Julgamento em 13/04/1999. Publicação em 28/05/1999. Disponível em: <http://www.stf.jus.br/portal/jurisprudencia/visualizarEmenta.asp?s1=000109782&base=baseAcordao>. Acesso em 20 de set. 2013.

———. Supremo Tribunal Federal. *Recurso Extraordinário n. 219.780/PE*. Recorrente: União Federal. Recorrido: Credicard S/A Administradora de Cartões de Crédito. Relator Min. Carlos Velloso. Julgamento em 13/04/1999. Publicação em 10/09/1999. Disponível em: <http://www.stf.jus.br/portal/jurisprudencia/visualizarEmenta.asp?s1=000109314&base=baseAcordao>. Acesso em 20 de set. 2013.

———. Supremo Tribunal Federal. *Recurso Extraordinário n. 418.416/SC*. Recorrente: Luciano Hang. Recorrido: Ministério Público Federal. Relator Min. Sepúlveda Pertence. Julgamento em 10/05/2006. Publicação em 19/12/2006. Disponível em: <http://www.stf.jus.br/portal/jurisprudencia/visualizarEmenta.asp?s1=000092066&base=baseAcordao>. Acesso em 18 de set. 2013.

———. Supremo Tribunal Federal. *Segundo Agravo Regimental na Suspensão de Segurança n. 3.902/SP*. Agravantes: Sindicato dos Especialistas de Educação do Ensino Público do Município de São Paulo – SINESP; Associação dos Engenheiros, Arquitetos e Agrônomos Municipais de São Paulo e outro(a/s). Agravado: Município de São Paulo. Relator Min. Ayres Brito. Julgamento em 09/06/2011. Publicação em 03/10/2011. Disponível em: <http://www.stf.jus.br/portal/jurisprudencia/visualizarEmenta.asp?s1=000181369&base=baseAcordao>. Acesso em 27 de set. 2013.

———. Supremo Tribunal Federal. *Suspensão de Liminar n. 623/DF*. Requerente: União. Requerido: Juiz Federal da 22. Vara Federal da Seção Judiciária do Distrito Federal. Interessado: Confederação dos Servidores Públicos do Brasil – CSPB. Decisão da Presidência. Relator Min. Presidente Ayres Britto. Julgamento em 10/07/2012. Publicação em 03/08/2012. Disponível em: <http://www.stf.jus.br/portal/jurisprudencia/visualizarEmenta.asp?s1=000209359&base=basePresidencia>. Acesso em 27 de set. 2013.

_____. Supremo Tribunal Federal. *Suspensão de Liminar n. 689/DF*. Requerente: União. Requerido: Tribunal de Justiça do Distrito Federal e dos Territórios. Decisão da Presidência. Relator Min. Presidente Joaquim Barbosa. Julgamento em 15/04/2013. Publicação em 19/04/2013. Disponível em: <http://www.stf.jus.br/portal/jurisprudencia/visualizarEmenta.asp?s1=000255043&base=basePresidencia>. Acesso em 27 de set. 2013.

_____. Tribunal de Contas da União. *Relatório de Auditoria n. 017.177/2008-2. Acórdão n. 2731/2008*. Plenário. FISCALIZAÇÃO DE ORIENTAÇÃO CENTRALIZADA. TEMA DE MAIOR SIGNIFICÂNCIA "EDUCAÇÃO". AVALIAÇÃO DO RELACIONAMENTO DAS INSTITUIÇÕES FEDERAIS DE ENSINO SUPERIOR COM SUAS FUNDAÇÕES DE APOIO. RELATÓRIO DE CONSOLIDAÇÃO. DIVERSAS FALHAS. DETERMINAÇÕES. RECOMENDAÇÕES. Relator Min. Aroldo Cedraz. Julgamento em 26/11/2008. Publicação em 01/12/2008. Disponível em: <https://contas.tcu.gov.br/juris/SvlHighLight?key=ACORDAO-LEGADO-74978&texto=2b2532384e554d41
434f5244414f253341323733312b4f522b4e554d54254c4143414f25334132373333312532392
b414e442b2532384e554d414e4f41434f5244414f25334132303038253239&sort=DTRELEVANCIA&ordem=DESC&b
ases=ACORDAO-LEGADO;DECISAO-LEGADO;RELACAO-LEGADO;ACORDAO-RELACAO-LEGADO;&highlight=&posicaoDocumento=0>. Acesso em 10 de out. 2013.

_____. Tribunal Regional Federal (1. Região). *Apelação Cível n. 0000284-77.2009.4.01.3702/MA*. Apelante(s): Banco do Brasil S.A. e Banco do Nordeste do Brasil S.A. Apelado(s): União Federal e Ministério Público Federal. Relator Desembargador Federal Hilton Queiroz. Relator Convocado: Juiz Federal Marcus Vinícius Reis Bastos. Julgamento em 21/08/2012. Publicação em 31/08/2012. Disponível em: <http://www.trf1.jus.br/Processos/ProcessosTRF/ctrf1proc/ctrf1proc.php?UF=&proc=28477200940137
02>. Acesso em 27 de set. 2013.

BULOS, Uadi Lammêgo. *Curso de direito constitucional*. 3. ed. rev. e atual. São Paulo: Saraiva, 2009.

_____. *Curso de direito constitucional*. 7. ed. rev. e atual. São Paulo: Saraiva, 2012.

CARVALHO, Márcia Haydée Porto de. *Sigilo Bancário*. Curitiba: Juruá, 2008.

CARVALHO FILHO, José dos Santos. *Manual de direito administrativo*. 25. ed. rev., ampl. e atual. São Paulo: Atlas, 2012.

COVELLO, Sérgio Carlos. *O sigilo bancário (com particular enfoque na tutela civil)*. 2. ed. rev. e atual. São Paulo: Liv. e Ed. Universitária de Direito, 2001.

CRETELLA JÚNIOR, José. *Comentários à constituição de 1988*. vol. IV. Rio de Janeiro: Forense, 1991.

DI PIETRO, Maria Sylvia Zanella. *Discricionariedade administrativa na Constituição de 1988*. São Paulo: Atlas, 1991.

_____. *Direito administrativo*. 13.ed. São Paulo: Atlas, 2001.

DIÓGENES JÚNIOR, José Eliaci Nogueira. *Gerações ou dimensões dos direitos fundamentais?* In: Âmbito Jurídico, Rio Grande, XV, n. 100, maio 2012. Disponível em: <http://www.ambito-juridico.com.br/site/?n_link=revista_artigos_leitura&artigo_id=11750>. Acesso em 03 de jun. 2013.

ESPÍNDOLA, Ruy Samuel. Conceito de princípios constitucionais: elementos teóricos para uma formulação dogmática constitucionalmente adequada. São Paulo: Revista dos Tribunais, 1998.

FERRAZ JÚNIOR, Tércio Sampaio. Sigilo Bancário. *Revista de Direito Bancário do Mercado de Capitais e da Arbitragem*. São Paulo, RT, v. 4, p.13-27, out.-dez. 2001. Disponível em: <http://www.terciosampaioferrazjr.com.br/?q=/publicacoes-cientificas/98> Acesso em 20 de set. 2013.

MARQUES, Karla Padilha Rebelo. *Corrupção, dinheiro público e sigilo bancário: desconstruindo mitos*. 2.ed. rev. e atual. Porto Alegre: Núria Fabris Ed., 2010.

MARQUES, Luis Eduardo Rodrigues. *Geração de direitos: fragmentos de uma construção dos direitos humanos*. Piracicaba (SP): UNIMEP, 2007. Dissertação (Mestrado em Direito), Universidade Metodista de Piracicaba, 2007. Disponível em: <http://www.dhnet.org.br/dados/dissertacoes/a_pdf/disserta_geracao_direitos.pdf> Acesso em 18 de jul. 2013.

MAXIMILIANO, Carlos. *Hermenêutica e aplicação do direito*. Rio de Janeiro: Forense, 1993.

MEDAUAR, Odete. *Direito administrativo moderno*. 14.ed. rev. e atual. São Paulo: Editora Revista dos Tribunais, 2010.

MEIRELLES, Hely Lopes. *Direito administrativo brasileiro*. 24.ed. São Paulo: Malheiros, 1999.

MELLO, Celso Antônio Bandeira de. *Curso de direito administrativo*. 10.ed. rev. atual. e ampl. São Paulo: Malheiros, 1998.

MELLO, Celso de Albuquerque (*et al.*). *Teoria dos direitos fundamentais*. Rio de Janeiro: Renovar, 1999.

MENDES, Gilmar Ferreira; BRANCO, Paulo Gustavo Gonet. *Curso de direito constitucional*. 7.ed. rev. e atual. São Paulo: Saraiva, 2012.

——; COELHO, Inocêncio Mártires; BRANCO, Paulo Gustavo Gonet. *Hermenêutica constitucional e direitos fundamentais*. Brasília: Brasília Jurídica, 2000.

MORAES, Alexandre de. Direitos humanos fundamentais: teoria geral, comentários aos artigos 1º a 5º da Constituição da República Federativa do Brasil. 7.ed. São Paulo: Atlas, 2006.

——. *Direito Constitucional*. 28.ed. São Paulo: Atlas, 2012.

ORGANIZAÇÃO DAS NAÇÕES UNIDAS (ONU). *Declaração universal dos direitos humanos*. Adotada e proclamada pela resolução 217 A (III) da Assembleia Geral das Nações Unidas em 10 de dezembro de 1948. Disponível em: <http://unicrio.org.br/img/DeclU_D_HumanosVersoInternet.pdf>. Acesso em 28 jul. 2013.

SILVA, José Afonso da. *Curso de direito constitucional*. 25.ed. rev. e atual. São Paulo: Malheiros, 2005.

SILVA, Luís Virgílio Afonso da. O proporcional e o razoável. *Revista dos Tribunais*, São Paulo, ano 91, v. 798, p. 23-50, abr. 2002.

SARLET, Ingo Wolfgang; MARINONI, Luiz Guilherme; MITIDIERO, Daniel. *Curso de direito constitucional*. São Paulo: Editora Revista dos Tribunais, 2012.

VIEGAS, Cláudia Mara de Almeida Rabelo. *O princípio da supremacia do interesse público: Uma visão crítica da sua devida conformação e aplicação*. In: Âmbito Jurídico, Rio Grande, XIV, n. 86, mar. 2011. Disponível em: <http://www.ambito-juridico.com.br/site/index.php?n_link=revista_artigos_leitura&artigo_id=9092>. Acesso em out. 2013.

ZIMMERMANN, Augusto. *Curso de Direito Constitucional*. 2.ed. rev.ampl. e atual. Rio de Janeiro: Lumen Juris, 2002.

— 4 —

# A nova lei de lavagem de dinheiro e a responsabilidade penal dos agentes de instituições financeiras[1]

## VANESSA SCHEIBLER[2]

*Sumário*: 1. Introdução; 1.1. Da lavagem de dinheiro: aspectos gerais; 1.1.1. Conceito e características; 1.1.2. Sujeitos; 1.1.3. Da problemática do bem jurídico protegido; 2. Lei 9.613/98 e alterações trazidas pela Lei 12.683/12; 2.1. Aspectos gerais; 2.2. Principais alterações legislativas; 2.3. Aplicação da lei penal no tempo; 2.4. Breve análise dos tipos penais; 3. Da responsabilidade penal; 3.1. Responsabilidade das instituições financeiras; 3.2. Responsabilidade penal dos agentes de instituições financeiras; 3.2.1. Dolo direto; 3.2.2. Dolo eventual; 3.2.2.1. Teoria da cegueira deliberada; 4. Considerações finais; Referencial bibliográfico.

## 1. Introdução

A expressão "lavagem de dinheiro" surgiu nos EUA (*money laundering*) na cidade de Chicago, na década de 20, quando líderes do crime organizado abriram lavanderias de fachada onde superfaturavam os lucros a fim de justificar seus ganhos ilícitos.

No âmbito internacional, a Convenção contra o Tráfico Ilícito de Entorpecentes e Substância Psicotrópicas (conhecida como "Convenção de Viena") estabeleceu que os países signatários deveriam tipificar como crime a lavagem ou ocultação de bens oriundos do tráfico de drogas, acarretando na criação dos primeiros diplomas legais sobre o crime de lavagem de dinheiro.

O Brasil, em cumprimento aos compromissos assumidos na Convenção de Viena, aprovou, em março de 1998, a Lei n° 9.613, que tipificou o crime de lavagem de dinheiro e instituiu medidas para conferir maior responsabilidade a intermediários econômicos e financeiros.

---

[1] O presente artigo foi apresentado no Programa de Ascensão Profissional da Diretoria Jurídica do Banco do Brasil, como requisito para a nomeação do cargo de Assessor Jurídico II, em setembro de 2014.

[2] Advogado. Bacharel em Ciências Jurídicas e Sociais pela Universidade Feevale – RS.

Além da Convenção de Viena, a Convenção de Palermo (2000) e a Convenção de Mérida (2003) também merecem ser lembradas como recomendações estratégicas para o combate e prevenção à lavagem de dinheiro.[3]

Trazendo alterações significantes, a Lei nº 12.683/12 extinguiu o rol taxativo dos crimes antecedentes, ampliou o rol das pessoas sujeitas aos mecanismos de controle, incluiu a expressão *infração penal*, a fim de abranger tanto crimes como contravenções penais como condutas precedentes (de acordo com a doutrina, o objetivo da Lei, ao incluir as contravenções penais, foi inserir a contravenção penal do jogo do bicho) e trouxe expressamente a possibilidade de responsabilização penal por dolo eventual.

No presente estudo, serão abordados alguns aspectos da nova redação legal, especialmente quanto a responsabilização penal dos agentes de instituições financeiras, analisando-se os tipos penais da lavagem de dinheiro.

*1.1. Da lavagem de dinheiro: aspectos gerais*

*1.1.1. Conceito e características*

A lavagem de dinheiro consiste na atividade de desvinculação ou afastamento do dinheiro de sua origem ilícita para que possa ser aproveitado,[4] caracterizando-se pela preexistência de crimes que possam produzir lucro.

Caracteriza-se, também, pela interação entre a economia ilegal e a legal, o que dificulta o respectivo controle e combate.[5]

Segundo Callegari e Weber (2014, p.8),

> Não há grandes discussões acerca da conceituação do delito de lavagem. No Brasil, a definição do tema está vinculada à tipicidade penal inscrita no art. 1º, caput, da Lei 9.613/1998. A conduta referida no artigo mencionado consiste na ocultação ou dissimulação da natureza, origem, localização, disposição, movimentação ou propriedade de bens, direitos ou valores oriundos, direta e indiretamente, de infração penal.

Para Bottini e Badaró (2012, p. 21): "A lavagem de dinheiro é o ato ou a sequência de atos praticados para mascarar a natureza, origem,

---

[3] BOTTINI E BADARÓ, 2012, p. 23. A Convenção de Viena (20.12.1988) inaugura a previsão da lavagem de dinheiro, e o objetivo central é o combate ao trafico de drogas. A Convenção de Palermo (15.11.2000) traz um conjunto de regras para o combate mais efetivo ao crime organizado, e indica que diversos crimes podem originar bens passíveis de lavagem. Já a Convenção de Mérida tem como objetivo específico o combate à corrupção. (BOTTINI E BADARÓ, 2012, p. 28/29).

[4] BALTAZAR JUNIOR, 2010, p. 581.

[5] Ibidem.

localização, disposição, movimentação ou propriedade de bens, valores e direitos de origem delitiva ou contravencional, com o escopo último de reinseri-los na economia formal com aparência de licitude".

É considerado um processo complexo, visto que integrado por uma série de condutas dirigidas à conversão de bens e valores de origem criminosa, em ativos aparentemente lícitos, possibilitando sua ampla disponibilidade e integração no circuito econômico.[6]

Convém referir que a palavra *lavar* vem do latim *lavare*, que significa expurgar, purificar, coadunando-se com a ideia de tornar lícito o dinheiro advindo de atividades ilegais e reinseri-lo no mercado como se fosse lícito.[7]

De acordo com Baltazar Junior (2010, p. 581),

> É característica da lavagem de dinheiro, também, a interação entre a economia ilegal e a legal, para onde se tenta levar o produto do crime, o que também é próprio do crime organizado e traz dificuldades para sua definição teórica e controle, na prática A Lei 9.613/98, conhecida como Lei de Lavagem de Dinheiro, foi alterada pela Lei 12.683/12, na tentativa de tornar mais eficaz a prevenção e combate dos crimes de lavagem de dinheiro.

A lavagem de dinheiro, via de regra, é consequência de atividades como o tráfico de pessoas, a prostituição, a extorsão, entre outros, e os recursos, depois de lavados, podem ser reinvestidos nessas mesmas atividades.[8] De qualquer forma, o exame da procedência ilícita dos ativos é requisito fundamental para a caracterização do crime de lavagem de dinheiro.[9]

Cabe ressaltar que a lavagem de dinheiro é considerada um crime derivado, acessório ou parasitário, pois pressupõe a ocorrência de um delito anterior. Assim, para o recebimento da denúncia pelo crime de lavagem de dinheiro, o juiz deve verificar a existência de indícios de crime antecedente, o que não significa que deve haver condenação prévia.[10]

O processo de lavagem inicia-se com a ocultação dos valores ilicitamente obtidos, oriundos da prática de uma infração penal antecedente, desenvolvendo-se através de operações posteriores para a dissimulação da origem desses bens, e completando-se pela reinserção do capital na economia formal.[11]

---

[6] BITENCOURT E MONTEIRO, 2013, p. 169.
[7] CALLEGARI E WEBER, 2014, p. 7.
[8] LILLEY, 2001, p. 12: "A lavagem de dinheiro é um bom negócio para os que nela se envolvem: banqueiros, advogados, contadores, agentes de constituição de empresas, orientadores fiscais, agentes fiduciários e diversos outros grupos, todos eles podem se beneficiar invejavelmente com a lavagem dos recursos provenientes do crime."(LILLEY, 2001, p. 46)
[9] CAPEZ, 2013, p. 586
[10] BALTAZAR JUNIOR, 2010, p. 583.
[11] BOTTINI E BADARÓ, 2012, p. 23.

Dessa forma, pode-se dizer que o crime de lavagem de dinheiro possui três fases distintas, quais sejam a colocação, a dissimulação e a integração, não sendo tarefa fácil a identificação dessas etapas.[12]

A colocação, também chamada de ocultação ou conversão, consiste na introdução, no sistema econômico, dos valores ilegalmente obtidos, ou seja, o criminoso precisa transformar o dinheiro proveniente do crime ou contravenção penal em ativos lícitos.[13] Pode-se dizer que a colocação ou ocultação é o movimento inicial para distanciar o valor de sua origem criminosa.[14]

Importa dizer, ainda, que essa é a fase onde ocorre a separação física do dinheiro dos autores do crime, através da aplicação no mercado formal, mediante depósito em banco, às vezes em valores fracionados para não chamar atenção, troca por moeda estrangeira, transferência eletrônica para paraísos fiscais, depósito em conta de terceiros, importação subfaturada, aquisição de imóveis, obras de arte, joias, etc.

A dissimulação, por sua vez, também é conhecida como estratificação ou transformação, e tem o objetivo de desvincular a origem dos valores, dificultando seu rastreamento.

Desenvolvida través de uma complexa sucessão de operações econômicas e financeiras, essa etapa tem o objetivo de dissimular a relação existente entre a infração penal precedente e garantir o anonimato de quem as realizou, sua impunidade e, consequentemente, a lucratividade das infrações penais praticadas.[15]

Na dissimulação perde-se a trilha do dinheiro, constituindo-se na lavagem propriamente dita, que tem por objetivo dificultar a identificação da origem ilícita dos valores ou bens.[16] Ocorre, pois, através da realização de negócios envolvendo diversas pessoas ou empresas, investimentos no mercado de valores, transferências bancárias entre instituições financeiras, remessa de dinheiro para o exterior, tornando quase impossível a identificação da origem ou o destino final das transações.[17]

---

[12] Nesse sentido, Bottini e Badaró (2012, p. 24) afirmam que "na prática, é comum a sobreposição entre as etapas do delito, sendo difícil identificar o término de uma e o início de outra. Ainda assim, é importante perceber a lavagem como um processo voltado ao ato final de integração do capital à economia lícita". De acordo com De Carli (2012, p. 120) , essas fases possuem valor apenas esquemático, cujo objetivo é auxiliar na compreensão do processo. E acrescenta: "não ocorrem, necessariamente, em momentos distintos, e temporalmente separados, e podem aparecer superpostas".
[13] BITENCOURT E MONTEIRO, 2013, p. 170.
[14] BOTTINI E BADARÓ, 2012, p. 24.
[15] BITENCOURT E MONTEIRO, 2013, p. 170.
[16] BALTAZAR JUNIOR, 2010, p. 581/582.
[17] BITENCOURT, E MONTEIRO, 2013, p. 170.

Já a integração, ato final da lavagem, ocorre quando o dinheiro é empregado em negócios lícitos, dificultando ainda mais a investigação.[18] Assim, os bens e valores de origem ilícita adquirem a aparência de capital lícito, e são introduzidos na economia.

Não há a necessidade de que as três etapas se concluam, bastando apenas a consumação da primeira etapa para a caracterização do crime de lavagem de dinheiro, o que significa dizer que a integração do capital ilícito à economia legal não é requisito obrigatório.[19]

De qualquer sorte, em todas as etapas é imprescindível a existência do elemento subjetivo, qual seja a vontade de lavar o capital, de reinseri-lo na economia formal.[20] E as instituições financeiras são o caminho mais conhecido para a transferência de dinheiro, e por essa razão são mais fiscalizadas. Até porque as próprias instituições financeiras estão cientes de que podem servir de instrumento de lavadores e, nessa hipótese, sofrerem risco de imagem e perda da credibilidade no mercado.[21]

Pode-se dizer, ainda, que os métodos utilizados na lavagem de dinheiro não são necessariamente ilegais. O que torna a operação ilegal é o intuito de ocultar ou dissimular o proveito de um crime,[22] mascarando a origem dos recursos e reintroduzindo-os na economia legal.

*1.1.2. Sujeitos*

É crime comum, podendo ser cometido por qualquer pessoa que realize alguma das condutas previstas no *caput* do art. 1º, bem como nos §§ 2º e 3º da Lei nº 9.613/98, com as alterações advindas da Lei nº 12.683/12.

Também é considerado crime autônomo, não sendo mero exaurimento do crime antecedente, e nada impede que a infração anterior e o crime de lavagem sejam praticados pela mesma pessoa, configurando-se, nesse caso, a autolavagem.[23]

De outro lado, o sujeito passivo pode ser a coletividade de cidadãos,[24] ou o Estado, em especial, e qualquer pessoa que tenha sofrido prejuízo econômico, secundariamente.[25]

---

[18] BALTAZAR JUNIOR, 2010, p. 581.
[19] BOTTINI E BADARÓ, 2012, p. 25.
[20] Ibidem.
[21] CALLEGARI E WEBER, 2014, p. 12.
[22] Idem, p. 25.
[23] BITENCOURT E MONTEIRO, 2013, p. 179. Acrescenta Baltazar Junior (2010, p. 582/583) que o crime de lavagem de dinheiro pode ser praticado, ainda, pelo sujeito ativo do crime antecedente, ao contrário do que ocorre com a receptação (art. 180, CP) e o favorecimento real (art. 349, CP).
[24] BITENCOURT E MONTEIRO, 2013, p. 181.
[25] BALTAZAR JUNIOR, 2010, p. 583.

### 1.1.3. Da problemática do bem jurídico protegido

A doutrina está longe de convergir quanto à definição do bem jurídico protegido nos crimes de lavagem de dinheiro.

Com efeito, para um segmento da doutrina, o bem jurídico protegido pela Lei de Lavagem é o mesmo protegido pelo crime antecedente, mas essa posição tem sido rechaçada porque se estaria reprimindo a mesma conduta de um tipo penal já existente.[26]

Também contrários a esse posicionamento, Bottini e Badaró (2012) entendem que inexiste identidade entre o bem jurídico tutelado pela lavagem e aquele tutelado pela infração penal antecedente, até porque, se assim ocorresse, seria inviável a punição da autolavagem, por configurar *bis in idem*.[27]

Dentro da perspectiva de que o bem jurídico protegido é diverso daquele protegido pelo crime antecedente, a doutrina ainda diverge, cabendo ressaltar as opiniões mais aceitas: a) administração da justiça; b) ordem socioeconômica, sob o argumento de que muitas facetas da ordem econômica de um país, tais como livre iniciativa, livre concorrência e propriedade, são atingidas direta ou indiretamente pelas ações criminosas, cujas ações prejudicam não só o sistema financeiro nacional, mas também a credibilidade de suas instituições.[28]

Alguns doutrinadores sustentam, ainda, que o crime de lavagem de dinheiro é pluriofensivo, eis que atinge mais de um bem jurídico. Nessa linha, Mendroni (2013) entende que a lavagem de dinheiro ofende, ao mesmo tempo, a administração da justiça e a ordem socioeconômica, ou seja, seria um crime pluriofensivo.[29]

De outro lado, Callegari e Weber (2014) entendem que o bem jurídico protegido pela Lei nº 9.613/98 é a ordem socioeconômica, não se confundindo com o bem protegido pelo delito anterior.[30] No mesmo sentido, De Carli (2012) também entende que o bem jurídico tutelado é a ordem socioeconômica.[31]

Já Bottini e Badaró (2012) lecionam que a Lei tutela a administração da justiça[32] e que, muito embora possa ocorrer a lesão a outros bens

---

[26] CAPEZ, 2013, p. 587.
[27] BOTTINI E BADARÓ, 2012, p. 51.
[28] CAPEZ, 2013, p. 587/588.
[29] MENDRONI, 2013, p. 75.
[30] CALLEGARI E WEBER, 2014, p. 84.
[31] DE CARLI, 2012, p. 116.
[32] BOTTINI E BADARÓ, 2012, p. 57. E exemplificam: "Imagine-se um roubo a banco – agora antecedente possível para a lavagem de dinheiro – em consequência do qual seu autor adquira dinheiro suficiente para comorar um barco. Caso ele o compre diretamente, em seu nome, não haverá lava-

jurídicos, como a ordem econômica, a ideia de pluriofensividade retira a força dogmática da determinação do bem jurídico tutelado e, por essa razão, não se justifica.[33]

Dessa forma, pode-se dizer que a definição do bem jurídico protegido nos crimes de lavagem de dinheiro é inegavelmente divergente na doutrina, destacando-se quatro correntes principais: a. Mesmo bem jurídico do crime antecedente, novamente lesado pela lavagem de dinheiro; b. A administração da justiça; c. A ordem econômica; d. E os que admitem o caráter pluriofensivo dos crimes de lavagem de dinheiro, onde se busca a proteção de mais de um bem jurídico, como a administração da justiça, os bens jurídicos antecedentes e o sistema econômico e financeiro do país.

## 2. Lei 9.613/98 e alterações trazidas pela Lei 12.683/12

### 2.1. Aspectos gerais

A Lei nº 9.613/98 tinha característica das legislações de segunda geração, pois trazia uma lista fechada de crimes antecedentes.[34] Com o advento da Lei nº 12.683/12, o Brasil possui, atualmente, uma lei de terceira geração, sem lista fechada de delitos antecedentes.[35]

O novo enquadramento normativo da lavagem de dinheiro situa o Brasil entre as nações que cumprem, neste aspecto, as 40 Recomendações do Grupo de Ação Financeira Internacional (GAFI), que foram revisadas em fevereiro de 2012.[36] O Brasil é membro efetivo do GAFI desde junho de 2000.

---

gem de dinheiro, mas mero exaurimento do crime. Por outro lado, se o valor for depositado em conta de terceiro, que efetua a compra em nome de empresa laranja, existirá lavagem de dinheiro. Note-se que, se o barco foi comprado pelo preço de mercado, em condições idênticas à aquisição do mesmo bem com recursos lícitos, a ordem econômica não foi afetada em qualquer dos casos. Ainda assim, na segunda hipótese, haverá lavagem de dinheiro. Isso porque no primeiro caso não houve ocultação, blindagem do bem contra possíveis rastreamento do dinheiro, o que dificultou a sua identificação. A única diferença entre as duas situações, capaz de justificar a punição pela lavagem de dinheiro na segunda e a irrelevância da compra direta na primeira, é a sua distinta capacidade de afetar o funcionamento da justiça". (BOTTINI E BADARÓ, 2012, p. 58).

[33] BOTTINI E BADARÓ, 2012, p. 61.

[34] ESTELLITA E BOTTINI, 2012. Saliente-se que a Lei 9.613/98 foi regulamentada pela Carta Circular 3.542/2012.

[35] Para fins de esclarecimento, cabe lembrar que na primeira geração de legislações, a maioria dos países criaram rol taxativo de crimes antecedentes, restringindo o delito a apenas casos considerados mais graves. Em um segundo momento, ante a quantidade de crimes capazes de gerar ativos ilícitos, esse rol foi remodelado em muitos países, que incluíram determinados crimes com critérios de punição específico. Já na terceira geração legislativa, extinguiu-se o rol taxativo de crimes antecedentes, ampliando-se o espectro do tipo penal. (MENDRONI, 2013, p. 92/93).

[36] ARAS, 2012. Cabe referir que o GAFI foi criado em 1989 pelo G-7, composto por: Estados Unidos, França, Reino Unido, Alemanha, Itália, Japão e Canadá, com a inclusão da Rússia posteriormente, e

As recomendações são um conjunto de princípios a serem seguidos pelos países no combate à lavagem de ativos, ou seja, o cumprimento das 40 recomendações do GAFI é o mínimo essencial no combate à lavagem de ativos.[37] Nesse sentido, pode-se dizer que as recomendações estabelecem medidas globais antilavagem e prevenção e punição ao financiamento do terrorismo.[38]

No Brasil, a legislação de lavagem pode ser estudada sob o aspecto tríplice: administrativo, penal material e penal processual. Entretanto, ao presente estudo tem a pretensão de analisar apenas o aspecto material penal.

Cabe referir que a Lei nº 9.613/98[39] criou, no âmbito do Ministério da Fazenda, o Conselho de Controle de Atividades Financeiras – COAF –, que tem o objetivo de disciplinar, aplicar penas administrativas, receber, examinar e identificar ocorrências suspeitas de atividades ilícitas relacionadas à lavagem.[40]

O COAF é um órgão de deliberação coletiva integrante do Ministério da Fazenda que possui jurisdição em todo o território nacional.[41] Tem a finalidade de coordenar mecanismos de cooperação e de troca de informações que viabilizem ações rápidas e eficientes no combate a lavagem, disciplinar e aplicar penas administrativas e receber examinar e identificar ocorrências suspeitas.[42]

### 2.2. Principais alterações legislativas

A Lei nº 12.683/12 trouxe alterações significativas à Lei de Lavagem de Dinheiro, e o presente estudo apresentará algumas dessas modificações.

---

consiste em uma organização intergovernamental, com sede em Paris, que tem por principais objetivos o desenvolvimento e promoção de políticas nacionais e internacionais de prevenção e combate a lavagem de dinheiro e ao financiamento do terrorismo. Pode ser considerado o principal órgão no sistema internacional antilagavem, visto que, atualmente, são 34 países-membros que compõem o grupo, duas organizações regionais (Conselho de Cooperação do Golfo e Comissão Europeia), e diversas organizações internacionais. (CALLEGARI e WEBER, 2014, p. 54/55). Impende referir que, anualmente, o GAFI publica um relatório denominado Typologies (Tipologias), que são os mecanismos mais utilizados pelos criminosos para lavar dinheiro.

[37] SAADI, 2012.
[38] CALLEGARI e WEBER, 2014, p. 55. O autor destaca que o GAFI não possui poder coercitivo, embora realize monitoramento do grau de cumplicidade dos países-membros com os padrões definidos e publique a relação dos que não aplicam suas recomendações. (CALLEGARI e WEBER, 2014, p. 56/57).
[39] Art. 14. É criado, no âmbito do Ministério da Fazenda, o Conselho de Controle de Atividades Financeiras – COAF, com a finalidade de disciplinar, aplicar penas administrativas, receber, examinar e identificar as ocorrências suspeitas de atividades ilícitas previstas nesta Lei, sem prejuízo da competência de outros órgãos e entidades.
[40] CALLEGARI e WEBER, 2014, p. 82. O COAF passou a ter eficácia com a edição do Decreto nº 2.799/98.
[41] CAPPELLARI, 2013, p. 99.
[42] CALLEGARI e WEBER, 2014, p. 82.

Com efeito, pode-se dizer que a alteração mais impactante da Lei n° 12.683/2012 foi a eliminação do rol taxativo de crimes antecedentes, de modo que situações antes atípicas deixam de sê-lo, visto que qualquer infração penal (crimes e/ou contravenções), com potencial para gerar ativos de origem ilícita, pode ser antecedente de lavagem de dinheiro.[43]

É evidente que o legislador não pune a mera ocultação do objeto da infração penal, mas apenas aquela que integra um processo de lavagem. Do contrário, estaremos diante de mero exaurimento da infração anterior.[44]

A abertura do antigo rol para quaisquer infrações amplia acentuadamente o espaço de incidência dos tipos penais, o que, segundo Estellita e Bottini (2012) poderá causar situações de perplexidade nas quais o autor da infração antecedente, como, por exemplo, aquele que promover jogo de azar, estará sujeito a uma pena extremamente mais severa pela lavagem (três a dez anos) do que aquela prevista para o próprio crime que se pretende coibir (o jogo de azar, com pena de três meses a um ano e multa, conforme art. 50, LCP).[45]

De acordo com esses doutrinadores, "se a intenção era atingir o jogo do bicho, melhor seria ter transformado esta conduta em crime em vez de sobrecarregar o sistema penal com um sem-número de condutas de pouca gravidade".[46]

No mesmo sentido, Sánchez Rios (2012) ressalta que

(...) se o interesse do legislador residia em abrir a lacuna de punibilidade em decorrência da carência de abrangência do rol dos crimes antecedentes, objetivando, assim, coibir a utilização do produto obtido com a contravenção do jogo de azar, poderia ter elevado a mesma à categoria do injusto, inserindo-a, específica e isoladamente, na relação dos delitos prévios.

Vilardi (2012) também critica a extinção do rol dos crimes antecedentes e refere que isto poderá ser um retrocesso no Brasil, já que o nosso Judiciário não está preparado para o número de processos novos, as polícias estaduais ainda não sabem investigar o crime de lavagem, e muitos operadores do Direito ainda confundem a ocultação da lavagem com o exaurimento do crime anterior, sem falar que, 14 anos após a edição da Lei n° 9.613, são poucos os casos que apuraram, de fato, a dissimulação e

---

[43] ARAS, 2012.
[44] VILARDI, 2012.
[45] ESTELLITA e BOTTINI, 2012. Cabe ressaltar que foi introduzida a palavra infração, ou seja, tanto crimes quanto contravenções penais podem ser antecedentes da lavagem de dinheiro. Isto se deve ao fato de que a exploração de jogos de azar constitui uma das infrações que mais geram ganhos passíveis de lavagem (CALLEGARI e WEBER, 2014, p. 84).
[46] ESTELLITA e BOTTINI, 2012.

a reintrodução do bem, direito ou valor no sistema econômico com aparência de licitude.[47]

Aras (2012) também entende que a supressão dos incisos do art. 1º da Lei nº 9.613/1998 poderá causar um conflito aparente entre o tipo da lavagem de dinheiro e os crimes que lhe são assemelhados, como a receptação (art. 180, CP) e o favorecimento real (art. 349, CP).[48]

Assim, qualquer infração penal com repercussão patrimonial que possibilite atos posteriores direcionados a dar aparente licitude aos recursos, pode ser considerada para fins de crime antecedente.[49]

Outra alteração que merece destaque é a ampliação do rol das pessoas sujeitas às obrigações da política de prevenção (art. 9º), bem como o incremento do rol de obrigações (art. 10). Está previsto, por exemplo, a necessidade de adoção, pelas pessoas sujeitas aos mecanismos de controle, de *"políticas, procedimentos e controles internos, compatíveis com seu porte e volume de operações"* (novo inciso III do art. 10), o que implica necessidade de capacitação técnica e constante supervisão interna por parte das pessoas afetadas.[50]

Além disso, a reforma do art. 1º, § 2º, I, também trouxe a expressa admissão do dolo eventual para os crimes de lavagem de dinheiro, de modo que incidirá na figura típica quem utilizar na atividade econômica ou financeira, bens, direitos ou valores que sabe ou *deveria saber* serem provenientes de *infração penal*,[51] o que será estudado no próximo capítulo.

### 2.3. Aplicação da lei penal no tempo

O direito penal, por força do art. 4º do Código Penal,[52] adota a teoria da atividade, a qual considera praticado o crime no momento da ação ou omissão, ainda que outro seja o momento do resultado.

---

[47] VILARDI, 2012.

[48] ARAS, 2012. E acrescenta que este último delito ressalva expressamente a imputação por receptação e deveria fazer o mesmo em relação à lavagem de ativos. Problema maior reside na diferenciação das condutas do lavador de capitais e do receptador. A pena no primeiro caso pode chegar a 10 anos de reclusão, ao passo que só vai a 8 anos na receptação qualificada. Nesta, o crime-base é em regra patrimonial e há quase sempre *animus lucrandi*. Naquela, o delito-base não precisa ser patrimonial e não se exige ânimo de lucro. Além disso, o branqueamento atinge a administração da Justiça e a ordem econômico-financeira e pode ser praticado pelo autor do delito antecedente, o que não se admite na receptação. Enfim, a diferença está na objetividade jurídica, uma vez que os três tipos podem ser considerados formas de *encobrimento*.

[49] CAPEZ, 2013, p. 587. De acordo com Vladimir Aras, apesar de mais rigorosa, a Lei nº 12.683/12 não deve reduzir a impunidade, visto que, sem o rol taxativo, acaba perdendo o foco (ARAS, 2012).

[50] ESTELLITA e BOTTINI, 2012.

[51] RIOS, 2012.

[52] Art. 4º. Considera-se praticado o crime no momento da ação ou omissão, ainda que outro seja o momento do resultado.

Com efeito, os crimes podem ser classificados em instantâneos, permanentes e instantâneos de efeitos permanentes. Os crimes instantâneos são aqueles em que a consumação não se prolonga no tempo, ou seja, a consumação ocorre em determinado momento e não mais prossegue; os permanentes são aqueles cuja consumação se protrai no tempo, dependente da ação do sujeito ativo; e os instantâneos de efeitos permanentes são aqueles em que, consumada a infração em determinado momento, os efeitos permanecem, independentemente da vontade do agente.[53]

Identificar se a lavagem de dinheiro trata-se de crime instantâneo, permanente ou instantâneo de efeitos permanentes é de suma importância, especialmente com o advento de Lei 12.683/12, que se trata de uma *novatio legis in pejus* e dessa forma não pode ser aplicada a crimes praticados antes de sua vigência, sob pena de violação do princípio da anterioridade penal.[54]

Do acima exposto resulta que, se a lavagem de dinheiro for considerada crime permanente, embora a conduta delitiva do agente tenha iniciado antes da vigência da nova lei, ser-lhe-á aplicada a nova lei, ainda que mais grave, conforme Súmula 711 do Supremo Tribunal Federal,[55] visto que os recursos ilícitos ainda não foram descobertos.

Entretanto, de acordo com Callegari e Weber,[56] tal medida permitiria a aplicação da nova lei a todos os casos de lavagem, ainda que à época dos fatos os objetos tenham surgido de atividades não consideradas crime antecedente, o que poderia afrontar a segurança jurídica e a legalidade, além de constituir um delito *ad eternun*.

De qualquer sorte, se considerarmos a lavagem de dinheiro um crime instantâneo ou instantâneo de efeitos permanentes, e caso a conduta do agente tenha sido praticada antes da vigência da nova lei, deverá ser aplicada a lei anterior, mais benéfica ao agente.[57]

Cabe ressaltar que a jurisprudência tem interpretado os tipos penais com o verbo ocultar como crimes permanentes. No âmbito do Supremo Tribunal Federal, o tema ainda não está pacificado, mas a tendência é

---

[53] MIRABETE, 2003, p. 129.

[54] Art. 1º CP. Não há crime sem lei anterior que o defina. Não há pena sem prévia cominação legal.

[55] Súmula 711. A lei penal mais grave aplica-se ao crime continuado ou ao crime permanente, se a sua vigência é anterior à cessação da continuidade ou da permanência.

[56] CALLEGARI e WEBER, 2014, p 87.

[57] Para Estellita e Bottini (2012), a lavagem de dinheiro é crime *instantâneo*, mesmo na forma de ocultação. Nesse sentido, trata-se de delito que se consuma no *momento* do mascaramento, e a *permanência* é mera consequência do ato inicial, sem qualquer nova conduta lesiva (ataque) ao interesse tutelado. Dessa forma, a ocultação pretérita de bens provenientes de delitos praticados antes da vigência da nova lei, e que não integravam o rol de antecedentes, não caracteriza a lavagem, mesmo que os bens permaneçam *ocultos* sob o novo marco legal.

considerar a lavagem de dinheiro, na modalidade ocultar, como crime de natureza permanente.[58]

### 2.4. Breve análise dos tipos penais

> Art. 1º Ocultar ou dissimular a natureza, origem, localização, disposição, movimentação ou propriedade de bens, direitos ou valores provenientes, direta ou indiretamente, de infração penal.

No *caput* do art. 1º, temos a realização da primeira e segunda etapas da lavagem, que se exaure com a reinserção, na economia, dos ativos com aparência lícita. Convém lembrar que, caso o agente pratique as duas condutas descritas no tipo, estará praticando o mesmo processo de lavagem, não caracterizando o concurso de crimes.[59]

O ato de ocultar ocorre com o simples encobrimento, desde que haja a intenção de converter o bem, posteriormente, em ativo lícito. De outro lado, a dissimulação, segunda fase do processo, é posterior a ocultação, e pretende dificultar ainda mais o rastreamento dos valores.[60]

Segundo Bottini e Badaró (2012, p. 65), o tipo objetivo do art. 1ª, *caput*, na forma de ocultação ou dissimulação exige, portanto, algum ato de mascaramento do valor procedente da infração.[61]

E vão além:

> No entanto, isso não é suficiente, pois sempre será necessária a demonstração de todos os elementos subjetivos inerentes ao tipo penal, quais sejam, a vontade ou intenção de limpar o capital e reinseri-lo no círculo econômico com aparência lícita.

Veja-se que o *caput* do art. 1ª não deixa dúvida quanto a exigência do dolo direto para a caracterização do crime de lavagem de dinheiro, necessário, também, para a tipificação das condutas descritas no §1º, cuja redação segue abaixo transcrita:

> § 1º Incorre na mesma pena quem, para ocultar ou dissimular a utilização de bens, direitos ou valores provenientes de infração penal:
> I – os converte em ativos lícitos;
> II – os adquire, recebe, troca, negocia, dá ou recebe em garantia, guarda, tem em depósito, movimenta ou transfere;
> III – importa ou exporta bens com valores não correspondentes aos verdadeiros.

---

[58] CALLEGARI e WEBER, 2014, p. 87.
[59] BOTTINI e BADARÓ, 2012, p. 63.
[60] Idem, p. 65.
[61] Ibidem.

Assim, deve haver a caracterização do dolo específico, ou seja, o agente deve querer a ocultação ou a dissimulação e não apenas guardar o produto do crime.[62]

Já a admissão tanto do dolo direto quanto do dolo eventual aparece no §2º, I, conforme abaixo:

§ 2º Incorre, ainda, na mesma pena quem:

I – utiliza, na atividade econômica ou financeira, bens, direitos ou valores provenientes de infração penal;

II – participa de grupo, associação ou escritório tendo conhecimento de que sua atividade principal ou secundária é dirigida à prática de crimes previstos nesta Lei.

Assim, a restrição existente no caput do art. 1º, que, a princípio, só admite o dolo direto, não é aplicável ao § 2º, I, (nova redação) em que a admissão do dolo eventual parece evidente.

Além disso, importa referir que o inciso II do § 2º deve ser interpretado de acordo com as regras do art. 29 do Código Penal para que não haja ampliação desmensurada de incidência da norma penal e para que a prática da lavagem de dinheiro seja imputada ao agente que ostente a qualidade de autor ou partícipe.[63]

### 3. Da responsabilidade penal

*3.1. Responsabilidade das instituições financeiras*

Não há como falar em responsabilidade de instituições financeiras sem antes tecer alguns comentários sobre o conceito de *compliance*, que significa estar em conformidade, executar, cumprir.

Convém lembrar que o conceito de *compliance* passou a ter relevância jurídico-penal após a criação da Lei nº 9.613/98 e da Resolução nº 2.554/98, do Conselho Monetário Nacional, posto que, a partir daí, as instituições financeiras passaram a ter o dever de colaborar com as investigações da lavagem de dinheiro e criar sistemas de controle interno para

---

[62] MENDRONI, 2013, p. 82. Cita o seguinte exemplo: "Assim, se o agente recebe R$ 1 mil em dinheiro de, por exemplo, corrupção, e o gasta em roupas ou restaurantes, ou mesmo o deposita em sua conta bancária com o mero intuito de em seguida usufruir, ou gastá-lo, não terá agido com o elemento subjetivo do tipo – 'ocultar' ou 'dissimular'. A falta do dolo específico desfigura a prática do crime de lavagem de dinheiro. Se, ao revés, apanha o dinheiro e deposita em conta de terceira pessoa (um parente, amigo, ou testa-de-ferro), para depois repassá-lo à sua própria conta, haverá fortes indícios de que tenha buscado 'dissimular' a verdadeira origem do dinheiro, configurando, em tese, a prática criminosa. De qualquer forma, será o contexto probatório, e não somente um ou outro fato isolado, que permitirá conclusão mais segura". (MENDRONI, 2013, p. 82/83).

[63] BOTTINI e BADARÓ, 2012, p. 115.

a prevenção da prática da lavagem, corrupção e outras condutas lesivas do sistema financeiro.[64]

Cabe, ainda, ressaltar que, elencados nos arts. 10[65] e 11[66] da Lei nº 9.613/98, os deveres de *compliance* estão diretamente vinculados ao sistema de prevenção do crime de lavagem de dinheiro.[67]

A nova lei, além de aumentar o número de pessoas sujeitas aos mecanismos de controle, ampliou o rol de deveres de *compliance*, obrigando as pessoas físicas e jurídicas elencadas no art. 9º a criarem um sistema de registro e comunicação das operações suspeitas.

De qualquer sorte, em caso de descumprimento dos deveres de *compliance*, as instituições financeiras sujeitam-se a sansões administrativas,

---

[64] SAVEDRA, 2012, p. 22.

[65] Art. 10. As pessoas referidas no art. 9º: I – identificarão seus clientes e manterão cadastro atualizado, nos termos de instruções emanadas das autoridades competentes; II – manterão registro de toda transação em moeda nacional ou estrangeira, títulos e valores mobiliários, títulos de crédito, metais, ou qualquer ativo passível de ser convertido em dinheiro, que ultrapassar limite fixado pela autoridade competente e nos termos de instruções por esta expedidas; III – deverão adotar políticas, procedimentos e controles internos, compatíveis com seu porte e volume de operações, que lhes permitam atender ao disposto neste artigo e no art. 11, na forma disciplinada pelos órgãos competentes; IV – deverão cadastrar-se e manter seu cadastro atualizado no órgão regulador ou fiscalizador e, na falta deste, no Conselho de Controle de Atividades Financeiras (Coaf), na forma e condições por eles estabelecidas; V – deverão atender às requisições formuladas pelo Coaf na periodicidade, forma e condições por ele estabelecidas, cabendo-lhe preservar, nos termos da lei, o sigilo das informações prestadas. § 1º Na hipótese de o cliente constituir-se em pessoa jurídica, a identificação referida no inciso I deste artigo deverá abranger as pessoas físicas autorizadas a representá-la, bem como seus proprietários. § 2º Os cadastros e registros referidos nos incisos I e II deste artigo deverão ser conservados durante o período mínimo de cinco anos a partir do encerramento da conta ou da conclusão da transação, prazo este que poderá ser ampliado pela autoridade competente. § 3º O registro referido no inciso II deste artigo será efetuado também quando a pessoa física ou jurídica, seus entes ligados, houver realizado, em um mesmo mês-calendário, operações com uma mesma pessoa, conglomerado ou grupo que, em seu conjunto, ultrapassem o limite fixado pela autoridade competente. Art. 10-A. O Banco Central manterá registro centralizado formando o cadastro geral de correntistas e clientes de instituições financeiras, bem como de seus procuradores.

[66] Art. 11. As pessoas referidas no art. 9º: I – dispensarão especial atenção às operações que, nos termos de instruções emanadas das autoridades competentes, possam constituir-se em sérios indícios dos crimes previstos nesta Lei, ou com eles relacionar-se; II – deverão comunicar ao Coaf, abstendo-se de dar ciência de tal ato a qualquer pessoa, inclusive àquela à qual se refira a informação, no prazo de 24 (vinte e quatro) horas, a proposta ou realização: a) de todas as transações referidas no inciso II do art. 10, acompanhadas da identificação de que trata o inciso I do mencionado artigo; e b) das operações referidas no inciso I; III – deverão comunicar ao órgão regulador ou fiscalizador da sua atividade ou, na sua falta, ao Coaf, na periodicidade, forma e condições por eles estabelecidas, a não ocorrência de propostas, transações ou operações passíveis de serem comunicadas nos termos do inciso II. § 1º As autoridades competentes, nas instruções referidas no inciso I deste artigo, elaborarão relação de operações que, por suas características, no que se refere às partes envolvidas, valores, forma de realização, instrumentos utilizados, ou pela falta de fundamento econômico ou legal, possam configurar a hipótese nele prevista. § 2º As comunicações de boa-fé, feitas na forma prevista neste artigo, não acarretarão responsabilidade civil ou administrativa. § 3º O Coaf disponibilizará as comunicações recebidas com base no inciso II do *caput* aos respectivos órgãos responsáveis pela regulação ou fiscalização das pessoas a que se refere o art. 9º. Art. 11-A. As transferências internacionais e os saques em espécie deverão ser previamente comunicados à instituição financeira, nos termos, limites, prazos e condições fixados pelo Banco Central do Brasil.

[67] SAVEDRA, 2012, p. 26.

nos termos do art. 12 da Lei n° 9.613/98.[68] Não cabe falar em responsabilidade penal da pessoa jurídica, uma vez que a Lei n° 9.613/98, mesmo após as alterações advindas com a Lei n° 12.683/12, não previu tal possibilidade.

De acordo com Bottini e Badaró (2012, p.37):

> As pessoas ou instituições que atuam em setores considerados sensíveis ao crime, mais utilizados nos processos de reciclagem, tem obrigações de guardar e sistematizar informações sobre os usuários de seus serviços (*know your client*), de informar as autoridades competentes sobre atividades suspeitas de lavagem de dinheiro efetuadas através de suas instituições, e desenvolver sistemas de *compliance* que facilitem o cumprimento das normas impostas.

Não é preciso lembrar que as empresas mais atingidas pela prática da lavagem de dinheiro são as instituições financeiras, razão pela qual assumem papel de grande relevância na adoção de mecanismos para a prevenção e combate a lavagem de dinheiro. Isto porque as instituições financeiras são muito visadas para tal prática e, por isso, precisam cumprir rigorosamente as determinações legais e dispor de mecanismos de controle para mitigar esses riscos.[69]

Aliás, podemos dizer que as instituições financeiras, com o objetivo de cumprir as disposições legais, buscam melhorias em seus mecanismos de controle, seja em sistemas internos ou treinamento de pessoal.

Cabe lembrar que, de acordo com a Lei de Lavagem, as pessoas sujeitas aos mecanismos de controle devem armazenar informações de seus clientes e comunicar as atividades suspeitas às autoridades competentes, sob pena de sanções administrativas, conforme já dito.

### 3.2. Responsabilidade penal dos agentes de instituições financeiras

O agente, para a prática da lavagem de dinheiro descrita no *caput* do art. 1°, deve ter consciência da origem ilícita dos recursos, sendo o dolo eventual admissível, de um modo geral, apenas para os casos descritos no parágrafo 2°, inciso I, da Lei n° 9.613/98.

---

[68] Art. 12. Às pessoas referidas no art. 9°, bem como aos administradores das pessoas jurídicas, que deixem de cumprir as obrigações previstas nos arts. 10 e 11 serão aplicadas, cumulativamente ou não, pelas autoridades competentes, as seguintes sanções: I – advertência; II – multa pecuniária variável não superior: a) ao dobro do valor da operação; b) ao dobro do lucro real obtido ou que presumivelmente seria obtido pela realização da operação; ou c) ao valor de R$ 20.000.000,00 (vinte milhões de reais); III – inabilitação temporária, pelo prazo de até dez anos, para o exercício do cargo de administrador das pessoas jurídicas referidas no art. 9°; IV – cassação ou suspensão da autorização para o exercício de atividade, operação ou funcionamento.

[69] Cappellari (2013, p. 98) refere que o Banco Central, como entidade de fiscalização das instituições financeiras, orienta-se pelas diretrizes de *compliance* ditadas pelo Acordo de Basileia II, sendo que as regras de controles internos a serem observadas pelas instituições financeiras estão previstas na Resolução Bacen 2.554/1998.

O que, em muitos casos, torna impossível a imputação da prática da lavagem ao agente financeiro é a ausência do elemento subjetivo existente entre esse e o lavador, ou seja, em que pese desconfie da origem ilícita dos recursos, o agente financeiro não quer participar do delito que está sendo praticado. Dessa forma, inexistindo vínculo subjetivo, não há o que se falar em participação criminal.[70]

A Lei de Lavagem impõe aos profissionais e entidades que operem em setores sensíveis obrigações de caráter administrativo, como armazenar informações sobre clientes, manter registros das transações, e comunicar as atividades suspeitas, ou, até mesmo a inexistência de atividades suspeitas (este último previsto no art. 11, III, Lei 9.613/98). Contudo, isto não significa o dever de garantia, pois a lei não determina o dever de impedir a prática da lavagem.[71]

Veja-se que a lei prevê a criação de estruturas de *compliance* (art. 10), sem referir o dever de evitar a prática criminosa. Por isso, o descumprimento das normas administrativas da lei não implica violação do dever de garantia, e a consequente responsabilização por omissão imprópria,[72] ressalvada a possibilidade de responsabilização administrativa.

De qualquer sorte, ainda que as normas administrativas trouxessem o dever de garantia, seria necessária, para a responsabilização por omissão imprópria, a demonstração de que "o agente tem o domínio dos fatos, ou seja, tem ciência do contexto da lavagem, conhece seu dever de garante, e dispõe de instrumentos para interromper o processo",[73] além de estar presente, ainda, o caráter subjetivo (dolo).

Nesse sentido, Callegari e Weber (2014, p. 103) ressaltam que não compete ao agente da instituição financeira a averiguação da procedência lícita ou ilícita dos recursos, de modo que os funcionários não possuem a função de garantidores e, por isso, não pode lhes ser imputado o crime de lavagem de dinheiro.

A questão que vem à tona é saber se aquele que possui o dever de informar, de comunicar o ato suspeito, ou até mesmo a inexistência de atividades suspeitas, pode ser considerado coautor ou partícipe do crime de lavagem de dinheiro no caso de descumprimento de tal obrigação, ou, dito de outra forma, se o fato de existir o dever de comunicar torna o funcionário (gerente) de uma instituição financeira, por exemplo, um garante (art. 13 do Código Penal).

---

[70] CALLEGARI E WEBER, 2014, p. 103.
[71] BOTTINI e BADARÓ, 2012, p. 145.
[72] Idem, p. 146.
[73] Ibidem.

Entretanto, conforme já ressaltado, esse funcionário não tem o dever de impedir a prática criminosa, de modo que não lhe cabe a responsabilidade penal caso não tenha agido com dolo, ressalvada a possibilidade de responsabilidade administrativa.

Desse modo, caso um agente de instituição financeira, sem qualquer relação com a conduta criminosa, deixe de cumprir com os deveres de comunicação, por exemplo, parece mais acertada que lhe seja imputada responsabilidade administrativa, e não penal. Caberia a responsabilidade penal caso esse mesmo gerente deixe de efetuar a comunicação com o intuito de contribuir com a prática criminosa (seja com dolo direto ou eventual), ou até mesmo burle, de alguma forma, o sistema de *compliance* de sua instituição. Nessa hipótese, poderia restar demonstrado que esse funcionário agiu com dolo, colaborando para a prática da lavagem.

Bottini sugere que algumas medidas de precaução sejam adotadas pelas pessoas sujeitas aos mecanismos de controle: a primeira é o cumprimento das obrigações do art. 10, ou seja, as pessoas sujeitas devem adotar o princípio "conheça seu cliente", mantendo registro de cadastro e das transações realizadas; a segunda é informar às autoridades as operações suspeitas, cujos critérios de identificação são divulgados pelos seus respectivos órgãos reguladores, ou, na ausência, pelo COAF; por fim, os setores sensíveis devem montar um sistema de *compliance* que permita identificar atos suspeitos e que apure responsabilidades internas.[74]

### 3.2.1. Dolo direto

O dolo direto é a vontade do agente dirigida especificamente à produção do resultado típico,[75] prevista no art. 18, I, primeira parte, do CP.[76]

O elemento subjetivo dos crimes de lavagem de dinheiro é o dolo, sendo inadmissível a modalidade culposa. Assim, caso o agente desconheça a procedência ilícita dos bens, faltará o dolo da lavagem e, consequentemente, a conduta será atípica por erro de tipo.[77]

No caso da modalidade prevista no caput do art. 1ª da Lei nº 9.613/98, o agente deve realizar a conduta típica de *ocultar* ou *dissimular* a origem dos bens oriundos de infração penal. Logo, o elemento subjetivo exigido é o dolo direto.

---

[74] Disponível em <http://atualidadesdodireito.com.br/lavagem-de-dinheiro/>. Acesso em 15/07/2014.
[75] NUCCI, 2008, p. 218.
[76] Art. 18. Diz-se o crime: I – doloso, quando o agente quis o resultado ou assumiu o risco de produzi-lo;
[77] BOTTINI e BADARÓ, 2012, p. 94.

Da mesma forma ocorria com o art. 1º, §2º, I, cuja redação anterior trazia a expressão *que sabe serem provenientes*, de modo que, para a tipificação do delito, era necessário que o agente soubesse da origem criminosa dos bens, exigindo-se, assim, o dolo direto.[78]

Entretanto, com o advento da Lei 12.683/14, foi suprimida a expressão *"que sabe"*, admitindo-se a figura do dolo eventual para os crimes de lavagem de dinheiro, o que tende a aumentar a preocupação das pessoas sujeitas aos mecanismos de controle, especialmente dos agentes de instituições financeiras, cujas atividades estão continuamente expostas a esse tipo de prática.

### 3.2.2. Dolo eventual

O dolo eventual, por outro lado, ocorre quando o sujeito assume o risco de produzir o resultado lesivo, ou seja, mesmo prevendo que o resultado possa ocorrer, o sujeito assume o risco e pratica a conduta.

Cabe ressaltar que De Carli entende que, nos termos do art. 18 do Código Penal, todos os tipos do art. 1º da Lei nº 9.613/98 admitem tanto o dolo direto quanto o dolo eventual.

Aliás, essa parece ser a tendência do Supremo Tribunal Federal, especialmente a partir do julgamento da Ação Penal nº 470, ou seja, admitir o dolo eventual também para a conduta descrita no *caput* do art. 1º da Lei de Lavagem.

De outro lado, Bottini e Badaró (2012, p. 97) entendem que a tipicidade subjetiva da lavagem contida no *caput* do art. 1º é limitada ao dolo direto, não devendo ser aplicado o dolo eventual.

Na mesma linha, Callegari e Weber (2014, p. 90) concluem pela inaplicabilidade do dolo eventual para a conduta descrita no *caput* do art. 1ª da Lei nº 9.613/98, visto que limitada ao dolo direto. Também no mesmo sentido, Mendroni (2013) entende que no *caput* do art. 1ª há a exigência do dolo direto, restando a aplicação do dolo eventual somente para a conduta descrita no §2º, I, do art. 1º.

De qualquer sorte, considerando que o presente estudo trata da responsabilidade penal dos agentes de instituições financeiras, impende analisar mais especificamente a conduta descrita no § 2º, I, do art. 1º da Lei 9.613/98.

---

[78] CALLEGARI e WEBER, 2014, p. 91. Afirma que o dolo exigido nas modalidades previstas no art 1º e seus parágrafos, antes da nova redação legal, era somente o direto.

Com efeito, de acordo com Bottini e Badaró (2012, p. 112), a alteração do art. 1º, § 2º, I, da Lei nº 9.613/98, teve o objetivo, ao suprimir a expressão "que sabe", de agregar a punição pelo dolo eventual.[79]

Segundo Mendroni (2013, p. 79) "a punição pela prática do delito, em dolo eventual, é aspecto que torna a lei mais eficiente. Assim, se o agente sabe ou deveria saber que os recursos utilizados são provenientes de ilícito penal, também deve responder por lavagem de dinheiro".

Até porque, se assim não fosse, a lei deixaria de fora a utilização de terceiros que dão prosseguimento ao processo de lavagem.[80]

Bottini e Badaró (2012, p. 124) propõem a solução da questão através da aplicação da teoria da imputação objetiva, de acordo com a qual a conduta será penalmente relevante se o agente criar um risco não permitido, consignando:

> Dessa forma, o gerente do banco que movimenta recursos entre contas correntes, cria um risco de lavagem de dinheiro, porque os valores podem ter origem ilícita e tal operação dificultará seu rastreamento. No entanto, se ele observa as regras profissionais pertinentes e as normas de cuidado exigíveis, não ultrapassa o risco permitido. Mesmo que colabore efetivamente com a lavagem de dinheiro, este resultado não lhe será objetivamente imputável, nem a título de participação.

Nesse sentido, pode-se dizer que se um agente de instituição financeira deixar de cumprir as regras administrativas, estará criando um risco não permitido, e sua conduta poderá ser questionada penalmente caso tenha atuado com dolo.

Dessa forma, aplicando-se a teoria da imputação objetiva, pode-se entender pela exclusão da responsabilidade criminal das condutas quotidianas de profissionais que apenas desenvolvem suas atividades, ainda que de certo modo possam "favorecer" uma atividade delitiva.[81]

Assim, não é qualquer "colaboração" que pode ser considerada como uma conduta típica, até porque não se pode alargar a tipicidade prevista na lei de lavagem, muito menos para justificar a tipicidade de atividades neutras,[82] sob pena de se inviabilizar o exercício de determinadas atividades profissionais.

---

[79] Vilardi (2012), de outro lado, entende que a alteração legislativa não modificou o sentido da redação anterior, posto que, sendo a lavagem de dinheiro um processo a que o agente adere dolosamente, só haverá a utilização de bem, direito ou valor, se ele souber da origem criminosa, da aparência de licitude e, ainda assim, decidir utilizá-lo.
[80] MENDRONI, 2013, p. 80.
[81] CALLEGARI, 2012. Para a teoria da imputação objetiva, é necessário que o agente além de executar o núcleo do tipo, que o dever de evitar tal resultado esteja dentro do seu âmbito de responsabilidade, e que esse agente crie um risco juridicamente desaprovado.(CALLEGARI, 2014, p. 106).
[82] Ibidem.

### 3.2.2.1. Teoria da cegueira deliberada

A Teoria da Cegueira Deliberada,[83] também conhecida por doutrina das instruções de avestruz, é aquela em que o agente, intencionalmente, cega-se diante de uma situação em que seria possível reconhecer o caráter ilícito da conduta,[84] ou seja, o agente cria uma barreira para não ter o conhecimento da origem ilícita dos bens.

De acordo com Beck (2011, p. 124): "Em outras palavras, a doutrina justifica a responsabilização criminal nos casos em que o indivíduo se coloca deliberadamente em uma situação de desconhecimento acerca de determinado fato, já antecipadamente visando furtar-se de eventuais consequências futuras da sua conduta na esfera penal".

Importa ressaltar que, para a teoria da cegueira deliberada, o dolo aceito é o eventual, já que o agente procura evitar o conhecimento da origem ilícita dos valores que estão sendo utilizados, ou seja, prevê o resultado lesivo de sua conduta, mas não se importa com este resultado.

Assim, não existe a possibilidade de aplicação da teoria aos delitos culposos, eis que possui como escopo o dolo eventual, onde o agente finge não enxergar a origem ilícita dos bens, direitos e valores, contribuindo, assim, para a prática criminosa.

A Teoria da Cegueira Deliberada tornou-se conhecida no caso do furto ao Banco Central de Fortaleza (CE), do qual foram subtraídos R$ 164.755.150,00. Naquele caso, os integrantes da quadrilha adquiriram onze veículos de uma revendedora de automóveis, pagando a quantia de R$ 980.000,00 – em notas de cinquenta reais trazidas em sacos –, além de deixar mais R$ 200.000,00 na empresa por conta de futura aquisição de veículos.

O magistrado *a quo* aplicou a Teoria da Cegueira Deliberada (AP 2005.81.00.014586-0) e condenou os proprietários da revenda como incursos nas penas previstas no artigo 1º, § 2º, inciso I, da Lei nº 9.613/98.

Contudo, em sede de apelação, o TRF da 5ª Região entendeu pela absolvição dos proprietários da revenda, uma vez que a aplicação da Teoria da Cegueira Deliberada dependeria de adequação ao ordenamento jurídico brasileiro, ou seja, se fosse admitido o dolo eventual para os crimes de lavagem de dinheiro, o que, à época, não ocorria.

---

[83] Proveniente dos Estados Unidos, onde a Suprema Corte Norte-Americana, ao julgar o caso de um vendedor de carros de roubados/furtados, onde não restou comprovado que os agentes tinham ou não conhecimento da origem daqueles veículos. A teoria existe quando o agente finge não enxergar a ilicitude da procedência de bens, direitos e valores com o intuito de auferir vantagens. (MONTEIRO, 2009).

[84] BECK, 2011, p. 123.

Por ocasião do julgamento da Ação Penal nº 470, perante o Supremo Tribunal Federal, o tema voltou à tona. Isto porque no julgamento da Ação Penal nº 470, ainda sob a égide da lei anterior, foi admitida a aplicação do dolo eventual na figura delitiva prevista no art. 1º, *caput*, da Lei de Lavagem de Capitais, mediante utilização da Teoria da Cegueira Deliberada.[85]

Assim, em que pese a Ação Penal nº 470 tenha sido julgada sob o manto da legislação anterior, é fato que o posicionamento adotado pela Suprema Corte – até o julgamento da Ação Penal nº 470, não havia precedente do Supremo Tribunal Federal reconhecendo a possibilidade de dolo eventual no crime de lavagem de dinheiro – poderá trazer novas diretrizes para a interpretação da Lei nº 9.613/98, com redação alterada pela Lei nº 12.683/12 de Lavagem de Dinheiro.

Veja-se que a aplicação da Teoria de Cegueira Deliberada pode ser determinante para a responsabilização penal de alguns agentes, eis que, como não existe a modalidade culposa, é possível que haja a caracterização do dolo eventual através da aplicação da Teoria da Cegueira Deliberada.

## 4. Considerações finais

O presente estudo analisou alguns aspectos dos crimes de lavagem de dinheiro, como conceito, características, sujeitos envolvidos, e constatou que não existe definição doutrinária quanto ao bem jurídico protegido.

Efetuou-se uma análise objetiva dos tipos penais previstos na Lei nº 9.613/98, destacando-se, ainda, as principais alterações trazidas com o advento da Lei nº 12.683/12, especialmente quanto a extinção do rol de crimes antecedentes, ampliação das pessoas sujeitas aos mecanismos de controle e a admissão expressa do dolo eventual para os crimes de lavagem de dinheiro.

Verificou-se, ainda, a possibilidade de responsabilidade administrativa das instituições financeiras, em caso de descumprimento das disposições legais e violação dos deveres de *compliance*.

Adentrou-se, posteriormente, nas hipóteses de responsabilidade penal pelos crimes de lavagem de dinheiro, especialmente dos agentes de instituições financeiras, destacando-se o dolo direto e o dolo eventual, bem como a utilização da Teoria da Cegueira Deliberada para a imputação da prática do crime através do dolo eventual.

---

[85] Teoria utilizada pelo STF (Min. Celso de Melo) na Ação Penal nº 470 para caracterizar o dolo eventual de alguns réus e tipificar as respectivas condutas no caput do art. 1º da Lei 9.613/98.

Dentro do aspecto da responsabilidade penal, é possível dizer que os agentes de instituições financeiras não possuem o dever de garante, o que significa dizer que, embora devam observar os procedimentos legais e institucionais relativos a prevenção e combate dos crimes de lavagem de dinheiro, não têm o dever legal de impedir a prática criminosa. Até porque entender de modo diverso significa admitir a aplicação da responsabilidade penal objetiva, o que é vedado pelo sistema jurídico penal e pela Constituição Federal.

De qualquer sorte, caso um agente de instituição financeira, no exercício de suas atividades, colabore intencionalmente com a lavagem de dinheiro, seja para favorecimento próprio ou de terceiros, estará praticando o crime de lavagem de dinheiro com dolo direto.

Disso resulta que, agindo com dolo direto, ou seja, com a intenção de contribuir para o crime de lavagem de dinheiro, não resta dúvida quanto possibilidade de incidência do tipo penal. De outro lado, a incidência da norma penal através do dolo eventual merece atenção especial, uma vez que deverá restar comprovado que o agente tinha, pelo menos, condições de saber que os recursos utilizados em sua atividade tinham origem ilícita.

Isto significa dizer que se o agente não observa as instruções normativas internas da empresa e, assim, contribui com a prática criminosa, poderá incorrer em lavagem de dinheiro, seja pelo dolo direto ou pelo dolo eventual, o que deverá ser analisado no caso concreto.

Cabe referir, por fim, que se de um lado a nova lei ampliou as hipóteses de incidência dos tipos penais – e no mesmo sentido a interpretação do Supremo Tribunal Federal quanto aos crimes de lavagem de dinheiro no julgamento da Ação Penal nº 470 –, de outro é defensável que existe a necessidade de restar configurado o elemento subjetivo, ou seja, a intenção do agente na produção do resultado.

De qualquer sorte, considerando a prematuridade das disposições advindas com a alteração legislativa, bem como as grandes divergências doutrinárias que permeiam os assuntos relacionados à lavagem de dinheiro, somado ao fato de que a jurisprudência, no que diz respeito a responsabilidade penal dos agentes de instituição financeira pelos crimes de lavagem de dinheiro, é escassa, a aferição da responsabilidade penal somente poderá ocorrer a partir da análise dos fatos, no caso concreto.

**Referencial bibliográfico**

ARAS, Vladimir. A Investigação Criminal na Nova Lei de Lavagem de Dinheiro Ago/2012. Disponível em <http://www.ibccrim.org.br/boletim_artigo/4671> Acesso em 16 fev. 2014.

BECK, Francis Rafael. A Doutrina da Cegueira Deliberada e sua (In) *Aplicabilidade ao Crime de Lavagem de Dinheiro*. Lavagem de Dinheiro. São Leopoldo: Ed. Unisinos, 2011

BITENCOURT, Cezar Roberto. MONTEIRO, Luciana de Oliveira. *Revista Brasileira de Ciências Criminais*. Ano 21. Vol. 102, maio-jun/2013. Revista dos Tribunais.

BOTTINI, Pierpaolo Cruz. Disponível em <http://atualidadesdodireito.com.br/lavagem-de-dinheiro/>. Acesso em 15/07/2014.

------; BADARÓ, Gustavo Henrique. *Lavagem de Dinheiro*: aspectos penais e processuais penais. São Paulo: Editora Revista dos Tribunais, 2012

BRASIL. Código Penal. Disponível em <http://www.planalto.gov.br/ccivil_03/decreto-lei/del2848compilado.htm>. Acesso em 15 jul. 2014.

------. Lei 9.613, de 03 de março de 1998. Disponível em http://www.planalto.gov.br/ccivil_03/leis/l9613.htm. Acesso em 10 fev. 2014.

------. Lei 12.683, de 09 de julho de 2012. Disponível em http://www.planalto.gov.br/ccivil_03/_ato2011-2014/2012/lei/l12683.htm Acesso em 10 fev. 2014.

------. Resolução n° 2.554/98 do Conselho Monetário Nacional. Disponível em < http://www.bcb.gov.br/pre/normativos/res/1998/pdf/res_2554_v2_P.pdf> Acesso em 15 jul. 2014.

------. Supremo Tribunal Federal. Súmula n° 711. Disponível em <http://www.stf.jus.br/portal/cms/verTexto.asp?servico=jurisprudenciaSumula&pagina=sumula_701_800>. Acesso em 15 jul. de 2014.

CALLEGARI, André Luís. Atividades Quotidianas e Lavagem de Dinheiro. Set/2011. Disponível em <http://www.ibccrim.org.br/boletim_artigo/4439>. Acesso em 16 fev 2014.

------. *Imputação Objetiva*. Porto Alegre: Livraria do Advogado, 2001.

------; WEBER, Ariel Barazzeti. *Lavagem de Dinheiro*. São Paulo: Atlas, 2014.

CAPPELLARI, Álisson dos Santos. *Controle penal das movimentações financeiras*: dever de informar versus direito à privacidade. Porto Alegre: Sergio Antonio Fabris, 2013.

CAPEZ, Fernando. *Curso de Direito Penal*. São Paulo: Saraiva, 2013, 8ª ed.

DE CARLI, Carla Veríssimo. *Lavagem de Dinheiro*: ideologia da criminalização e análise do discurso. Porto Alegre: Verbo Jurídico, 2012. 2ª edição.

ESSADO, Tiago Cintra. Medidas Assecuratórias e a Alteração na Lei de Lavagem de Dinheiro. Out/2012. Disponível em <http://www.ibccrim.org.br/boletim_artigo/4723>. Acesso em 16 fev 2014.

ESTELLITA, Heloisa; BOTTINO, Pierpaolo Cruz. *Alterações na Legislação de Combate a Lavagem*: primeiras impressões. Ago/2012. Disponível em <http://www.ibccrim.org.br/boletim_artigo/4669>. Acesso em 16 fev. 2014.

JUNIOR, José Paulo Baltazar. *Crimes Federais*. Porto alegre: Livraria do Advogado. 5ª ed., 2010.

LILLEY, Peter. *Lavagem de Dinheiro*: negócios ilícitos transformados em atividades legais. São Paulo: Futura, 2001.

MAIA, Rodolfo Tigre. *Lavagem de Dinheiro*: São Paulo: Malheiros Editores Ltda, 1999.

MENDRONI, Marcelo Batlouni. *Crime de Lavagem de Dinheiro*. São Paulo: Atlas, 2013. 2ª edição.

MIRABETE, Julio Fabbrini. *Manual de Direito Penal*. 19 ed. São Paulo: Atlas, 2003.

NETTO, Alamiro Veludo Salvador; LOBO DA COSTA, Helena Regina; SARCEDO, Leandro. *Lavagem de Dinheiro no Direito Penal Brasileiro*: reflexões necessárias. Set/2013. Disponível em <http://www.ibccrim.org.br/boletim_artigo/4944>. Acesso em 16 fev. 2014.

NUCCI, Guilherme de Souza. *Manual de Direito Penal*: parte geral: parte especial. São Paulo: Revista dos Tribunais, 2008.

RIOS, Rodrigo Sánchez. *Alterações na Lei de Lavagem de Dinheiro*: breves apontamentos críticos. Ago/2012. Disponível em <http://www.ibccrim.org.br/boletim_artigo/4670>. Acesso em 16 fev. 2014.

RODRIGUES, Antonio Gustavo. *O COAF e as Mudanças na Lei 9.613/1998*. Ago/2012. Disponível em <http://www.ibccrim.org.br/boletim_artigo/4677>. Acesso em 16 fev. 2014.

SAADI, Ricardo Andrade. *O combate à lavagem de dinheiro*. Ago/2012. Disponível em <http://www.ibccrim.org.br/boletim_artigo/4672>. Acesso em 16 fev. 2014.

SAVEDRA, Giovani Agostini. Compliance na Nova Lei de Lavagem de Dinheiro. *Revista Síntese*. Direito penal e processual penal. Ano XIII, n° 75. Ago/Set 2012.

SILVEIRA, Renato de Mello Jorge. *Cegueira Deliberada e Lavagem de Dinheiro*. Maio/2013. Disponível em <http://www.ibccrim.org.br/boletim_artigo/4864>. Acesso em 16 fev. 2014.

TEBET, Diogo. *Lei de Lavagem de Dinheiro e a Extinção do Rol dos Crimes Antecedentes*. Ago/2012. Disponível em <http://www.ibccrim.org.br/boletim_artigo/4680>. Acesso em 16 fev. 2014.

VILARDI, Celso Sanchez. *A Ciência da Infração Anterior e a Utilização do Objeto da Lavagem*. Ago/2012. Disponível em <http://www.ibccrim.org.br/boletim_artigo/4679>. Acesso em 16 fev. 2014.

Parte II

# Direito Trabalhista

# — 5 —

# Relevância da prova na ação indenizatória por dano moral decorrente de acidente e/ou doença do trabalho[1]

## NÁDIA KIST[2]

*Sumário*: 1. Introdução; 2. Histórico da legislação de proteção ao trabalhador; 2.1. Responsabilidade civil: histórico, conceito, requisitos; 3. A responsabilidade civil; 3.1. Responsabilidades objetiva e subjetiva; 3.2. Responsabilidade civil nas relações de trabalho; 3.3. Acidente e doença do trabalho; 4. A Justiça do Trabalho e a prova da responsabilidade civil; 4.1. A Emenda Constitucional 45/2004 e a competência da Justiça do Trabalho; 4.2. Prova no processo do trabalho; 4.3. Prova do dano e do nexo causal; 4.4. Presunção relativa de nexo causal na Previdência Social; 4.5. Presunção absoluta de nexo causal diante da emissão de CAT pelo empregador; 4.6. Posicionamento da Justiça do Trabalho; 5. Considerações finais; Referências bibliográficas.

## 1. Introdução

A evolução tecnológica e econômica dos diversos setores do mercado de trabalho caminhou junto com o aumento da frequência de acidentes de trabalho e de doenças ocupacionais, evoluindo para um quadro, cada vez maior, de empregados lesionados e incapacitados de forma temporária ou permanente. Neste contexto, aumenta, também, a necessidade de maior proteção e no desenvolvimento de meios de reparação do sofrimento e dos prejuízos causados ao trabalhador, sejam eles de ordem econômica, física ou moral.

A partir da Emenda Constitucional nº 45, de 30.12.2004, a Justiça do Trabalho tornou-se legalmente competente para analisar as causas que envolvem acidente do trabalho e/ou doença ocupacional, em cujos julgamentos utiliza o instituto da responsabilidade civil prevista no Código Civil, diante da permissão prevista no art. 8º da CLT, pelo qual, os prin-

---
[1] O presente trabalho foi apresentado no Programa de Ascensão Profissional da Diretoria Jurídica do Banco do Brasil, como requisito para nomeação do cargo de Assessor Jurídico I, em março de 2013.

[2] Advogada. Especialista em Direito Bancário pela Fundação Getúlio Vargas (FGV).

cípios e normas gerais de direito devem/podem ser utilizados de forma subsidiária.

Em virtude do princípio basilar, da Justiça Trabalhista, de proteção do trabalhador e em vista do desequilíbrio entre empregado e empregador, vige, nesta Justiça especializada, o princípio *pro operário*, o qual reflete consequências, inclusive, na valoração da prova nas Ações Trabalhistas cujo objeto é o pedido de indenização pela responsabilidade civil por acidente e/ou doença do trabalho.

O reflexo deste princípio tornou possível, até mesmo, a condenação do empregador pela simples presunção de sua culpa, contrariando, totalmente, a regra geral prevista no Código Civil que é a responsabilidade subjetiva para a aplicação da responsabilidade civil.

Outro evento que contribuiu para este entendimento jurisprudencial foi o fato de que o INSS tem concedido seus benefícios previdenciários acidentários a partir de uma tabela estatística, sem qualquer exame ou perícia no empregado, a qual é crucial para a prova da efetiva existência de doença ou sequela provocada por acidente do trabalho e o nexo causal entre o problema físico do trabalhador e seu trabalho.

Nesse contexto, o presente trabalho busca demonstrar, através de jurisprudências, que a presunção do nexo causal pelo INSS e pela Justiça do Trabalho tornam definitiva a culpa do empregador, a qual, diga-se, ilide praticamente todas as provas trazidas pelo reclamado nos autos do processo do trabalho.

Verificar-se-á que a Justiça do Trabalho vem aplicando a teoria do risco aos casos de infortúnios trabalhistas objetos de ações indenizatórias. É o que se depreende da análise das mais recentes jurisprudências de nossos Tribunais Regionais e Superior do Trabalho.

Em que pese a intrínseca ligação entre as questões da culpa e do nexo causal, por questões espaços-temporais, o histórico será breve, não serão abordados os tipos de culpa, nem transcorridas muitas palavras acerca das possíveis teorias sobre a responsabilidade civil.

## 2. Histórico da Legislação de proteção ao trabalhador

Os princípios constitucionais têm o escopo de buscar a coesão do sistema jurídico fazendo prevalecer os direitos fundamentais e vetando o que se contraponha aos próprios princípios constitucionais.

Nessa unidade harmonizadora, destaca-se o princípio da dignidade da pessoa humana, o qual surgiu como uma forma de reação à história de atrocidades que marca a experiência humana, em especial na Segunda Guerra Mundial, fazendo parte da Declaração Universal dos Direitos

Humanos, que, dentre outros dispositivos, dispõe sobre a crença nos Direitos Humanos, na dignidade e no valor da personalidade humana, bem como, no compromisso de renovadamente fortalecê-los.

Para entender tamanha relevância e importância desse preceito internacional, vale trazer a opinião de Alexandre de Moraes, para o qual a dignidade é um valor espiritual e moral inerente à pessoa e que traz consigo a pretensão de respeito por parte das demais pessoas, constituindo um mínimo que todo estatuto jurídico deve assegurar. (MORAES, 2004, p. 52)

Em vista da tutela estatal, cabe ao Poder Público preservar a dignidade da pessoa humana e assegurar a aplicação deste princípio a todas as pessoas, sejam físicas ou jurídicas. A estas, por sua vez, cabe mantê-la e respeitá-lo, respectivamente.

Por certo que a importância do princípio da dignidade humana está inserida nas relações de trabalho, em especial, através do princípio da proteção da dignidade do trabalhador, cujo princípio baliza a tutela do trabalhador que vende seu trabalho para obter seu sustento. A proteção da dignidade do trabalhador concretiza-se, também, pela obrigação do empregador em observá-lo para evitar e minimizar os riscos de acidente ou de doença do trabalho.

### 2.1. Responsabilidade civil: histórico, conceito, requisitos

A responsabilidade civil remonta ao Código de Hamurabi, do período Babilônico, por volta do século XVII a.C, o qual ora impunha uma punição com igual sofrimento ao causador do dano, ora impunha a pena de agressão ou até mesmo de morte.

Mas, as teorias ocidentais sobre a responsabilidade civil têm influência do Direito Romano, onde, inicialmente, predominou a vingança privada, o que somente foi regulado pela Lei das XII Tábuas.

Em que pese a sua evolução jurídica, o Direito Romano nunca desvinculou a indenização do conceito de pena, mesmo quando o Estado assumiu a função de punir, momento em que surgiu a ação de indenização.

Quanto à culpa, somente com a lei Aquiliana é que passou a ter papel fundamental na reparação do dano, revolucionando os conceitos jusromanísticos quanto à responsabilidade civil, substituindo as multas fixas pela pena proporcional ao dano causado. Mesmo assim o entendimento da época era de que, se não houvesse prejuízo concreto, real, palpável, não havia direito à indenização.

Já no Código Napoleão, havia uma preocupação em se frear a liberdade do cidadão e, ao mesmo tempo, proteger essa liberdade. Somente com a doutrina francesa é que houve a diferenciação entre culpa contratual e extracontratual, esta última originada da negligência ou imperícia, não estando ligada ao crime ou delito. Ainda, foi a partir da doutrina francesa que se distinguiu a responsabilidade civil perante a vítima e a penal perante o Estado.

Ademais, a doutrina francesa pôs fim à composição do dano dependente da gravidade da culpa, haja vista que houve clara definição de culpa, separando-a do dano e este, por sua vez, da ideia de punição. Destarte, a doutrina francesa procurou proteger o ofendido dos prejuízos não só materiais, como a Lei Aquiliana, mas, também, dos prejuízos que não acarretavam depreciação material, contudo impediam um ganho legítimo.

A história da responsabilidade civil, no Brasil, teve três fases: a primeira ocorreu quando a Lei da Boa Razão, de 1769, determinava a aplicação do Direito Romano aos casos omissos no Direito pátrio. A segunda fase iniciou-se com o Código Criminal em 1830, quando a ideia de ressarcimento começou a aparecer através do instituto da satisfação, por meio do qual foi estabelecida a reparação natural sempre que possível, a garantia da integral indenização substitutiva, a solução da dúvida favorecendo o ofendido, entre outras medidas.

Por fim, a terceira fase, na qual a reparação civil foi tratada separadamente da criminal por Teixeira de Freitas na Consolidação das Leis Civis, onde havia a previsão para a reparação do dano moral.

O Código Civil de 1916, seguindo o sistema francês napoleônico, adotou a teoria da culpa como fundamento para a responsabilidade civil, a qual é tratada distintamente da responsabilidade criminal. Assim sendo, a responsabilidade civil somente surge quando presente a culpa, inclusive quando esta decorre da negligência ou da imperícia.

Ocorre que no art. 1.521, inciso III, estava prevista a responsabilidade indireta, o que fez com que a jurisprudência exigisse, além da prova da culpa, a de culpa *in vigilando* ou *in eligendo* do empregador.

A culpa *in vigilando* está relacionada diretamente com o dever de fiscalização e decorre, portanto, da falta de fiscalização, de vigilância, de cuidado com a pessoa ou coisa sob a sua responsabilidade.

Já a culpa *in eligendo* está relacionada com a escolha. Assim sendo, pode decorrer de uma má escolha de preposto, representante ou mandatário.

No art. 76 de Código Civil de 1916, havia a previsão da possibilidade do interesse moral fundamentar uma ação judicial pleiteando a responsabilização civil.

O Código Civil de 2002 manteve, como regra geral, a responsabilidade subjetiva, fundada na culpa, agora prevista no *caput* do art. 927 c/c artigos 186 e 187.

No entanto, inseriu a responsabilidade objetiva, no parágrafo único do mesmo art. 927, pois passou a considerar não apenas o ato ilícito, previsto no art. 186, como ensejador da reparação civil, mas, também, aquele decorrente do risco da atividade, independentemente de culpa.

Além disso, o Código de 2002 prevê a indenização por dano moral independente de prejuízo material, regulamentando a previsão constitucional no art. 5°, V e X.

A partir de então, a responsabilidade civil passa a ser aplicada como forma de garantir e/ou assegurar a reparação pela violação aos princípios da dignidade da pessoa humana (art. 1°, III, da Constituição Federal), da solidariedade social (art. 3° da Constituição Federal) e da justiça distributiva.

Em sede constitucional, atualmente, a responsabilidade civil encontra amparo na previsão constitucional do dano moral no art. 5°, V e X, da CF e nos fundamentos da dignidade humana no art. 1°, III, da CF e da solidariedade no art. 3° da CF. Ainda, em sede infraconstitucional, afora no Código Civil, há respaldo jurídico para a responsabilidade civil no Código de Defesa do Consumidor, no Código Florestal, entre outros diplomas.

Muito embora, a atual regulamentação específica para a responsabilidade civil está nos arts. 927 a 954 do Código Civil de 2002, no qual a culpa é o principal fundamento, ainda, há previsão, no mesmo Código Civil, de responsabilidade objetiva para os casos especificados em lei ou em casos de danos decorrentes de atividades de risco.

Em decorrência da crescente preocupação com as questões sociais e com a dignidade da pessoa humana nas relações de emprego, o Direito do Trabalho utiliza-se da previsão da responsabilidade civil no Código Civil, de forma subsidiária, por autorização do disposto no parágrafo único do art. 8° da CLT.

Ainda, as desigualdades nas relações de trabalho e a inquietação com as questões humanas, tornaram necessária uma interpretação constitucionalizada da responsabilidade civil, sem olvidar, muito embora, a necessidade do desenvolvimento nacional, a redução de desigualdades e a formação de uma sociedade justa. Nesse sentido é que a responsabilidade civil é aplicada pela Justiça do Trabalho, especialmente nas demandas cujo objeto seja acidente e/ou doença do trabalho.

### 3. A responsabilidade civil

De forma bastante sucinta, a responsabilidade civil pode ser definida como o dever de reparar o dano moral ou patrimonial causado por ato do próprio agente ou de pessoa, coisa ou animal sob sua tutela.

Vale ressaltar que responsabilidade não é uma obrigação. A obrigação tem um caráter estritamente econômico, de avaliação sobre bens materiais. Diferentemente, o Código de 2002 passou a utilizar somente o termo *responsabilidade* porque as transgressões morais, a partir de então tratadas, deveriam permitir uma reparação civil mesmo sem haver a possibilidade de uma avaliação concreta dos prejuízos causados pelo dano moral, o qual é impossível de se mensurar diferentemente do dano material onde há dano patrimonial.

Na ocorrência do dano moral, em verdade, tem-se que os valores inerentes à personalidade, ou seja, de cunho moral, merecem a devida reparação quando afetados por ato lesivo de responsabilidade de alguém e que produzam prejuízos indenizáveis. Nesse sentido, defende-se que a dor do ofendido pode ser atenuada pela obtenção de meios materiais.

Independente de o dano ser moral ou material, a responsabilidade civil somente existirá quando verificados seus requisitos estruturais como a conduta, seja omissiva ou comissiva (ação lesiva), o dano e o nexo causal entre a conduta e o dano.

A ação lesiva se configura quando uma ação, que deve ser culposa ou dolosa, acarreta prejuízos à esfera jurídica de outrem. Ainda, o agente pode ser responsabilizado civilmente pelas suas ações se existir previsão legal nesse sentido, bem como se estiver no exercício de atividade que implique risco à esfera jurídica de outrem, nos termos do art. 927, parágrafo único, do Código Civil.

Outro requisito para a configuração da responsabilidade civil é o dano, o qual é definido por Sérgio Cavalieri Filho como a subtração ou diminuição de um bem jurídico, quer seja patrimonial ou integrante da própria personalidade da vítima, diferentemente de outrora, quando ainda não se admitia o ressarcimento do dano moral, pois o dano somente era reconhecimento quando havia alguma diminuição no patrimônio da vítima. (CAVALIERI FILHO, 2008, p. 71)

Portanto, dano pode ser conceituado como o prejuízo patrimonial ou moral a bem jurídico pertencente a alguém, por conduta imputável a outrem.

A classificação do dano pode ser patrimonial, moral e estético. Patrimonial, aquele que gera prejuízos pecuniários. O dano moral é a ofensa a direitos da personalidade da pessoa humana ou da pessoa jurídica, ou seja, possui natureza extrapatrimonial. É o dano a atributos físicos psiquiátricos, aquele que gera frustração, vexame, indignação, revoltador. Por sua vez, o dano estético é o dano moral físico, ou seja, quando há sequelas corporais comprometedoras na harmonia física da vítima.

O terceiro requisito para o reconhecimento da responsabilidade civil é o nexo causal entre a ação lesiva e o dano. Este nexo é a relação de causa e efeito entre a conduta do agente e o dano causado.

Vale ressaltar, ainda, que existem as concausas, as quais, apesar de não deflagrarem o resultado, somam-se à causa principal para contribuir com o resultado final ou para agravar o dano, ou seja, reforçam o resultado.

### 3.1. Responsabilidades objetiva e subjetiva

Na perspectiva de Fábio Ulhoa, a responsabilidade objetiva é um mecanismo de socialização das repercussões do dano, na medida em que o seu fundamento axiológico e racional não é propriamente os riscos da atividade, mas a possibilidade de se absorver as repercussões econômicas ligadas ao evento danoso. De tal maneira, a imputação da responsabilidade objetiva aos agentes capazes de causar o dano se justifica. (COELHO apud PEREIRA, 2012)

Para Ulhoa, portanto, a responsabilidade objetiva tem a função de socialização de custos, já a responsabilidade subjetiva, tem função compensatória, uma vez que visa à recomposição do prejuízo do ofendido, além de estar aliada a uma função preventiva, de natureza sancionatória.

Para a aplicação da teoria objetiva, basta a prova da relação de causalidade entre a ação lesiva e o dano provocado, sem interessar a intenção ou modo de atuação do agente causador do dano.

No caso concreto, não é necessária a análise da conduta do agente lesivo, se observou ou não todos os cuidados que deveria ter tido, tanto na esfera jurídica quanto na social. E nesse sentido, a responsabilidade objetiva ganha força, baseada, inclusive, nos princípios constitucionais, uma vez que a questão, conforme leciona Venosa, tem a ver com os princípios da dignidade humana e da sociedade como um todo, afora o fato de a responsabilidade com culpa ter-se tornado insuficiente para muitas das situações de prejuízo, a começar pela dificuldade da prova. (VENOSA, 2007, p. 11)

Não obstante, a responsabilidade objetiva não existe com base no risco integral, mas com fundamento na teoria do risco, a qual se aplica aos casos especificados em lei ou em decorrência do risco da atividade desenvolvida, conforme o parágrafo único do art. 927 do código Civil e art. 14, caput, do Código de Defesa do Consumidor.

Deve-se ter que a atividade de risco, ensejadora da responsabilidade objetiva, é aquela desenvolvida habitualmente e que oferece perigo ou risco acentuado de forma habitual.

Uma vez que a culpa é substituída pela responsabilidade imbuída da noção de risco, a legislação e a jurisprudência buscam responsabilizar a quem o risco é atribuído. Destarte, não se procura imputar o dever de indenizar a quem realmente detém a culpa, mas a quem, dentro do seu papel social, deve suportar, direta ou indiretamente, o risco.

Neste sentido de substituição da culpa pela responsabilidade pelo risco criado, o Superior Tribunal Federal editou duas Súmulas, a de número 28 e a de número 492, pelas quais, o estabelecimento bancário é responsável pelo pagamento de cheque falso, ressalvadas a culpa exclusiva ou concorrente do correntista e, ainda, a empresa locadora de veículos responde civil e solidariamente com o locatário pelos danos que este causar a terceiros no uso do carro locado, respectivamente.

De acordo com a Teoria do Risco, adotada na responsabilidade objetiva, a vítima está liberada do ônus de provar a culpa do agente, já que o nexo causal é estabelecido pelo jurista, e não pela natureza dos acontecimentos.

Já a responsabilidade subjetiva, regra geral da responsabilidade civil, diferentemente da responsabilidade objetiva, requer: a presença da culpa ou do dolo; o dano patrimonial ou extrapatrimonial; e, por fim, a relação de causalidade entre conduta e dano. Vale ressaltar que a conduta culposa pode ocorrer por negligência, imperícia e imprudência.

Conclui-se, no dizer de Carlos Roberto Gonçalves, que a responsabilidade subjetiva está amparada na ideia de culpa, a qual é pressuposto necessário para que o dano torne-se indenizável, de forma que a responsabilidade do causador do dano somente configurar-se-á se agir com dolo ou culpa. (GONÇALVES, 2007, p. 22)

Assim, a responsabilidade civil subjetiva existirá somente quando presentes a conduta dolosa ou culposa, o dano e o nexo causal entre a conduta e o dano.

Portanto, aplica-se a responsabilidade subjetiva quando o dever de indenizar decorre de ato ilícito, onde se analisa o elemento culpa, conforme previsto no art. 927 do Código Civil. Já a responsabilidade objetiva não é fundada na culpa ou no dolo e está prevista no parágrafo único do art. 927 do Código Civil.

Independentemente de qual teoria se aplica ao caso concreto, a responsabilidade civil busca a restauração do equilíbrio interrompido pelo acontecimento danoso. Nesse sentido, a reparação pecuniária é entendida como a única forma de tentar retomar o equilíbrio social, embora se saiba que a situação física, econômica ou moral não mais poderá ser restabelecida.

## 3.2. Responsabilidade civil nas relações de trabalho

A responsabilidade civil na seara trabalhista surge no momento em que há o descumprimento de um dever, ou de vários, contidos no contrato de trabalho, e que gere um dano moral ou patrimonial a alguma das partes.

A princípio, nas questões trabalhistas, a existência do dever de reparar requer o preenchimento de alguns pressupostos: dano experimentado pelo ofendido, ação ou omissão do causador, nexo de causalidade e a culpa ou dolo, em evidente aplicação da teoria subjetiva da responsabilidade do empregador.

Destarte, a concessão de indenização ao empregado, na Justiça do Trabalho, requer prova inconteste do dolo ou da culpa do empregador, conforme art. 7ª, XXVIII, da CF, não sendo admitida a teoria objetiva pela interpretação do referido preceito constitucional.

Não obstante, diante da evolução do conceito de responsabilidade civil, concretizada pela previsão legal no Código Civil, passou-se a admitir, também nas relações entre empregado e empregador, a responsabilidade civil sem culpa, com fundamento na teoria do risco.

Nesse sentido, Sebastião Geraldo Oliveira aduz que para a caracterização da culpa objetiva, basta a ocorrência do dano para gerar direito à reparação civil em benefício da vítima. Ainda, diante da expressa previsão no art. 200, inciso VIII, que inclui o local de trabalho no conceito de meio ambiente, conclui que uma análise mais atenta do art. 225, § 3º, da Constituição Federal permite a interpretação de que os danos causados pelo empregador ao meio ambiente, o qual abrange os empregados, devem ser ressarcidos independentemente de culpa. Por fim, aduz que a previsão no art. 170 da Constituição tem por fim assegurar a todos uma existência digna, conforme os ditames da justiça social, devendo-se adotar como princípio a defesa do meio ambiente. (OLIVEIRA, 2010, p. 259)

No dizer de Maria Helena Diniz, a responsabilidade objetiva funda-se no princípio da equidade, onde aquele que lucra com uma situação deve responder pelos riscos ou desvantagens dela resultantes. Assim, a responsabilidade do agente decorre do perigo que a sua atividade pode causar à vida, à saúde ou outros bens de terceiros. (DINIZ apud BRANDÃO, 2009, p. 216)

Portanto, a responsabilização do empregador por acidente ou doença ocupacional poderá ocorrer depois de verificados apenas dois requisitos: o dano pessoal do empregado e a responsabilidade do empregador, esta última verificada através da análise do risco de dano da atividade do empregador e da proteção oferecida ao empregado com relação a esse risco.

A aplicação da teoria objetiva da responsabilidade civil, na Justiça do Trabalho, justifica-se, dentre outros fatores, pela diversidade de acidentes e de doenças do trabalho, pela dificuldade de o empregado provar a causa de grande parte dos sinistros e a recorrente culpa do empregador.

Na seara trabalhista, o ressarcimento pelo dano moral pode-se dar por meio da reparação *in natura,* através de uma retratação, ou pagamento de uma cirurgia plástica, a fim de trazer o ofendido para o mais perto possível do *status quo ante* do evento lesivo.

Outra forma de reparação é a pecuniária, a qual se tornou comum, trazendo outro problema: a aferição do *quantum* a ser pago a título de indenização. Este tópico não será tratado de forma aprofundada no presente trabalho, cabendo tão somente esclarecer que, para a quantificação da reparação a ser paga ao ofendido, concorrem fatores como a subjetividade do dano ou lesão, o padrão ético e sentimental individuais, a dificuldade da mensuração da dor, a possibilidade ou não de reverter a lesão, a dificuldade do magistrado em fixar um valor pecuniário justo para compensar o lesado.

### 3.3. Acidente e doença do trabalho

A legislação previdenciária define como acidentes de trabalho tanto a doença profissional quanto a doença do trabalho. Da mesma forma, a Previdência Social considera como equiparado a acidente do trabalho aquele ligado ao trabalho, ou seja, quando o trabalho contribui diretamente, mas não é a única causa da lesão; acidentes sofridos no local e horário de trabalho; contaminação acidental no exercício da atividade laboral; e o acidente sofrido *in itinere,* ou seja, no trajeto entre a residência e o local de trabalho e vice-versa.

O art. 19 da Lei 8.213/91 define acidente do trabalho como decorrente do exercício profissional e que causa lesão corporal ou perturbação funcional que provoca a perda ou redução, permanente ou temporária, da capacidade para o trabalho.

Esse conceito de acidente do trabalho tem um sentido amplo que abarca o de doença profissional, pois esta é produzida ou desencadeada pelo exercício do trabalho peculiar a determinada atividade, conforme consta no Anexo II do Dec. 3.048/1999.

O § 1º do art. 20 da Lei 8.213/91 exclui, do conceito de doença do trabalho, a doença degenerativa, a inerente a grupo etário, a não producente e a doença endêmica não relacionada à natureza do trabalho desenvolvido.

A SDI-2 do C. TST, no Acórdão do Recurso Ordinário em Ação Rescisória n° 200-71.2008.5.12.0000, de relatoria do Ministro Alberto Luiz Bresciani de Fontan, conceituou acidente do trabalho como a lesão corporal ou perturbação funcional que cause morte e, ainda, a perda ou a redução da capacidade para o trabalho, seja permanente ou temporária, nos termos do art. 19 da Lei n° 8.213/91, causada ou adquirida enquanto vigente o contrato de trabalho, em decorrência das atividades no exercício do trabalho, a serviço da empresa. Nesse mesmo contexto, também a doença profissional, a qual tem origem no labor desenvolvido pelo empregado em decorrência de seu contrato de trabalho.

A partir deste contexto, se o empregador concorre para a ocorrência do evento danoso com dolo ou culpa, por ação ou omissão, está obrigado a repará-lo, conforme prevê os arts. 186, 187, 927, 949 e 950 do Código Civil.

Assim sendo, o dano moral trabalhista pode advir de acidentes de trabalho e doenças do trabalho, os quais lesam a integridade física do trabalhador e, na maioria das vezes, a sua moralidade, mormente quando resulta em deformidades físicas, sejam permanentes ou não e em incapacidade para o trabalho, seja permanente ou temporária.

### 4. A Justiça do Trabalho e a prova da responsabilidade civil

*4.1. A Emenda Constitucional 45/2004 e a competência da Justiça do Trabalho*

A Emenda Constitucional 45/2004 alterou a redação do art. 114 da Constituição Federal e inseriu o inciso VI ao mesmo, resultando na seguinte previsão constitucional.

Após essas alterações, a competência da Justiça do Trabalho restou ampliada, abrangendo, a partir de 31.12.2004 o julgamento de ações indenizatórias por danos morais decorrentes de acidente e doença do trabalho, cuja competência pertencia à Justiça Civil.

*4.2. Prova no processo do trabalho*

A prova é elemento essencial no processo, pois a atividade jurisdicional consiste em, muitas vezes, apreciar fatos para aplicar a lei. Diferente são os casos em que a ação jurisdicional é analisar típicas questões de direito, para decidir sobre a aplicação ou não da vontade da lei.

Às partes, portanto, cumpre provar os fatos alegados. Uma vez não provados os fatos, cabe ao Juiz extinguir a ação julgando-a improcedente, conforme o ensinamento de Moacyr Amaral Santos. (SANTOS, 2004, p. 373-374)

E nessa senda, insere-se o ônus da prova, para o qual, já afirmou Chiovenda que *"a disciplina do ônus da prova figura entre os problemas vitais do processo"* (CHIOVENDA apud MARQUES, 1997, p. 217).

Segundo Aroldo Plínio Gonçalves, o conceito de contraditório evoluiu e não se limita mais, somente, ao direito da parte de ser ouvida, de se defender, mas, é tido, hoje, como uma garantia dos destinatários da decisão de participar do processo, em condições de igualdade, para a formação da sentença.

O direito brasileiro adotou a teoria sobre a repartição do ônus da prova de Chiovenda. Por esta teoria, a repartição se dá pela natureza dos fatos alegados.

Ocorre que o Direito Processual do Trabalho sofre influência do Direito do Trabalho, na sua essência protecionista, resultando em privilégios para a parte mais fraca, o trabalhador, na busca pelo equilíbrio entre o empregado e o empregador, os quais, possuem posições econômicas e sociais em evidente de desigualdade.

Américo Plá Rodriguez afirmou que o princípio de proteção refere-se ao critério fundamental que orienta o Direito do Trabalho, pois responde ao objetivo de estabelecer um amparo preferencial a uma das partes, qual seja, o trabalhador. Desta forma, diferentemente do direito comum, onde as partes estão e situação de igualdade jurídico, no Direito do Trabalho, a proteção de uma das partes é necessária, justamente, para se alcançar uma igualdade substancial e verdadeira. (RODRIGUEZ, 2002, p. 83)

Essa busca pelo equilíbrio de forças entre as partes no processo do trabalho leva a uma particularidade na distribuição do ônus da prova no Direito Processual do Trabalho. A distribuição do ônus probatório pode ser analisada de acordo com o tipo de contestação. Se direta, quando o réu nega o fato alegado pelo autor, a negativa é absoluta, cabendo, portanto, ao autor provar a sua alegação.

Se o réu não contestar os fatos alegados pelo autor, não há prova a ser produzida, pois se tornam incontroversos os fatos pelas partes, conforme disposto no art. 334, III, do CPC. O mesmo ocorre no caso de confissão: uma das partes alega um fato confessado pela outra. Segundo o art. 334, II, do CPC, a prova é dispensada.

Outras vezes, a contestação poderá concordar com o fato, mas alegará que existem impedimentos aos efeitos normais deste ato. Ainda, poderá a contestação acordar com os fatos, mas alegar modificações em seus efeitos normais. Em todos esses casos, o ônus da prova desses efeitos modificativos cabe ao empregador, nos termos do art. 333 do Código de Processo Civil brasileiro, o qual rege a forma da distribuição do ônus da prova ao estabelecer que o ônus da prova incumbe ao autor quanto ao fato constitutivo do seu direito e, ao réu, quanto à existência de fato impeditivo, modificativo ou extintivo do direito do autor.

Ocorre que, no contexto social e econômico, as dificuldades probatórias geralmente são do empregado em contraposição a maior facilidade probatória do empregador que possui, normalmente, acesso privilegiado às provas, em especial a documental.

Importante destacar, não obstante o já afirmado, que a inversão do ônus da prova é possível no Direito Processual do Trabalho pela generalidade do art. 818 da CLT e pelas próprias peculiaridades do processo trabalhista, onde o trabalhador tem o seu trabalho como única forma de subsistência, gerando sua inferioridade econômica e jurídica em relação ao empregador, ao qual é subordinado.

Portanto, pelo fato de as partes não estarem em condições de igualdade, pelas características que envolvem a relação de trabalho, não são tratadas com a mesma isonomia dispensada no processo civil.

Muito embora a inversão do ônus da prova esteja prevista nos artigos 333 do Código de Processo Civil e 818 da Consolidação das Leis do Trabalho, a doutrina aponta a Teoria da Carga Dinâmica da prova como a melhor forma de atingir a justa composição.

De acordo com a Teoria da Carga Dinâmica da Prova, a prova deve ser produzida pela parte que tem maiores e melhores condições técnicas de fazê-lo. Costa Júnior, ao explanar sobre os ensinamentos de Dall'Agnol, destaca que a distribuição dinâmica da prova leva em consideração o processo em sua realidade concreta, desprezando a posição que a parte ocupa ou a espécie de fato alegado, pois a demonstração do fato cabe àquele que se encontrar em melhores condições de fazê-la.

Um exemplo de aplicação da teoria dinâmica da prova é a previsão no art. 6º, VIII, do Código de Defesa do Consumidor, pelo qual, se inverte o ônus da prova em favor do consumidor diante da verossimilhança das suas alegações ou da sua hipossuficiência.

Destarte, pela teoria da carga dinâmica da prova, é o Juiz quem tem a tarefa de distribuir o ônus da prova àquele que tem melhores condições técnicas e específicas para produzi-las.

Nessa esteira, a aplicação da teoria da distribuição dinâmica do ônus da prova torna-se imprescindível diante da hipossuficiência do empregado, mesma justificativa pela qual é aplicada quanto ao consumidor, hipossuficiente diante do fornecedor.

### 4.3. Prova do dano e do nexo causal

Em relação ao dano, a doutrina clássica e o STF conceituam-no como prejuízo, conforme julgamento do RE 387.014-9/SP, especificamente no voto do Rel. Min. Carlos Velloso, pelo qual o dano moral indenizável não é aquele que decorre de fato que simplesmente causa dissabores, mas, aquele que afeta sobremaneira a vítima, atingindo-lhe, inclusive, a esfera legítima de afeição.

O voto do Ministro Carlos Velloso deixa claro que o dano moral indenizável é aquele que resulta em uma dor emocional, um constrangimento grave capaz de agredir a vítima e seus valores de tal forma que a exponha, que a humilhe.

A dor emocional do trabalhador, resultado de uma doença ocupacional, poderá ser objeto de indenização, nos moldes do voto do Ministro Carlos Velloso, bastando, para isso, a existência de prova, nos autos, da ação dolosa ou culposa do empregador, da existência do dano e do nexo causal.

A prova faz-se necessária para que o Juiz possa fundamentar a sua decisão, atendendo ao princípio do livre convencimento motivado do magistrado, previsto no art. 131 do CPC.

Pelo princípio do livre convencimento, o magistrado é livre para decidir a lide, mas deve vincular sua decisão à lei e às provas nos autos. Assim sendo, o Juiz não é desvinculado da prova, mas poderá apreciá-la livremente, de forma crítica e racional.

No dizer de Humberto Theodoro Júnior, enquanto no livre convencimento o Juiz pode julgar sem atentar, necessariamente, para a prova dos autos, no sistema de persuasão racional, o julgamento deve ser o resultado de uma operação lógica e com base nos elementos de convicção existentes no processo. Nesse sentido é que o juiz, atendo-se às provas no processo, formará seu convencimento com liberdade, pois, embora seja livre o exame das provas, não há arbitrariedade, já que a conclusão estará logicamente ligada à apreciação jurídica do que restou provado nos autos. (THEODORO JÚNIOR, 2009, p. 415-416)

Destarte, são fundamentais as provas do dolo ou da culpa do empregador, da existência do dano e do nexo causal, estas últimas dificultadas pelos inúmeros fatores da vida moderna que aumentam, sobremaneira, os riscos de acidente e/ou doença, tornando difícil a individualização do agente lesivo, de modo que a perícia médica é a melhor prova quanto ao dano e ao nexo causal.

A prova do dano é a prova da existência da doença/acidente e é realizada através de uma perícia médica, a qual consiste no exame do trabalhador para avaliar a sua incapacidade através de seu diagnóstico, da avaliação da sua perda funcional, da avaliação da compatibilidade entre a lesão e/ou alteração funcional com as causas alegadas, da classificação da lesão e/ou reduções funcionais nas normas legais, oficiais ou técnicas que regulamentam a matéria. Ainda, a prova pericial pode ser substituída por laudos médicos, exames e demais documentos apresentados pelas partes na ação indenizatória ajuizada na Justiça do Trabalho.

No processo trabalhista, quando o objeto é a indenização por acidente e/ou doença do trabalho, cabe ao empregador o ônus de ilidir a confiabilidade dos exames, atestados e pareceres médicos juntados pelo empregado, inclusive da CAT não emitida pela empresa, quando nesta constar que o empregado passou a ter sintomas da doença desenvolvida por causa das suas atividades laborais ou que o acidente ocorreu em decorrência do seu trabalho.

A Justiça do Trabalho aceita laudo de exame médico assinado por médico da própria empresa e, se o trabalhador estiver aposentado por invalidez em decorrência de acidente do trabalho, a decisão administrativa do INSS é acatada como prova do dano causado ao empregado e do nexo causal deste com o seu trabalho.

Outro fato que resulta em certeza ao julgador de que os prejuízos físicos ou psíquicos suportados pelo empregado resultam das atividades laborais, é quando o exame admissional ou anterior à data do acidente atestar que o empregado estava em plena capacidade laborativa.

Já a vistoria no local de trabalho pode identificar quais são os riscos e analisar a exposição do empregado a riscos no ambiente de trabalho. Essa análise é essencial para se estabelecer ou não o nexo causal entre a incapacidade e o trabalho.

Por fim, as medidas de prevenção também são verificadas através da perícia no local de trabalho do empregado com o escopo de avaliar o risco, a sua previsibilidade, as possibilidades de prevenção, bem como se as medidas adotadas pelo empregador para a prevenção do risco e/ou proteção do empregado são suficientes. Essas provas também podem ser produzidas através de depoimentos de prepostos da empresa e demais funcionários do setor.

Dentre as provas que a empresa pode apresentar em Juízo e que têm a chance de mitigar o risco de condenação a uma indenização por dano moral em decorrência de acidente/doença do trabalho, estão o PPRA – Plano de Prevenção de Riscos Ambientais – e o PCMSO – Plano de Controle Médico Ocupacional.

O PPRA, formulado com base na Norma Regulamentadora NR-09, aprovada pela Portaria 3.214/78 do Ministério do Trabalho e Emprego, a qual estabelece a obrigatoriedade da sua elaboração e de sua implementação.

Todas as empresas privadas e públicas, bem como os órgãos públicos que possuem empregados cujos contratos de trabalho são regidos pela CLT – Consolidação das Leis do Trabalho –, devem observar as regras estabelecidas nas Normas Regulamentadoras, as quais visam a prevenção de acidentes, melhoria na qualidade de vida e do ambiente laboral, tudo no interesse dos trabalhadores.

É com base nesse propósito que, com base no PPRA, a empresa adota um conjunto de medidas para preservação da saúde e integridade dos seus empregados e envolve ações conjuntas, inclusive da CIPA – Comissão Interna de Prevenção de Acidentes –, SESMT – Serviço Especializado em Engenharia de Segurança e em Medicina do Trabalho –, além de outros órgãos, funcionários e administradores.

A CIPA, estabelecida pela NR-05, cuja comissão é formada por empregados e empregador, tem como escopo criar condições de trabalho que proporcionem preservação da vida e da saúde do trabalhador.

As atividades do PPRA devem estar articuladas com os demais programas previstos nas demais normas regulamentadoras do Ministério do Trabalho e Emprego, como o PCMSO – Plano de Controle Médico de Saúde Ocupacional –, o PCA – Plano de Controle Ambiental –, entre outros.

É com base nestas atividades de prevenção de acidentes e doenças do trabalho que a Norma Regulamentadora NR-17, aprovada pela mesma Portaria 3.214/78, estabelece parâmetros ergonômicos básicos a serem observados pelas empresas, na busca da segurança, satisfação e bem-estar dos trabalhadores, considerando os fatores que interferem na adaptação das condições de trabalho às características psicofisiológicas do trabalhador.

Já o PCMSO, cujas diretrizes estão estabelecidas na NR-07, busca a prevenção do adoecimento, a promoção, a preservação e a recuperação da saúde dos trabalhadores. Cabe ao empregador garantir a elaboração e a implementação do PCMSO, zelar pela sua eficácia e custear os procedimentos decorrentes.

O PCMSO é uma prova fundamental para atestar o empenho do empregador na mitigação dos riscos de acidente e doença do trabalho, na assistência integral aos funcionários em licença saúde e no zelo com a saúde dos funcionários na ativa. Além disso, é o meio pelo qual o empregador pode comprovar se há ou não, e em qual percentual, incidência de determinada doença no seu corpo funcional.

Através do Relatório Anual, é possível verificar quais as ações de saúde executadas pelo empregador durante o ano anterior e quais são as medidas previstas para o ano seguinte. Neste mesmo relatório, constam os dados de saúde, em percentuais, coletados em todo o corpo funcional, inclusive avaliação do nível de estresse, prática regular de atividade física, expectativa epidemiológica para doença coronariana, avaliação dos membros superiores, entre outros dados.

O Relatório Anual do PCMSO traz, inclusive, as ações adotadas para a segurança do trabalhador como o número de palestras sobre ergonomia, prevenção de acidentes e demais referentes à segurança do trabalho, o número de análises periciais e perícias judiciais em ambiente de trabalho, o número de participações em investigação de acidente do trabalho.

Nos casos de responsabilidade agravada ou exacerbada, com consequências por demais danosas ao trabalhador, a lei prescinde da demonstração do nexo de causalidade, aceitando a simples prova da ocorrência do acidente através do reconhecimento do acidente pela Previdência Social ou pela própria empresa através da abertura da CAT.

Além das medidas de segurança e medicina do trabalho, há que se investigar, de forma detalhada, a vida do trabalhador, a fim de detectar possíveis atividades ou riscos de contrair doença, também possível na sua atividade laboral, a fim de tentar ilidir a presunção do nexo causal.

Isso porque, uma mesma doença pode ter origem tanto numa atividade laboral como, também, pode ser originada por outras atividades que em nada se relacionam com o dia a dia do labor considerado. Há que se atentar, portanto, para todos os fatores que podem ter ocasionado o sinistro com o empregado e essa pesquisa deve constar nos autos, seja através de prova documental, seja através de prova testemunhal.

### 4.4. Presunção relativa de nexo causal na Previdência Social

Desde abril/2007, o INSS concede os benefícios acidentários baseado em dados estatísticos, pois a Resolução 1.236/2004 implantou uma nova metodologia buscando, inclusive, a redução das alíquotas de contribuição ao financiamento do benefício aposentadoria especial e daqueles concedidos por incapacidade laborativa decorrentes dos riscos nos ambientes de trabalho.

Essa nova metodologia cruza dados da CID 10 – Classificação Internacional de Doenças – e do CNAE – Classificação Nacional de Atividade Econômica –, procurando associar as doenças, distúrbios e outros sinistros laborais com a atividade do empregador. Através desta associação, o INSS construiu uma matriz, o NTEP – Nexo Técnico Epidemiológico Previdenciário.

A partir do NTEP é que a perícia do INSS identifica e caracteriza se é acidentária ou não a natureza da incapacidade. Primeiramente, o perito médico do INSS identifica se há Nexo Técnico Profissional ou do Trabalho – NTP/T –, relação entre o agravo e a exposição. Em outra situação, o perito médico procura identificar a relação entre o CNAE da empresa onde o beneficiário trabalha e o CID-10, ou seja, a doença ou lesão que o trabalhador apresenta. Essa relação é o NTEP – Nexo Técnico Epidemiológico Previdenciário.

Por fim, pode ocorrer o Nexo Técnico por Doença Equiparada a Acidente do Trabalho – NTDEAT –, quando o caso é analisado individualmente, considerando todos os elementos da atividade laboral, das circunstâncias do acidente e da incapacidade, bem como da anamnese do beneficiário.

Uma vez identificado algum desses nexos, será concedido benefício de natureza acidentária, por força da Lei 11.430/2006, que acresceu o art. 21-A e seus parágrafos à Lei 8.231/91, regulamentada pelo Decreto nº 6.042/2007.

Por esse motivo, não é mais exigida a emissão da CAT – Comunicação de Acidentes do Trabalho –, embora ainda seja uma obrigação legal do empregador. Se emitida a CAT, há o registro do acidente de trabalho no INSS, o qual o reconhece. Se não houver CAT emitida, o INSS identifica o acidente por meio de nexos: Nexo Técnico Profissional/Trabalho, NTEP – Nexo Técnico Epidemiológico Previdenciário ou Nexo Técnico por Doença Equiparada a Acidente do Trabalho.

Como o INSS reconhece o nexo causal consubstanciado em ato administrativo, estes trazem a presunção de legitimidade. Ocorre que a presunção pode ser simples, quando decorre de um raciocínio lógico ou de um preceito legal. Esta última, quando admite prova em contrário é classificada como relativa e, quando não admite prova em contrário, é absoluta.

Daí decorre a presunção relativa de existência do nexo causal quando o INSS o reconhece. Caso contrário, presume-se a inexistência do nexo causal.

Assim, o INSS pode reconhecer, em benefícios que já vem pagando ou já findos, que lesão ou moléstia possuem Nexo Técnico Epidemiológico através da conclusão dos seus peritos médicos ou a revelia desse exame.

Ora, uma vez utilizada a conclusão da Previdência Social sobre a existência do acidente e/ou doença do trabalho, a Justiça do Trabalho acaba por aplicar a responsabilidade objetiva, pois presume que o dano do trabalhador tenha decorrido do exercício da atividade laboral, suscetível de gerar risco indenizável.

Nestes casos, é ônus do empregador provar que não agiu com culpa, posto que a presunção é relativa.

### 4.5. Presunção absoluta de nexo causal diante da emissão de CAT pelo empregador

Uma vez emitida a CAT, a Justiça do Trabalho a utiliza como prova de que houve o prejuízo ao empregado e, por isso, presume que a doença tenha origem naquele evento registrado na CAT.

A CAT, portanto, torna incontroversa a existência de acidente típico ou de causas de doença ocupacional, resultando na presunção do nexo entre o sinistro ou as causas e as lesões ou sintomas.

Ainda, há que se avaliar o nexo concausal, o qual aparece nas doenças com causas múltiplas, conforme o art. 21, I, da Lei 8.213/91.

Nesses casos, as doenças com causas múltiplas não perdem o enquadramento como patologias ocupacionais se houver, ao menos, uma causa laboral que contribua para a eclosão ou agravamento. Assim sendo, todos os fatores que concorrem para o adoecimento são considerados causa, pois não se distingue causa e condição.

A concausa remete à teoria da equivalência das condições ou da *conditio sine qua non*. Segundo Caio Mário da Silva Pereira, a teoria da equivalência, formulada por Maximiliano von Buri, propõe que, em havendo culpa, todas as condições de uma dano são equivalentes, de forma que todos os elementos que concorrem para a sua realização são considerados como causas, sem a necessidade de se apontar, de maneira objetiva e imediata, qual deles provocou o prejuízo.

Nesse mesmo sentido, o Acórdão do Recurso de Revista nº 19000-14.2008.5.12.0012, da 3ª Turma do C. Tribunal Superior do Trabalho, cujo Relator foi o Ministro Maurício Godinho Delgado, onde conclui que o ordenamento jurídico pátrio permite a teoria das concausas desde a edição do Decreto nº 7.036/44, o qual reformou a Lei de Acidentes do Trabalho, e hoje prevista no art. 21, I, da Lei 8.213/91. No Acórdão, foi consignado o entendimento de que restou demonstrado o nexo causal entre o trabalho da autora e sua doença, pois os anos que laborou para a reclamada contribuíram para o seu quadro de saúde atual. Assim sendo, embora não tenha sido a única causa para a redução da sua capacidade laborativa, o contrato de trabalho contribuiu diretamente, sendo-lhe assegurada indenização pelos danos sofridos.

Quanto à prova dos riscos, a análise do local do labor é essencial para se estabelecer ou não o nexo causal entre a incapacidade e o trabalho, pois é quando se verifica se o empregador adotou ou não medidas para a prevenção do risco e/ou proteção do trabalhador.

## 4.6. Posicionamento da Justiça do Trabalho

A partir na análise de recentes Acórdãos do Tribunal Superior do Trabalho, passa-se a verificar como ocorre a aplicação da responsabilidade civil na Justiça do Trabalho, especificamente quanto à prova constante nos autos.

Em 27.04.2012, houve a publicação do Acórdão de julgamento dos Embargos dos Embargos Declaratórios em Recurso de Revista nº 17300-43.2007.5.01.0012, pelo qual a SDI-1 do Tribunal Superior do Trabalho, reformando a decisão do Tribunal *ad quem* condenou o reclamado ao pagamento de uma indenização por danos morais a empregado acometido de LER/DORT, sob o fundamento de que, embora o art. 7º, inciso XXVIII, da Constituição Federal, fixa a obrigatoriedade de pagamento de indenização, pelo empregador, quanto este incorre com dolo ou culpa para a ocorrência de acidente do trabalho, aquela Seção entende que, considerando a frequência com que os bancários, função do reclamante, são acometidos pelas doenças LER/DORT, conclui-se que a atividade de bancário é de risco acentuado. Assim sendo, uma vez verificado o nexo causal, demonstrando que o dano ocorreu pela natureza das atividades da empresa, ou seja, quando o dano é potencialmente esperado, é de se aplicar a responsabilidade objetiva e devida a indenização por dano moral.

A SDI-1 fundamentou seu entendimento com base da tese de que o preceito constitucional deve ser interpretado de forma sistêmica com os demais direitos fundamentos, dentre os quais, o princípio da dignidade da pessoa humana.

Nessa Reclamatória, a aquisição da doença profissional (LER) e o nexo entre esta e a prestação de serviços ao reclamado não foram discutidos, pois, no momento do julgamento, já havia decisão judicial, em outro processo, transitada em julgado, a qual reconheceu e impôs ao INSS a conversão do auxílio-doença comum para o acidentário, diante do reconhecimento de que ocorrera acidente de trabalho. Da mesma forma, não houve prova de dolo ou culpa do empregador e restou provado que a empresa procedeu às adequações ergonométricas conforme preveem as normas específicas, bem como adotou medidas educativas a respeito de LER.

Não obstante, a Seção Especializada em Dissídios Individuais do Tribunal Superior do Trabalho condenou o reclamado com base na responsabilidade objetiva, prevista no art. 186 e no parágrafo único do art. 927 do Código Civil. Os Ministros entenderam que há responsabilidade presumida na medida em que houve decisão judicial determinando a existência de doença ocupacional.

O fato de a empresa ter adotado medidas ergonômicas foi considerada irrelevante, pois cabe ao empregador indenizar o empregado, em face de sua culpa presumida pela doença ocupacional. Sua culpa somente seria ilidida se provasse que as medidas adotadas tiveram êxito na prevenção da doença da empregada, pois era seu o ônus de provar que não colaborou com a moléstia da autora.

A presunção da culpa decorre, segundo os Ministros, diante da doença profissional da empregada e da impossibilidade da autora provar a culpa do empregador. Além disso, contrariando o previsto no art. 7º, XXVIII, da Constituição Federal, a Seção de Dissídios Individuais concluiu que, pela frequência com que os bancários são acometidos de doenças LER/DORT, a atividade de bancário é atividade de risco.

Ademais, entendeu que restou demonstrado que o dano ocorreu pela natureza da atividade da empresa, ou seja, aplicou a teoria objetiva para a condenação do empregador ao pagamento de indenização por dano moral ao empregado já que a doença da empregada é potencialmente esperada pela atividade empresarial do banco.

Essa decisão da SDI-1 do C. Tribunal Superior do Trabalho não foi a primeira. Há precedentes como o julgamento dos Embargos nos Embargos Declaratórios do Recurso de Revista nº 9951600-43.2006.5.09.0664, onde, novamente, foi consideração do disposto no art. 7º, XXVIII, da Constituição, em detrimento do princípio da dignidade da pessoa humana, segundo o qual, as pessoas devem ser tratadas como um fim em si mesmas, e não como objetos. Nesse contexto, o art. 7º, XXVIII, deve ser interpretado de forma sistêmica com os demais direitos fundamentais, pois o referido artigo elenca apenas direitos mínimos, não excluindo outros que visem à melhoria da condição social do trabalhador.

Sob esse enfoque, novamente a SDI-1 decidiu que, se o dano decorreu da atividade da empresa, em uma situação em que é potencialmente esperado, deve ser aplicada a responsabilidade objetiva do empregador.

No processo acima citado, a Seção de Dissídios Individuais 1 reformou a decisão da 7ª Turma do TST para condenar o reclamado a pagar indenização por dano moral a uma ex-empregada em decorrência de doença profissional.

No caso, o nexo causal entre o trabalho e a moléstia adquirida pela autora era incontroverso. Ademais, novamente os Ministros registraram que a frequência com que os bancários são acometidos de doenças LER/DORT, comprova que a atividade de bancário é atividade de risco.

Diante disso, aplicou a teoria objetiva, pois, apesar de não haver previsão legal para o caso concreto, a ocorrência da doença do autor era esperada pela natureza da atividade do empregador, ou seja, sua atividade é considerada uma atividade de risco para aquele tipo de infortúnio que acometera o empregado.

No julgamento dos Embargos Declaratórios do Recurso de Revista nº 886513-56.2001.5.15.5555, a SDI-1 do C. TST concluiu que o dano moral é *damunm in re ipsa*, ou seja, independente de prova, sendo suficiente, para fins de atribuição de responsabilidade, a demonstração da existência de doença profissional e o nexo de causalidade. Conclui, por fim, que a doença e a consequente incapacidade produtiva causam lesão ao princípio da dignidade humana em decorrência do constrangimento gerado ao empregado, pelo enfraquecimento emocional, devendo ser indenizado pelo dano moral sofrido.

Novamente, a Seção Especializada em Dissídios Individuais 1 do TST reformou a decisão, agora da 4ª Turma daquele mesmo Tribunal Superior, para condenar instituição financeira ao pagamento de indenização por dano moral decorrente de doença do trabalho.

Neste caso, os Ministros da SDI-1 condenaram o reclamado sob o fundamento de que o dano moral é *damnum in re ipsa*, o que significa que decorre do simples fato ofensivo sendo suficiente a demonstração da doença profissional e o nexo de causalidade, aplicando-se, novamente a responsabilidade objetiva.

Já no julgamento dos Embargos Declaratórios do Recurso de Revista nº 625/2006-052-18-00.6, a SDI-1 registrou que, depois de superada a máxima segundo a qual não há responsabilidade sem culpa, tendo-se encontrado a teoria do risco como fundamento da responsabilidade, não há, também, sentido na manutenção do axioma segundo o qual não há responsabilidade sem prova do dano, vez que a comprovação se dá, agora, pela presunção *hominis*, segundo a qual, na falta de prova em contrário, o Juiz pode basear seu convencimento com base na sua experiência de vida, no fato comum. Conclui que a indenização não é devida somente nos casos de prejuízo, mas, também, quando há violação de um direito.

Ainda, restou consignado que a ausência de adoção de programas destinados a evitar o surgimento de doenças comuns às atividades executadas na empresa, o que configura quebra do dever de cuidado do empregador, aliada com o próprio exercício do labor, se resultar em incapacitação para o trabalho, faz surgir o direito a uma compensação por dano moral.

No Acórdão, os Ministros, além de aplicarem a teoria objetiva, adentraram na questão da boa-fé objetiva, aduzindo que o empregador a teria violado diante da quebra de seus deveres inerentes ao contrato de trabalho, quais sejam, a adoção de programas para evitar o surgimento de doenças comuns às atividades executadas pela empresa.

Destarte, percebe-se que o posicionamento da mais alta Corte Trabalhista é no sentido de ser possível a aplicação da responsabilidade objetiva da reparação de danos morais decorrentes de doença do trabalho, presumindo-se a culpa do empregador.

Ademais, o nexo causal também é presumido, pela simples relação entre a doença e a atividade empresarial baseada na experiência dos julgadores ao analisarem casos em que as moléstias se repetem em relação às mesmas empresas.

Nesse sentido, são desconsiderados todos os demais fatores possíveis para outras possíveis causas dessas doenças, como atividades pré-contratuais, externas ao contrato de trabalho, bem como outros fatores que dependem de uma anamnese do trabalhador.

## 5. Considerações finais

Diante das jurisprudências analisadas, verifica-se que existe uma forte tendência do Tribunal Superior do Trabalho em adotar a mesma sistemática da Previdência Social ao analisar o nexo de causalidade entre a doença e o trabalho do empregado, qual seja, pela presunção de culpa e, até mesmo, através de estatística.

O entendimento do Tribunal Superior do Trabalho, em nossos entender, acaba por contrariar a previsão constitucional do art. 7º, XXVIII, pois permite que norma infraconstitucional se sobreponha à previsão expressa da Constituição.

Diante da jurisprudência atual, a prova nos processos de ações indenizatórias em decorrência de acidente e/ou doença do trabalho torna-se praticamente irrelevante, na medida em que a culpa e, por conseguinte, a responsabilidade, podem ser presumidas.

Ao se analisar a jurisprudência verifica-se que, uma vez havendo doença reconhecida pela Previdência Social, seja administrativamente ou por força de decisão judicial, ou havendo doença diagnosticada por médico particular, o nexo causal é presumido na Justiça do Trabalho se a doença for considerada passível de ocorrer na atividade exercida pelo empregado.

Na jurisprudência, a conclusão pela relação entre o dano e a atividade do empregador é, inclusive, resultante da experiência dos julgadores, sem que seja necessária a prova concreta, nos autos, da culpa do empregador.

O entendimento jurisprudencial aqui exposto acaba por facilitar a conquista do trabalhador lesado a uma indenização justa e merecida pela sua dor, a qual, sem sombra de dúvidas, resulta em danos muitas vezes irreversíveis.

No entanto, ao aplicar-se a teoria da carga dinâmica da prova, é indispensável que as provas juntadas aos autos sejam efetivamente debatidas e levadas à análise do magistrado. Assim, cabe, às partes, provocar o Juízo para que se manifeste acerca das provas produzidas, em especial, no caso dos empregadores, quanto ao PCMSO e ao PPRA, para que a decisão coadune-se com a realidade da empresa, sob pena de continuar sendo penalizada porque, simplesmente, é considerada somente mais uma num conjunto de dados estatísticos, como o NTEP, e na própria experiência dos julgadores.

Os dados constantes no PCMSO são essenciais e extremamente relevantes para provar que a empresa possui um controle dos riscos e para apresentar os números referentes aos acidentes/doenças do trabalho específicos da instituição, diferenciando-a dos demais empregadores e do pré-conceito que o Judiciário Trabalhista possa ter daquela classe empresarial.

Portanto, é necessário adotar todas as diligências possíveis para comprovar, nos autos, tanto a conduta do empregador, quanto a do próprio empregado, a fim de retratar, o mais fielmente possível, a realidade fática do contrato de trabalho, em especial, quando se alega acidentes ou doença do trabalho e não há prova inequívoca de que o dano decorra da atividade labora. Pode ser esta a melhor forma de tentar minimizar ou, se for o caso, eximir o empregador da culpa, num processo cujo objeto seja a indenização por dano moral decorrente de acidente ou doença do trabalho, pois se as provas não resultarem na exclusão da culpa, em vista da aplicação da responsabilidade objetiva e da teoria do risco, ao menos, deverão ser consideradas para a fixação do valor da indenização por dano moral e/ou material.

## Referências bibliográficas

BELMONTE, Alexandre Agra. *Curso de responsabilidade trabalhista:* danos morais e patrimoniais nas relações de trabalho. São Paulo: LTr, 2009.

BRANDÃO, Cláudio. Acidente do Trabalho e Responsabilidade Civil do Empregador. 3ª ed. São Paulo: LTr, 2009.

BRANDIMILLER, Primo A. *Perícia Judicial em Acidentes e Doenças do Trabalho.* São Paulo: Editora SENAC, 1996.

BRASIL. *Código Civil.* Disponível em: http://www.planalto.gov.br/ccivil_03/leis/2002/L10406.htm. Acesso em: 23.05.2012.

——. Código de Defesa do Consumidor. Disponível em: http://www.planalto.gov.br/ccivil_03/leis/L8078.htm. Acesso em: 23.05.2012.

_____. *Código de Processo Civil*. Disponível em: http://www.planalto.gov.br/ccivil_03/leis/L5869compilada.htm. Acesso em: 23.05.2012.

_____. *Consolidação das Leis do Trabalho*. Disponível em: http://www.planalto.gov.br/ccivil_03/decreto-lei/del5452.htm. Acesso em: 23.05.2012.

_____. *Constituição Federal da República Federativa do Brasil* (1988). Disponível em: *http://www.planalto.gov.br/ccivil_03/constituicao/constitui%C3%A7ao.htm*. Acesso em: 23.05.2012;

_____. *Lei nº 8.213*. Disponível em: http://www.planalto.gov.br/ccivil_03/leis/L8213cons.htm. Acesso em: 23.05.2012.

_____. *Tribunal Superior do Trabalho*. Embargos em Embargos de Declaração em Recurso de Revista nº 17300-43.2007.5.01.0012, da Seção de Dissídios Individuais 1 do Tribunal Superior do Trabalho, Brasília, DF.

CAVALIERI FILHO, Sérgio. *Programa de Responsabilidade Civil*. São Paulo: Atlas, 2008.

COSTA JÚNIOR, Lucas Danilo Vaz. *A teoria da carga dinâmica probatória sob a perspectiva constitucional de processo*. De jure: revista jurídica do Ministério Público do Estado de Minas Gerais, n. 12, p. 261-279, jan/jun, 2009. Disponível em https://aplicacao.mp.mg.gov.br/xmlui/bitstream/handle/123456789/143/teoria%20carga%20dinamica_Costa%20Junior.pdf?sequence=1. Acesso em 16.05.2013.

DINIZ, Maria Helena. *Curso de Direito Civil Brasileiro*. v. 7 – Responsabilidade Civil. 23ª ed. São Paulo: Saraiva, 2009.

GONÇALVES, Aroldo Plínio. *Técnica Processual e Teoria do Processo*. 1ª ed. Rio de Janeiro: AIDE, 2001.

GONÇALVES, Carlos Roberto. *Direito Civil Brasileiro*: responsabilidade civil. São Paulo: Saraiva, 2007.

MARQUES, José Frederico. *Manual de Direito Processual Civil*. São Paulo: Bookseller, 1997.

MARTINEZ, Wladimir Novaes. *Prova e Contraprova do Nexo Epidemiológico*. 2ª ed. São Paulo: LTr, 2009.

MORAES, Maria Celina Bodin de. A constitucionalização do direito civil e seus efeitos sobre a responsabilidade civil. Direito, Estado e Sociedade. nº 29. jul/dez 2006. 9v. Disponível em: http://www.estig.ipbeja.pt/~ac_direito/Bodin_n29.pdf. Acesso em: 22.11.2011.

MORAES, Alexandre de. Direito Constitucional. 16ª ed. São Paulo: Atlas, 2004.

OLIVEIRA, Sebastião Geraldo de. Indenizações por acidente do trabalho ou doença ocupacional. São Paulo: LTr, 2005.

_____. Proteção Jurídica à Saúde do Trabalhador. 5ª ed. São Paulo: LTr, 2010.

PAULA, Carlos Alberto Reis de. *A especificidade do ônus da prova no processo do trabalho*. 2ª ed. São Paulo: LTr, 2010.

PEREIRA, Alexandre Demétrius. Novos aspectos da responsabilidade civil por acidente ou doença do trabalho. Disponível em: http://jus2.uol.com.br/doutrina/texto.asp?id=8602&p=2. Acesso em: 24.05.2012.

PEREIRA, Caio Mário da Silva. *Responsabilidade civil*. 9ª ed., rev. e atual. Rio de Janeiro: Forense, 1999.

QUEIROZ, Amariles Souza Lima Nobre de. Programa de Controle Médico Ocupacional – PCMSO. Relatório Anual – 2012. Brasília: Banco do Brasil S.A.; 2013.

RIZZARDO, Arnaldo. *Parte geral do código civil*. 6ª ed. Rio de Janeiro: Forense, 2008.

RODRIGUEZ, Américo Plá. *Princípios de Direito do Trabalho*. 3ª ed. São Paulo, LTr, 2002.

SAMPAIO, Sílvia. Lesão à dignidade da pessoa humana do trabalhador da não Aplicação do Nexo Técnico Epidemiológico Previdenciário – NTEP. *Revista de Direito do Trabalho*. [s.l.], jan/2011, DTR\2011\1268.

SANTOS, Enoque Ribeiro dos. Contribuições à fixação da indenização do dano moral trabalhista: a tese da aplicação dos *exemplary* ou *punitive damages*. Revista de Direito do Trabalho. [s.l..], v. 114, p. 187, abr/2004, DTR\2004\255.

SANTOS, Moacyr Amaral dos. *Primeiras Linhas de Direito Processual Civil*. 23ª ed. São Paulo: Saraiva, 2004. v. 2.

THEODORO JÚNIOR, Humberto. *Curso de Direito Processual Civil* – Teoria geral do processo civil e processo de conhecimento. 50 ed. Rio de Janeiro: Forense, 2009.

VENOSA, Sílvio de Salvo. Aplicação do direito. Perfil dos novos aplicadores; em especial, o direito de família. In: PEREIRA, Rodrigo da Cunha. (Org). *Família e solidariedade:* teoria e prática do direito de família. Rio de Janeiro: IBDFAM – Lumen Juris, 2008.

——. *Direito Civil*: responsabilidade civil. 7ª ed. São Paulo: Atlas, 2007. v. 3.

# — 6 —

# Pressupostos intrínsecos e específicos do recurso de revista[1]

## MARCOS ROBERTO BERTONCELLO[2]

*Sumário*: 1. Introdução; 2. Pressupostos recursais de admissibilidade; 3. Fundamentação condicionada ou vinculada; 4. Hipóteses de cabimento do recurso de revista; 4.1. Divergência jurisprudencial na interpretação de Lei Federal; 4.2. Divergência jurisprudencial específica; 4.3. Comprovação do dissídio jurisprudencial; 4.4. A divergência jurisprudencial atual; 4.5. Divergência jurisprudencial na interpretação de Lei Estadual, Convenção Coletiva de Trabalho, Acordo Coletivo, Sentença Normativa ou Regulamento de Empresa; 4.6. Violação de literal dispositivo de Lei Federal ou da Constituição Federal; 4.7. Rito sumaríssimo; 4.8. Fase de execução; 5. Prequestionamento; 5.1. Embargos de declaração com função prequestionadora; 5.2. Embargos de declaração acerca de matéria jurídica nova; 5.3. Prequestionamento implícito ou ficto; 6. Reexame de matéria fático-probatória; 7. O prequestionamento *versus* o esgotamento do exame fático-probatório; 8. Considerações finais; Referências bibliográficas.

## 1. Introdução

O sistema processual brasileiro adota o duplo grau de jurisdição, onde é assegurada aos litigantes, no processo em geral, a tutela jurisdicional de interesses através do pronunciamento da instância originária, com possibilidade de haver uma instância revisional, desde que haja a provocação das partes.

É no percurso entre a instância originária e a revisional que a parte pode impugnar a injustiça da decisão e os fatos controvertidos poderão ser discutidos e examinados, na sua plenitude, para obter, por fim, o pronunciamento final.

---

[1] O presente artigo foi apresentado no Programa de Ascensão Profissional da Diretoria Jurídica do Banco do Brasil, como requisito para a nomeação do cargo de Analista Jurídico A, atual Assessor Jurídico I, em janeiro de 2013.

[2] Advogado. Especialista em Direito Processual Civil pela Pontifícia Universidade Católica do Rio Grande do Sul – PUCRS.

Percorridas as duas vias, as instâncias originária e recursal, estaria encerrada a atividade jurisdicional, já que as manifestações ocorridas se deram *secundum legis*. No entanto, o interesse da sociedade está a determinar que a lei tenha autoridade para reger as relações sociais; que seja corretamente aplicada ao caso concreto; que haja uniformização dos pronunciamentos judiciais, retirando a incerteza e a insegurança na aplicação da lei.

É, neste contexto, que o sistema processual brasileiro, embora assegure o duplo grau de jurisdição para o exame de toda a questão controvertida, admite instâncias especial e extraordinária para preservar a autoridade da lei e a uniformização da jurisprudência.

Enquanto o recurso de natureza ordinária, visa a tutelar o exclusivo interesse das partes de provocar o reexame aprofundado de todas as questões jurídicas debatidas na causa bem como a reapreciação exauriente do conjunto probatório, os recursos de índole extraordinária visam, apenas e tão somente, a assegurar a autoridade da lei e a uniformidade do pronunciamento dos tribunais na interpretação da lei.

No Processo do Trabalho, o recurso para uma instância superior, depois de percorrido o duplo grau de jurisdição, é o de revista que se destina à proteção do direito objetivo, e não do direito subjetivo: à regularidade da aplicação da norma jurídica, em primeiro lugar, e só em segundo plano o direito das partes; à uniformização da jurisprudência, e não a justiça do caso concreto. Logo, por se tratar de uma instância extraordinária, o recurso de revista está condicionado à verificação do preenchimento dos pressupostos intrínsecos e extrínsecos para que possa ser conhecido pelo Tribunal Superior do Trabalho. Não preenchidos os pressupostos de admissibilidade, não poderá o recurso de revista ser conhecido.

Na elaboração do recurso de revista, por se tratar de uma instância extraordinária, não mais se busca corrigir a injustiça da decisão ou rediscutir os fatos e provas examinados pela decisão Regional. Para isso, é soberano o pronunciamento no duplo grau de jurisdição. A função do Tribunal Superior do Trabalho cinge-se ao controle da legalidade e da constitucionalidade das normas aplicadas ao caso concreto, manifestando-se sobre a uniformização da sua interpretação, a partir da moldura fática definida pelos Tribunais Regionais no caso concreto. Para tanto é imprescindível o prequestionamento da matéria jurídica pelos Tribunais Regionais.

O elevado número de recursos de revista que não logram êxito no juízo de admissibilidade me desafiou a estudar com mais vagar os pressupostos intrínsecos ou especiais necessários ao processamento do recurso de revista utilizado na Justiça do Trabalho, visto que a demonstração da alegada violação de lei ou de divergência jurisprudencial desafia os operadores do Direito que encontram no seu cotidiano diversos óbices processuais impedindo a admissão do recurso de revista.

A admissibilidade do recurso de revista subordina-se ao atendimento dos pressupostos gerais e comuns, assim considerados os subjetivos como os objetivos (extrínsecos) estabelecidos pela lei processual vigente, comum a todos os recursos, e aos pressupostos intrínsecos. Estes dizem respeito à existência das condições de plausibilidade do processamento do recurso de revista. Vale dizer, é a alegação de violência à lei ou a divergência jurisprudencial que se traduz na verificação da existência das condições que a lei impõe para o seu processamento.

O presente artigo objetiva o estudo dos pressupostos intrínsecos específicos de admissibilidade do recurso de revista os quais se confundem com as hipóteses de cabimento do sobredito recurso: divergência jurisprudencial e/ou violação legal ou constitucional previstas no artigo 896 da Consolidação das Leis do Trabalho-CLT, visto que se trata de recurso subordinado à fundamentação condicionada ou vinculada à demonstração do cabimento estabelecido no sobredito preceito.

Para atingir tal objetivo, não se pode olvidar que o prequestionamento da matéria a ser solvida pelo Tribunal Superior do Trabalho (Súmula n. 297 do TST) está umbilicalmente ligada aos pressupostos intrínsecos conjugado à impossibilidade de discussão que implique o reexame de fatos e provas (Súmula n. 126 do TST), motivo pelo qual parte do presente ensaio será dedicada a tais aspectos pela relevância do tema.

## 2. Pressupostos recursais de admissibilidade

Doutrinadores, didaticamente, dividem os pressupostos recursais em intrínsecos e extrínsecos, enquanto outros denominam de subjetivos e objetivos. O magistrado Manoel Antonio Teixeira Filho leciona que pressuposto objetivo é o mesmo que pressuposto extrínseco e subjetivo é o mesmo que intrínseco.

O Eminente jurista José Augusto Rodrigues Pinto, sem distinguir os extrínsecos dos intrínsecos, elenca os seguintes pressupostos de admissibilidade: Legitimação para recorrer, sucumbência, tempestividade, recolhimentos das custas impostas, garantia prévia de cumprimento da decisão – depósito recursal. Para o ilustre professor Dr. Ives Gandra da Silva Martins Filho, pressuposto subjetivo é a sucumbência, os objetivos são: previsão legal do recurso, adequação, tempestividade e preparo.

Para o eminente Ministro do TST Aloysio Corrêa da Veiga,[3] "Pressuposto extrínseco consiste, então, em verificar as condições exteriores para que se possa tomar conhecimento do recurso. A esses pressupostos dá-se, também, o nome de pressupostos gerais do recurso. Examinar se o recurso interposto pode prosseguir no exame dos demais requisitos de conhecimento. São eles: I. adequação; II. legitimidade; III. interesse; IV. representação regular; V. tempestividade; VI. fundamentação e VII. preparo.".

Para o Ministro Aloysio Corrêa da Veiga, os pressupostos intrínsecos estão ligados à própria plausibilidade de admissão do recurso de revista sob a ótica da demonstração do cabimento das hipóteses previstas no art. 896 da CLT:

> Os pressupostos intrínsecos são aqueles, na lição de José Carlos Barbosa Moreira, concernentes à própria existência do poder de recorrer. Eles dizem respeito à existência das condições de plausibilidade do processamento do recurso de revista. Não se adentra ao mérito recursal, do contrário não poderia a Instância a quo manifestar-se sobre ele, mas apenas verifica-se a existência das condições que a lei impõe para o seu processamento. É a alegação de violência à lei ou a divergência jurisprudencial.[4]

Na classificação do Dr. Júlio Cesar Bebber,[5] os pressupostos recursais intrínsecos exigidos pelo recurso de revista são: recorribilidade, adequação, legitimação para recorrer, capacidade, interesse em recorrer e inexistência de Súmula impeditiva. Os pressupostos recursais extrínsecos dividem-se em tempestividade, regularidade formal, representação, depósito recursal, preparo e inexistência de fato impeditivo ou extintivo do poder de recorrer. Ressalva o mencionado doutrinador que o recurso de revista em razão da sua natureza extraordinária exige alguns requisitos específicos para a sua admissibilidade, segundo as razões jurídicas que o fundamentam, quais sejam, divergência jurisprudencial na interpretação de dispositivo de lei federal, de lei estadual, normas coletivas de trabalho e regulamento empresarial, violação literal de disposição de lei federal ou afronta direta e literal de dispositivo da Constituição Federal, acrescentando ainda a hipótese de afronta a princípios do Direito.

Fazendo uma análise comparativa entre os doutrinadores, observa-se que não existe uma classificação padrão para os pressupostos recursais, cada um adotando a que melhor considera, contudo, considerando-se o foco deste trabalho, tal questão não tem relevância prática. Por isso, nos deteremos na análise dos pressupostos intrínsecos específicos (divergência jurisprudencial e a violação de lei) cuja demonstração exige a exposição de fundamentação condicionada ou vinculada.

---

[3] Rev. TST, Brasília, vol. 69, n° 2, jul/dez 2003. p. 86
[4] Idem. p. 90
[5] Recursos no Processo do Trabalho, 3. ed. rev. e ampl. – São Paulo : LTr, 2011. p. 326-336

Portanto, as duas hipóteses básicas de cabimento do recurso de revista, que constituem os seus pressupostos intrínsecos ou específicos, são a divergência jurisprudencial e a violação de lei em conformidade com as hipóteses previstas no art. 896 da CLT. No entanto, o recurso deve preencher alguns requisitos básicos para que o TST tenha condições de exercer sua função uniformizadora do Direito laboral. São eles o prequestionamento da matéria a ser solvida pelo TST (Súmula n. 297 do TST) e que a discussão não implique o reexame de fatos e provas (Súmula n. 126 do TST).

Segundo Maria Cristina Irigoyen Peduzzi,[6] o "prequestionamento não constitui requisito de admissibilidade, mas condição para aferir o atendimento dos requisitos intrínsecos do recurso denegado, se de natureza extraordinária".

Para o Dr. Júlio Cesar Bebber: "Esse, porém, não é o método utilizado no julgamento dos recursos de revista. De acordo com o TST, esse recurso está sujeito aos pressupostos intrínsecos e extrínsecos, compreendendo-se como pressupostos intrínsecos a efetiva constatação de divergência jurisprudencial e de violação da lei federal ou da CF, e extrínsecos todos os demais".[7]

### 3. Fundamentação condicionada ou vinculada

A função do Tribunal Superior do Trabalho cinge-se ao controle da legalidade e da constitucionalidade das normas aplicadas ao caso concreto, manifestando-se sobre a uniformização da sua interpretação, a partir da moldura fática definida pelos Tribunais Regionais.

É inevitável que a aplicação de uma mesma lei gere entendimentos diversos a seu respeito nas diversas unidades da federação. Assim sendo, diante de uma mesma situação fática subordinada a um determinado preceito legal, os tribunais proferem decisões diversas, comprometendo a certeza do Direito que foi concebido para ter um só entendimento, dentro de uma mesma situação fática.

A partir do momento em que se entende a lei de modo diverso, a própria inteligência do texto compromete a certeza do Direito. Consequentemente, quanto maiores forem os entendimentos diferentes dispensados a essa lei, cada vez mais ela ficará despida de certeza, razão pela qual o ordenamento jurídico concebeu o recurso de revista na Justi-

---

[6] PEDUZZI, Maria Cristina Irigoyen, Agravo de instrumento. Agravos inominados. Agravo regimental. In: COSTA. Armando Casimiro, FERRARI, Irany (coords.). *Recursos trabalhistas*. São Paulo: LTr, 2003. p. 170.

[7] Recursos no Processo do Trabalho, 3. ed. rev. e ampl. – São Paulo: LTr, 2011. p. 326

ça do Trabalho para reprimir tais antagonismos, como forma de garantir a segurança jurídica, dando uma interpretação uniforme a respeito de determinado texto legal incidente sobre o mesmo suporte fático.

Para atingir tal desiderato, o art. 896 da CLT prevê o cabimento do recurso de revista para o TST, dos acórdãos proferidos em grau de recurso ordinário, nos dissídios individuais, pelos Tribunais Regionais do Trabalho. As hipóteses em que se permite a interposição são restritas, estando subordinadas a demonstração do cabimento do recurso de revista previstas nas alíneas a, b e c do mesmo dispositivo.

Por conseguinte, a interposição do recurso de revista na Justiça do Trabalho deve respeitar o requisito intrínseco ou específico, que consiste na exigência de fundamentação vinculada ou condicionada no sentido de demonstrar o dissídio jurisprudencial e/ou a violação de dispositivo de lei federal ou afronta de preceito da Constituição da República, estritamente dentro das hipóteses de cabimento estabelecidas no art. 896 da CLT.

O § 1º-A II do art. 896 da CLT exige que o recorrente indique, "de forma explícita e fundamentada, contrariedade a dispositivo de lei, súmula ou orientação jurisprudencial do Tribunal Superior do Trabalho que conflite com a decisão regional", para configurar especificamente a fundamentação vinculada.

A fundamentação condicionada ou vinculada obriga o recorrente, nas razões recursais, que sustentam a sua inconformidade, discutir somente as questões de direito elencadas no artigo 896 da CLT, indicando em que consiste a ofensa à Constituição ou contrariedade à lei federal ou demonstrando a existência de dissídio jurisprudencial acerca das matérias jurídicas antes mencionadas, sob pena de obstar o processamento do recurso de revista por deficiente fundamentação.

Portanto, diferentemente do que se dá com o recurso ordinário, o TST, na revista, fica impossibilitado de reexaminar a decisão recorrida em todos os seus aspectos fáticos e probatórios, limitando-se, apenas, a apreciar as matérias e as questões de direito constantes das razões recursais que tenham sido impugnadas pelo recorrente. Isso significa que o TST, ao julgar a revista, não poderá adotar fundamentos diverso do apresentado nas razões recursais, mesmo se se tratar de questões de ordem publica, como, por exemplo, as previstas no art. 267, § 3º, do CPC.[8]

Nesta senda, pode-se concluir que no recurso de revista não há lugar para o efeito translatício, na medida em que o TST somente apreciará as questões prequestionadas (SDI-1- OJ n. 62), ainda que se trate de questões de ordem pública, como a incompetência absoluta.

---

[8] LEITE, Carlos Henrique Bezerra. Curso de Direito Processual do Trabalho. 10ª ed. São Paulo: LTr, 2012, p. 877

Frise-se, por oportuno, que a parte interessada em interpor a revista deve harmonizar as hipóteses de cabimento previstas na legislação em vigor (CLT, art. 896), para demonstrar o preenchimento do requisito específico, bem como atender todos os demais requisitos intrínsecos e extrínsecos exigidos pela legislação processual.

Na hipótese de não ser recebido o recurso de revista pelo Tribunal *a quo*, pela ausência de qualquer dos requisitos extrínsecos ou intrínsecos exigidos, cabe agravo de instrumento, com esteio no art. 897, aliena *b* da CLT, no prazo de oito dias.[9]

O pressuposto da transcendência foi inserido no artigo 896-A da CLT por meio da Medida Provisória n. 2.226/01 (arts. 1º e 2º) e sua vigência decorre da regra da Emenda Constitucional n. 32/01. A transcendência ainda não é exigida como pressuposto de admissibilidade do recurso de revista, uma vez que carece de regulamentação normativa pelo TST (MP n. 2.226/01, 2º).

## 4. Hipóteses de cabimento do recurso de revista

Antes de se examinar os pressupostos específicos de admissibilidade do recurso de revista, necessário se torna analisar as hipóteses do cabimento deste recurso, razão por que, para melhor compreensão, impõe-se à transcrição do dispositivo de lei que assegura a interposição deste meio extraordinário recursal.

Vejamos então, cada uma das hipóteses de cabimento previstas no artigo 896 da CLT, com a redação dada pela Lei nº 9.756/98, de 17.12.1998 e alterações ditadas pela Lei 13.015/2014.

### 4.1. Divergência jurisprudencial na interpretação de Lei Federal

Pelo teor da alínea "a" do art. 896 da CLT, cabe o recurso de Revista quando a decisão do Tribunal Regional do Trabalho, em recurso ordinário, interpretar lei federal divergentemente de decisões de outros Tribunais Regionais, através do Pleno ou de suas Turmas ou da Seção Especializada em Dissídio Individual do TST ou Súmula Vinculante do STF.

A Lei nº 13.015/2014 acrescentou mais uma hipótese de cabimento do recurso de revista pela alínea *a* do art. 896 da CLT, qual seja, a alegação de contrariedade da decisão regional com súmula vinculante do Supremo Tribunal Federal.

---

[9] BRASIL. Consolidação das Leis Trabalhistas. Art. 897. Cabe agravo, no prazo de 8 (oito) dias: a) ...; b) de instrumento, dos despachos que denegarem a interposição de recursos.

A partir da vigência da Lei n. 9.756/98, que deu nova redação ao art. 896, *caput*, da CLT, o recurso de revista passou a ser cabível apenas "das decisões proferidas em grau de recurso ordinário, em dissídio individual, pelos Tribunais Regionais do Trabalho", o que exclui o cabimento da revista das demais decisões proferidas nos outros tipos de recursos.

Com a previsão de tal preceito, não cabe recurso de revista das decisões proferidas em quaisquer outros tipos de recurso, como por exemplo, o agravo de instrumento, ou mesmo de matérias administrativas, como a reclamação correcional ou mesmo as decisões proferidas em gravo de petição, exceto se nesta houver ofensa literal e direta a Constituição da República (CLT , § 2º, art. 896).

Também não é admissível a revista das decisões finais proferidas em dissídio coletivo, mandado de segurança e ação rescisória, pois o recurso cabível dessas decisões é o ordinário (CLT, art. 895, *b*), uma vez que os Tribunais Regionais julgam tais demandas no exercício da sua competência originária.

De regra, as decisões regionais impugnáveis por meio de recurso de revista são aquelas que não têm cunho interlocutório (art. 893, § 3º, da CLT), considerando-se como tal àquela prolatada por TRT que não é terminativa do feito.

É incabível recurso de revista das decisões interlocutórias. Não sendo terminativas do feito não cabe recurso de imediato, reafirmando o princípio do Processo do Trabalho de irrecorribilidade das decisões interlocutórias, consagrado no art. 893, § 1º, da CLT, ao estabelecer: "Os incidentes do processo são resolvidos pelo próprio Juízo ou Tribunal, admitindo-se a apreciação do merecimento das decisões interlocutórias somente em recursos da decisão definitiva.".

A Súmula n. 214 do TST, amparada no art. 893, § 3º, da CLT, preconiza que:

> As decisões interlocutórias não ensejam recurso imediato, salvo nas hipóteses de decisão: a) de Tribunal Regional do Trabalho contrária à Súmula ou Orientação Jurisprudencial do Tribunal Superior do Trabalho; b) suscetível de impugnação mediante recurso para o mesmo Tribunal; c) que acolhe exceção de incompetência territorial, com a remessa dos autos para Tribunal Regional distinto daquele a que se vincula o juízo excepcionado, consoante o disposto no art. 799, § 2º, da CLT.[10]

Pelo entendimento preconizado na Súmula n. 214 do TST, ficam excepcionadas da regra da irrecorribilidade, permitindo, por conseguinte, a interposição imediata de recurso, das decisões proferidas pelos Tribunais Regionais quando o acórdão contrariar a jurisprudência sumulada no TST; houver recurso interno para o próprio TRT prolator da decisão

---

[10] BRASIL. Tribunal Superior do Trabalho. Súmula nº 214.

ou a Vara declinar da competência para comarca vinculada a outro Tribunal Regional.

O entendimento consubstanciado na Súmula n. 214 do TST não suprime uma possibilidade recursal, mas, unicamente, disciplina o momento em que é exercitável o direito de recorrer, em relação às decisões interlocutórias não terminativas do feito. Nesta hipótese, a matéria julgada pela decisão regional de caráter interlocutório é impugnável por meio de revista, que deverá ser interposto, porém, somente contra a decisão regional definitiva.

Trata-se de decisão interlocutória irrecorrível de imediato (TST, Súmula n. 214), por exemplo: a decisão do Regional que reconhece o vínculo de emprego e determina o retorno dos autos para a Vara realizar o julgamento dos demais pedidos deduzidos na petição inicial; a decisão do Regional que afasta a prescrição total acolhida na Vara e determina o retorno dos autos à origem para julgamento do mérito propriamente dito; a decisão do TRT que acolhe a nulidade por cerceamento de defesa suscitada pelo reclamado e determina a reabertura da instrução para a oitiva das testemunhas levadas a depor.

Nestas decisões interlocutórias, não terminativas do feito, como nas hipóteses acima imaginadas, a parte sucumbente não poderá interpor recurso de revista de imediato (CLT, art. 893, § 3º), mas somente quando a matéria retornar ao Tribunal e houver um julgamento definitivo acerca do mérito, salvo em relação às hipóteses expressamente ressalvadas nos próprios termos da Súmula n. 214 do TST. Nada obsta, contudo, que a parte se utilize os embargos de declaração para obter a completa prestação jurisdicional, visando ao prequestionamento necessário ao cabimento do futuro recurso de revista.

A não interposição de recurso de revista relativamente a acórdão regional de caráter interlocutório não resulta em preclusão ou trânsito em julgado da sobredita decisão justamente porque a parte sucumbente não poderá recorrer de imediato (CLT, art. 893, § 3º), mas somente quando a matéria retornar ao Tribunal e houver um julgamento definitivo acerca do mérito. A coisa julgada ou a preclusão somente estará configurada se não for interposto recurso de revista contra o segundo acórdão regional que apreciou o mérito ou quando se tratar das exceções contidas na própria Súmula n. 214 do TST que desafiam a interposição imediata do recurso de revista.

Cumpre ressalvar que a interposição imediata e errônea de revista diretamente contra o acórdão regional de cunho interlocutório, por outro lado, não impede que o recurso seja interposto, novamente, no momento em que proferida a decisão regional definitiva. Nesta hipótese, não se configura a preclusão consumativa ou se verifica o óbice no Princípio da Unirrecorribilidade porque a lei expressamente veda a interposição imediata do recurso. Em que pese tal regra, há decisões no TST julgando que incide o princípio da unirrecorribilidade quando a parte interpõe de forma precipitada e precoce o recurso de revista contra a decisão interlocutória e depois renova a inconformidade.

Portanto, como a lei não faz distinção a respeito das espécies "das decisões proferidas em grau de recurso ordinário", a interpretação sistemática autoriza concluir que cabe recurso de revista contra acórdãos regionais de natureza terminativa (CPC, art. 267) ou definitivas (CPC, art. 269). Igualmente, quando se tratar de decisões interlocutórias terminativas do feito (CLT, art. 799, § 2º) ou nas hipóteses excepcionadas na Súmula n. 214 do TST.

Por exemplo, se porventura o Tribunal Regional decretar o não conhecimento do recurso ordinário por deserção, este pronunciamento é terminativo do feito (CPC, art. 267) e, embora não seja de mérito, é recorrível de imediato por meio da revista, visando demonstrar o preenchimento dos pressupostos extrínsecos do recurso ordinário não admitido.

Há divergência jurisprudencial quando as interpretações de dispositivo de lei federal ou da constituição forem conflitantes, isto é, embora ambas partam da mesma premissa fática cheguem a conclusão diversa acerca do sentido da norma envolvida na causa. Divergência jurisprudencial específica há, portanto, diante de colisão entre interpretações feitas por tribunais diferentes sobre um mesmo preceito legal ou constitucional embora tenham partido de idêntica situação fática.

A redação que a Lei nº 9.756/98 deu à alínea *a* do artigo 896 da CLT acabou com a uniformização de divergência doméstica dos TRTs. Agora a divergência deve ser entre TRTs ou TRTs com a SDI-1 do TST. Para a divergência interna a lei manda que os TRTs adotem procedimento de uniformização de jurisprudência, como dispõe o § 3º do art. 896 da CLT.

Portanto, não se admite divergência originária do mesmo tribunal regional prolator do acórdão face às alterações introduzidas pela Lei 9.756/98, tampouco, outros órgãos do Poder Judiciário que não estejam enumerados na alínea *a* do art. 896 da CLT, nem mesmo o STF, salvo súmula vinculante.

Não cabe recurso de Revista quando a divergência (dissidência jurisprudencial), for entre a decisão hostilizada do Tribunal Regional com decisão de Turmas do TST. A decisão paradigma deve ser buscada na Seção de Dissídios Individuais do TST.

Tendo em vista a literalidade do *caput* do art. 896 da CLT, segundo o qual só cabe recurso de revista em decisão proferida em sede de recurso ordinário, conclui-se que "é incabível recurso de revista contra acórdão regional prolatado em agravo de instrumento" (TST, Súmula n. 218).

Também não é cabível o recurso de revista contra decisões superadas por iterativa, notória e atual jurisprudência do TST, na forma preconizada na Súmula n. 333 do TST, porquanto neste caso a decisão regional julgou em consonância com a jurisprudência pacifica na Superior Instância, atendendo, desta forma, a função uniformizadora do Direito laboral prevista nas alíneas *a* e *b* do art. 896 da CLT. Neste sentido, o § 7º do art. 896 da CLT.

Além disso, não cabe recurso de revista das decisões dos regionais, proferidas em execução de sentença, inclusive em incidente de embargos de terceiro, salvo na hipótese de ofensa direta e literal a preceito da Constituição da República. É o que dispõe o § 2º do art. 896 da CLT, conjugado à interpretação dada pela Súmula n. 266 do TST.

É importante salientar que a divergência jurisprudencial deve corresponder ao mesmo dispositivo de lei federal ou da Constituição e estar diretamente relacionada com a situação fática e jurídica apreciada nas situações conflitantes. Ou seja, o dispositivo legal divergente e o suporte fático de ambas as situações confrontadas devem ser idênticos, havendo conflito sobre a forma de se aplicar o Direito as situações análogas ou semelhantes.

### 4.2. Divergência jurisprudencial específica

Para embasar o cabimento do recurso por divergência jurisprudencial (alíneas *a* e *b* do artigo 896 da CLT), os arestos provenientes de Turmas de outros Tribunais Regionais ou da SDI-1 do TST precisam ser aptos para o fim de confrontação de teses. Por essas razões devem abordar as mesmas premissas fáticas consignadas no acórdão regional prolatado, sob pena de os arestos colacionados serem considerados inservíveis ao fim colimado por não abordarem as particularidades do caso em discussão. Dessa maneira, ocorrerá fatalmente a incidência da Súmula 296, I, do TST, segundo a qual a divergência jurisprudencial apta à admissibilidade do recurso há de ser específica, revelando a existência de teses diversas na interpretação de um mesmo dispositivo legal, embora idênticos os fatos que as ensejaram.

O recurso só se legitima quando a divergência se manifesta na interpretação da lei federal, nunca, porém, quando a diversidade de conclusões decorre da divergência na apreciação da matéria de fato. *É necessário que entre duas decisões sobre idêntico suporte fático, uma afirme a tese jurídica negada pela outra.* Para que se possa afirmar que dois acórdãos divergem na interpretação do direito em tese, necessária será a evidência de que, *partindo ambos da mesma premissa, chegaram, entretanto, a conclusões diversas no tocante ao sentido da norma jurídica aplicável.*

Portanto, a divergência jurisprudencial, suficiente a ensejar a admissibilidade ou o conhecimento do recurso de revista, diz respeito ao exame da lei federal ou constitucional, revelando teses diversas na interpretação de um mesmo dispositivo ou preceito, embora idênticos os fatos subjacentes. O acórdão divergente, recorrido (=do Tribunal *a quo*) e o divergido, paradigma, trazido à colação, há que se referir à exegese de um mesmo texto de lei federal ou constitucional.

Considerando-se, pois o espírito da lei, de uniformizar a jurisprudência pátria em relação às normas de origem estatal, é razoável que as normas processuais imponham ao recorrente o ônus de demonstrar que a decisão recorrida, ao apreciar a aplicabilidade de determinado dispositivo legal, adotou tese contrária ao acórdão paradigma, embora ambas as decisões tenham partido do mesmo suporte fático.

Cumpre analisar que a interpretação de uma lei é uma operação desvinculada de qualquer consideração fática autônoma, mas haver-se-á de ter em vista os fatos, tais como apurados no processo e narrados no acórdão regional porquanto em sede de recurso de revista não se discute a existência ou não dos fatos retratados, pois os mesmos são aceitos como definidos e categorizados na decisão recorrida.

A propósito, constitui ônus do recorrente proceder ao cotejo técnico-jurídico dos arestos colacionados objetivando fazer a indicação de que os casos confrontados possuem pontos de contato ou semelhança apontando onde reside a divergência na interpretação da lei federal ou constitucional, transcrevendo o trecho do acórdão paradigma e o trecho do acórdão recorrido em que isto teria se verificado.

Ademais, incumbe ao recorrente demonstrar que a decisão paradigma é a que aplicou corretamente a lei ao caso concreto, e não a decisão recorrida. Cabe, pois, ao recorrente demonstrar que o sentido da lei federal ou constitucional foi aplicado de modo correto no acórdão paradigma postulando que a mesma interpretação prevaleça sobre a proferida contra o recorrente e, por conseguinte, sejam adotadas no presente caso as suas conclusões.

A especificidade do conflito pretoriano ressalta da observância simultânea dos requisitos estabelecidos nas Súmulas n. 296 e 23 do TST, sendo que esta última obsta o conhecimento do recurso de revista ou de embargos quando a decisão recorrida resolver determinado item do pedido por diversos fundamentos e a jurisprudência transcrita como paradigma não abranger a todos.

O acórdão paradigma deverá abranger todos os fundamentos adotados no acórdão impugnado porquanto se a decisão regional estiver estribada em dois fundamentos jurídicos distintos e autônomos; a desconstituição de apenas um deles não é eficaz para a reforma do julgado atacado que se mantém pelo outro fundamento não combatido (TST, Súmula n. 23).

Os fundamentos do acórdão regional que determinam a aplicabilidade da Súmula nº 23 do TST são aqueles que, isoladamente, são suficientes à procedência ou improcedência de determinado item do pedido vestibular, motivo pelo qual a parte sucumbente deve colacionar acórdãos paradigmas que englobem todas as teses que embasaram a decisão recorrida para comprovar a existência de discrepância de teses jurídicas acerca de todos os fundamentos adotados na decisão atacada.

O § 1º-A III do art. 896 da CLT impõe a parte o ônus de combater os fundamentos jurídicos da decisão recorrida, ratificando o entendimento já sedimentado na Súmula nº 23 do TST.

Para ilustrar, tomamos a questão relativa à configuração do cargo de confiança bancária em que o julgado recorrido afasta o enquadramento na exceção prevista no § 2º do art. 224 da CLT ao fundamento de que os poderes conferidos ao gerente de contas, tais como a coordenação da equipe de trabalho e a participação no comitê de crédito da agência, não são suficientes para reconhecer a fidúcia e ademais rejeita a pretensão da defesa fundamentando no sentido de que o reclamado não se desincumbiu do ônus de provar que o reclamante detivesse poderes de mando e gestão. Neste caso imaginado, além de suscitar a contrariedade à própria Súmula nº 287 do TST, incumbe a parte trazer um acórdão que contenha ambas as teses adotadas pelo regional ou apresentar para confronto um acórdão paradigma que julgue ser inexigível a existência de poderes de mando e gestão para a configuração do cargo de confiança bancário e outro aresto paradigma que julgue que o gerente de contas está inserido na exceção contida no § 2º do art. 224 da CLT uma vez que a existência de subordinados ao seu comando e a participação no comitê de crédito da agência efetuando o deferimento de operações de crédito mostra-se hábil ao enquadramento no referido preceito.

Em razão da estrita especificidade jurisprudencial exigida pelo TST para fins de comprovação da divergência, é aconselhável que a parte, ao elaborar o recurso de revista transcreva o maior número possível de acórdãos paradigmas, mesmo que sejam aparentemente repetitivos, como forma de aumentar as chances de evidenciar a controvérsia de teses acerca de todos os fundamentos adotados no acórdão regional, a fim de atender o preconizado nas Súmulas nº 296 e 23 do TST.

### 4.3. Comprovação do dissídio jurisprudencial

Não basta uma simples alegação para que esteja configurada a divergência jurisprudencial ensejadora do cabimento do recurso de revista.

Mister se faz observar o procedimento da comprovação do dissídio pretoriano previsto no artigo 541, revigorado pela Lei 8.950, de 13.12.1994, para que esse fundamento da impugnação seja aceito.

Com efeito, a Lei 8.950/94, conferindo nova redação ao parágrafo único do art. 541 do CPC, tornou inequívoca a necessidade de demonstração analítica do dissenso pretoriano. A razão pela qual se exige a prova da divergência mediante certidão, cópia autenticada ou citação do repertório oficial ou credenciado tem amparo na necessidade de se conferir segurança e credibilidade quanto à correta e real existência do acórdão citado como paradigma, sob pena de não se conhecer do recurso.

Neste ensejo, cumpre destacar que a ausência de autenticação da cópia do aresto paradigma o invalida para a demonstração da divergência, isto porque é necessário garantir ao Tribunal e à parte recorrida, ao menos em tese, que o paradigma confrontado corresponde exatamente àquela cópia anexada. Com a nova redação do art. 830 da CLT, o próprio advogado habilitado nos autos pode declarar autênticas as cópias dos acórdãos paradigmas juntados para comprovar a divergência jurisprudencial.

Para a comprovação da divergência é necessário que seja transcrita, nas razões recursais, a ementa e os trechos do acórdão, demonstrando o conflito jurídico de teses em relação ao acórdão indicado como paradigma e a indicação precisa da fonte oriunda de um repositório idôneo de jurisprudência. A indicação de repositório não credenciado ou não autorizado implica imprestabilidade do acórdão confrontado, ocasionando o não conhecimento do recurso de revista pelas letras *a* e *b* do art. 896 da CLT.

O § 8º do art. 896 da CLT, inclui de forma expressa o ônus do recorrente de produzir a prova da divergência jurisprudencial e a forma de comprovar a origem do acórdão paradigma, nestes termos:

> § 8º Quando o recurso fundar-se em dissenso de julgados, incumbe ao recorrente o ônus de produzir prova da divergência jurisprudencial, mediante certidão, cópia ou citação do repositório de jurisprudência, oficial ou credenciado, inclusive em mídia eletrônica, em que houver sido publicada a decisão divergente, ou ainda pela reprodução de julgado disponível na internet, com indicação da espectiva fonte, mencionando, em qualquer caso, as circunstâncias que identifiquem ou assemelhem os casos confrontados. (Incluído pela Lei nº 13.015 de 2014)

A matéria foi normatizada pelo Tribunal Superior do Trabalho por meio da Súmula n. 337 do TST definindo que para demonstrar o dissídio jurisprudencial é necessária a juntada de certidão ou cópia autenticada do acórdão paradigma, ou, ainda, a citação da fonte oficial ou repositório autorizado em que foi publicado, exigindo também, a transcrição da ementa ou trechos do acórdão nas razões recursais, demonstrando o conflito jurídico de teses.

Em recente alteração da Súmula 337, o TST permitiu-se a comprovação de divergência jurisprudencial justificadora do recurso mediante a transcrição de aresto extraído de repositório oficial na internet desde que o recorrente indique o sítio de onde foi extraído e informe o número do processo, o órgão prolator do acórdão e a data da respectiva publicação no Diário Eletrônico da Justiça do Trabalho (DEJT).

Ademais, não basta a mera indicação do repositório de jurisprudência, ou a simples transcrição da ementa do acórdão paradigma. É necessário também demonstrar analiticamente que os arestos divergem na aplicação da lei a idênticas hipóteses fáticas. Se a leitura das ementas não permitir saber, com segurança, quais as circunstâncias de fato que determinaram a decisão adotada nos acórdãos ostentadores de díspares conclusões, é impossível ao TST identificar que os temas discutidos no acórdão paradigma se identificam ou se assemelham com os do acórdão recorrido.

Para demonstração analítica da divergência jurisprudencial é preciso fazer o *cotejo entre a decisão recorrida e a decisão paradigma*, a fim de evidenciar que embora ambas as decisões tenham partido da mesma situação fática, chegaram a conclusões antagônicas acerca do dispositivo legal ou constitucional aplicável.

Realizada a demonstração analítica da divergência jurisprudencial, incumbe a parte requerer a admissão do recurso de revista pela alínea *a* ou *b* do art. 896 da CLT, acompanhado do pedido de reforma da decisão recorrida para adotar o entendimento vertido na decisão paradigma que realizou a correta interpretação da norma aplicável ao caso concreto.

*4.4. A divergência jurisprudencial atual*

O dissídio jurisprudencial deve ser cotejado com uma decisão paradigma atual, isto é, que não esteja ultrapassada pelo entendimento preconizado em Súmula do TST ou STF ou Orientação Jurisprudencial do Tribunal Superior do Trabalho, consoante se infere do teor do § 7º do art. 896 da CLT:

§ 7º A divergência apta a ensejar o recurso de revista deve ser atual, não se considerando como tal ultrapassada por súmula do Tribunal Superior do Trabalho ou do Supremo Tribunal Federal, ou superada por iterativa e notória jurisprudência do Tribunal Superior do Trabalho. (Incluído pela Lei nº 13.015, de 2014)

Daí a importância das Orientações Jurisprudenciais e das Súmulas editadas pelo TST, as quais obstam a admissão do recurso de revista quando a decisão regional julgou em consonância com a jurisprudência pacifica na Superior instância, atendendo desta forma, a função uniformizadora do Direito laboral prevista nas alíneas *a* e *b* do art. 896 da CLT.

Assim sendo, se a revista e os embargos (de divergência no TST) objetivam a uniformização jurisprudencial (no âmbito nacional e do TST, respectivamente) e estando a jurisprudência já pacificada, inexiste, teleologicamente, motivos para aquele recurso, devendo o mesmo ser inadmitido seja pelo contido no § 7º do art. 896 da CLT, seja pelo entendimento sedimentado na Súmula n. 333 do TST, seja pelo teor da Orientação Jurisprudencial nº 336 da SDI-1 do TST, salvo se na hipótese contida na Súmula nº 401 da Suprema Corte, *in verbis*:

> Não se conhece do recurso de revista, nem dos embargos de divergência, do processo trabalhista, quando houver jurisprudência firme do Tribunal Superior do Trabalho no mesmo sentido da decisão impugnada, salvo se houver com a jurisprudência do Supremo Tribunal Federal.[11]

É importante assinalar que as controvérsias já superadas por iterativa e notória e atual jurisprudencial do TST em matérias relacionadas a processos individuais não impulsionam o processamento do recurso de revista ou de embargos, *salvo, evidentemente, se a jurisprudência do TST colidir com a do Supremo Tribunal Federal em matéria constitucional*, como se verifica pelo teor da Súmula n. 401 da Excelsa Corte. "É há uma razão lógica pra tal exceção: em matéria de interpretação de norma constitucional, cabe ao STF a última palavra sobre a uniformização jurisprudencial".[12]

Desta forma, é possível impulsionar o recurso de revista quando o acórdão regional estiver julgado em conformidade com o teor de Súmula ou Orientação Jurisprudencial do Tribunal Superior do Trabalho na hipótese de haver conflito do entendimento deste com a jurisprudência do Supremo Tribunal Federal.

Portanto, encontrando-se superado o entendimento do acórdão paradigma levado à colação para demonstrar o dissídio pretoriano, não há mais que se cogitar na incerteza jurídica, que justifique o cabimento do recurso de revista, pela divergência jurisprudencial eis que o acórdão recorrido julgou em consonância com a jurisprudencial da Corte Superior cumprindo voluntariamente a função uniformizadora do Direito laboral, exceto quanto à questão constitucional decidida de forma diversa na Suprema Corte.

Portanto, quando a lide envolver questão constitucional decidida de forma diversa na Suprema Corte, não se aplica os § 7º do art. 896

---

[11] BRASIL. Supremo Tribunal Federal. Súmula nº 401.
[12] LEITE, Carlos Henrique Bezerra. *Curso de Direito Processual do Trabalho*. 10ª ed. São Paulo: LTr, 2012, p. 884.

da CLT, bem como o entendimento sedimentado na Súmula n° 333 do TST ou da OJ n. 336 da SDI-1 do TST, tornando-se viável o conhecimento do recurso de revista, porque ao Supremo Tribunal Federal compete a última palavra sobre matéria constitucional nos termos da parte final da Súmula n° 401.

### 4.5. Divergência jurisprudencial na interpretação de Lei Estadual, Convenção Coletiva de Trabalho, Acordo Coletivo, Sentença Normativa ou Regulamento de Empresa

O art. 896, *b*, da CLT dispõe sobre essa hipótese, ampliando o leque de dispositivos e normas objeto de divergência jurisprudencial. Somente é possível a revista nesse caso, para os processos de rito ordinário e de alçada, estando excluídas as ações e rito sumaríssimo.

A divergência deve ser oriunda de tribunal regional diverso daquele que prolatou a decisão, no seu Pleno ou Turma, ou da Seção de Dissídios Individuais do TST.

A decisão regional proferida em sede de recurso ordinário que contrariar Súmula da Corte Superior também enseja recurso de revista. Todavia, as matérias trazidas à baila devem ser atuais, pois, aquelas já superadas por jurisprudência iterativa e notória do TST ou até mesmo pelas súmulas editadas, não estarão aptas a ensejar o recurso.

As cláusulas de convenção ou acordo coletivo, sentença normativa e regulamento empresarial devem ser de observância obrigatória em todo território nacional.

É preciso destacar que tanto os dispositivos de lei estadual quanto às cláusulas de convenção coletiva, acordo coletivo, sentença normativa e regulamento de empresa devem ser de observância obrigatória em área que exceda a jurisdição do Tribunal Regional do Trabalho prolator do acórdão recorrido.

Quanto à hipótese de divergência de Lei Estadual, pensamos que esta só poderá ser encontrada no Estado de São Paulo, pois, é o único da Federação, atualmente, que possui mais de um TRT (2ª Região/São Paulo e 15ª Região/Campinas). Vale dizer, somente poderia se vislumbrar a hipótese de divergência na aplicação de uma lei estadual em São Paulo onde uma decisão do TRT da 2ª Região pode ser contrastada com um acórdão paradigma do TRT da 15ª Região, o que não pode se verificar nos outros Estados da Federação, justamente porque uma lei estadual somente tem aplicação no âmbito de seu território, motivo pelo qual é impossível haver decisão em outro Tribunal Regional acerca dessa norma em outra unidade da federação que pudesse servir de confronto de teses (Orientação Jurisprudencial n° 147 da SDI-1 do TST).

Cumpre salientar que as mesmas regras tratadas nos tópicos anteriores quanto ao cabimento do recurso de revista pela divergência jurisprudencial prevista na alínea *a* do art. 896, são aplicáveis ao dissídio pretoriano estabelecido na alínea *b* do mesmo dispositivo.

### 4.6. Violação de literal dispositivo de Lei Federal ou da Constituição Federal

Prevista na alínea *c* do art. 896 da CLT, essa hipótese nos traz uma conotação diferente das anteriores. Pois, até então, tratávamos sobre a divergência na interpretação de normas ao serem proferidos os julgados.

> A expressão "lei federal" comporta, a nosso ver, interpretação ampliativa. Noutro falar, deve abranger não apenas a lei federal em sentido estrito, isto é, aquela editada pelo Congresso Nacional (lei complementar, lei ordinária, decreto legislativo e resoluções do Congresso Nacional), mas também os atos normativos com força de lei, como o antigo Decreto-lei, a medida provisória e o Decreto.[13]

Possível apenas nos procedimentos de alçada e ordinário, a violação deve ser direta e literal ao dispositivo da Lei Federal invocada ou da Carta Magna.

Não se admite violação reflexa, ou seja, discussões subjetivas relacionadas à interpretação da norma legal, sendo, portanto, passível de divergência no entendimento. Essa situação geralmente é muito comum quando a parte, erroneamente, traz discussões sobre violação ao art. 5º, LV, da Constituição Federal. Na maioria dos casos a "suposta" violação ao contraditório ou ampla defesa não se configuram diretamente no processo, mas sim, de forma indireta.

Considera-se, de plano violado, literalmente dispositivo de lei federal sempre que o acórdão impugnado der interpretação diversa daquela constante em Súmula ou OJ do TST, salvo se o enunciado destes não fizer referência expressa ao dispositivo legal (TST-OJ-SBDI-1 n. 336).

Em virtude da complexidade do conceito do que seja uma decisão contrária à lei federal que importe violação legal a desafiar o cabimento de recurso de revista, vale transcrever a lição do então Ministro do Tribunal Superior do Trabalho Vantuil Abdala, vazada nos seguintes termos:

> A questão de se saber se a tese da decisão viola a lei, pressupõe a necessidade de ser esta submetida a um processo de interpretação. Mas quando é que a lei é violada? Em síntese, poder-se-ia afirmar que viola a lei:
>
> 1 – quando se afirma o que a lei nega;
>
> 2 – quando se nega o que a lei afirma;

---

[13] LEITE. Carlos Henrique Bezerra. *Curso de Direito Processual do Trabalho.* 10ª ed. São Paulo: LTr, 2012, p. 875

3 – quando se aplica a lei à hipótese que ela não rege;
4 – quando não se aplica a lei a hipótese que ela rege.

Assim, viola-se a lei não apenas quando se nega a sua tese, isto é, quando se afirma coisa diversa do que ela diz, mas também quando se deixa de aplicar a lei cabível ao caso em concreto. Pode ser que a interpretação dada pelo Tribunal à determinada lei foi certa, só que não era aquela que devia reger a hipótese. Aplicou a lei que não era aplicável ao caso em concreto ou deixou de aplicar a lei que era aplicável ao caso concreto.[14]

Portanto, a violação ao ordenamento jurídico não se verifica apenas quando o tribunal deixa de aplicar determinado preceito ao caso concreto (negativa de vigência), mas também quando faz incidir as hipóteses não contempladas pela lei ou quando extrai interpretação em sentido contrário a finalidade da lei em questão.

Cabe ressalvar que quando a disposição legal comporta mais de uma interpretação, a adoção de uma delas não pode ser erigida em ofensa a literal disposição de lei. Diante de uma norma que permita duas ou mais interpretações razoavelmente aceitas, o julgador tem poder de escolher aquela que mais se encaixa ao caso concreto, sem tornar a sentença nula. Neste sentido sedimentou-se a jurisprudência do Pretório Excelso mediante a edição da Súmula n°. 343: "Não cabe ação rescisória por ofensa a literal disposição de lei, quando a decisão rescindenda se tiver baseado em texto legal de interpretação controvertida nos Tribunais".

A razoável interpretação da lei obsta o recurso de revista com base nesta alínea "c" do art. 896 da CLT, todavia, quanto se tratar de afronta a preceito da Constituição Federal, não há falar em razoável interpretação porquanto os dispositivos constitucionais não comportam interpretação meramente razoável, não sendo aplicável, por isso, o entendimento consubstanciado na Súmula n. 221, II, do TST.

### 4.7. Rito sumaríssimo

Relativamente à possibilidade de interposição de recurso de revista no rito sumaríssimo, assevera o art. 896, § 9°, da CLT, (Lei 13.015/14) as seguintes hipóteses: (i) afronta a dispositivo da Constituição Federal, (ii) contrariedade à Súmula do TST ou súmula vinculante do STF.

> § 9° Nas causas sujeitas ao procedimento sumaríssimo, somente será admitido recurso de revista por contrariedade a súmula de jurisprudência uniforme do Tribunal Superior do Trabalho ou a súmula vinculante do Supremo Tribunal Federal e por violação direta da Constituição Federal. (Incluído pela Lei nº 13.015, de 2014)

Cuidou o legislador de limitar as hipóteses de interposição da revista, diferenciando do procedimento ordinário, para garantir a celeridade

---

[14] ABDALA. Vantuil. Revista TST, Brasília, vol. 65, n° 1, out/dez 1999, p. 43.

almejada no presente procedimento. Todavia, a modificação praticamente obsta o acesso à instância extraordinária, visto que dificilmente ocorrerão às hipóteses previstas.

Não é admissível, portanto, o recurso de revista, nas causas sujeitas a procedimento sumaríssimo, esteado em contrariedade à Orientação Jurisprudencial (TST-OJ-SBDI-1 n. 352)[15] e por divergência jurisprudencial ou por violação de dispositivo de lei federal em decorrência dos termos do art. 896, § 6º, da CLT.

### 4.8. Fase de execução

Na fase expropriatória, cuidou o legislador de limitar o recurso de revista à situação única de contrariedade à literal dispositivo da Constituição Federal. Por isso, cabe recurso de Revista do acórdão do Tribunal Regional, proferido em Agravo de Petição, quando a decisão violar diretamente a Constituição da República.

Isso significa que, na hipótese de acórdão que julga Agravo de Petição, o recurso de revista somente será possível se a decisão vergastada violar direta e literalmente disposição da Constituição da República, o que exclui as alegações genérica e muitas vezes infundada de ofensa aos Princípios da legalidade, do Devido Processo Legal, do Contraditório e Ampla Defesa, dos Limites da Coisa Julgada, da motivação dos atos decisórios e da prestação jurisdicional.

A propósito, da ausência de violação daquelas normas constitucionais, cito a decisão do eminente Ministro EROS GRAU no AI nº 630.830, de 14/12/2006 ("DJU" de 21/02/2007), segundo a qual o entendimento do Supremo Tribunal Federal: "(...) firmou-se no sentido de que 'as alegações de desrespeito aos postulados da legalidade, do devido processo legal, da motivação dos atos decisórios, do contraditório, dos limites da coisa julgada e da prestação jurisdicional podem configurar, quando muito, situações de ofensa meramente reflexa ao texto constitucional.".

Dessa maneira, a violação reflexa de preceitos da Constituição da República ou da legislação ordinária não é questão que enseja a interposição de recurso de revista na fase de execução (art. 896, § 2º, da CLT).

---

[15] "PROCEDIMENTO SUMARÍSSIMO. RECURSO DE REVISTA FUNDAMENTADO EM CONTRARIEDADE A ORIENTAÇÃO JURISPRUDENCIAL. INADMISSIBILIDADE. ART. 896, § 6º, DA CLT, ACRESCENTADO PELA LEI Nº 9.957, DE 12.01.2000. (cancelada em decorrência da conversão na Súmula nº 442) – Res. 186/2012, DEJT divulgado em 25, 26 e 27.09.2012 – Nas causas sujeitas ao procedimento sumaríssimo, a admissibilidade de recurso de revista está limitada à demonstração de violação direta a dispositivo da Constituição Federal ou contrariedade à Súmula do Tribunal Superior do Trabalho, não se admitindo o recurso por contrariedade a Orientação Jurisprudencial deste Tribunal (Livro II, Título II, Capítulo III, do RITST), ante a ausência de previsão no art. 896, § 6º, da CLT." BRASIL. Tribunal Superior do Trabalho. Subseção de Dissídios Individuais – I. Orientação Jurisprudencial nº 352. 25 de setembro de 2012.

Assim, é certo que, a lei veda a admissão de recurso de revista de decisão proferida na fase de execução por violação a outros dispositivos que não os da Constituição Federal.

## 5. Prequestionamento

Da análise das hipóteses de cabimento do recurso de revista e da sua finalidade no sistema recursal, chega-se à conclusão inequívoca da necessidade de atendimento de um pressuposto específico ou condição inarredável para admissão do recurso de revista, qual seja, o prequestionamento da matéria jurídica controvertida, visto que não se pode verificar a correta interpretação e aplicação de determinada norma legal ou constitucional, se o acórdão impugnado não apreciou a causa com base na matéria jurídica relacionada aos dispositivos aduzidos pelo recorrente. Ou seja, para que o recurso seja pertinente, mister se faz que a questão jurídica ensejadora da alegada violação legal ou a constitucional apontada tenha sido objeto de pronunciamento no acórdão do TRT, porque, do contrário, não terá o Tribunal Superior como verificar a sua correta aplicação à causa.

Consoante entendimento dominante, tanto na doutrina quanto na jurisprudência, o prequestionamento é imprescindível ao conhecimento dos recursos de índole excepcional, porque é impossível haver dissídio pretoriano sobre determinada questão federal ou contrariedade a determinado preceito legal ou constitucional se o acórdão recorrido nem sequer chegou a emitir juízo de valor acerca da matéria jurídica.

> O prequestionamento é a circunstância de a matéria objeto do recurso de revista ter sido debatida na decisão regional, à luz dos argumentos jurídicos esgrimidos no apelo, para se poder fazer o cotejo com o dispositivo legal invocado ou a divergência jurisprudencial colacionada, pois do contrario não há como se dizer que houve violação de lei ou dissídio pretoriano, mesmo em se tratando de incompetência absoluta (Orientação Jurisprudencial n. 62 da SBDI-1 do TST)[16]

O Ministro Vantuil Abdala, do Tribunal Superior do Trabalho, tratando especificamente do recurso de revista, com muita propriedade, define o que entende por prequestionamento:

> Daí se consagrou o prequestionamento, qual seja, a necessidade de a aplicação de determinada norma legal ter sido discutida ou questionada perante a Corte inferior para que se possa adentrar a consideração de ter sido violada ou não. A exigência do prequestionamento justifica-se na medida em que se considere que o Tribunal Superior é uma Instância extraordinária, e o recurso para ela, repita-se, destina-se precipuamente a assegurar a

---

[16] MARTINS FILHO, Ives Gandra da Silva. O Recurso de Revista e a Instrução Normativa n. 22/03 do TST. In: COSTA, Armando Casimiro; FERRARI, Irany (Coords.). *Recursos Trabalhistas*. São Paulo: LTr, 2003. P. 73).

validade, a autoridade e a uniformidade na interpretação da lei. Ora, se a decisão recorrida não se tratou de determinada norma legal, não se pode afirmar que ela fez afirmação contrariamente a sua correta interpretação. Se o Tribunal não se pronunciou sobre aquela lei, não houve o prequestionamento daquela norma legal; a decisão não foi exarada sob o ângulo daquela norma legal. E assim sendo, embora se pudesse entender injusta a decisão, a Corte Superior não conhece do recurso, porque não está dentro de sua função primordial verificar se justa ou não a decisão, mas sim, se ofendera determinado preceito de lei.[17]

Com efeito, para que se conheça da Revista, é necessário que tenha ocorrido o prequestionamento, ou seja, que a questão jurídica tenha sido debatida no juízo *a quo*, para que o Tribunal Superior tenha condições de mensurar se ocorreu a alegada violação de lei federal ou da Constituição da República ou interpretação divergente acerca da matéria jurídica controvertida, porque prequestionar significa obter a definição precisa da matéria ou questão, nos seus exatos contornos fático-jurídicos evidenciadores de explícita tese de direito a ser reexaminada pela instância extraordinária.

O § 1º-A inciso I do art. 896 da CLT, com redação dada pela Lei 13.015/2014, estabelece como sendo ônus da parte recorrente transcrever o trecho da decisão recorrida que aborda o debate sobre a matéria jurídica objeto do recurso de revista (prequestionamento).

O prequestionamento deve ser explícito. Para tal fim, é necessário que o conteúdo da norma, reputada como violada, tenha sido abordado na decisão regional. Somente se a decisão recorrida contiver elementos que permitam aferir o expresso exame da questão à luz da legislação federal ou constitucional é que se poderá verificar se houve interpretação ou aplicação equivocada das referidas normas, consoante se infere do teor das Súmulas nºs 297 e 298 do TST.

O juízo de valor adotado na decisão recorrida, portanto, tem de possuir elemento claros, preciso e objetivo sobre o conteúdo da norma interpretada que levem à conclusão de adoção de tese contrária à lei, a Constituição ou se vislumbre contrariedade à Súmula ou Orientação Jurisprudencial da Corte Superior a teor da OJ-SBDI-1 n. 256 do TST.

A admissibilidade dos recursos excepcionais, por violação de lei federal ou constitucional, deve ser fundada contra a literalidade dos textos e não podem sê-lo sobre o Direito em tese. A violação legal (direta e literal) só é possível quando a parte aponta, expressamente, qual o item do preceito legal teria sido vulnerado pela decisão regional, pois não se pode admitir, supor ou descobrir o artigo que o recorrente entende infringido.

O prequestionamento evita a supressão de instância. Obviamente, o que não foi decidido não pode ser revisto, ou seja, a questão não de-

---

[17] Revista TST, Brasília, vol. 65, nº 1, out/dez 1999, p. 45.

cidida na instância originária não coteja o reexame por meio do recurso extremo.

### 5.1. Embargos de declaração com função prequestionadora

Não raro, embora à parte diligentemente, tenha suscitado a aplicação ao caso concreto de determinado dispositivo legal com o qual extrairia os efeitos jurídicos almejados na causa, o Tribunal Regional do Trabalho resta silente a respeito da interpretação postulada e julga a questão com base em fundamentos diversos. Neste caso incumbe a parte prejudicada opor embargos de declaração para provocar o pronunciamento do tribunal acerca da questão federal ou constitucional invocada, sob pena de não atender ao requisito do prequestionamento e incorrer em preclusão.

Infelizmente, ainda existe alguma resistência dos Tribunais Regionais em relação ao exame dos embargos de declaração, fato este que é percebido com frequência pelo Tribunal Superior do Trabalho, tendo o então Ministro Vantuil Abdala asseverado que "a questão do prequestionamento tem causado muitas dificuldades, até porque os tribunais inferiores não atentam para a natureza técnica do recurso de revista e muitas vezes se negam a enfrentar de maneira expressa e explícita a arguição de violação. A parte interpõe embargos declaratórios e o Tribunal com incompreensão, rejeita os embargos e ainda aplica a multa ao embargante".[18]

Dependendo da forma como é redigido, o acórdão regional poderá inviabilizar o conhecimento de qualquer recurso de natureza extraordinária que venha a ser interposto posteriormente, Para exemplificar, imagine-se o acórdão regional que julga procedente o pedido de desvio de função e julga que "com base nas provas produzidos nos autos, procede ao pedido autoral" sem retratar no corpo do acórdão o exato teor dessa prova. Diante dessa decisão sem fundamentos, a eventual interposição do recurso de revista em face do acórdão regional proferido nestes termos, terá seu seguimento obstaculizado em razão do óbice contido na Súmula n° 126 do TST, pois ao Tribunal é vedado compulsar os autos para reapreciação de fatos e provas.

Nesta hipótese, cabe à parte utilizar-se dos embargos de declaração, a fim de que o TRT enfrente os fundamentos fáticos que o levaram àquela conclusão, inclusive com a transcrição dos trechos das provas para que estas fiquem retratadas no corpo do julgado. Isto porque, apesar do TST não poder revolver fatos e provas, quando estes estão emoldurados

---

[18] ABDALA, Vantuil. Pressupostos intrínsecos de conhecimento do Recurso de Revista. In *Revista TST*, Brasília, vol. 65, n° 1, out/dez 1999, p. 49.

no acórdão regional, a Superior Instância poderá proceder a novo enquadramento jurídico (valoração) da matéria fática que foi reproduzida pela decisão regional, conforme decidido pela SBDI-1/TST, nos autos do E-RR 97005/2003-900-04-00-0.

Se o tribunal regional, apesar de adequadamente provocado nas razões recursais ou em contrarrazões, deixa de emitir juízo de valor acerca da aplicabilidade e a interpretação de dispositivo legal ou Constitucional, suscitados, assim como a alegada contrariedade ao sentido de Súmula ou Orientação Jurisprudencial do TST, deverá a parte interessada opor embargos de declaração visando sanar a omissão no enfrentamento da questão jurídica, sob pena de preclusão, na forma preconizada na Súmula nº 297 do TST.

Em decorrência do entendimento consubstanciado no inciso III da Súmula nº 297 do TST, a mera proposição de embargos de declaração é eficaz para considerar satisfeito o prequestionamento da questão jurídica, mesmo que o Tribunal Regional se recusar a examiná-la, não se configurando a nulidade do acórdão por negativa de prestação jurisdicional, devendo desde logo o Tribunal Superior julgar o recurso de revista, como se a matéria versada nos embargos tivesse sido examinada.

Considera-se satisfeito o prequestionamento da questão jurídica, portanto, "pela interposição de Embargos de Declaração. Se não forem respondidos, a omissão da decisão não dá causa à nulidade do acórdão, devendo desde logo o Tribunal *ad quem* julgar o recurso, como se respondidos estivessem".[19]

O processamento do recurso de revista quanto à questão jurídica que, a despeito da oposição de embargos declaratórios, não foi apreciada pelo Tribunal *a quo*, mostra-se mais razoável com a celeridade e efetividade do processo, até mesmo para não penalizar a parte com a deficiente cognição prestada pelo Tribunal recorrido.

Contudo, há severas críticas acerca dos efeitos da provocação tempestiva e regular do saneamento da decisão mediante embargos de declaração e o conhecimento destes para caracterização do prequestionamento ficto, defendendo Nelson Nery Júnior que não se pode conhecer e julgar pelo mérito recurso excepcional interposto de questão não decidida.

Em que pese o entendimento firmado na Súmula nº 297, III, do TST, acerca do prequestionamento presumido ou ficto, a cautela recomenda que o recorrente suscite preliminar de negativa de prestação jurisdicional pleiteando a nulidade do acórdão de embargos de declaração para que os autos retornem ao Tribunal Regional a fim de esgotar o exame

---

[19] PEDUZZI, Maria Cristina Irigoyen, Agravo de instrumento. Agravos inominados. Agravo regimental. In: COSTA. Armando Casimiro, FERRARI, Irany (coords.). *Recursos trabalhistas*. São Paulo LTr, 2003, p. 172.

da matéria jurídica, visto que o Tribunal Superior do Trabalho entende que o prequestionamento deve ser expresso e que as partes têm direito à manifestação do juiz ou tribunal sobre as questões suscitadas no processo, e acerca das quais foi instado a se pronunciar, em que pese seja para rejeitá-las.

Na via estreita do recurso de revista somente poderão ser suscitadas questões de direito e desde que a transgressão aos dispositivos legais ou constitucionais indicados tenha se verificado numa decisão de turma do Tribunal Regional, em recurso ordinário, onde as questões foram debatidas.

Tendo em vista que somente as questões de direito poderão ser examinadas mediante recurso de revista e sopesado o fato de que não pode haver impugnação sem decisão anterior de que se recorra, sob pena de caracterizar-se a supressão de instância jurisdicional, os tribunais de cúpula do Poder Judiciário estão impedidos de examinar a alegada ofensa a dispositivo legal ou constitucional quando a decisão recorrida não houver emitido pronunciamento sobre aquela matéria jurídica vinculada aos preceitos invocados nas razões recursais. Vale dizer, não se pode verificar a existência de ofensa à determinada norma legal ou constitucional se a decisão recorrida não fez qualquer interpretação a seu respeito.

Para que a Corte Superior possa analisar se a instância ordinária interpretou com acerto as normas nacionais ditas violadas pelo recorrente, efetivamente, como consectário lógico, o julgado impugnado deve ter adotado como motivação o conteúdo normativo dos dispositivos invocados como desrespeitados ou tenha deixado de aplicar tais preceitos à hipótese que ela rege, negando vigência ao direito federal ou constitucional que regula a questão litigiosa.

Em suma, não pode o TST decidir questões de ordem pública não decidida pelos tribunais inferiores, primeiro porque haveria supressão de instância e, segundo porque a ausência de prequestionamento indica que a decisão recorrida não poderia ter violado preceitos de lei ou da constituição sem fazer qualquer interpretação a seu respeito. Ou a decisão recorrida contém uma controvérsia a respeito de uma questão jurídica federal ou constitucional, e então desafia o recurso excepcional, ou inexiste na causa discussão sobre determinadas normas, faltando-lhe o prequestionamento.

Para que o TST possa manifestar o seu entendimento acerca da violação legal, é imprescindível que sobre ela haja controvérsia (divergência de teses). "A razão de ser do prequestionamento está na necessidade de proceder-se o cotejo para, somente então, concluir-se pelo enquadramento" do recurso no permissivo legal federal ou constitucional. O conhecimento do recurso "não pode ficar ao sabor da capacidade intuitiva do órgão competente para julgá-la. Daí a necessidade de o prequestionamento ser explícito, devendo a parte interessada em ver o processo guindado à sede excepcional procurar expungir dúvidas, omissões, contradições e obscuridades, para o que conta com os embargos declaratórios".[20]

### 5.2. Embargos de declaração acerca de matéria jurídica nova

Situação diversa se verifica quando a questão federal ou constitucional não fora antes prequestionada nos autos, tendo a parte, invocada a matéria jurídica no derradeiro momento dos embargos declaratórios, cuidando-se de matéria nova, portanto. Neste caso, os embargos de declaração não terão a virtude de tornar admissível o recurso de revista até então inviável, justamente porque, como o próprio termo sugere, o prequestionamento deve ser feito antes, nas razões do recurso ordinário ou em contrarrazões, porquanto os embargos de declaração jamais serão veículo adequado para suscitar pela primeira vez a questão jurídica subjacente à causa.

A questão a ser debatida em recurso de natureza excepcional deve ser suscitada e discutida, no mínimo, a partir da sentença. Os embargos de declaração não se prestam para provocar discussões de teses jurídicas originárias, exceto se as violações ao ordenamento jurídico tenham nascido no próprio acórdão regional.

A questão jurídica subjacente à causa deve estar sendo discutida desde o inicio da ação, ou pelo menos desde a prolação da sentença para que se possa cogitar de omissão pelo acórdão regional, visto que, se em nenhum momento as partes cogitaram da questão federal ou constitucional sobre o qual versa a demanda, não se pode afirmar em sede de embargos de declaração que o tribunal *a quo* deveria ter sobre ela se manifestado especialmente porque o julgador não está vinculado aos fundamentos e às teses levantados pelas partes, podendo solver a lide com fundamentos diversos dos invocados, desde que exponha tais motivos de forma expressa no acórdão.

Portanto, a questão federal ao redor de determinada disposição de lei ou da constituição, somente suscitada nos embargos de declaração não tem o condão de provocar o debate sobre o tema novo sobre o qual não se formou o contraditório.

Conclui-se que, para atender a condição do prequestionamento, não basta que a parte suscite a questão federal ou constitucional nas razões do recurso de natureza ordinária, é necessário que o Tribunal Regional

---

[20] STF-RE 242640, Rel. Min. Marco Aurélio, DJ 15.10.99, p. 26.

sobre ela se manifeste. Havendo silêncio do Tribunal, de modo a inviabilizar o cabimento do recurso excepcional, incumbe a parte opor embargos de declaração para provocar o pronunciamento explícito da Turma recursal sobre o direito controvertido, pois, apenas o que estiver decidido no corpo do acórdão tem o potencial para acarretar ofensa ao ordenamento jurídico.

Todavia, a exigência de prequestionamento não significa que o artigo da de lei federal ou da Constituição da República tenha sido expressamente referido no acórdão recorrido. O prequestionamento deve ser explícito quanto à matéria objeto do preceito legal ou constitucional, prescindindo da referência expressa ao dispositivo contrariado, consoante se infere da Orientação Jurisprudencial nº 118 da SDI-1 do TST.

O que se exige, pois, é o exame da matéria prevista em determinada norma legal. Se pela forma que o Tribunal tratou a matéria está claro que enfrentou o conteúdo de uma determinada norma legal, prescinde de oposição de embargos de declaração para fazer constar expressamente o referido dispositivo pelo aresto recorrido, consoante entendimento preconizado na Orientação Jurisprudencial nº 118 da SDI-1 do TST.

Assim sendo, o prequestionamento para o recurso de revista não reclama que o preceito constitucional invocado pelo recorrente tenha sido explicitamente referido pelo acórdão, mas, sim, que este tenha versado inequivocamente a matéria objeto da norma que nele se contenha, isto é, que a corte de origem tenha emitido juízo explícito sobre o tema. Importa, pois, que a questão federal emerge da decisão recorrida, ainda que implicitamente.

Para ilustrar tal conclusão pode-se utilizar como exemplo a questão relativa a prescrição total dos anuênios e das promoções em que o Tribunal Regional não faz referência expressa ao art. 7º, inciso XXIX, da Constituição da República e tampouco do art. 11 da CLT, visto que se limita examinar a prática de ato único praticado pelo empregador, a atrair a incidência ao caso da Súmula n. 294 do TST e se o direito a parcela salarial envolvida está ou não assegurada em preceito de lei, sendo o bastante para atender o prequestionamento exigido.

### 5.3. Prequestionamento implícito ou ficto

Há situações especiais em que o requisito do prequestionamento pode ser dispensado ou mitigado como se verifica quando a violação legal surge no próprio acórdão recorrido ou se o Tribunal Regional prolator da decisão se recusa a emitir pronunciamento sobre a questão mediante oposição de embargos de declaração.

A recusa em emitir juízo de valor acerca da aplicabilidade e da interpretação de dispositivo legal importará o prequestionamento presumido da matéria consoante entendimento preconizado na Súmula n. 297, III, do TST (III. Considera-se prequestionada a questão jurídica invocada no recurso principal sobre a qual se omite o Tribunal de pronunciar tese, não obstante opostos embargos de declaração).

Neste sentido a excelsa Corte decide que se diante de embargos de declaração o Tribunal se recusa a suprir a omissão "por entendê-la inexistente, nada mais se pode exigir da parte, permitindo-se-lhe, de logo, interpor recurso extraordinário sobre a matéria dos embargos de declaração e não sobre a recusa, no julgamento deles" (STF-RE 349160/BA, Rel. Min. Sepúlveda Pertence, 1ª T., DJU 19.3.2003. p. 40).

Assim sendo, de regra, o prequestionamento põe-se de forma implícita quando a decisão do regional contraria ou nega vigência à lei federal, justamente porque o órgão julgador recusa-se a dar aplicação ao caso concreto do dispositivo legal que rege a questão controvertida, sendo desarrazoado que o recurso não seja conhecido por falta de debate do preceito de lei que o tribunal recorrido negou-lhe vigência, sob pena de impor um prejuízo processual à parte sucumbente em decorrência da deficiente prestação jurisdicional.

A cautela do advogado recomenda a oposição de embargos de declaração para exaurir a análise da matéria, mesmo quando a questão federal surge no julgamento perante a corte de origem, sob pena de a omissão inviabilizar o conhecimento do recurso de revista, por falta de prequestionamento acerca de fundamento novo que não compôs a lide.

O prequestionamento é dispensável quando o fundamento do recurso excepcional disser respeito à violação da norma perpetrada na própria decisão recorrida consoante OJ nº 119 da SDI-1 do TST. Essa orientação, entretanto, se dirige, apenas, à hipótese de erro de procedimento, ocorrido por ocasião do julgamento, que é causa de nulidade formal, a exemplo do que ocorrer com a falta de publicação da pauta de julgamento, não se aplicando às hipóteses de *error in judicando*.

Se a violação da norma perpetrada no julgamento for decorrente da adoção de fundamento inédito acerca do mérito propriamente dito, que ensejou a quebra do contraditório, por julgamento fora dos limites da lide ou em decorrência da supressão de instância, o prequestionamento torna-se indispensável à admissibilidade do recurso de revista, por se tratar de *error in judicando*, visto que a OJ 119 da SDI-1 do TST torna dispensável o prequestionamento apenas acerca de questões procedimentais.

Imagine-se a ocorrência de decisão *extra petita* na qual originou a violação ao ordenamento jurídico (CPC, artigos 129, 293 e 460) pelo deferimento de diferenças salariais não postuladas. Em tal hipótese não incide o entendimento vertido na OJ 119 da SDI-1 do TST, impondo ao sucumbente manejar embargos de declaração para extrair do próprio órgão prolator da decisão o prequestionamento expresso dos referidos preceitos e esgotar o exame acerca da litiscontestação.

Em conformidade com as decisões acima reproduzidas, a Orientação Jurisprudencial nº 119 da Subseção I da Seção Especializada em Dissídios Individuais não se aplicam às hipóteses de *error in judicando*, mas de *error in procedendo*, tais como o julgamento extra petita, o vício na intimação, dentre outros. Tal entendimento não afasta a exigência de prequestionamento explícito da matéria quando o Tribunal Regional decide o mérito da demanda, ainda que a condenação tenha nascido na segunda instância.

### 6. Reexame de matéria fático-probatória

A afirmação de que os recursos de natureza extraordinária não são vocacionados à revisão de eventual decisão injusta aparenta contrariar os princípios elementares do Direito, mas é perfeitamente compreensível tal assertiva quando se percebe os fins almejados pelos sobreditos recursos.

A instância do recurso extraordinário destina-se precipuamente a proteção do arcabouço jurídico e, apenas de forma mediata, o interesse do recorrente, razão pela qual os recursos de índole excepcional, a exemplo da revista, não se prestam à correção de injustiças eventualmente cometidas pelos tribunais regionais e tampouco se prestam para reexame de fatos e provas.

Em conformidade com as hipóteses de cabimento previstas no art. 896 da CLT, somente matéria de direito será devolvida ao Tribunal Superior do Trabalho, sendo vedado devolver matéria fática ou probatória, exceto se os fatos estiverem transcritos pelo Regional possibilitando seja reexaminada a questão pelo Tribunal Superior, mas não para dizer se ocorreu ou não ocorreu esse fato, mas simplesmente para julgar que partindo desse suporte fático retratado no acórdão, o Tribunal aplicou bem ou mal a lei ao caso concreto.

Assim sendo, somente as questões de direito (*questiones iuris*), ligadas à aplicação de uma norma constitucional ou federal podem ser objeto de apreciação em sede de recurso excepcional. A tentativa de revolver o conjunto fático-probatório jamais será objeto de recurso de revista porque os Tribunais Regionais são soberanos sobre o pronunciamento acerca da prova e dos fatos da causa, justamente porque o Tribunal Superior não é uma terceira instância ordinária.

Entende-se por "questão jurídica" a matéria relativa ao alcance da norma jurídica. Exclui-se desse conceito a matéria fática, que deve ser apreciada e delimitada pelo Tribunal Regional.

Cumpre ressalvar que o exame da prova (valorização da prova) com a finalidade de qualificar corretamente os fatos discutidos na causa trata-se do que os doutrinadores denominam de erro de direito (*questio júris*), e não mera *questio facti*, impossível de ser apreciada em grau de "recurso extraordinário". O sistema recursal veda a apreciação da prova no sentido de questionar a existência ou inexistência de fatos já decididos na instância ordinária. Contudo, permite a valorização da prova (qualificação jurídica) quando os fatos e a prova estão emoldurados no acórdão regional a fim de proceder a adequada decisão a respeito da questão de Direito discutida na causa.

A definição do que seja uma questão de fato e o que possa caracterizar uma *questio iuris*, capaz de alimentar o recurso excepcional, nem sempre é fácil, ou possível, na prática. Casos há em que a Corte Superior, para apreciar uma "questão federal", terá, inevitavelmente, de pesquisar a prova dos autos, com a finalidade de qualificar corretamente os fatos discutidos na causa e deles extrair o efeito jurídico previsto no ordenamento jurídico.

Com efeito, os doutrinadores enfatizam a dificuldade de se separar fato e Direito, pois este é objeto tridimensional integrado de fato, valor e norma na famosa Teoria de Miguel Reale.

O julgador, num primeiro momento, se restringe a verificar a existência dos fatos e provas sobre o qual vai ter de aplicar o direito vigente, para depois, qualificar os fatos cuja existência ele dera como certa e enquadrá-los na moldura legal. Esta última operação não corresponde a uma simples questão fático-probatória, mas se traduz, ao contrário, numa questão jurídica capaz de ser apreciada em "recurso extraordinário".

Lopes da Costa pondera que a exclusão das questões de fatos deve, porém, ser entendida em termos. A questão de direito não pode ser de modo absoluto separada da questão de fato. É do fato que nasce o direito, e toda lei tem uma parte dispositiva e enumera circunstancias fáticas definindo a figura, a *facti species*, e uma parte impositiva, determinando as consequências jurídicas que resultam dos fatos. A qualificação da *facti species* é uma questão de direito.

Denota-se que mesmo na apreciação dos recursos de índole excepcional, o conhecimento do mérito não dispensa o exame das questões fáticas subjacentes a causa, as quais ficaram soberanamente delimitadas no corpo do acórdão recorrido, eis que, pela dicção do artigo 541, I, do Código de Processo Civil, incumbe ao recorrente fazer "a exposição do fato e do direito" como requisito de admissibilidade. Contudo, a instância de cúpula recebe a situação fática da causa como a retrata a decisão recorrida.

O recurso de revista destina-se a velar pela exata aplicação do direito aos fatos que as instâncias ordinárias soberanamente examinaram, razão pela qual é vedado ao Tribunal Superior do Trabalho considerar elementos de fato diversos daqueles retratados na moldura fática definida no corpo do acórdão recorrido. O suporte fático-probatório para o julgamento do recurso de revista é o fornecido pelas instâncias ordinárias sendo inadmissível o conhecimento do recurso se envolver matéria de fato de que não cuidou o acórdão fustigado.

A valorização da prova diz respeito ao valor jurídico desta, para dirimi-la ou não em face da lei que a disciplina, motivo pelo qual cuida-se de questão estritamente de direito. Já o reexame da prova implica a reapreciação dos elementos probatórios no sentido de questionar a existência ou inexistência de fatos já decididos na instância ordinária.

Para efeito de cabimento do recurso especial, é necessário discernir entre a apreciação da prova e os critérios legais de sua valorização. No primeiro caso há pura operação mental de conta, peso e medida, à qual é imune o recurso. O segundo envolve a teoria do valor ou conhecimento, em operação que apura se houve ou não infração de algum princípio probatório (RTJ 56/67, RE n° 70.568/GB).[21]

A Corte Superior poderá, a partir do quadro fático já delineado no corpo do acórdão pelo TRT, conferir uma nova valoração jurídica, qualificá-los, corretamente, para a adequada decisão a respeito da aplicação do direito federal ou constitucional , sem que isso se converta em simples "questão probatória", vedada no sistema recursal brasileiro, v.g. a configuração do cargo de confiança bancário previsto no § 2° do art. 224 da CLT, a eficácia de norma coletiva de trabalho esteada no art. 7°, inciso XXVI, da Constituição da República ou deferimento fora dos limites da lide de isonomia salarial com outro funcionário que nem mesmo foi nominado nos autos, e tampouco foi pleiteada pelo autor.

Em suma, o que a jurisprudência predominante veda é a utilização do "recurso de revista" para simples reexame de fatos e provas (Súmula n. 126 do TST), e não para a aferição de sua validade processual ou de suas consequências jurídicas. Vale dizer, as deduções jurídicas dos fatos fixados na decisão recorrida, não ficam defesas à apreciação da Corte Superior em dadas hipóteses. Trata-se da qualificação legal dos fatos litigiosos declinado pela Corte Regional no corpo do acórdão. Não se confunde, pois, de revolvimento de fatos e provas, a fim de questionar a existência, ou não, dos fatos elencados pelo Tribunal de origem e sim de

---

[21] RSTJ 11/341 *apud* Negão p. 1846.

valoração jurídica do quadro fático emoldurado pela Corte Regional no acórdão que julgou o recurso ordinário.

Cumpre ressalvar também que embora seja fundamental que a matéria fática esteja registrada no acórdão regional, a jurisprudencial da SDI-1 do TST tem feito abrandamentos ao rigor da Súmula n. 126 do TST ao decidir que *não se configura reexame de fatos e provas a adoção de elementos que não estejam no acórdão regional (data do ajuizamento da ação e a data da lesão do direito), mas que sejam incontroversos nos autos*, conforme decidido no processo E-RR 977/1997001-17-00-2.

De igual sorte, a SBDI-I/TST tem decidido que verificar a petição inicial não importa em reexame de fatos e provas, principalmente quando se trata de arguição de julgamento *extra, citra* e *ultra petita*.[22]

## 7. O prequestionamento *versus* o esgotamento do exame fático-probatório

A existência do duplo grau de jurisdição e a necessidade de garantir a estabilidade nas relações jurídicas impõem o esgotamento do exame da matéria fático-probatória nas instâncias ordinárias.

Por conseguinte, considerando-se que o prequestionamento se cinge ao debate no Tribunal Regional sobre a questão jurídica envolvida, por decorrência lógica, o esgotamento do exame da matéria fático-probatória, que servem de substrato a demanda, tem o mesmo tratamento, exigindo que a parte insista na sua apreciação mediante a oposição de embargos de declaração, sob pena de preclusão.

O exame da matéria fático-probatória deve ser exaurido na instancia ordinária, motivo pelo qual se no seu julgamento o TRT desprezou o conjunto probatório e tendo a parte oposto embargos de declaração para proporcionar à valorização da prova que lhe era favorável e, se o tribunal recorrido se mantém renitente, não se aplica o entendimento firmado no inciso III da Súmula nº 297 do TST, cabendo nesta hipótese suscitar a preliminar de negativa de prestação jurisdicional com ofensa aos artigos 93, IX, da Constituição da República ou 832 da CLT ou 458 do CPC (OJ 115 da SDI-1 do TST).

Portanto, se a questão jurídica não foi apreciada mesmo com a oposição de ED, considera-se prequestionada a matéria com esteio na Sumula 297, III, do TST, mas se com a oposição de embargos de declaração o TRT não esgotar o exame da prova do fato constitutivo, impeditivo modificativo ou extintivo do direito do autor alegado pelas partes, cabe

---

[22] E-AG e ED-RR 1.168/2000-002-17-00-0

a preliminar de negativa de prestação jurisdicional porque a Súmula n. 297, III, torna prequestionada a matéria de Direito acerca de erro de procedimento, não incidindo portanto, sobre exame da matéria fático-probatória.

O advogado combativo não pode se conformar com a deficiente prestação jurisdicional de decisões regionais que não esgotam o exame do conjunto probatório e tampouco expõe de forma completa os motivos do seu convencimento, e de praxe rejeitam os embargos de declaração repetindo julgamentos estereotipados no sentido de que: "A matéria foi suficientemente esclarecida pela Turma, conforme se constata ao exame do tópico [...] Com a sua oposição, transparece a intenção do embargante de reexaminar questões já decididas, demonstrando sua insurgência quanto aos pontos ventilados. Entretanto, não são os Embargos de Declaração o remédio apto a tal finalidade, na medida em que estes se destinam apenas a sanar omissão, contradição, obscuridade no julgado e manifesto equívoco no exame dos pressupostos extrínsecos do recurso".

Compete ao operador do direito buscar o prequestionamento da matéria jurídica e o exame dos fatos subjacentes à causa para extrair a completa prestação jurisdicional, caracterizada pelo oferecimento de decisão, devidamente motivada, com base nos elementos fáticos e jurídicos pertinentes e relevantes para a solução da lide, uma vez que não bastará à parte arguir a nulidade do acórdão recorrido por negativa de prestação jurisdicional, caso não se utilizou dos embargos de declaração para provocar a manifestação expressa acerca da matéria jurídica controvertida bem para o esgotamento do exame da matéria fático probatória.

## 8. Considerações finais

O recurso de natureza excepcional não busca resguardar o interesse exclusivo das partes ou a corrigir injustiças porventura advindas da decisão recorrida. O apelo extremo é o instrumento jurídico colocado a disposição dos litigantes para assegurar um interesse público relevante, qual seja, a autoridade e eficácia do direito positivo.

A fundamentação condicionada ou vinculada obriga o recorrente, nas razões recursais, que sustentam a sua irresignação, discutir somente as questões de direito elencadas nas alíneas *a*, *b* e *c* do artigo 896 da CLT, indicando especificamente em que consistem as ofensas a lei federal ou a preceito da Constituição da República. Por conseguinte, fica vedado o reexame de matéria fático-probatória (TST, Súmula n. 126).

Ademais, não se pode olvidar que somente as matérias jurídicas efetivamente debatidas no processo podem ser objeto de recurso de revista, incumbindo a parte provocar por meio de embargos de declaração o exame exauriente dos elementos fáticos e jurídicos pertinentes e relevantes para a solução da lide, sob pena de preclusão.

Para atender ao prequestionamento exigido pela Súmula n. 297 do TST, é necessário que o juízo de valor adotado na decisão recorrida, contenha elementos claros, precisos e objetivos sobre o conteúdo da norma interpretada que levem à conclusão de adoção de tese contraria a lei, a Constituição ou se vislumbre contrariedade ao entendimento sedimentado em Súmula ou Orientação Jurisprudencial da Corte Superior.

No caso da divergência jurisprudencial, deve o recorrente apresentar qual seria a interpretação razoável (correta) da lei federal, transcrevendo as teses conflitantes entre o acórdão paradigma e a decisão impugnada que se quer reformar mediante a uniformização da jurisprudência, indicando o repositório oficial de jurisprudência onde foi publicada a decisão trazida para confronto. O êxito no juízo de admissibilidade e, de mérito, está ligado à demonstração de que a interpretação acertada da lei federal em pauta é aquela plasmada no acórdão paradigma, e não a contida no aresto recorrido, justificando, assim, o pedido de reforma deste julgado.

É imprescindível que o recorrente apresente o acórdão paradigma, para verificação do suporte fático idêntico ou semelhante e demonstre que a despeito de fatos idênticos houve dissenso pretoriano (teses conflitantes) incidente sobre a aplicação de um mesmo preceito legal.

A exata compreensão do que sejam os requisitos intrínsecos necessários ao conhecimento do recurso de natureza excepcional, é condição indispensável para que os operadores do Direito possam levar ao exame do Tribunal Superior Tribunal a ocorrência de efetiva violação ao ordenamento jurídico ou a existência de decisões antagônicas no tocante ao sentido da norma jurídica aplicável. Caso contrário, a cúpula do Poder Judiciário continuará assoberbada por milhares de recursos manifestamente inadmissíveis, improcedentes, prejudicados ou em confronto com o entendimento assente nas Súmulas e Orientações Jurisprudenciais e, muitas vezes, tangenciando a litigância de má-fé por serem meramente protelatórios.

## Referências bibliográficas

ABDALA, Vantuil. Pressupostos Intrínsecos de Conhecimento do Recurso de Revista. In *Revista TST*, Brasília, vol. 65, nº 1, out/dez 1999.

BEBBER, Júlio Cesar. Recursos no Processo do Trabalho, 3. Ed. rev. e ampl. – São Paulo: LTr, 2011.

CARRION, Valentin. *Comentários à Consolidação das Leis do Trabalho*. 35. ed. São Paulo: Saraiva, 2010.

CHEIM JORGE, Flávio (Coord.). *Aspectos Polêmicos e Atuais dos Recursos Cíveis*: Recurso Especial com Fundamento na Divergência Jurisprudencial. São Paulo: Editora dos Tribunais, 2000.

COSTA, Armando Casimiro; FERRARI, Irany; MARTINS, Melchiades Rodrigues. *CLT LTR*. 37. ed. São Paulo LTr 2010.

DALL'AGNOL JUNIOR, Antonio Janyr. *O Prequestionamento da questão Federal nos recursos extraordinários*. Revista AJURIS, Porto Alegre, v. 59, 1993.

LEITE. Carlos Henrique Bezerra. *Curso de Direito Processual do Trabalho*. 10. ed. São Paulo: LTr, 2012.

MANCUSO, Rodolfo de Camargo. *Recurso Extraordinário e Recurso Especial*. 7. ed. ver., atual. e ampl. São Paulo: Revista dos Tribunais, 2001.

MARTINS FILHO, Ives Gandra da Silva. O Recurso de Revista e a Instrução Normativa n. 22/03 do TST. In: COSTA, Armando Casimiro; FERRARI, Irany (Coords.). *Recursos Trabalhistas*. São Paulo: LTr.

NEGRÃO, Theotonio, Gouvêa, José Roberto Ferreira. *Código de Processo Civil, e Legislação Processual em vigor*. 34. ed. atual. São Paulo: Saraiva, 2002.

NERY JUNIOR, Nelson. *Princípios do Processo Civil na Constituição Federal*. 6. ed. rev., ampl e atual. São Paulo: Revista dos Tribunais, 2000.

PEDUZZI, Maria Cristina Irigoyen, Agravo de instrumento. Agravos inominados. Agravo regimental. In: COSTA. Armando Casimiro, FERRARI, Irany (coords.). *Recursos trabalhistas*. São Paulo: Ltr.

RUSSOMANO JÚNIOR, Victor. *Recurso Trabalhista de Natureza Extraordinária*: pressupostos intrínsecos. 3ª ed. (ano 2006), 2ª reimpr./Curitiba: Juruá, 2008.

SARAIVA, José. *Recurso Especial e o Superior Tribunal de Justiça*. São Paulo: Saraiva, 2002.

SILVA, Ovídio A. Baptista da. *Curso de Processo Civil*. 5. ed. v. 3. São Paulo: Revista dos Tribunais, 2000.

VEIGA, Aloysio Corrêa da. Admissibilidade do recurso de revista. *Revista do Tribunal Superior do Trabalho*. Porto Alegre, RS, jul./dez., 2003.

# — 7 —

# Assédio moral nas relações de emprego[1]

## LEONARDO RABÊLO DE AMORIM[2]

*Sumário*: 1. Introdução; 2. A globalização econômica e a organização do trabalho; 3. A tutela constitucional sobre a dignidade e a segurança dos trabalhadores; 4. Princípios pertinentes ao meio ambiente do trabalho; 5. O assédio moral; 6. Da responsabilidade do empregador; 7. Da tutela jurisdicional; 8. Ressarcimento do empregador pelo dispêndio causado pelo assediador; 9. Considerações finais; Referencial bibliográfico.

## 1. Introdução

As empresas modernas, com o advento da economia globalizada, acirram cada vez mais a luta pelo lucro. Nesse contexto, a hierarquização das organizações, a intensidade das cobranças, a responsabilidade – às vezes excessiva – imposta aos empregados, são fatores que possibilitam o desencadear de uma série de distúrbios ao trabalhador.

A competição imposta pela globalização acaba por afligir algumas pessoas, que se veem inseguras quanto à instabilidade no emprego. Isso faz com que elas busquem, desenfreadamente, poder no ambiente de trabalho. Em consonância a isso, o ambiente laboral beira à possibilidade de se transformar num lugar de conflitos sem escrúpulos, onde as diferenças acentuam a discriminação e a marginalização, acarretando na ocorrência do assédio moral.

A escolha do tema deve-se à constatação de que o assédio moral é um fenômeno capaz de depreciar as relações humanas no ambiente de trabalho, podendo gerar prejuízos tanto à empresa quanto ao empregado.

---

[1] O presente artigo foi apresentado no Programa de Ascensão Profissional da Diretoria Jurídica do Banco do Brasil, como requisito para a nomeação do cargo de Analista Jurídico B, atual Assessor Jurídico II, em abril de 2010.

[2] Advogado. Especialista em Direito Bancário pela Fundação Getúlio Vargas (FGV/RJ).

O presente artigo pretende demonstrar os malefícios advindos do assédio moral no ambiente de trabalho. Para tanto, serão abordados quesitos conceituais e caracterizadores do assédio moral, analisando os diversos tipos e a atuação dos envolvidos, buscando um melhor entendimento sobre o tema. Ademais, o trabalho relatará a tutela jurídica e seus efeitos, observando a responsabilidade do empregador e ponderando sobre a possibilidade de ressarcimento do mesmo frente às indenizações impostas pelo Poder Judiciário.

Oportunamente, salienta-se que a pesquisa se voltará para uma análise bibliográfica da literatura existente e de documentos legislativos e jurisprudenciais que estejam aptos a fornecerem subsídios para as hipóteses de solução do problema proposto no presente artigo.

## 2. A globalização econômica e a organização do trabalho

A globalização econômica contemporânea, acompanhada da eficaz e veloz comunicação implementada pela *internet*, intensificou sobremaneira o comércio entre os povos.

Esse intenso intercâmbio comercial entre os países aumentou a competitividade entre as empresas, que se viram motivadas a tomarem medidas com a finalidade de reduzir os custos de produção, como, por exemplo: demissão de empregados, redução de salários, alteração na forma de contratação e na jornada de trabalho dos obreiros. Além disso, as empresas vislumbraram a possibilidade de alterarem o local de produção, atentando para o fato de poderem produzir inclusive no exterior, e não apenas no seu país de origem, visualizando sempre, relembre-se, a redução dos custos e o aumento dos lucros.

Todas essas questões, com ênfase na possibilidade das empresas poderem produzir no exterior e no aumento do desemprego, reduziram drasticamente a capacidade de negociação coletiva dos sindicatos de trabalhadores.

No Brasil, com a justificativa de tornar as empresas mais competitivas e de diminuir o desemprego, uma corrente de pensadores tem defendido a redução dos níveis de proteção ao trabalhador – que vem sendo denominada como flexibilização das leis trabalhistas. Os defensores da flexibilização afirmam que as empresas estariam mais dispostas a contratar trabalhadores caso estivessem desobrigadas a responderem pelos altos encargos trabalhistas ou não encontrassem dificuldades para a demissão, quando necessária. Dessa forma, esses pensadores defendem uma maior espontaneidade das forças de mercado para ajuste direto entre os interessados, retomando, assim, os ideais do liberalismo.

Considerando o quadro socioeconômico atual, onde se combinam elementos do liberalismo e do intervencionismo diante da fragmentação do mercado de trabalho e da redução de empregos, deve-se discutir o Direito do Trabalho com muita cautela, visto que seu bem maior é o poder que possui em tornar iguais os desiguais – empregado e empregador.

De outro lado, a que se frisar a existência da competitividade entre os empregados, no âmbito interno das empresas. Não que essa competição não existisse anteriormente, mas com o advento do quadro socioeconômico difundido no mundo contemporâneo pela globalização essa competição tem se apresentado cada vez mais acirrada. Nesse contexto, veremos mais adiante a ocorrência do assédio moral, tema central deste artigo.

### 3. A tutela constitucional sobre a dignidade e a segurança dos trabalhadores

A Constituição de 1988 da República Federativa do Brasil[3] manifesta, em seu preâmbulo, a preocupação do legislador constituinte em "assegurar o exercício dos direitos sociais e individuais, a liberdade, a segurança, o bem estar, o desenvolvimento, a igualdade e a justiça como valores supremos de uma sociedade fraterna, pluralista e sem preconceitos, fundada na harmonia social e comprometida, na ordem interna e internacional, com a solução pacífica das controvérsias".

Nesse diapasão, o artigo 3º da Carta Magna de 1988 esclarece que são fundamentos da República: a constituição de uma sociedade livre, justa e solidária; a garantia do desenvolvimento nacional; a erradicação da pobreza e da marginalização; a redução das desigualdades sociais; a promoção do bem de todos, sem discriminação.[4]

Oportunamente, o artigo 5º – conhecido como guardião dos direitos e garantias fundamentais – protege a intimidade, a vida privada, a honra e a imagem das pessoas.[5]

Salientando os ensinos de Henrique Savonitti Miranda, tem-se que a "intimidade consiste na esfera particular do indivíduo, seus costumes,

---

[3] BRASIL. *Constituição da República Federativa do Brasil: promulgada em 5 de outubro de 1988*. Disponível em <http://www.planalto.gov.br/ccivil_03/Constituicao/Constituiçao.htm>. Acesso em 03 jun. 2009.
[4] Idem.
[5] Idem.

manias, cacoetes, fragilidades, sentimentos e sensações, ao passo que a vida privada apresenta-se como o local onde a pessoa manifesta sua intimidade, em suas relações afetivas e pessoais".[6]

A honra, nas lições de José Afonso da Silva "é o conjunto de qualidades que caracterizam a dignidade da pessoa, o respeito dos concidadãos, o bom nome, a reputação. É o direito fundamental da pessoa resguardar essas qualidades".[7]

Sobre a imagem, Henrique Savonitti Miranda leciona que a sua inviolabilidade "garante à pessoa não ser exposta publicamente sem o seu consentimento, tanto no que concerne a seu aspecto físico quanto ao social".[8]

Ademais, o artigo 7º da Constituição Cidadã preconiza direitos que proporcionam a melhoria da condição social dos trabalhadores. Dentre eles, ligados ao tema proposto no presente artigo, destacam-se: a redução dos riscos inerentes ao trabalho e a proibição de discriminação.[9]

O artigo 170, tratando sobre a ordem econômica e financeira, aduz a valorização do trabalho humano e assegura a todos uma existência digna.[10]

Por sua vez, o artigo 200 elenca o princípio da proteção do meio ambiente, nele compreendido o do trabalho.[11]

Já o artigo 225 da mesma Carta Magna pressupõe ser direito de todos o meio ambiente equilibrado, visto sua essencialidade para uma saudável qualidade de vida.

Tomando-se em conta os preceitos delineados pelos artigos constitucionais acima, percebe-se que o legislador vislumbrou os riscos que poderiam abalar o meio ambiente laboral e a saúde do trabalhador.

Assim, tem-se consolidada a obrigação de todos no respeito à honra, à imagem, à dignidade e à segurança do trabalhador. A ofensa a qualquer desses direitos pode acarretar na degradação do obreiro, na exposição negativa do empregador, e na fragilização da sociedade, como acontece na hipótese do assédio moral.

---

[6] MIRANDA, Henrique Savonitti. *Curso de direito constitucional*. Brasília: Senado Federal, 2004, p. 204.
[7] SILVA, José Afonso da. *Curso de direito constitucional positivo*. 18. ed. São Paulo: Malheiros, 2000, p. 212.
[8] MIRANDA, Henrique Savonitti. *Curso de direito constitucional*. Brasília: Senado Federal, 2004, p. 205.
[9] BRASIL. *Constituição da República Federativa do Brasil*: promulgada em 5 de outubro de 1988. Disponível em <http://www.planalto.gov.br/ccivil_03/Constituicao/Constituiçao.htm>. Acesso em 03 jun. 2009.
[10] Idem.
[11] Idem.

## 4. Princípios pertinentes ao meio ambiente do trabalho

Na concepção de Miguel Reale, princípios "são verdades fundantes de um sistema de conhecimento, como tais admitidas, por serem evidentes ou por terem sido comprovadas, mas também por motivos de ordem prática de caráter operacional, isto é, como pressupostos exigidos pelas necessidades da pesquisa e da práxis".[12]

Baseando-se nos estudos do jurista uruguaio Américo Plá Rodrigues,[13] vislumbram-se diversos princípios do Direito do Trabalho norteadores do tema deste trabalho – assédio moral.

O primeiro é o princípio protetor. Ele sintetiza a proteção jurídica que deve ser dispensada ao trabalhador face à sua inferioridade na relação com o empregador. Esse princípio visa a equilibrar as forças atuantes no contrato de trabalho a fim de evitar exploração exacerbada, desrespeito e tratamento abusivo por parte do patrão.

O princípio protetor é subdividido em três outros princípios: o *in dubio pro operário*, a prevalência da norma favorável ao trabalhador e a preservação da condição mais benéfica. O primeiro esclarece que diante de um texto jurídico que oferece dúvidas a respeito do seu verdadeiro sentido e alcance, o intérprete deverá pender, dentre as hipóteses interpretativas cabíveis, para a mais benéfica para o trabalhador. O segundo preceitua que na ocorrência de duas ou mais normas dispondo sobre um mesmo tipo de direito, deve prevalecer a norma mais favorável ao obreiro. O terceiro possui a função de solucionar o problema da aplicação da norma no tempo a fim de resguardar as vantagens que o trabalhador adquiriu, em face de eventual transformação prejudicial.

Outro princípio importante é o da primazia da realidade. Por este princípio, os fatos concretamente ocorridos durante a relação de emprego devem ser considerados de forma prioritária sobre qualquer documento formal. Nesse sentido, como bem leciona Marco Aurélio Aguiar Barreto: "No que diz respeito ao meio ambiente do trabalho, exemplificando, vale citar que não basta constar na norma de trabalho ou em regimento interno a preocupação da empresa e projetos de melhoria das condições de trabalho, se na prática os trabalhadores são vitimados por doenças profissionais e a empresa não adota as providências cabíveis não apenas para reparar o dano, mas para coibir ocorrências futuras".[14]

---

[12] REALE, Miguel. *Lições preliminares de direito*. 24. ed. São Paulo: Saraiva, 1999, p. 305.
[13] PLÁ RODRIGUES, Américo. *Princípios de direito do trabalho*. Tradução de Wagner D. Giglio. São Paulo: LTr, 1978.
[14] BARRETO, Marco Aurélio Aguiar. *Assédio moral no trabalho: da responsabilidade do empregador – perguntas e respostas*. São Paulo: LTr, 2007, p. 41.

O princípio da razoabilidade evidencia que as ações do homem devem ser pautadas de forma razoável e não arbitrária. Nesse sentido, as cobranças direcionadas pelo patrão ao empregado não podem ser efetuadas por meio de humilhações, constrangimentos ou qualquer outra forma de violação à dignidade humana.

Por sua vez, o princípio da irrenunciabilidade dos direitos tem a função de fortalecer a garantia dos direitos do trabalhador, substituindo inclusive sua vontade, visto que o mesmo se mantém exposto às fragilidades da sua posição diante do empregador.

Importa destacar que, com a evolução da tecnologia dos meios de produção, a crescente demanda por energia fóssil, o desenvolvimento acelerado da economia globalizada e a indiscriminada degradação da natureza têm demandado diversas discussões acerca da proteção ao meio ambiente, que também engloba o ambiente do trabalho.

Relevante atuação ambiental desencadeou na Declaração de Estocolmo, de 1972. Nessa oportunidade a Organização das Nações Unidas (ONU) estabeleceu princípios visando à preservação e à melhoria do meio ambiente global.

A referida Declaração proclamou: "2. A proteção e o melhoramento do meio ambiente humano é uma questão fundamental que afeta o bem-estar dos povos e o desenvolvimento econômico do mundo inteiro, um desejo urgente dos povos de todo o mundo e um dever de todos os governos. 3. O homem deve fazer constante avaliação de sua experiência e continuar descobrindo, inventando, criando e progredindo. Hoje em dia, a capacidade do homem de transformar o que o cerca, utilizada com discernimento, pode levar a todos os povos os benefícios do desenvolvimento e oferecer-lhes a oportunidade de enobrecer sua existência. Aplicado errônea e imprudentemente, o mesmo poder pode causar danos incalculáveis ao ser humano e a seu meio ambiente. Em nosso redor vemos multiplicar-se as provas do dano causado pelo homem em muitas regiões da terra, níveis perigosos de poluição da água, do ar, da terra e dos seres vivos; grandes transtornos de equilíbrio ecológico da biosfera; destruição e esgotamento de recursos insubstituíveis e graves deficiências, nocivas para a saúde física, mental e social do homem, no meio ambiente por ele criado, especialmente naquele em que vive e trabalha".[15]

Como se vê, a questão do meio ambiente laboral está inserida na discussão da proteção ambiental que deve pautar a atuação humana.

Ademais, os países signatários da Declaração de Estocolmo expressaram a convicção comum de que: "Princípio 1. O homem tem o direito

---

[15] ORGANIZAÇÃO DAS NAÇÕES UNIDAS. *Declaração de Estocolmo, 1972*. Disponível em <http://www.mma.gov.br/estruturas/agenda 21/_arquivos/estocolmo.doc>. Acesso em 29 mai. 2009.

fundamental à liberdade, à igualdade e ao desfrute de condições de vida adequadas em um meio ambiente de qualidade tal que lhe permita levar uma vida digna e gozar de bem-estar, tendo a solene obrigação de proteger e melhorar o meio ambiente para as gerações presentes e futuras. A este respeito, as políticas que promovem ou perpetuam o *apartheid*, a segregação racial, a discriminação, a opressão colonial e outras formas de opressão e de dominação estrangeira são condenadas e devem ser eliminadas. (...) Princípio 8. O desenvolvimento econômico e social é indispensável para assegurar ao homem um ambiente de vida e trabalho favorável e para criar na terra as condições necessárias de melhoria da qualidade de vida".[16] Percebe-se, portanto, destacados os princípios do respeito à liberdade, à igualdade entre as pessoas e a não discriminação.

Acentuando as disposições de Estocolmo, a Declaração do Rio (1992) preceitua: "Princípio 1. Os seres humanos estão no centro das preocupações com o desenvolvimento sustentável. Têm direito a uma vida saudável e produtiva, em harmonia com a natureza (...). Princípio 4. Para alcançar o desenvolvimento sustentável, a proteção ambiental constituirá parte integrante do processo de desenvolvimento e não pode ser considerada isoladamente deste. (...) Princípio 8. Para alcançar o desenvolvimento sustentável e uma qualidade de vida mais elevada para todos, os Estados devem reduzir e eliminar os padrões insustentáveis de produção e consumo, e promover políticas demográficas adequadas".[17]

Vê-se, portanto, que os signatários desta Declaração manifestaram como relevantes os princípios do direito à vida, à incolumidade física e psíquica do homem, ao meio ambiente harmonioso e sustentável. O primeiro e o segundo princípios vislumbram que o homem tem direito à vida e à manutenção do seu estado físico e psíquico saudável. O princípio da harmonia e sustentabilidade do meio ambiente reflete, no ramo laboral, que os empregadores e os obreiros devem manter um ambiente equilibrado no local de trabalho, onde as diferenças são respeitadas e as cobranças são realizadas com razoabilidade e equidade, jamais infringindo a dignidade da pessoa.

### 5. O assédio moral

O assédio moral – uma espécie de dano à pessoa – tem-se revelado um fenômeno social de proporções relevantes, em que profissionais das

---

[16] ORGANIZAÇÃO DAS NAÇÕES UNIDAS. *Declaração de Estocolmo, 1972*. Disponível em <http://www.mma.gov.br/estruturas/agenda 21/_arquivos/estocolmo.doc>. Acesso em 29 mai. 2009.

[17] ORGANIZAÇÃO DAS NAÇÕES UNIDAS. *Declaração do Rio, 1992*. Disponível em <http://www.mma.gov.br/sitio/index.php?ido=conteudo.monta&idEstrutura=18&idConteudo=576>. Acesso em 29 mai. 2009.

áreas médica e jurídica, sindicatos e autoridades vêm-se debruçando na busca de sua mitigação.

Presente em todo o mundo, essa espécie de dano à pessoa possui nomenclatura, conceito e características variantes de acordo com a cultura e o contexto socioeconômico de cada país. Na Itália e na Alemanha, por exemplo, esse fenômeno é conhecido como *mobbing;* na Inglaterra e nos Estados Unidos, como *bullying;* nos países de língua espanhola, como *acoso moral;* no Brasil, essa modalidade de terror psicológico é conhecido como assédio moral.

Segundo Marie-France Hirigoyen, o termo *mobbing* foi "presumivelmente utilizado pela primeira vez pelo etnólogo Konrad Lorenz, a propósito do comportamento agressivo de grupos de animais que querem expulsar um intruso, foi reproduzido nos anos 60 por um médico sueco, Peter Paul Heinemann, para descrever o comportamento hostil de determinadas crianças com relação a outras, dentro das escolas. Em 1972, ele publicou o primeiro livro sobre o *mobbing,* que tratava da violência de grupo entre crianças".[18]

Importa salientar que o termo *mobbing* deriva do verbo inglês *to mob,* cuja tradução é: maltratar, atacar, perseguir. As primeiras pesquisas sobre assédio moral no ambiente laboral tiveram início no campo da Medicina e da Psicologia. Relatando os estudos sobre *mobbing,* Márcia Novaes Guedes aduz que: "foi no começo de 1984 que Heinz Leymann publica, num pequeno ensaio científico contendo uma longa pesquisa feita pelo *National Board of Occupational Safety and Health in Stokolm,* no qual demonstra as conseqüências do *mobbing,* sobretudo na esfera neuropsíquica, sobre a pessoa que é exposta a um comportamento humilhante no trabalho durante certo lapso de tempo, seja por parte dos superiores, seja por parte dos colegas".[19]

Heinz Leymann calculou, em 1990, que 3,5% dos assalariados suecos foram vítimas de assédio. Estimou, ainda, que 15% dos suicídios na Suécia foram consequência do *mobbing.*[20]

A psiquiatra Marie-France, citando o entendimento de Leymann, dispõe que "o *mobbing* consiste em manobras hostis frequentes e repetidas no local de trabalho, visando sistematicamente a mesma pessoa".[21]

Comparando o termo *bullying* com o termo *mobbing,* Hirigoyen entende que o primeiro possui uma acepção mais ampla que o segundo.

---

[18] HIRIGOYEN, Marie-France. *Mal-estar no trabalho: redefinindo o assédio moral.* Tradução de Rejane Janowitzer. Rio de Janeiro: Bertrand Brasil, 2002, p. 76.

[19] GUEDES, Márcia Novaes. *Terror psicológico no trabalho.* São Paulo: LTr, 2003, p. 27.

[20] HIRIGOYEN, Marie-France. *Mal-estar no trabalho: redefinindo o assédio moral.* Tradução de Rejane Janowitzer. Rio de Janeiro: Bertrand Brasil, 2002, p. 78.

[21] Idem, p. 77

Sintetizando os ensinamentos da psiquiatra francesa, os termos *mobbing*, *bullying* e *assédio moral* possuem diferenças marcantes entre si. A diferenciação proposta pela autora é bastante esclarecedora nesse sentido: "Para simplificar, poderíamos afirmar que: – o termo *mobbing* relaciona-se mais a perseguições coletivas ou à violência ligada à organização, incluindo desvios que podem acabar em violência física; – o termo *bullying* é mais amplo que o termo *mobbing*. Vai de chacotas e isolamento até condutas abusivas com conotações sexuais ou agressões físicas. Refere-se mais às ofensas individuais do que à violência organizacional; – o assédio moral diz respeito a agressões mais sutis e, portanto, mais difíceis de caracterizar e provar, qualquer que seja sua procedência".[22]

No decorrer do presente artigo utilizar-se-á tanto a expressão *assédio moral* como os termos *mobbing* e *bullying*, visto que as três terminologias possuem ligação direta com a violência moral praticada no ambiente laboral.

Segundo Francisco da Silveira Bueno, assediar significa importunar, molestar com perguntas ou pretensões insistentes.[23] Já a moral diz respeito ao conjunto dos bons costumes do homem.[24] Dessa breve análise semântica, tem-se que o assédio moral é a insistência de práticas perniciosas ao conjunto de regras de comportamento consideradas válidas pela sociedade.

A renomada psiquiatra Marie-France Hirigoyen conceitua o assédio moral no trabalho como "qualquer conduta abusiva (gesto, palavra, comportamento, atitude...) que atente, por sua repetição ou sistematização, contra a dignidade ou integridade psíquica ou física de uma pessoa, ameaçando seu emprego ou degradando o clima de trabalho".[25]

De acordo com a visão jurídica de Márcia Novaes Guedes, "*mobbing* significa todos aqueles atos e comportamentos provindos do patrão, gerente ou superior hierárquico ou dos colegas, que traduzem uma atitude de contínua e extensiva perseguição que possa acarretar danos relevantes às condições físicas, psíquicas e morais da vítima".[26]

Dos conceitos citados, depreende-se que o assédio moral no ambiente do trabalho configura-se como uma violência contínua que, como será analisado adiante, pode ser pontual, de um sujeito perverso dire-

---

[22] HIRIGOYEN, Marie-France. *Mal-estar no trabalho: redefinindo o assédio moral*. Tradução de Rejane Janowitzer. Rio de Janeiro: Bertrand Brasil, 2002, p. 85.
[23] BUENO, Francisco da Silveira. *Dicionário escolar da língua portuguesa*. Colaboração de Dinorah da Silveira Campos Pecoraro, Giglio Pecoraro e Geraldo Bressane. 11. ed. Rio de Janeiro: Fename, 1976, p. 138.
[24] Idem, p. 748.
[25] HIRIGOYEN, Marie-France. *Mal-estar no trabalho: redefinindo o assédio moral*. Tradução de Rejane Janowitzer. Rio de Janeiro: Bertrand Brasil, 2002, p. 17.
[26] GUEDES, Márcia Novaes. *Terror psicológico no trabalho*. São Paulo: LTr, 2003, p. 33.

cionado a uma vítima, qual seja colega, chefe ou subordinado, que tem como finalidade atacá-la e anulá-la moralmente, provocando a sua instabilidade física e psíquica, com consequências que ultrapassam a esfera profissional.

Considerando a dificuldade de se identificar, na prática, quando o assédio moral está acontecendo, mostra-se pertinente analisar sua caracterização. Maria Barreto afirma que o assédio moral no trabalho "Caracteriza-se pela degradação deliberada das condições de trabalho em que prevalecem atitudes e condutas negativas dos chefes em relação a seus subordinados, constituindo uma experiência subjetiva que acarreta prejuízos práticos e emocionais para o trabalhador e a organização. A vítima escolhida é isolada do grupo sem explicações, passando a ser hostilizada, ridicularizada, inferiorizada, culpabilizada e desacreditada diante dos pares. Estes, por medo do desemprego e a vergonha de serem também humilhadas associado ao estímulo constante à competitividade, rompem os laços afetivos com a vítima e, frequentemente, reproduzem e reatualizam ações e atos do agressor no ambiente de trabalho, instaurando o 'pacto da tolerância e do silêncio' no coletivo, enquanto a vítima vai gradativamente se desestabilizando e fragilizando, 'perdendo' sua autoestima".[27]

Salienta-se que – como bem assevera Hirigoyen – "nem todas as pessoas que se dizem assediadas o são de fato".[28] O assédio moral não se confunde com o estresse, o excesso de trabalho, a cobrança do cumprimento de metas. Caracteriza-se pela repetição dos vexames, das humilhações, sem qualquer esforço do assediador no sentido de abrandar suas atitudes.[29] Como se vê, o assédio moral é observado quando há atitudes reiteradas e por um longo período com intuito de atingir e fragilizar o psíquico de vítimas determinadas.

Mister atentar, também, para as motivações dessa modalidade de agressão que tem se tornado cada dia mais perceptível no ambiente laboral.

Primeiramente, há de se ressaltar a perversidade intrínseca do ser humano. Soma-se a isso o imenso grau de competitividade corporativa, o individualismo exacerbado agregado ao medo do desemprego, frutos do desenvolvimento tecnológico e da economia globalizada.

---

[27] BARRETO, Maria. *Uma jornada de humilhações*. 2000. Disponível em: <http://www.assediomoral.org/spip.php?article1>. Acesso em: 16 mai. 2009.
[28] HIRIGOYEN, Marie-France. *Mal-estar no trabalho: redefinindo o assédio moral*. Tradução de Rejane Janowitzer. Rio de Janeiro: Bertrand Brasil, 2002, p. 19.
[29] HIRIGOYEN, Marie-France. *Assédio moral: a violência perversa no cotidiano*. Tradução de Maria Helena Kühner. Rio de Janeiro: Bertrand Brasil, 2002, p. 66.

Finalmente, pondera-se que o *mobbing* pode encontrar sua motivação na redução do quadro de funcionários ou na renovação dos recursos humanos, quando, em algumas situações, alguns prepostos da empresa equivocadamente apoiam seus atos em torno de uma grande pressão psicológica a fim de que o obreiro deseje pedir sua demissão.

As agressões à dignidade da pessoa podem ocasionar: perda da autoestima, mudança de temperamento, comprometimento das relações socioafetivas, danos à saúde física e mental.[30]

O assediado pode apresentar uma imensa gama de distúrbios físicos e psicológicos, como: depressão, palpitações, tremores, distúrbios de sono, hipertensão, dores generalizadas, distúrbios digestivos, alterações de libido e, em casos extremados, pensamentos e tentativas de suicídio. Dessa forma, percebe-se que o *mobbing*, embora sutil, apresenta-se como uma violência extremamente eficaz.[31]

No entanto, Marie-France aponta que a consequência mais comum nos casos de assédio "é a predominância da vergonha e da humilhação, habitualmente acompanhada da ausência de ódio pelo agressor. As vítimas desejam somente ser reabilitadas e recuperar a honra ultrajada".[32]

Analisando as consequências do *mobbing* para as empresas, preciosas as lições de Paulo Roberto Peli e de Paulo Rodrigues Teixeira. Os autores do livro *"Assédio Moral: uma responsabilidade corporativa"* alertam os riscos a que as empresas estão expostas quando da ocorrência do assédio moral em seus ambientes internos.

O primeiro desses riscos é o "operacional". Esse risco resulta da possibilidade da empresa vir a incorrer em perdas inesperadas "quando seus sistemas, procedimentos e medidas de controle forem incapazes de evitar erros humanos, motivados ou não".[33] Os renomados administradores alertam que os sistemas de controle são exercidos por pessoas que, se desmotivadas ou estressadas por conflitos decorrentes do *mobbing*, apresentarão capacidade laboral reduzida, o que redundará em prejuízo para a empresa.

Outro risco é o de "imagem". Assevera-se que, "a publicidade dada a fatos que envolvem o problema de assédio moral certamente repercute na imagem de uma Organização não só pela desconfiança que passa a

---

[30] HIRIGOYEN, Marie-France. *Mal-estar no trabalho: redefinindo o assédio moral*. Tradução de Rejane Janowitzer. Rio de Janeiro: Bertrand Brasil, 2002, p.172/182.

[31] CATALDI, Maria José Giannella. *O stress no meio ambiente de trabalho*. São Paulo: LTr, 2002, p. 86.

[32] HIRIGOYEN, Marie-France. *Mal-estar no trabalho: redefinindo o assédio moral*. Tradução de Rejane Janowitzer. Rio de Janeiro: Bertrand Brasil, 2002, p. 172.

[33] PELI, Paulo Roberto. TEIXEIRA, Paulo Rodrigues. *Assédio moral: uma responsabilidade corporativa*. São Paulo: Ícone, 2006, p. 154.

reinar em seu ambiente interno, mas pela perda de prestígio em relação ao seu nome e principalmente à sua Marca".[34]

Há, ainda, o risco "institucional", decorrente da "desestabilização do ambiente interno da Empresa"[35] face ao abalo do comprometimento dos empregados com ela.

Por fim, vislumbra-se o risco "financeiro", onde se constata "a potencialidade de prejuízos a que as Empresas estão expostas, tanto diretamente pelos pagamentos de indenização quanto indiretamente em decorrência dos danos causados à sua imagem e pelos custos existentes com o afastamento por doenças, baixa produtividade e outros males causados aos empregados vítimas de Assédio Moral".[36]

Diante disso, defende-se que as empresas devem agir energicamente no sentido de evitar que seus funcionários sejam vítimas de assédio moral. Caso ocorra o assédio, que se tomem providências exemplares contra o assediador, além de medidas para restabelecer um ambiente saudável no local de trabalho. Tudo isso como forma de preservar a própria sobrevivência da Organização num mercado onde os consumidores estão cada vez mais atentos às responsabilidades socioambientais empresariais.

Iniciando uma análise dos personagens envolvidos no assédio moral, constata-se que Marie-France Hirigoyen traçou um perfil bastante claro do agressor, afirmando que são seres perversos, narcisistas e, como tal, desprovidos de qualquer benevolência para com suas vítimas, alimentando-se da energia vital destas.[37]

Assevera, ainda, a psiquiatra francesa que o agressor apresenta, no mínimo, cinco das seguintes manifestações: "o sujeito tem um senso grandioso da própria importância; é absorvido por fantasias de sucesso ilimitado, de poder; acredita ser especial e singular; tem excessiva necessidade de ser admirado; pensa que tudo lhe é devido; explora o outro nas relações interpessoais; não tem a menor empatia; inveja muitas vezes os outros; dá provas de atitudes e comportamentos arrogantes".[38]

O agressor tende a apresentar-se como moralista, dando lições de probidade aos outros. Segundo Marie-France, agindo desta forma ele se aproxima da paranoia, apresentando as seguintes características: orgulho, sentimento de superioridade, obstinação, intolerância, dificuldade

---

[34] PELI, Paulo Roberto. TEIXEIRA, Paulo Rodrigues. *Assédio moral: uma responsabilidade corporativa.* São Paulo: Ícone, 2006, p. 169.

[35] Idem, p. 183.

[36] Idem, p. 182.

[37] HIRIGOYEN, Marie-France. *Assédio moral: a violência perversa no cotidiano.* Tradução de Maria Helena Kühner. Rio de Janeiro: Bertrand Brasil, 2002, p. 139.

[38] Idem, p. 142.

em demonstrar emoções positivas, menosprezo pelo outro, temor exagerado da agressividade do outro, sentimento de ser vítima de malquerença do outro, interpreta acontecimentos neutros como sendo dirigidos contra ela.[39]

Peli e Teixeira asseveram que: "O Assediador, consciente ou inconscientemente, ao mirar uma vítima parte de pensamentos comuns, muitas vezes pouco elaborados, mas que trazem à superfície a natureza de seu caráter, traumas, complexos e outras variáveis psicológicas e comportamentais, que quase sempre são potencializadas em ambientes ou situações de forte competição ou desafios".[40]

Na concepção dos autores mencionados acima, o agressor não necessariamente possui uma personalidade maligna ou perversa. Suas atitudes podem ter raízes mais complexas, decorrentes, por exemplo, de insegurança ou de neurose obsessiva grave.[41]

Na maioria dos casos de *mobbing*, o agressor age em flagrante abuso de poder, o que normalmente sua posição hierárquica lhe confere, praticando atos de: manipulação, imposição de culpa, intimidação, humilhação e punição.[42]

Por sua vez, contrariando a lógica que induz à concepção de que a vítima do assédio moral seria um empregado desidioso e negligente, os estudos tem demonstrado que, geralmente, trata-se de pessoas com um senso de responsabilidade aguçado. Além disso, são bem educadas e possuidoras de qualidades morais e profissionais apuradas.

De um modo geral, a vítima é escolhida por possuir algo que incomoda o agressor. Geralmente, as vítimas são escolhidas por uma das razões abaixo:[43]

• Terem um nível de competência e desempenho que possa amedrontar o chefe e este se sentir ameaçado de perder o lugar para o subordinado.

• Sempre que há uma reunião com a presença de pessoas de outras áreas e de nível mais elevado, a vítima se mostra ativa e criativa, oferecendo sugestões, as quais o chefe não conseguiu fazer.

• A vítima demonstra uma habilidade no trato com pessoas dentro e fora da área de atuação que causa ciúme ao chefe.

• Por não compactuar com decisões ou ações que ferem a ética profissional, a vítima surge como uma ameaça que pode revelar negócios escusos;

---

[39] HIRIGOYEN, Marie-France. *Assédio moral: a violência perversa no cotidiano*. Tradução de Maria Helena Kühner. Rio de Janeiro: Bertrand Brasil, 2002, p. 150.

[40] PELI, Paulo Roberto. TEIXEIRA, Paulo Rodrigues. *Assédio moral: uma responsabilidade corporativa*. São Paulo: Ícone, 2006, p. 64.

[41] Idem, p.74.

[42] Idem, p. 74/77.

[43] Idem, p.89/90.

- Por complexos e frustrações intrínsecas do chefe (personalidade doentia) e pensamento reacionário.
- Ter melhor situação social e ser mais bem-sucedido no plano afetivo.
- Por pertencerem a grupos que representem minorias e os quais o chefe, por ter comportamento discriminatório, não aceita.
- Pela própria natureza da vítima que, muitas vezes, por traumas da infância, busca um tratamento paterno daquele que o agride. Como não vê essa demanda de amor suprida, repete aí a mesma situação de impotência e sujeição ocorridas na infância.

Na maioria dos casos, a relação entre a vítima e o agressor não é simétrica. Há uma dominação sobre a vítima, o que a impossibilita de reagir contra os ataques.[44]

Salienta-se, no entanto, que existem casos de pessoas que se acomodam no papel de vítimas. Nesses casos, "não procuram encontrar uma saída para sua situação crítica, pois ela lhes confere uma identidade e pretexto de se queixar".[45] Hirigoyen denomina essas pessoas como "vítimas triunfantes",[46] pois não estão "interessadas em ser analisadas ou em encontrar uma luz no fim do túnel para seus males, mas para conseguir um atestado médico que possa lhes permitir se vingar de uma situação que consideram injusta".[47]

Oportuno mencionar que, para o assediador, as agressões demonstram-se mais eficazes quando praticadas na frente de outros empregados. Embora a vítima seja inocente, as testemunhas dela desconfiam, pois ludibriadas pelo agressor, não acreditam no sofrimento da vítima. Tacitamente, convalidam as investidas do agressor.[48]

Márcia Novaes Guedes alerta sobre os espectadores conformistas, que se distinguem em: passivos e ativos. Os primeiros são todos aqueles que presenciam as agressões, mas não tomam nenhuma atitude para impedir a perpetuação daquela situação. Essa passividade, geralmente, advém do temor de represálias, seja no tocante a perda do emprego, seja por medo de serem escolhidas como as próximas vítimas. Dessa forma ignoram a ocorrência do assédio no ambiente de trabalho. Já os ativos, embora não agindo frontalmente, pois não são adversários diretos da vítima, contribuem para a uma maior eficácia das investidas do agressor sobre a vítima, atuando como verdadeiros coadjuvantes da agressão.[49]

---

[44] HIRIGOYEN, Marie-France. *Assédio moral: a violência perversa no cotidiano*. Tradução de Maria Helena Kühner. Rio de Janeiro: Bertrand Brasil, 2002, p. 156.

[45] HIRIGOYEN, Marie-France. *Mal-estar no trabalho: redefinindo o assédio moral*. Tradução de Rejane Janowitzer. Rio de Janeiro: Bertrand Brasil, 2002, p. 68.

[46] Idem, p. 68.

[47] Idem, p. 68/69.

[48] HIRIGOYEN, Marie-France. *Assédio moral: a violência perversa no cotidiano*. Tradução de Maria Helena Kühner. Rio de Janeiro: Bertrand Brasil, 2002, p. 152/153.

[49] GUEDES, Márcia Novaes. *Terror psicológico no trabalho*. São Paulo: LTr, 2003, p. 63.

Analisando os diferentes tipos de assédio, Hirigoyen menciona quatro tipos: horizontal, ascendente, descendente e misto.

Com relação ao assédio horizontal, a renomada psiquiatra assevera que "esse tipo de assédio é frequente quando dois empregadores disputam a obtenção de um mesmo cargo ou uma promoção".[50]

O conflito horizontal, como se vê, ocorre quando um colega de mesmo nível hierárquico agride outro. Geralmente, a empresa se omite quanto ao problema, recusando-se a tomar partido. Isso faz com que as tensões aumentem.

Márcia Novaes Guedes conceitua e caracteriza esse tipo de assédio como sendo uma "ação discriminatória desencadeada pelos próprios colegas de idêntico grau na escala hierárquica. Os fatores responsáveis por esse tipo de perversão moral são a competição, a preferência pessoal do chefe porventura gozada pela vítima, a inveja, o racismo, a xenofobia e motivos políticos. (...) a vítima pode ser golpeada tanto individual como coletivo".[51]

Importante ressaltar que o assédio pode partir tanto de um colega como de vários. As intervenções da empresa devem pautar-se com imparcialidade, ou seja, a empresa deve agir de forma justa e educativa, do contrário, resultará num reforço ao *mobbing*.

O assédio ascendente é um tipo de agressão mais rara que os demais. No entanto, não deixa de ser menos repugnante para as relações laborais.

No entender de Guedes a "violência de baixo para cima geralmente ocorre quando um colega é promovido sem consulta dos demais, ou quando a promoção implica um cargo de chefia cujas funções os subordinados supõem que o promovido não possui méritos para desempenhar (...) tudo isso é extremamente agravado quando a comunicação interna inexiste entre os superiores e subordinados".[52]

Marie-France relata que esse tipo de assédio pode apresentar-se de diversas formas, dentre as quais a falsa alegação de assédio sexual com o objetivo de atentar contra a integridade e a reputação moral do superior, e reações coletivas de grupo, onde se constata a cumplicidade de todo um grupo no intuito de expurgar um superior hierárquico que lhe foi imposto e que não é aceito.[53] Obviamente, nenhuma reclamação merece ser desqualificada pelo empregador sem antes investigar os fatos. De

---

[50] HIRIGOYEN, Marie-France. *Mal-estar no trabalho: redefinindo o assédio moral*. Tradução de Rejane Janowitzer. Rio de Janeiro: Bertrand Brasil, 2002, p. 113.

[51] GUEDES, Márcia Novaes. *Terror psicológico no trabalho*. São Paulo: LTr, 2003, p. 36.

[52] Idem, p. 37.

[53] HIRIGOYEN, Marie-France. *Mal-estar no trabalho: redefinindo o assédio moral*. Tradução de Rejane Janowitzer. Rio de Janeiro: Bertrand Brasil, 2002, p. 116.

toda sorte, havendo conflito, cabe ao empregador mediar esforços para mitigar os efeitos do mal-estar no grupo e recuperar a boa prática profissional e ética entre os seus funcionários.

Conflito mais comum, o assédio moral descendente ocorre quando um ou vários subordinados são agredidos por um superior hierárquico.

O assédio vindo de um superior hierárquico é considerado o tipo mais preocupante de todos, visto que traz "consequências muito mais graves sobre a saúde do que o assédio horizontal, pois a vítima se sente ainda mais isolada e tem mais dificuldade para achar a solução do problema".[54]

Por sua vez, constata-se o assédio misto quando a vítima é atacada tanto pelo superior hierárquico como pelos colegas de mesmo nível hierárquico. Este tipo de agressão é mais comum em locais de trabalho onde impera a gestão por estresse, onde o chefe imprime um nível elevadíssimo de exigência ou requer o cumprimento de metas exorbitantes.

Marie-France posiciona-se no sentido de que: "Mesmo que se trate de uma história muito particular, é raro um assédio horizontal duradouro não ser vivido, depois de algum tempo, como assédio vertical descendente, em virtude da omissão da chefia ou do superior hierárquico. (...) Quando uma pessoa se acha em posição de bode expiatório, por causa de um superior hierárquico ou de colegas, a designação se estende rapidamente a todo o grupo de trabalho. A pessoa passa a ser considerada responsável por tudo que dê errado. Bem depressa ninguém mais a suporta e, mesmo que alguns não sigam a opinião do grupo, não ousam anunciar".[55]

Como se vê, no assédio misto o início da agressão pode partir do próprio superior hierárquico, alastrando-se, posteriormente entre os pares da vítima. Estes iniciam um processo de rejeição coletivo ao assediado.

## 6. Da responsabilidade do empregador

Como bem delineia Sílvio Venosa, "os princípios da responsabilidade civil buscam restaurar um equilíbrio patrimonial e moral violado. Um prejuízo ou dano não reparado é um fator de inquietação social".[56] Tem-se, portanto, que a responsabilidade civil objetiva o ressarcimento dos prejuízos de natureza patrimonial ou moral acarretados ao lesado.

---
[54] HIRIGOYEN, Marie-France. *Mal-estar no trabalho: redefinindo o assédio moral*. Tradução de Rejane Janowitzer. Rio de Janeiro: Bertrand Brasil, 2002, p. 112.
[55] Idem, p. 114.
[56] VENOSA, Sílvio de Salvo. *Direito civil: responsabilidade civil*. São Paulo: Atlas, 5. ed., 2005, p. 14.

Orlando Gomes assevera que "a doutrina da responsabilidade civil tem por fim determinar quem é o devedor da obrigação de indenizar quando um dano é produzido".[57]

Por sua vez, o Código Civil Brasileiro dispõe, em seu artigo 186, que "aquele que por ação ou omissão voluntária, negligência ou imprudência, violar direito e causar dano a outrem, ainda que exclusivamente moral, comete ato ilícito".[58] Dessa forma, se apresenta a responsabilidade civil subjetiva. Nessa modalidade, a responsabilidade civil se assenta fundamentalmente na ideia de culpa, ou seja, de que forma o comportamento do agente contribuiu para o prejuízo sofrido pela vítima.

Analisando o artigo 186 do Código Civil, tem-se que, para a constatação da obrigação indenizatória, deve ser averiguada a ocorrência dos seguintes requisitos fundamentais: o ato é ilícito; houve culpa ou dolo do agente; existe nexo de causalidade entre a ação/omissão do agente com o dano experimentado pela vítima.

Outra modalidade de responsabilidade é a objetiva, onde o agente é obrigado a reparar o dano sem a presença do requisito culpa, bastando que haja o risco a outrem. O parágrafo único do artigo 927 do Código Civil preceitua que "haverá a obrigação de reparar o dano independentemente de culpa nos casos especificados em lei, ou quando a atividade normalmente desenvolvida pelo autor do dano implicar, por sua natureza, risco para os direitos de outrem".[59]

Oportuno citar, ainda, que o artigo 932, inciso III, do Código Civil disciplina que o empregador é responsável pela reparação civil em virtude dos atos decorrentes do exercício do trabalho praticados por seus empregados, serviçais e prepostos.[60]

Do exposto acima, mostra-se pertinente a análise das diferentes teorias da responsabilidade civil do empregador com base nos conhecimentos auferidos sobre assédio moral.

Marco Aurélio Aguiar Barreto, tratando sobre a responsabilidade do empregador nos casos de *mobbing*, afirma que é presumida "a culpa do empregador pelos atos praticados pelos seus prepostos, independentemente da existência ou não da intenção do empregador em causar dano, bastando, para tanto, a presença da *culpa in eligendo*, em razão da má escolha do preposto pela empresa, e da *culpa in vigilando*, decorrente da desatenção a procedimentos ou falta de orientação sobre as formas de

---

[57] GOMES, Orlando. *Introdução ao direito civil*. Rio de Janeiro: Forense, 3. ed., 1971, p. 447.
[58] BRASIL. *Lei n. 10.406, de 10 jan. 2002. Código Civil*. Disponível em: <http://www.planalto.gov.br/ccivil_03/LEIS/2002/L10406.htm>. Acesso em: 19 jul. 2009.
[59] Idem.
[60] Idem.

agir".[61] Nesse sentido, pronunciou-se o Supremo Tribunal Federal, por meio da Súmula n° 341.[62]

Sílvio Venosa, pronunciando-se acerca da responsabilidade do empregador sobre os atos praticados por seus empregados ou prepostos, citando Sérgio Cavalieri Filho, pondera que a responsabilidade "surge, como mera explicação, por que se escolheu mal o preposto, *culpa in eligendo*, ou não foram dadas a ele as instruções devidas, *culpa in instruendo*, ou porque não houve a devida vigilância sobre a conduta do agente, *culpa in vigilando*".[63]

Como se vê, o empregador deve manter rigoroso repúdio à prática do assédio moral em suas dependências, pois, em que pese a análise dos casos de *mobbing* recaírem principalmente na identificação dos sujeitos (agressor/vítima), a empresa certamente figurará no polo passivo de eventual demanda judicial.

Com esse entendimento, Marie-France alerta que a responsabilidade do empregador "deve ser por ele assumida a partir do momento em que toma ou deveria tomar conhecimento, mas não adota as providências necessárias para coibir tais comportamentos. As empresas são responsáveis por seus empregados, sendo, pois, absolutamente normal que sejam condenadas juridicamente se um de seus empregados adotar um comportamento inadmissível".[64]

Dessa forma, sem a pretensão de esgotar o assunto, importa salientar algumas atitudes que a empresa deve tomar para minorar eventual indenização arbitrada pelo Judiciário. A primeira delas consiste na "implantação de políticas de esclarecimento/conscientização no seu segmento executivo/gerencial".[65]

Demonstra-se extremamente plausível que a empresa, ao identificar o agressor, o demita por justa causa, com fulcro no artigo 482 da CLT.[66]

---

[61] BARRETO, Marco Aurélio Aguiar. *Assédio moral no trabalho: da responsabilidade do empregador – perguntas e respostas*. São Paulo: LTr, 2007, p. 62.

[62] BRASIL. Supremo Tribunal Federal. *Súmula n° 341*. Disponível em: <http://www.stf.jus.br/portal/cms/verTexto.asp?servico=jurisprudenciaSumula&pagina=sumula_301_400>. Acesso em: 19 jul. 2009.

[63] VENOSA, Sílvio de Salvo. *Direito civil: responsabilidade civil*. 5. ed. São Paulo: Atlas, 2005, p. 90.

[64] HIRIGOYEN, Marie-France. *Mal-estar no trabalho: redefinindo o assédio moral*. Tradução de Rejane Janowitzer. Rio de Janeiro: Bertrand Brasil, 2002, p. 345.

[65] BARRETO, Marco Aurélio Aguiar. *Assédio moral no trabalho: da responsabilidade do empregador – perguntas e respostas*. São Paulo: LTr, 2007, p. 65.

[66] BRASIL. *Decreto-Lei n. 5.452, de 1° de mai. 1943. Consolidação das leis do trabalho*. Disponível em: <http://www.planalto.gov.br/ccivil_03/ Decreto-Lei/Del5452.htm>. Acesso em 19 jun. 2009. "Art. 482. Constituem justa causa para rescisão do contrato de trabalho pelo empregador: (...) b) incontinência de conduta ou mau procedimento; (...) j) ato lesivo da honra ou da boa fama praticado no serviço contra qualquer pessoa, ou ofensas físicas, nas mesmas condições, salvo em caso de legítima defesa, própria ou de outrem; k) ato lesivo da honra e boa fama ou ofensas físicas praticadas contra o empregador e superiores hierárquicos, salvo em caso de legítima defesa, própria ou de outrem".

Por fim, deve a empresa atentar para o devido apoio à vítima. Esse apoio inicia-se com a demissão do agressor ou com o seu remanejamento e adentra na necessidade de acompanhamento médico e psicológico da vítima. Obviamente, mesmo que a empresa tome todos esses cuidados, por força dos normativos atinentes à responsabilidade civil acima mencionados, ainda poderá ser condenada ao pagamento de indenização. Entretanto, certamente a demonstração das atitudes tomadas pela empresa no sentido de expurgar a prática do *mobbing* restará na mitigação do valor da indenização.

Oportuno salientar que se a empresa não colaborar com o empregado agredido, este poderá rescindir o contrato de trabalho, além de pleitear uma indenização, perante o Judiciário, em face do que preceitua o artigo 483 da CLT.[67]

## 7. Da tutela jurisdicional

Cabe indagar a competência para reparação do dano sofrido em razão do assédio moral – se esfera trabalhista ou comum. Ponderando que as ações judiciais delineadoras de assédio moral visam à indenização por dano moral, a *priori*, a competência para julgá-la seria da Justiça Comum. Porém, como o conflito decorre de uma relação trabalhista, a competência para julgar a lide é da Justiça do Trabalho.[68]

Pondera-se, no entanto, que a Justiça do Trabalho não é competente para apreciar as causas instauradoras entre o Poder Público e seus servidores, a ele vinculados por típica relação de ordem estatutária.[69]

No julgamento da ADI 3.395-6, o Supremo Tribunal Federal entendeu que "o disposto no art. 114, I, da Constituição da República, não abrange as causas instauradas entre o Poder Público e servidor que lhe seja vinculado por relação jurídico-estatutária".[70]

---

[67] BRASIL. *Decreto-Lei n. 5.452, de 1º de mai. 1943. Consolidação das leis do trabalho.* Disponível em: <http://www.planalto.gov.br/ccivil_03/ Decreto-Lei/Del5452.htm>. Acesso em 19 jun. 2009. "Art. 483. O empregado poderá considerar rescindido o contrato e pleitear a devida indenização quando: (...) c) correr perigo manifesto de mal considerável; (...) e) praticar o empregador, ou seus prepostos, contra ele ou pessoas de sua família, ato lesivo da honra e boa fama".

[68] BRASIL. *Constituição da República Federativa do Brasil*: promulgada em 5 de outubro de 1988. Disponível em <http://www.planalto.gov.br/ccivil_0 3/Constituicao/Constituicao.htm>. Acesso em 03 jun. 2009. Artigo 114, incisos I e VI.

[69] LENZA, Pedro. *Direito constitucional esquematizado*. 3. ed. São Paulo: Saraiva, 2008, p. 481.

[70] BRASIL. *Supremo Tribunal Federal. Justiça do trabalho: competência. Ação direta de inconstitucionalidade nº 3.395-6/DF*. Associação dos juízes federais do brasil e associação nacional dos magistrados estaduais *versus* Congresso Nacional. Relator: Min. Cezar Peluso. j. 05/04/2006, DJ 10/11/2006, p. 49. Disponível em: <http://www.stf.jus.br/portal/jurisprudencia/listar Jurisprudencia.asp?s1=(ADI$. SCLA.%20E%203395.NUME.)%20OU%20(ADI.ACMS.%20ADJ2%203395.ACMS.)&base=baseAcor daos>. Acesso em: 23 jul. 2009.

Nesse diapasão, a competência para julgar casos de assédio moral onde constem como partes órgãos da Administração direta ou indireta e servidores estatutários será da Justiça Federal, em razão do disposto no artigo 109 da Constituição Cidadã.[71]

Oportunamente, cumpre esclarecer que o presente artigo não tem a pretensão de ingressar na amplitude do instituto da prescrição, mas enfatizar pontualmente questões pertinentes ao *mobbing*. Isto posto, passa-se à análise de alguns aspectos relevantes.

O artigo 7º, inciso XXIX, da Carta Magna Brasileira preceitua que os trabalhadores urbanos e rurais possuem prazo de dois anos após o rompimento do contrato de trabalho para recuperar os créditos pendentes relativos aos últimos cinco anos.[72] Contam-se os cinco anos da data do protocolo da petição inicial da reclamação trabalhista.

A jurisprudência tem se manifestado pela utilização do prazo prescricional instituído no artigo 7º, XXIX, da Constituição Federal.[73]

Sobre o início da contagem do prazo prescricional para se pleitear a indenização decorrente de assédio moral, Marco Aurélio Aguiar Barreto, citando Rodrigo Dias da Fonseca, assevera: "como a lesão se reiterou sistematicamente no tempo, configurando-se então o assédio moral, é mais razoável que se entenda que o prazo prescricional se deflagra a partir do último ato lesivo".[74]

Oportuno salientar que parte da jurisprudência tem utilizado analogicamente as Súmulas 230 do Supremo Tribunal Federal e 278 do

---

[71] BRASIL. *Constituição da República Federativa do Brasil: promulgada em 5 de outubro de 1988*. Disponível em <http://www.planalto.gov.br/ccivil_03/Constituicao/Constituiçao.htm>. Acesso em 03 jun. 2009.

[72] Ibidem.

[73] BRASIL. Tribunal Superior do Trabalho. Indenização por danos morais: prescrição. Embargos em Recurso de Revista nº 333-2005-002-20-00-5. Petróleo Brasileiro S.A. *versus* Samuel Amâncio de Jesus. Relator: Min. Carlos Alberto Reis de Paula. DJ 02/02/2007. Disponível em: <http://brs02.tst.jus.br/cgi-bin/nph-brs?s1=4147820.nia.&u=/Brs/it01.html&p=1&l=1&d=blnk&f=g&r=1>. Acesso em: 23/07/2009. "INDENIZAÇÃO POR DANOS MORAIS. DECORRENTE DA RELAÇÃO DE EMPREGO. APLICAÇÃO. PRAZO PRESCRICIONAL PREVISTO NO ARTIGO 7º, XXIX, DA CONSTITUIÇÃO DA REPÚBLICA. MATÉRIA DE DIREITO. MÁ-APLICAÇÃO DA SÚMULA Nº 126/TST. VIOLAÇÃO DO ARTIGO 896 DA CLT. RETORNO DO PROCESSO AO TRT DE ORIGEM. A Turma, ao definir que o prazo prescricional para postular indenização por dano moral decorrente de vínculo empregatício é de dois anos, nos termos do artigos 7º, XXIX, da Lei Maior, deveria ter determinado o retorno do processo ao TRT de origem, ao invés de não ter conhecido da Revista com suporte na Súmula nº 126/TST. Isto porque o debate da questão tem contornos jurídicos e não fáticos, pois ficou definido que, na hipótese de indenização por danos morais decorrente da relação de emprego, a prescrição a ser aplicável é a prevista na Constituição da República, e não a do artigo 205, do atual Código Civil. Recurso de Embargos provido. Vistos, relatados e discutidos estes autos de Embargos em Recurso de Revista nº TST-E-RR-333/2005-002-20-00.5, em que é Embargante PETRÓLEO BRASILEIRO S.A. – PETROBRÁS e Embargado SAMUEL AMÂNCIO DE JESUS".

[74] BARRETO, Marco Aurélio Aguiar. *Assédio moral no trabalho: da responsabilidade do empregador – perguntas e respostas*. São Paulo: LTr, 2007, p. 90.

Superior Tribunal de Justiça para declarar o termo inicial do prazo prescricional.[75]

No item a seguir, analisar-se-á a possibilidade de ressarcimento do empregador pelo dispêndio causado pelo assediador. Com relação a esse ponto, vislumbram-se duas oportunidades para início da contagem do prazo. Regra geral, entende-se que o prazo prescricional é de cinco anos até o limite de dois anos após a extinção do contrato de trabalho, tendo em vista o disposto no artigo 11 da CLT.[76] No entanto, havendo condenação da empresa em pagar indenização ao assediado, caso o contrato de trabalho entre o assediador e a empresa continue vigente, a contagem do prazo prescricional iniciar-se-á com o trânsito em julgado da sentença.

## 8. Ressarcimento do empregador pelo dispêndio causado pelo assediador

A ação regressiva funda-se "no direito de uma pessoa (direito de regresso) de haver de outrem importância por si despendida ou paga no cumprimento de obrigação, cuja responsabilidade direta e principal a ele pertencia".[77]

O artigo 934 do Código Civil – fonte subsidiária do Direito do Trabalho – aduz que: "Aquele que ressarcir o dano causado por outrem pode reaver o que houver pago daquele por quem pagou".[78]

Cabe esclarecer que a competência para conhecer e julgar a ação regressiva movida pela empresa contra o empregado agressor será da Justiça Trabalhista, face ao disposto no art. 114, VI, da Constituição Federal.[79]

Reitera-se que o prazo prescricional para a empresa exercer o direito de regresso será o disposto no artigo 11 da CLT,[80] sendo o seu início decorrente do trânsito em julgado da sentença que obrigou a empresa a pagar a indenização à vítima.

---

[75] BRASIL. *Consolidação das Leis do Trabalho*. compilação de Armando Casimiro Costa, Irany Ferrari e Melchíades Rodrigues Martins. 34. ed. São Paulo: LTr, 2007, p. 638.

[76] BRASIL. *Decreto-lei n. 5.452, de 1º de mai. 1943. Consolidação das leis do trabalho*. Disponível em: <http://www.planalto.gov.br/ccivil_03/Decreto-Lei/Del5452.htm>. Acesso em 19 jun. 2009.

[77] SILVA. De Plácido e. *Vocabulário jurídico*. Atualizadores: Nagib Slaibi Filho e Geraldo Magela Alves. 17 ed. Rio de Janeiro: Forense, 2000, p. 27.

[78] BRASIL. *Lei n. 10.406, de 10 jan. 2002. Código Civil*. Disponível em: <http://www.planalto.gov.br/ccivil_03/LEIS/2002/L10406.htm>. Acesso em: 19 jul. 2009.

[79] BRASIL. *Constituição da República Federativa do Brasil: promulgada em 5 de outubro de 1988*. Disponível em <http://www.planalto.gov.br/ccivil_03/Constituicao/Constituiçao.htm>. Acesso em 03 jun. 2009.

[80] BRASIL. *Decreto-lei n. 5.452, de 1º de mai. 1943. Consolidação das leis do trabalho*. Disponível em: <http://www.planalto.gov.br/ccivil_03/Decreto-Lei/Del5452.htm>. Acesso em 19 jun. 2009.

Outra oportunidade de ressarcimento, conforme elucida Elpídio Donizetti, citando Athos Gusmão Carneiro, a denunciação da lide consiste numa "ação regressiva, *in simultaneus processus*, proponível tanto pelo autor como pelo réu, sendo citada como denunciada aquela pessoa contra quem o denunciante terá uma pretensão indenizatória, pretensão de reembolso, caso ele, denunciante, vier a sucumbir na ação principal".[81]

Dentre as hipóteses de admissibilidade desse tipo de intervenção de terceiros, para o Direito Processual do Trabalho, deve-se atentar para o disposto no inciso III do artigo 70 do Código de Processo Civil (CPC).[82]

Para o dispositivo legal acima, Elpídio Donizetti salienta que: "Há duas interpretações para o dispositivo. Alguns, interpretando restritivamente, entendem que o juiz só deva deferir a denunciação da lide quando o litisdenunciado estiver obrigado, pela lei ou pelo contrato, a indenizar, em ação regressiva, o prejuízo do que perder a demanda. Na jurisprudência, entretanto, tem prevalecido interpretação mais ampla, no sentido de que a denunciação deve ser deferida sempre que houver possibilidade de ressarcimento, por ação regressiva, daquele que suportou os efeitos da decisão. A interpretação mais ampla está em consonância com os princípios da efetividade e da celeridade, tendo em vista a finalidade da denunciação da lide, que consiste exatamente em permitir o julgamento simultâneo da ação movida pelos lesados contra o principal responsável e, a este, o exercício imediato do direito de regresso contra o responsável direto".[83]

Deve-se observar que, a despeito do artigo 70 do CPC aludir à obrigatoriedade da denunciação da lide, no caso do inciso III, a parte não perde o direito de regresso pelo fato de não ter levado a efeito a denunciação.

Sérgio Pinto Martins alerta que é discutível o cabimento da denunciação da lide no processo do trabalho, inexistindo unanimidade de posicionamentos a respeito do tema.[84]

Oportuno salientar que a Orientação Jurisprudencial nº 227 da Seção de Dissídios Individuais, Subseção 1 (SDI – I) do Tribunal Superior

---

[81] DONIZETTI, Elpídio. *Curso didático de direito processual civil*. 9 ed. Rio de Janeiro: Lúmen Júris, 2008, p. 81.

[82] BRASIL. *Lei n. 5.869, de 11 jan. 1973. Código de Processo Civil*. Disponível em: <http://www.planalto.gov.br/ ccivil_03/LEIS/L5869.htm>. Acesso em: 27 jul. 2009. "Art. 70. A denunciação da lide é obrigatória: (...) III – àquele que estiver obrigado, pela lei ou pelo contrato, a indenizar, em ação regressiva, o prejuízo do que perder a demanda".

[83] DONIZETTI, Elpídio. *Curso didático de direito processual civil*. 9. ed. Rio de Janeiro: Lúmen Júris, 2008, p. 83.

[84] MARTINS, Sérgio Pinto. *Direito processual do trabalho*. 27. ed. São Paulo: Atlas, 2007, p. 217.

do Trabalho (TST),[85] que dispunha sobre a incompatibilidade da denunciação da lide no Processo do Trabalho, foi cancelada em 22 de novembro de 2005. No entanto, como bem assevera Marco Aurélio Aguiar Barreto,[86] o cancelamento da citada Orientação Jurisprudencial não pacificou a discussão sobre o cabimento da denunciação da lide no Processo do Trabalho.

Finalmente, importa destacar que a lei prevê a possibilidade do empregador incluir o assediador no pólo passivo da demanda.[87]

## 9. Considerações finais

Certamente, o assédio moral está inserido na sociedade desde o início da humanidade.

Com o advento da grande indústria e o surgimento da grande massa proletária, diversos organismos manifestaram preocupação com a possível violação da dignidade da pessoa humana. Dentre esses organismos, destacam-se a Igreja, a Organização das Nações Unidas e a Organização Internacional do Trabalho.

Concomitante ao surgimento da globalização econômica, viu-se o despertar de uma competição exacerbada entre os empregados. Estes, inseguros quanto à instabilidade no emprego ou ansiosos por poder dentro da empresa, por vezes exteriorizam atitudes hostis.

Nesse diapasão, o assédio moral no ambiente laboral, como visto, caracteriza-se como uma conduta repugnante, derivada de um agente que escolhe uma vítima por motivos que vão desde a luta por uma melhor colocação na empresa até a própria discriminação. O agressor mantém frequência na hostilidade objetivando a anulação psíquica e moral da vítima.

Sob o aspecto da responsabilidade civil, viu-se que o empregador responde objetivamente pelos atos praticados pelos seus prepostos e empregados. Disso decorre o dever do empregador em indenizar a vítima do *mobbing*.

---

[85] BRASIL. *Consolidação das Leis do Trabalho*. compilação de Armando Casimiro Costa, Irany Ferrari e Melchíades Rodrigues Martins. 34. ed. São Paulo: LTr, 2007, p. 721.

[86] BARRETO, Marco Aurélio Aguiar. *Assédio moral no trabalho: da responsabilidade do empregador – perguntas e respostas*. São Paulo: LTr, 2007, p. 68.

[87] BRASIL. *Decreto-lei n. 5.452, de 1º de mai. 1943. Consolidação das leis do trabalho*. Disponível em: <http://www.planalto.gov.br/ccivil_03/Decreto-Lei/Del5452.htm>. Acesso em 19 jun. 2009. "Art. 462. Ao empregador é vedado efetuar qualquer desconto nos salários do empregado, salvo quando este resultar de adiantamentos, de dispositivos de lei ou de contrato coletivo (atualmente convenção coletiva). § 1º Em caso de dano causado pelo empregado, o desconto será lícito, desde que esta possibilidade tenha sido acordada ou na ocorrência de dolo do empregado".

Em que pese a obrigação objetiva imposta ao empregador, analisaram-se as possibilidades de ressarcimento do empregador em razão do dispêndio causado pelo assediador, quais sejam: denunciação da lide e ação regressiva.

Finalmente, nota-se que há inúmeras maneiras de se prevenir a incidência do assédio moral, principalmente por parte das empresas, que possuem o poder de eleger prepostos e empregados e de vigiar. Uma dessas maneiras é a efetivação da Comissão Interna de Prevenção de Acidentes (CIPA) e de um Comitê de Ética, com a preparação de seus membros para atuarem em prol do equilíbrio do meio ambiente laboral, inclusive com alçada para punição do agressor, após detalhada investigação.

Além disso, constantes esclarecimentos devem ser realizados junto aos empregados no intuito de alertar sobre o mal que o *mobbing* pode causar ao local de trabalho, e consequentemente, aos resultados da empresa. Principalmente os prepostos devem receber orientação especial para evitar agir como assediador e para perceber eventuais tentativas de assédio nas suas respectivas equipes de trabalho.

Como visto na fundamentação deste artigo, o assédio moral é um mal que merece ser combatido com todo o rigor, pois macula a imagem de todos os envolvidos e impõe enormes prejuízos às vítimas e às empresas.

## Referencial bibliográfico

BARRETO, Marco Aurélio Aguiar. *Assédio moral no trabalho*: da responsabilidade do empregador – perguntas e respostas. São Paulo: LTr, 2007.

BARRETO, Maria. *Uma jornada de humilhações*.. 2000. Disponível em: http://www.assediomoral.org/spip.php?article1. Acesso em: 16 mai. 2009.

BRASIL. *Consolidação das Leis do Trabalho*. compilação de Armando Casimiro Costa, Irany Ferrari e Melchíades Rodrigues Martins. 34. ed. São Paulo: LTr, 2007.

——. *Constituição da República Federativa do Brasil*: promulgada em 5 de outubro de 1988. Disponível em http://www.planalto.gov.br/ccivil_0 3/Constituicao/Constituiçao.htm. Acesso em 03 jun. 2009

——. Decreto n. 1.254, de 29 set. 1994. Promulga a Convenção nº 155 da OIT sobre segurança e saúde dos trabalhadores e o meio ambiente de trabalho. Disponível em: http://www.planalto.gov.br/ccivil_03/decreto/1990-1994/D1254. htm. Acesso em: 03 jun. 2009.

——. Decreto n. 62.150, de 19 jan. 1968. Promulga a Convenção nº 111 da OIT sobre discriminação em matéria de emprego e profissão. Disponível em: http://www.planalto.gov.br/ccivil_03/decreto/1950-1969/D62150.htm. Acesso em: 03 jun. 2009.

——. *Decreto-lei n. 5.452, de 1º de mai. 1943. Consolidação das leis do trabalho*. Disponível em: http://www.planalto.gov.br/ccivil_03/Decreto-Lei/Del5452.htm. Acesso em 19 jun. 2009.

------. *Lei n. 10.406, de 10 de jan. 2002. Código Civil*. Disponível em: http://www.planalto. gov.br/ccivil_03/LEIS/2002/L10406.htm. Acesso em: 27 jul. 2009.

------. *Lei n. 5.869, de 11 jan. 1973. Código de Processo Civil*. Disponível em: http://www. planalto.gov.br/ccivil_03/LEIS/L5869.htm. Acesso em: 27 jul. 2009.

------. *Supremo Tribunal Federal. Justiça do trabalho: competência. Ação direta de inconstitucionalidade n° 3.395-6/DF*. Associação dos juízes federais do brasil e associação nacional dos magistrados estaduais *versus* Congresso Nacional. Relator: Min. Cezar Peluso. j. 05/04/2006, DJ 10/11/2006, p. 49. Disponível em: http://www.stf.jus. br/portal/jurisprudencia/listarJurisprudencia.asp?s1=(ADI$.SCLA.%20E%203395. NUME.)%20OU%20(ADI.ACMS.%20ADJ2%203395.ACMS.)&base=baseAcordaos. Acesso em: 23 jul. 2009.

------. *Supremo Tribunal Federal. Súmula n° 341*. Disponível em: http://www.stf.jus.br/ portal/cms/verTexto.asp?servico=jurisprudenciaSumula&pagina=sumula_301_400. Acesso em: 19 jul. 2009.

------. *Tribunal Superior do Trabalho. Indenização por danos morais: prescrição. Embargos em Recurso de Revista n° 333-2005-002-20-00-5*. Petróleo Brasileiro S.A. *versus* Samuel Amâncio de Jesus. Relator: Min. Carlos Alberto Reis de Paula. DJ 02/02/2007. Disponível em: http://brs02.tst.jus.br/cgi-bin/nph-brs?s1=4147820.nia.&u=/Brs/i t01.html&p= 1&l=1&d=blnk&f=g&r=1. Acesso em: 23/07/2009.

BUENO, Francisco da Silveira. *Dicionário escolar da língua portuguesa*. Colaboração de Dinorah da Silveira Campos Pecoraro, Giglio Pecoraro e Geraldo Bressane. 11 ed. Rio de Janeiro: Fename, 1976.

CARONE, Edgard. *A república velha*. São Paulo: Difusão Européia do Livro, 1970.

CATALDI, Maria José Giannella. *O stress no meio ambiente de trabalho*. São Paulo: LTr, 2002.

DELGADO, Maurício Godinho. *Curso de direito do trabalho*. 2. ed. São Paulo: LTr, 2003.

DONIZETTI, Elpídio. *Curso didático de direito processual civil*. 9. ed. Rio de Janeiro: Lúmen Júris, 2008.

FERREIRA FILHO, Manoel. *Curso de direito constitucional*. São Paulo: Saraiva, 1971.

GOMES, Orlando. *Introdução ao direito civil*. 3. ed. Rio de Janeiro: Forense, 1971.

GUEDES, Márcia Novaes. *Terror psicológico no trabalho*. São Paulo: LTr, 2003.

HIRIGOYEN, Marie-France. *Assédio moral: a violência perversa no cotidiano*. Tradução de Maria Helena Kühner. Rio de Janeiro: Bertrand Brasil, 2002.

------. *Mal-estar no trabalho: redefinindo o assédio moral*. Tradução de Rejane Janowitzer. Rio de Janeiro: Bertrand Brasil, 2002.

JOÃO PAULO II, Papa. *Encíclica laborem exercens*. http://www.vatican.va/ holy_father/ johr_paul_ii/encyclicals/documents/hf_jp-ii_enc_14091981_laborem-exercens_p o.html > Acesso em: 24 jan. 2009.

JOÃO XXIII, Papa. *Encíclica pacem in terris*. http://www.vatican.va/holy_father/john_ xxiii/encyclicals/documents/hf_jxxiii_enc_11041963_pacem_po.html. Acesso em: 24 jan. 2009.

------. *Encíclica rerum novarum*. http://www.vatican.va/holy_father/leo xiii/encyclicals/ documents/hf_1-xiii_enc_15051891_rerum-novarum po.html. Acesso em: 24 jan. 2009.

LENZA, Pedro. *Direito constitucional esquematizado*. 3. ed. São Paulo: Saraiva, 2008.

MARTINS, Sérgio Pinto. *Direito processual do trabalho*. 27. ed. São Paulo: Atlas, 2007.

MIRANDA, Henrique Savonitti. *Curso de direito constitucional*. Brasília: Senado Federal, 2004.

MONTESQUIEU, Charles de Secondat, Baron de. *O espírito das leis*. Introdução, tradução e notas de Pedro Vieira Mota. 7. ed. São Paulo: Saraiva, 2000.

NASCIMENTO, Amauri Mascaro. *Curso de direito do trabalho*. 16 ed. São Paulo: Saraiva, 1999.

ORGANIZAÇÃO DAS NAÇÕES UNIDAS. *Declaração de Estocolmo, 1972*. Disponível em http://www.mma.gov.br/estruturas/agenda21/_arquivos/estocolmo. doc. Acesso em 29 mai. 2009.

——. *Declaração do Rio, 1992*. Disponível em http://www.mma.gov.br/sitio/index.php?ido=conteudo.monta&idEstrutura=18&idConteudo=576. Acesso em 29 mai. 2009.

——. *Declaração universal dos direitos humanos, 1948*. Disponível em http://www.mj.gov.br/sedh/ct/legis_intern/ ddh_bib_inter_universal.htm. Acesso em 29 mai. 2009.

ORGANIZAÇÃO INTERNACIONAL DO TRABALHO. *Declaração da Filadélfia, 1944*. Disponível em http://www.ilo.org/public/portugue/region/eurpro/lisbon/ html/genebra_decl_filadel_pt.htm. Acesso em 29 mai. 2009.

PELI, Paulo Roberto. TEIXEIRA, Paulo Rodrigues. *Assédio moral: uma responsabilidade corporativa*. São Paulo: Ícone, 2006.

PLÁ RODRIGUES, Américo. *Princípios de direito do trabalho*, tradução de Wagner D. Giglio. São Paulo: LTr, 1978.

REALE, Miguel. *Lições preliminares de direito*. 24. ed. São Paulo: Saraiva, 1999.

ROUSSEAU, Jean-Jacques. *O contrato social*. Tradução Antonio de Pádua Danesi. 3. ed. São Paulo: Martins Fontes, 1996.

SILVA, De Plácido e. *Vocabulário jurídico*. Atualizadores: Nagib Slaibi Filho e Geraldo Magela Alves. 17 ed. Rio de Janeiro: Forense, 2000.

SILVA, José Afonso da. *Curso de direito constitucional positivo*. 18. ed. São Paulo: Malheiros, 2000.

VENOSA, Sílvio de Salvo. *Direito civil: responsabilidade civil*. 5. ed. São Paulo: Atlas, 2005.

# — 8 —

# A coletivização do Direito: o dano moral coletivo na Justiça do Trabalho[1]

## PRISCILLA WILLERS[2]

*Sumário*: 1. Introdução; 2. Considerações gerais; 2.1. Responsabilidade civil; 2.2. Dano moral; 2.3. Interesses coletivos; 3. O dano moral coletivo; 3.1. Conceitos específicos; 3.2. Reparação do dano moral coletivo; 3.3. Aplicação na Justiça do Trabalho; 4. Hipóteses de configuração do dano moral coletivo na Justiça do Trabalho; 4.1. Terceirização ilícita; 4.2. Descumprimento de Normas de Proteção à Saúde e Segurança do Trabalho; 4.3 Assédio moral; 4.4. Outras irregularidades; 5. Considerações finais; Referências bibliográficas.

## 1. Introdução

Desde a promulgação da Constituição Federal em 1988, a proteção dos direitos humanos de terceira geração, que envolvem os direitos difusos e coletivos, adquiriu maior relevância para as relações jurídicas. Na área do direito do trabalho, a preocupação também cresceu com a propagação de ações coletivas que buscam garantir a proteção aos empregados, resultando, inclusive, em reparações pelos danos morais causados aos grupos.

O dano moral coletivo expandiu-se a partir da coletivização dos direitos, quando o interesse social passou a preponderar sobre o individual. Os direitos difusos e coletivos necessitaram de mecanismos jurídicos para garantir sua efetividade, foi o que aconteceu com as leis que disciplinaram a proteção do meio ambiente e do consumidor. A abordagem, aqui, porém, não se dará a estes ramos da ciência do Direito, e sim,

---

[1] O presente artigo foi apresentado no Programa de Ascensão Profissional da Diretoria Jurídica do Banco do Brasil, como requisito para a nomeação do cargo de Analista Jurídico B, atual Assessor Jurídico II, em setembro de 2010. Foram realizadas algumas atualizações em abril de 2014.

[2] Advogada. Especialista em Direto Empresarial pela Pontifícia Universidade Católica do Rio Grande do Sul (PUC-RS) e MBA Internacional em Business Law pela Fundação Getúlio Vargas (FGV).

a outra que atinge uma coletividade que também precisa ser protegida, a coletividade de empregados.

A Justiça do Trabalho, que visa à concretização do direito do trabalho na proteção do hipossuficiente na relação de trabalho, após a edição da Emenda Constitucional n° 45, teve ampliada sua competência, julgando, além dos direitos inerentes ao contrato de trabalho, outras questões materiais relacionadas à relação de trabalho.

Desta forma, para proteger a coletividade de empregados, o Ministério Público do Trabalho tem ajuizado ações civis públicas a fim de reparar o dano moral coletivo causado pelos empregadores. Danos esses decorrentes da violação à dignidade da pessoa humana – sob diversas formas: discriminação, coação, fraudes, ofensa à saúde e segurança do trabalho, dentre outras.

Assim, conjugando conceitos de direito do trabalho e direito civil, serão abordados aspectos essenciais para a análise do dano moral coletivo na Justiça do Trabalho. Após, essa análise será aprofundada com a observação das hipóteses de configuração do dano, inclusive com a verificação de jurisprudências acerca do tema.

## 2. Considerações gerais

Antes de se passar ao estudo específico do dano moral coletivo e suas implicações na Justiça do Trabalho, são necessárias algumas considerações sobre a responsabilidade civil, o dano moral e os interesses coletivos.

### 2.1. Responsabilidade civil

No direito civil brasileiro, mesmo após a publicação do Código Civil em 2002, a regra para a constatação da responsabilidade civil é a responsabilidade subjetiva, o que se pode averiguar pela redação do artigo 186 (Vademecum, 2010, p. 181), nos seguintes termos: "Aquele que, por ação ou omissão voluntária, negligência ou imprudência, violar direito e causar dano a outrem, ainda que exclusivamente moral, comete ato ilícito".

Assim, pela leitura deste artigo, verifica-se que para a configuração da responsabilidade do sujeito pelo ato ilícito, é necessária a presença de quatro elementos: a ação ou omissão, que causa um dano, o nexo causal entre ação e dano e o elemento subjetivo – a culpa.

O primeiro elemento a ser observado é a ação ou omissão do agente. Este elemento é o mais simples de verificar, já que basta o agir ou não agir do sujeito para que possa se falar em conduta. Arnaldo Rizzardo (2005, p.36) menciona que a ação ou omissão se dá por "atuação direta do agente, que ataca uma pessoa, ou destrói seus bens, ou investe contra sua honra, ou descumpre uma obrigação de proteção". Ressalta-se que esse elemento, por si só, não importa ao mundo jurídico. É preciso, então, a conjugação da conduta com os outros elementos mencionados para que tenha relevância ao Direito.

Após ocorrida a ação ou omissão do agente, o segundo elemento a se analisar é se esta conduta causou ou não um dano. O conceito de dano é muito amplo, mas, neste trabalho, será entendido como a lesão de um direito ou de um bem jurídico qualquer, não bastando a infração à norma jurídica, mas a existência de uma consequência prejudicial a outrem resultante dessa violação da norma.

Havendo a conduta do agente e um dano à vítima, é preciso avaliar a relação de causalidade, ou seja, a relação de causa e efeito entre a ação ou omissão do agente e o dano verificado. No artigo 186 do Código Civil já transcrito, o elemento que melhor representa o nexo de causalidade é o verbo "causar".

O autor Carlos Roberto Gonçalves (2005, p. 536.) trata de forma esclarecedora o nexo de causalidade dizendo que: "não pode haver uma questão de nexo causal senão tanto quanto se esteja diante de uma relação necessária entre o fato incriminado e o prejuízo. É necessário que se torne absolutamente certo que, sem esse fato, o prejuízo não poderia ter lugar".

Da análise dos elementos anteriores referidos, já poderia estar caracterizada a responsabilidade em indenizar. Porém, para a responsabilidade civil subjetiva, o pressuposto necessário para averiguação do dano indenizável é a prova da culpa do agente, ou seja, a culpa em sentido amplo. Esta culpa divide-se em duas espécies: dolo, que é a intenção de praticar o ato ilícito e ocasionar o dano, e culpa em sentido estrito, que se subdivide em imprudência (o agir sem a cautela esperada), negligência (o não agir, a omissão) e imperícia (a falta de habilitação para a prática do ato).

Embora a responsabilidade subjetiva seja a regra, há outra teoria que estabelece que não é preciso a constatação do elemento subjetivo, basta haver a ação ou omissão que gerou um dano e o nexo de causalidade entre eles para que esteja presente a responsabilidade em indenizar. Esta é a teoria da responsabilidade civil objetiva e está expressa no parágrafo único do artigo 927 do Código Civil de 2002.

A responsabilidade objetiva será verificada quando houver o dano independentemente da constatação de culpa do agente (artigos 927, parágrafo único, e 933, do Código Civil) ou quando a culpa for presumida (artigos 936, 937 e 938 do Código Civil), contudo somente nos casos especificados em lei ou quando a atividade normalmente desenvolvida pelo autor do dano, implicar, por sua natureza, risco para os direitos de outrem.

Apenas para exemplificar, cita-se como casos expressos de responsabilidade objetiva a responsabilidade do fabricante, produtor, construtor e importador pelos defeitos decorrentes de projeto, fabricação, construção, montagem, fórmulas, manipulação, apresentação ou acondicionamento de seus produtos, bem como por informações insuficientes ou inadequadas sobre sua utilização e riscos, na aplicação do Código de Defesa do Consumidor (art. 12 da Lei nº 8.078/90); a responsabilidade do transportador pelos danos causados às pessoas transportadas e suas bagagens (artigo 734 do Código Civil); ou, ainda, a responsabilidade das pessoas jurídicas de direito público interno pelos atos dos seus agentes que nessa qualidade causem danos a terceiros (artigo 43 do Código Civil).

Na seara trabalhista, a regra geral é a responsabilidade subjetiva, como é possível identificar pelo artigo 7º, inciso XXVIII, segunda parte, da Constituição da República, o qual dispõe que é direito dos trabalhadores urbanos e rurais "seguro contra acidentes de trabalho, a cargo do empregador, sem excluir a indenização a que este está obrigado, quando incorrer em dolo ou culpa." (Vademecum, 2010, p.12.).

No entanto, a responsabilidade objetiva pode ser constatada caso a atividade normalmente desenvolvida pelo empregador implicar, pela sua natureza, risco para o empregado. Como ensina Raimundo Simão de Melo (2010, p. 46), é o que é denominado de teoria do risco da atividade que, "é aquela que tem pela sua característica uma peculiaridade que desde já pressupõe a ocorrência de acidentes; é a atividade que apresenta intrínseca ao seu conteúdo um perigo potencialmente causador de dano a alguém".

### 2.2. Dano moral

Dentre os elementos de configuração da responsabilidade civil, o dano é o pressuposto central, não bastando a ação ou omissão do agente e o liame que liga a conduta ao resultado, este resultado precisa ser lesivo à vítima.

Dependendo do interesse protegido, o dano decorrente da conduta do agente pode ser patrimonial ou material e extrapatrimonial ou moral. No dano patrimonial é atingido o interesse econômico da vítima, ou seja, há perda ou diminuição do patrimônio do credor por efeito da inexecução da obrigação como também com privação de um ganho que deixou de auferir, ou de que foi privado em consequência daquela inexecução ou retardamento. Já, o dano extrapatrimonial ou moral atinge o patrimônio ideal da pessoa, o patrimônio ideal entendido como o conjunto de tudo aquilo que não seja suscetível de valor econômico, como a honra, a paz, a liberdade física, a tranquilidade de espírito, a reputação, a beleza.

No dano moral, há o sofrimento psíquico ou moral – as dores, os sentimentos, a tristeza, a frustração –, todavia, para restar configurado, esse sofrimento precisa ser injusto, não basta que seja um mero transtorno, um fato inconveniente da vida comum em sociedade.

A indenização pelos danos materiais e morais decorrentes da lesão a direitos individuais é assegurada pelo artigo 5º, incisos V e X, da Constituição Federal (VADEMECUM, 2010, p. 7). Quando ocorrer as duas espécies de danos mencionados na mesma conduta, a indenização poderá ser cumulada na forma como já pacificado na jurisprudência desde a edição a Súmula nº 37 do STJ.

### 2.3. Interesses coletivos

Antes da análise específica acerca dos interesses coletivos, cabe referir que a evolução histórica da organização das sociedades foi fundamental para definir quais os interesses que deveriam ser protegidos. Assim, a partir do Século XIX, quando o Estado Liberal se mostrou falível pela ausência de intervenção nas relações sociais, criando sérias desigualdades, necessitou-se de um novo modelo que pudesse modificar a situação criada, garantindo, então, direitos à coletividade. As relações privadas precisaram da intervenção do Estado para que interesses maiores fossem privilegiados. Não se pode confundir, porém, que a intervenção estatal nas relações privadas é total, sem qualquer limitação, o que se buscou garantir foi o maior equilíbrio dessas relações, preponderando o coletivo sobre o individual. Tem-se, desse modo, a aplicação de princípios gerais da função social e da boa-fé.

No entanto, para sistemas jurídicos que são positivistas, os princípios não são suficientes para garantir proteção à sociedade. A legislação nacional precisou acompanhar a evolução da vida em sociedade, da indústria e da tecnologia. Desta forma, a publicação Código de Defesa do Consumidor em 1990 veio a definir conceitos para que a sociedade tivesse o amparo esperado pelo Estado.

No CDC, foram definidos conceitos importantes que são utilizados não só na defesa do consumidor, mas em outras áreas do Direito, cabendo destacar que o artigo 81 dessa lei define o exercício da tutela coletiva considerando as categorias de interesses: difusos, coletivos e individuais homogêneos.

Os interesses difusos dizem respeito aos interesses de natureza indivisível em que pessoas indeterminadas são ligadas por circunstâncias de fato. Ada Pellegrini Grinover (2007, p.111) leciona que "os interesses difusos compreendem interesses que não encontram apoio em uma relação-base bem definida, reduzindo-se o vínculo entre as pessoas a fatores conjunturais ou extremamente genéricos, a dados de fato freqüentemente acidentais e mutáveis: habitar a mesma região, consumir o mesmo produto, viver sob determinadas condições socioeconômicas, sujeitar-se a determinados empreendimentos, etc.".

Os interesses coletivos, por seu turno, são os interesses de natureza indivisível em que um grupo, uma categoria ou uma classe de pessoas estão ligadas entre si ou com a parte contrária por uma relação jurídica base.

Paula Renata Minutti (2010), ao estudar o dano moral coletivo na Justiça do Trabalho, faz importante distinção entre interesse difuso e coletivo, qual seja, quando a potencialidade do fato extrapola os limites de uma relação jurídica base para atingir qualquer pessoa apta a ingressar no mercado de trabalho, como ocorre, por exemplo, em caso de anúncio para preencher vaga de trabalho de forma flagrantemente discriminatória se está diante do interesse difuso; ao contrário, se o interesse é compartilhado por uma categoria ou conjunto de sujeitos que se encontram em similar posição jurídica, por conta de uma relação preestabelecida, o interesse é coletivo.

Por último, na ordem de análise aqui, os interesses individuais homogêneos ou acidentalmente coletivos são aqueles que protegem interesses individuais originados em uma situação comum, ou seja, cada membro do grupo é titular de direitos subjetivos clássicos, divisíveis por natureza. Destaca-se que a tutela a este tipo de direito pode ser buscada tanto através de ações coletivas, como de ações individuais e, por assim ser, não muito explorada pela doutrina.

A partir das definições acima, e como o enfoque aqui é o direito do trabalho, serão observados os interesses coletivos, considerando que ao proteger os interesses de uma coletividade de trabalhadores, os sujeitos estão ligados por uma relação jurídica base, qual seja, o contrato de trabalho.

### 3. O dano moral coletivo

Após terem sido identificados os três pilares do estudo proposto: responsabilidade civil, dano moral e interesses coletivos, a próxima etapa é a união destes aspectos: o dano moral coletivo.

## 3.1. Conceitos específicos

Numa análise inicial, poder-se-ia dizer que o dano moral coletivo é configurado quando uma coletividade, ligada por uma relação jurídica base, tem sua esfera íntima atingida por uma lesão injusta. No entanto, esta observação é insuficiente, já que restringiria a aplicação do dano moral coletivo, bem como seria de difícil constatação.

Assim, o dano moral coletivo vai além das definições utilizadas no dano moral individual, já que não basta a dor psíquica ou o abalo do patrimônio moral, como é na esfera individual, a proteção ao coletivo se destina à preservação de valores coletivos, como o meio ambiente, o consumidor, o trabalho.

O autor Carlos Alberto Bittar Filho (2010) conceitua o dano moral coletivo do seguinte modo: "o dano moral coletivo é a injusta lesão da esfera moral de uma dada comunidade, ou seja, é a violação antijurídica de um determinado círculo de valores coletivos. Quando se fala em dano moral coletivo, está-se fazendo menção ao fato de que o patrimônio valorativo de uma certa comunidade (maior ou menor), idealmente considerado, foi agredido de maneira absolutamente injustificável do ponto de vista jurídico; quer isso dizer, em última instância, que se feriu a própria cultura, em seu aspecto imaterial".

Xisto Tiago de Medeiros Neto (2007, p. 136), após analisar várias posições doutrinárias, esclarece com maestria que "o dano moral coletivo corresponde à lesão injusta e intolerável a interesses ou direitos titularizados pela coletividade (considerada em seu todo ou em qualquer de suas expressões – grupos, classes ou categorias de pessoas), os quais possuem natureza extrapatrimonial, refletindo valores e bens fundamentais para a sociedade".

A partir destes conceitos, é possível estabelecer que o dano moral coletivo extrapola a noção de dor e sofrimento, como é caracterizado na esfera individual, atingindo outros fatores que afetam negativamente a um grupo, violando aos valores fundamentais compartilhados pela coletividade, como a lesão ao meio ambiente, ao consumidor, a bens e direitos de valor artístico, estético, histórico, turístico, paisagístico; ou a infração à ordem econômica ou urbanística. (art. 1º da Lei nº 7.347/85).

Quanto à prova do dano moral coletivo, Xisto Tiago de Medeiros Neto (2007, p. 146) refere que o dano é observado *in re ipsa*, ou seja, é perceptível e verificado em decorrência da conduta ilícita que viola de maneira injusta e intolerável interesses de natureza transindividual. Assim, é suficiente a certeza emergente da prejudicialidade à coletividade, bastando, portanto, a ocorrência da conduta lesiva à esfera de direitos da coletividade de conteúdo extrapatrimonial, que quando produzidos os fatos de que a conduta deveria prevenir, estes gerem danos que exigem a devida reparação.

Como exemplo da configuração do dano moral coletivo, cita-se o entendimento da 3ª Turma do TRT da 4ª Região no Acórdão do processo nº 00900-2006-007-04-00-3 (Rio Grande do Sul. Tribunal Regional do Trabalho, 2008.), a saber:

> Não há que se falar em impossibilidade de dano moral coletivo. De há muito que doutrina e jurisprudência já repeliram a vinculação do dano moral ao sofrimento psíquico, conforme argumentos abaixo:
> (c) o dano moral não diz respeito apenas à ofensa restrita à esfera da dor e do sofrimento, havendo inequivocamente interesses jurídicos extrapatrimoniais, também referidos a coletividade de pessoas, que são tutelados pelo ordenamento em vigor (a exemplo da manutenção de condições ambientais e de vida saudáveis, da não-discriminação de trabalhadores, da preservação do patrimônio históricocultural, da transparência nas relações de consumo, da preservação do patrimônio público, etc.);
> (...)
> (f) a reparação do dano moral coletivo não tem relação necessária com oreconhecimento e visualização de "sofrimento", "aflição", "angústia", "constrangimento" ou "abalo psicofísico" atribuído a uma dada coletividade, ou mesmo com a idéia de se enxergar uma "alma" própria, passível de visibilidade, a possibilitar uma "ofensa moral"; (Xisto Medeiros Neto, Dano Moral Coletivo, São Paulo: LTr, 2007, p. 191)

Sendo assim, a prova do dano moral coletivo é a ocorrência de conduta antijurídica em si mesma, que viole interesses transindividuais, sendo irrelevante a verificação de prejuízo material concreto, posto o dano verificar-se, no caso, com o simples fato da violação. Nas esfera das relações de trabalho, o desrespeito às normas de proteção à saúde e segurança laboral, que encontra ressonância nas prescrições dos arts. 200, VIII e 225 (como garantia do meio ambiente de trabalho sadio) e art. 7º, XXXIII, da Constituição da República (quanto ao dever patronal de redução dos riscos inerentes ao trabalho) constitui exemplo de configuração de dano moral coletivo. Tal hipótese é a mais comum nos julgados dos tribunais trabalhistas sobre a questão.

Então, a partir dos conceitos identificados e da jurisprudência colacionada, pode-se concluir que o dano moral coletivo resta configurado quando há uma lesão injusta, omissiva ou comissiva, que atinge diretamente aos valores de uma coletividade.

### 3.2. Reparação do dano moral coletivo

Todo aquele que comete um ato ilícito tem o dever de repará-lo. Desse modo, havendo um dano, ele necessita da reparação pelo agente causador. Da mesma forma, configurado o dano moral causado à coletividade ele precisa ser reparado. Saliente-se que em relação ao dano moral coletivo, a reparação deve preservar o interesse social.

Como o dano moral coletivo é um dano grave, que envolve alto grau de reprovabilidade social, necessário de um tratamento próprio para responsabilizar o agente causador, sob pena de que o ofensor auferir vantagem injusta e pessoal e/ou econômica, além de permanecer na prática das condutas gravosas à sociedade.

A reparação do dano moral coletivo não pode se restringir à obrigação de fazer (realizar algo previsto em lei) ou não fazer (abster-se da conduta), pois a agressão ao bem jurídico da coletividade já foi atingido de tal forma, que a obrigação de realizar ou abster-se da conduta pode não ser suficiente para inibir as infrações. Diante disso, para fundamentar a possibilidade de fixação de uma indenização pecuniária aplicam-se os dispositivos da Lei da Ação Civil Pública, em especial o artigo 13, que dispõe sobre a possibilidade do arbitramento de uma indenização pelo dano causado.

Ressalta-se que a fixação ou não de uma indenização pecuniária para o dano moral coletivo causado não é de grande discussão, pois todas as questões mais relevantes estão relacionadas à configuração do dano: se a conduta é ou não legal, se tal conduta ofende ou não a coletividade, se ofende ou não o íntimo da coletividade, etc.

Concluindo pela configuração do dano, impõe-se a sua reparação sob a forma de obrigações ao infrator pela conduta ilícita e/ou sob a forma de indenização pecuniária. No tocante aos parâmetros adotados para a fixação da indenização, opina Xisto Tiago de Medeiros Neto (2007, p. 159) que: "É imperioso, pois, que o lesante apreenda, pela sanção pecuniária imposta, a força da reprovação social e dos efeitos deletérios decorrentes da sua conduta. Somente assim é que se poderá atender ao anseio de justiça que deflui do seio da coletividade; somente assim é que se possibilitará recompor o equilíbrio social rompido; somente assim a conduta violadora de direitos essenciais da coletividade não será compensadora para o ofensor; e somente assim haverá desestímulo, no universo social, quanto à repetição de condutas de tal jaez, para o bem de toda coletividade".

Por esse entendimento, a função da indenização a ser arbitrada é uma função sancionatória, para que o ofensor não mais cause o dano. Observe-se que tal indenização não será revertida às vítimas, como forma de compensar o dano sofrido, mas, por serem direitos coletivos, tal indenização será destinada a um fundo específico constituído para a reconstituição dos bens lesados, como previsto no mesmo artigo 13 da LACP.

O mesmo autor acima referido cita o ensinamento de Leonardo Roscoe Bessa, o qual melhor lecionou acerca da função da indenização pecuniária (2007, p.161-162), nos seguintes termos: "A condenação judicial por dano moral coletivo é sanção pecuniária, com caráter eminentemente punitivo, em face da ofensa a direitos coletivo ou difusos nas mais diversas áreas (...) O objetivo da lei, ao permitir expressamente a imposição de sanção pecuniária pelo Judiciário, a ser revertida a fundos nacional e estadual (art. 13 da Lei n. 7.347/85), foi basicamente reprimir a conduta daquele de ofender direitos coletivos e difusos. Como resultado necessário dessa atividade repressiva jurisdicional surgem os efeitos – a função do instituto – almejados pela lei; prevenir a ofensa a direitos transindividuais, considerando seu caráter extrapatrimonial e inerente relevância social. (...) Especificamente em relação à positivação do denominado dano moral coletivo, a função é, mediante a imposição de novas e graves sanções jurídicas para determinadas condutas, atender ao princípio da prevenção e precaução, de modo a conferir real e efetiva tutela ao meio ambiente, patrimônio cultural, ordem urbanística, relações de consumo e a outros bens que extrapolam o interesse individual".

Definida a função sancionatória da indenização, qual será o *quantum* a ser arbitrado? O Procurador do Ministério Público do Trabalho elencou o que deve ser observado (MEDEIROS NETO, 2007, p. 164-166): a) a natureza, a gravidade e a repercussão da lesão; b) a situação econômica do ofensor; c) o eventual proveito obtido com a conduta ilícita; d) o grau de culpa ou dolo, se presentes, e a verificação de reincidência; e e) o grau de reprovabilidade social da conduta adotada.

Para melhor visualizar a análise destes elementos, transcreve-se interessante decisão do TRT da 3ª Região, no Processo nº 01341-2010-086-03-00-2 (Minas Gerais, 2011):

DANOS MORAIS COLETIVOS. As indenizações por dano moral coletivo, contextualizadas no âmbito laboral, devem resultar da busca pelo equilíbrio entre o objetivo de compensar as vítimas e a necessidade de estabelecer um mecanismo pedagógico-disciplinar capaz de dissuadir o empregador das condutas danosas aos interesses metaindividuais. Nesse aspecto, o dano moral em enfoque dissocia-se da ideia de dor psíquica, própria da pessoa física, direcionando-se para valores compartidos socialmente que traduzam natureza coletiva, sendo certo que o seu reconhecimento e a possibilidade de sua reparação encontram respaldo constitucional (artigo 5º, X, da CR/88). A obrigação de reparar um dano sofrido, ainda que diga respeito a interesses metainviduais, pressupõe a prática, pelo empregador, de um ato ilícito, por ação ou omissão, culposa ou dolosa, de forma que haja a capitulação dos fatos ao artigo 186 do Código Civil. Deve-se salientar, também, que a exigência do nexo causal constitui o fundamento essencial para a aplicação do princípio geral da responsabilidade civil no direito brasileiro. Portanto, é na responsabilidade civil subjetiva que se funda a teoria da culpa: para que haja o dever de indenizar é necessária a existência do dano, do nexo de causalidade entre o fato e o dano e a culpa lato sensu (culpa – imprudência, negligência ou imperícia; ou dolo) do agente. No caso em apreço, restou devidamente comprovado o ato ilícito praticado pela Ré, consubstanciado na reiterada conduta da empresa em exigir, de modo habitual, labor em sobrejornada além dos limites permitidos em lei, revelando-se, a toda evidência, a sua conduta antijurídica, o que autoriza a reparação por danos morais coletivos, nos moldes deferidos na origem.

E na fundamentação, explicita-se a fixação do dano como segue:

> No que diz respeito ao montante arbitrado, cumpre esclarecer que o cálculo da respectiva reparação constitui uma das tarefas mais difíceis, uma vez que, em razão da natureza não patrimonial da lesão, a possibilidade de se aplicar um critério de pleno objetivismo na sua quantificação é reduzida, devendo o juiz, na sua fixação, diante das múltiplas especificidades do caso concreto, basear-se em um juízo de equidade.Os valores reparatórios devem ser prudentemente arbitrados pelo Magistrado, mediante equidade e bom senso, orientando-se pelo princípio da razoabilidade, valendo-se de sua experiência e do bom senso, atento à realidade da vida, levando-se em conta todo um quadro circunstancial, especialmente a extensão do dano, sua natureza, o tempo e a região, sua gravidade, além da repercussão da ofensa no seio da coletividade atingida e da capacidade sócio-econômica do ofensor e dos ofendidos.Diante dessas considerações, tem-se por mais adequada a quantia de R$ 100.000,00 (cem mil reais), eis que suficiente para atender aos fins a que se destina, pois desestimula a perpetuação da ilicitude praticada pela Ré, sendo, ainda, adequada à sua capacidade financeira e proporcional à dimensão do dano causado.

Enfim, como verificado, tem-se que a reparação pelo dano moral coletivo causado não deve estar tão somente relacionada com a realização de algo ou abstenção da conduta, mas também com a fixação de uma indenização pecuniária com vistas a compensar a conduta lesiva causada à coletividade, observando-se, para tanto os critérios da proporcionalidade e da razoabilidade, bem como do bom-senso do julgador, de forma a inibir novas práticas.

### 3.3. Aplicação na Justiça do Trabalho

Já destacados os aspectos gerais e específicos do dano moral coletivo, cabe restringir a observação desta espécie de dano no direito do trabalho. No campo das relações do trabalho, é possível identificar a existência de interesses coletivos que merecem tutela específica pela Justiça do Trabalho.

O dano moral coletivo na esfera do direito do trabalho é visualizado quando, por exemplo, um grupo de empregados, ligados entre si, pela existência do contrato de trabalho, tem direitos suprimidos. Ressalta-se que não são aqueles direitos individualmente considerados, mas que englobam todo o grupo. Pode-se citar como hipótese de dano moral coletivo a terceirização de atividade-fim da empresa tomadora, desvirtuando o contrato de terceirização e suprimindo oportunidades de ascensão profissional dos próprios empregados.

A jurisprudência, apesar de não ser farta, reconhece que a coletividade de trabalhadores pode sofrer dano moral coletivo. Para tanto, cita-se (Santa Catarina. Tribunal Regional do Trabalho, 2009.):

AÇÃO CIVIL PÚBLICA. MINISTÉRIO PÚBLICO DO TRABALHO. MANUTENÇÃO DE TRABALHADORES SOB CONDIÇÕES DEGRADANTES. DANO MORAL COLETIVO E INDIVIDUAL. Uma vez comprovada a manutenção de trabalhadores sob condições desumanas e degradantes, a empresa beneficiada com a mão-de-obra referida deve arcar com o ônus de sua escolha, relativamente à contratação da empresa responsável pelas irregularidades. Mormente porque a conduta danosa – violadora dos direitos sociais – ultrapassa o patrimônio jurídico dos trabalhadores explorados. Nesse contexto, a fim de reparar o prejuízo sofrido e visando além do efeito punitivo o educativo, há de ser mantida a condenação ao pagamento de indenização por danos morais individuais e coletivos.

Em outro julgado, agora do TRT da 6ª Região (Minas Gerais, Tribunal Regional do Trabalho, 2010), também restou configurado o dano, a saber:

AÇÃO CIVIL PÚBLICA – FRAUDE À LEGISLAÇÃO TRABALHISTA – CARACTERIZAÇÃO – DANO MORAL COLETIVO – INDENIZAÇÃO. De acordo com os elementos de convicção existentes nos autos, inclusive depoimentos das informantes (cuja valoração é diminuída, mas não eliminada), sócios minoritários de "sociedade virtual" – oriundos de cooperativa que já prestou serviços irregularmente à empresa recorrente – continuaram a exercer as mesmas atividades na área-fim da beneficiária, o que tipifica fraude à legislação trabalhista. Dessa forma, demonstrados o ato ilícito, a culpabilidade, o nexo de causalidade e o dano moral coletivo, é devida indenização no valor de R$ 300.000,00, principalmente porque os responsáveis nada aprenderam com o ajuste de conduta anterior.

Assim, incontroverso que a coletividade de trabalhadores teve direitos suprimidos por conduta do empregador, sendo essa supressão capaz de atingir os valores desta coletividade estará o dano moral coletivo caracterizado.

## 4. Hipóteses de configuração do dano moral coletivo na Justiça do Trabalho

Na Justiça do Trabalho, as primeiras condenações indenizatórias a título de danos morais coletivos surgiram em ações civis públicas ajuizadas pelo Ministério Público do Trabalho, relacionadas à exploração de trabalhadores em condições análogas à de escravo, à utilização de mão de obra infantil, ao trabalho forçado e à submissão a condições degradantes, à discriminação de toda ordem (sexo, idade, raça, deficiência física), à revista íntima e à terceirização ilícita por meio de cooperativa de trabalho.

### 4.1. Terceirização ilícita

A terceirização consiste na inserção de um terceiro elemento na relação de trabalho, ou seja, haverá o contratante (tomador de serviços), a empresa contratada (prestadora de serviços) e o trabalhador (que mantém vínculo empregatício com esta última, prestando serviços em benefício da primeira). Ela tem sua origem na transferência da responsabilidade por um serviço de uma empresa para outra, e indiscutivelmente, faz parte do mundo globalizado, e cada vez mais vem sendo utilizada com o objetivo de tornar mais eficiente e competitiva as empresas e a produção.

São exemplos de atividades tipicamente terceirizadas a prestação de serviços de conservação, limpeza, segurança, vigilância, transportes, informática, copeiragem, recepção, reprografia, telecomunicações e manutenção de prédios.

Na esfera do direito do trabalho não há legislação acerca da terceirização, porém diante da necessidade de uma referência normativa, o TST editou a Súmula 331 em 1993 (revisando o conteúdo da Súmula 256 de 1986), que também já passou por alterações, inclusive em 2011. Mesmo não possuindo efeito vinculante, a referida súmula é aplicada indistintamente.

No inciso I da súmula em comento se encontra a definição de terceirização ilícita e é a ofensa a tal inciso que gera o dano moral coletivo, objeto do presente estudo.

Sérgio Pinto Martins (2011, p. 1 e 11) aponta que a terceirização se apresenta com maior ou menor intensidade em quase todos os países, tendo por objetivo principal não apenas a redução de custo, mas também trazer agilidade, flexibilidade, competitividade à empresa para vencer no mercado. Para o autor, a tomadora de serviços pretende, com a terceirização, a transformação dos seus custos fixos em variáveis, possibilitando o melhor aproveitamento do processo produtivo, com a transferência de numerário para aplicação em tecnologia ou no seu desenvolvimento e também em novos produtos.

Em tese, não há nada de errado em buscar maior eficiência ou competitividade, pois se tratam de preocupações inerentes às práticas mercadológicas mundiais. O problema é que o modelo adaptado para a realidade brasileira, muitas vezes, acaba burlando a legislação trabalhista, havendo típica relação empregatícia travestida de terceirização de serviços.

Para evitar, portanto, que o instituto da terceirização seja utilizado de forma equivocada e em afronta ao direito ao trabalho, há possibilidade de condenação das empresas ao dano moral coletivo pela terceirização ilícita.

A terceirização ilícita pode se dar por meio de uma falsa cooperativa que se utiliza irregularmente de trabalhadores em atividades típicas de servidores públicos, violando o preceito do concurso público (art. 37, II, da CF). Também, a terceirização ilícita pode se caracterizar pela contratação de mão de obra por empresa interposta para desenvolvimento da atividade-fim da empresa em prejuízo aos trabalhadores, como muito se observa na jurisprudência (como exemplos: Minas Gerais. Tribunal

Regional do Trabalho, 2009; Brasília, Tribunal Regional do Trabalho, 2012).

Veja-se que no acórdão proferido no TRT da 15ª Região (Campinas, 2012), as empresas, além de terem se valido da terceirização ilícita, expuseram os trabalhadores a condições subumanas. Desta forma, a indenização foi arbitrada em R$ 1.712.711,13, nos seguintes termos:

DANO MORAL COLETIVO. TERCEIRIZAÇÃO ILÍCITA. TRATAMENTO DESUMANO. AFRONTA AOS ARTIGOS 5º E 7º DA CONSTITUIÇÃO DA REPÚBLICA. INDENIZAÇÃO DEVIDA. Optou a empresa, ao invés de admitir e assalariar seus próprios empregados, por contratar empresas terceirizadas para o fornecimento de mão-de-obra para a realização de tarefas inerentes à sua atividade empresarial, em afronta ao entendimento constante da Súmula nº 331 do C. TST. Não bastasse, cometeu inúmeras outras irregularidades, como a sonegação de equipamentos de proteção individual, de instalações sanitárias separadas por sexo, de abrigos contra intempéries, de material para primeiros socorros aos cuidados de pessoa treinada e de proteção para as ferramentas que eram transportadas juntamente com as pessoas, além de não ter provido água fresca e potável à suficiência. As condições sub-humanas às quais foram submetidos os trabalhadores, agrediu-lhes na essência, assim como seus familiares e toda a coletividade. É provável, diga-se, que os trabalhadores não tenham mesmo se apercebido do referido tratamento, pois são pessoas essencialmente humildes e se dispõem ao árduo trabalho agrícola em troca da mera subsistência. Tal circunstância, no entanto, não impede o Ministério do Trabalho e Emprego, e o Ministério Público do Trabalho, de cumprirem suas missões institucionais, especialmente na tutela dos interesses coletivos e difusos. O valor arbitrado a título de indenização, R$ 1.712.711,13, em favor do FAT, aparenta ser excessivo, mas encontra justificativa na quantidade de trabalhadores submetidos ao injusto tratamento (235), na gravidade da conduta e, principalmente, nos vultosos lucros conquistados no período do labor, de quase 45 milhões de reais para as duas empresas.

Apesar das condenações, a prática ilícita permanece ocorrendo. No sítio eletrônico da Procuradoria Regional do Trabalho da 13ª Região (Paraíba. Procuradoria Regional do Trabalho na 13ª Região, 2012), há notícia de que o Ministério Público do Trabalho na Paraíba abriu inquérito civil para apurar supostas terceirizações ilícitas no Banco do Brasil. O teor da matéria refere que o Banco do Brasil vinha utilizando-se de empregados temporários, contratados sob essa modalidade, mas que os serviços realizados se referiam a serviços ordinários de bancários, não possuindo o caráter de extraordinariedade que justificasse a contratação, "em uma clara fraude à legislação trabalhista e ao processo do concurso público previsto na Constituição".

### 4.2. Descumprimento de Normas de Proteção à Saúde e Segurança do Trabalho

Em pesquisas nos sítios eletrônicos dos Tribunais do Trabalho verifica-se que grande parte das condenações à reparação pelo dano moral coletivo decorre do descumprimento de normas de proteção à saúde e segurança do trabalho. Pode-se citar casos emblemáticos como a condenação da Shell e BASF ao pagamento da indenização de R$ 622,2 milhões pelos danos causados aos empregados, inclusive terceirizados, em decorrência da contaminação do solo e dos lençóis freáticos por compostos organoclorados, resultado da inadequação do tratamento biológico dos dejetos industriais.

Também, há a ação civil pública ajuizada pelo Ministério Público do Trabalho contra a Souza Cruz discutindo o dano aos empregados que exercem a função de "provadores de fumo".

Assim, quanto a tal hipótese de configuração do dano moral coletivo, importa destacar que são direitos fundamentais positivados na Constituição Federal do Brasil a saúde e segurança, e por serem fundamentais, são indisponíveis, irrenunciáveis e inalienáveis. Também, direito fundamental é a dignidade da pessoa humana. Então, o local de trabalho deve ser saudável e seguro para que o trabalhador realize suas tarefas de modo digno.

O local de trabalho pode ser entendido como meio ambiente do trabalho e em sendo meio ambiente, a Carta Magna assegura o direito à sadia qualidade de vida. E o que é qualidade de vida? Pode-se definir qualidade de vida como o método usado para medir as condições da vida de um ser humano, envolvendo o bem físico, mental, psicológico e emocional, além de relacionamentos sociais, como família e amigos e também saúde, educação, poder de compra e outras circunstâncias da vida.

Diante disso, poder-se-ia afirmar que atitudes do empregador que impliquem na redução da qualidade de vida no trabalho dos empregados podem acarretar a necessidade de reparar a lesão aos valores morais dessa coletividade.

Uma das hipóteses de ofensa à qualidade de vida no trabalho é o descumprimento de normas de proteção à saúde e segurança do trabalho, o que cria um ambiente inseguro e inidôneo para o labor, ferindo a dignidade da pessoa, caracterizando o dano moral coletivo e gerando a necessidade de se indenizar a coletividade.

No entanto, para configuração do dano em questão além da inobservância das normas de proteção, é necessária a repulsa social de grande monta, como restou decidido no acórdão do processo 00710-2004-087-03-00-8 (RO) – 8ª Turma do TRT (Minas Gerais. Tribunal Regional do Trabalho, 2005).

Neste caso, o descumprimento das normas protetivas deve colocar em risco a vida e a integridade física de todos os operários do empregador e de toda pessoa que tenha que adentrar no estabelecimento por qualquer motivo, em outras palavras, o descumprimento das normas deve gerar lesão ao meio ambiente do trabalho e diminuir a qualidade de vida.

Em relação à saúde do trabalhador, as situações que agridem a integridade física da coletividade são mais facilmente perceptíveis. Pode-se citar como causa de ofensa à saúde do trabalhador a exigência de horas extras excessivas sem o pagamento do adicional devido, a exigência de esforço repetitivo pelo manuseio de volumes com peso excessivo ou a supressão do intervalo intrajornada.

Já, em relação à segurança dos trabalhadores, dentre às ofensas, pode-se citar as condições de trabalho perigoso, que acarretem riscos concretos e constantes de acidentes de trabalho.

Neste sentido, a 3ª Turma do TRT da 4ª Região, no acórdão do processo 0122000-06.2008.5.04.0383 (RO), além de manter a condenação de uma empresa de calçados à obrigação de fazer para adequar os equipamentos e máquinas às normas de segurança, adaptar as posições dos postos de trabalho, implementar medidas preventivas/corretivas previstas no programa de prevenção de riscos ambientais; acresceu a indenização pelo dano moral coletivo, com função preventivo pedagógica, pela violação de normas trabalhistas protetivas de medicina, segurança e higiene do trabalho, que colocaram em risco a vida, a saúde e a integridade física dos trabalhadores (Rio Grande do Sul. Tribunal Regional do Trabalho, 2010.).

Pela referida decisão pode-se identificar que o dano moral coletivo está configurado quando há violação das normas trabalhistas protetivas de medicina, segurança e higiene do trabalho colocando em risco a vida, a saúde e a integridade física dos trabalhadores, que também fazem parte do meio ambiente de trabalho.

Ressalte-se que muitas decisões não reconhecem a configuração do dano moral coletivo, porém, determinam o cumprimento das normas protetivas. Como ocorreu na decisão da 2ª Turma do TST no RR – 57400-09.2004.5.03.0006, que reconheceu a abrangência regional da decisão quanto à obrigação de fazer, determinando que o Banco empregador providenciasse a instalação de portas giratórias nas agências do Estado de Minas Gerais, cumprindo lei estadual; no entanto, não reconheceu o dano moral coletivo já que ausentes os requisitos necessários para sua configuração (Brasil. Tribunal Superior do Trabalho, 2010).

No citado julgado, é possível constatar que o dano moral coletivo pode restar configurado na esfera trabalhista quando comprovado que o descumprimento das normas de segurança acarretou riscos concretos aos valores da coletividade.

### 4.3 Assédio Moral

A prática de assédio moral gera o dano. Mas o que é assédio moral?

Marie-France Hirigoyen, uma das pioneiras no estudo, citada por Luis Leandro Gomes Ramos e Rodrigo Wasem Galia conceitua (2012, p. 39): "qualquer conduta abusiva manifestando-se sobretudo por comportamentos, palavras, atos, gestos, escritos que possam trazer dano à personalidade, à dignidade ou a à integridade física ou psíquica de uma pessoa, pôr em perigo seu emprego ou degradar o ambiente de trabalho".

Veja-se que, pela definição acima, a conduta do agente precisa ser abusiva e acarretar danos à honra da coletividade. Assim, complementando o conceito, Sonia Mascaro Nascimento disserta (2009): "O assédio moral (*mobbing, bullying, harcèlement moral* ou, ainda, manipulação perversa, terrorismo psicológico) caracteriza-se por ser uma conduta abusiva, de natureza psicológica, que atenta contra a dignidade psíquica, de forma repetitiva e prolongada, e que expõe o trabalhador a situações humilhantes e constrangedoras, capazes de causar ofensa à personalidade, à dignidade ou à integridade psíquica, e que tenha por efeito excluir a posição do empregado no emprego ou deteriorar o ambiente de trabalho, durante a jornada de trabalho e no exercício de suas funções".

Desse conceito, pode-se extrair importantes elementos para se concluir pela caracterização do assédio moral, como a conduta do assediador que deve ser ofensiva e abusiva, mas de caráter repetitivo. Não basta que tal conduta tenha sido praticada em uma única oportunidade, mas que seja reiterada e sistematizada. Ainda, a conduta do ofensor deve ser consciente e visar à ridicularização e à humilhação do ofendido de forma que tal ato lhe cause angústia, medo, insegurança na manutenção de seu emprego.

A autora Sonia Mascaro Nascimento também menciona espécies distintas de assédio moral, como o *mobbing*, que seria o assédio horizontal, o assédio entre colegas de trabalho, as piadinhas ofensivas, os gestos obscenos, o isolamento, todos atos que agridam os direitos de personalidade dos colegas de trabalho; o *bullying*, que seria o assédio em relações hierárquicas, ou seja, agressões do superior para com o subordinado ou vice-versa.

Nas relações de trabalho, os professores RAMOS e GALIA (2012, p. 46-7) indicam algumas características importantes para se constatar o assédio moral: a) recusa em aceitar alguém ou algum traço diferente de sua personalidade, b) estímulo, pelo empregador, à rivalidade entre empregados em razão da idade, experiência, educação, etc.); c) exploração do medo dos trabalhadores diante do desemprego por meio de uso de ameaças de demissões.

E, para exemplificar como se dá o assédio moral de forma coletiva no ambiente de trabalho, transcreve-se as palavras de Sonia Mascaro Nascimento (2009): "Percebe-se que a prática de assédio moral de forma coletiva tem ocorrido em várias ocasiões, principalmente nos casos envolvendo política 'motivacional' de vendas ou de produção, nas quais os empregados que não atingem as metas determinadas são submetidos as mais diversas situações de psicoterror, cuja submissão a 'castigos e prendas', envolvem práticas e fazer flexões, vestir saia de baiana, passar batom, usar capacete com chifres de boi, usar perucas coloridas, vestir camisetas com escritos depreciativos, dançar músicas de cunho erótico, dentre outras".

A jurisprudência tem fixado indenizações para diversas condutas consideradas assédio moral, como no julgamento do AIRR 90040-64.2006.5.04.0007 (Tribunal Superior do Trabalho, 2012):

> I) AÇÃO CIVIL PÚBLICA – DANO MORAL COLETIVO – ILEGITIMIDADE DO MINISTÉRIO PÚBLICO DO TRABALHO. Estando os interesses em debate perfeitamente enquadrados dentro dos coletivos, goza o Ministério Público do Trabalho de legitimidade ativa para propor, perante o Judiciário Trabalhista, a presente ação coletiva, inexistindo as afrontas legais e constitucionais invocadas.
>
> II) DANO MORAL COLETIVO – CARACTERIZAÇÃO E QUANTUM INDENIZATÓRIO.
>
> 1. A reparabilidade do dano moral coletivo não pode ter as mesmas premissas do dano moral tradicional, já que este, baseado no Código Civil, é dotado de cunho meramente patrimonialista e individualista, não enxergando, assim, os valores transindividuais de um sentimento coletivo.
>
> 2. De fato, a honra coletiva tem princípios próprios que não se confundem com os interesses pessoais, na medida em que leva em conta a carga de valores de uma comunidade como um todo, corporificando-se no momento em que se atestam os objetivos, as finalidades e a identidade de uma comunidade política.
>
> 3. Nessa senda e considerando que o Texto Constitucional afirma a soberania, a cidadania, a dignidade da pessoa humana, os valores sociais do trabalho, a livre iniciativa e o pluralismo político, como sendo fundamentos do Estado Democrático de Direito, tem-se que a Empresa Ré, por intermédio de um de seus prepostos, ao desrespeitar e submeter seus trabalhadores a condições humilhantes de trabalho, circunstância, aliás, agravada pelo fato de a diretoria, quando informada, mais do que manifestar descaso, demonstrar concordância e aprovação em relação à conduta do autor do gravame, produziu uma lesão significativa a interesses extrapatrimoniais da coletividade e, como tal, merece ser condenada na reparação do mal, em valor adequado e justo.
>
> 4. De fato, o ato da reclamada não só lesionou os princípios inerentes a dignidade da pessoa humana, comprometendo a qualidade de vida dos trabalhadores, como também violou diversos valores sociais, na medida em que a prática atingiu também, como é curial, a vida familiar, a vida comunitária e a sociedade como um todo.

5. Assim, considerando a gravidade do ato, o alto grau de culpabilidade da ré, o grande número de empregados vitimados pelo assédio moral, a resistência da ré às negociações e o descaso da direção da empresa, de se concluir que o valor indenizatório fixado, R$ 300.000,00, mostra-se razoável à situação.

6. Logo, o recurso da parte não merece trânsito pela via da alegada violação constitucional, visto que ileso o incisos V do art. 5º da Carta Republicana.

Agravo de instrumento desprovido.

Também, há outras formas de configuração do dano moral, como pelas práticas indicadas no julgamento do RO 00500-2008-007-086-2 (Brasília, 2012), em que o Banco reclamado foi condenado ao pagamento da indenização pelo dano moral coletivo decorrente do assédio moral praticado por gestores na cobrança de metas, já que a conduta excessiva e desproporcional atingia a dignidade dos empregadores submetidos às atitudes daqueles gestores.

No acórdão nº 01034-2005-001-21-00-6 (Rio Grande do Norte, 2012) também restou configurado o dano moral coletivo decorrente de brincadeiras ofensivas com os empregados: os trabalhadores eram assediados a fim de obter maior produtividade e como forma de constrangê-los e puni-los em situações de não atingimento de metas.

O assédio moral, portanto, caracteriza-se por condutas que exponham os trabalhadores a situações vexatórias, ofendendo sua honra. Desta forma, o ajuizamento de ações civis públicas pelo Ministério Público com pedido de indenização pelo dano moral coletivo visa minimizar a prática de tais agressões e, porque não dizer, com condenações de valores significativos, cessá-las.

### 4.4. Outras irregularidades

Assim como as práticas citadas anteriormente há outras hipóteses que podem acarretar o dano moral coletivo. Dentre estas estão diversas espécies de fraudes, tais como a exigência da empresa, no ato da rescisão do contrato de trabalho, da devolução da parcela da multa de 40% incidente sobre os depósitos do FGTS, como condição para uma nova contratação pela empresa sucessora do contrato de prestação de serviços; a pejotização, ou seja, a exigência de constituição de uma pessoa jurídica como condição para a relação de trabalho, embora a relação se dê mediante subordinação; a coação dos trabalhadores a se submeter à homologação de rescisões contratuais prejudiciais.

Ressalta-se que pode caracterizar a coação, por exemplo, o empregador exigir que o empregado assine documentos em branco ou renuncie a direitos trabalhistas ou, ainda, desista de ações em curso mediante ameaças e retaliações.

Em relação à conduta fraudulenta do empregador, o Supermercado Carrefour, no Processo nº 14900-80.2006.5.04.0080 (Brasil. Tribunal Superior do Trabalho), foi condenado ao pagamento de uma indenização por dano moral coletivo no valor de R$ 1 milhão por exigir de seus empregados jornadas extenuantes mediante fraude nos registros da jornada, pois impedia que seus empregados registrassem a integralidade da jornada cumprida, não havendo, por conseguinte, o pagamento das horas extras devidas.

Na decisão do TST no processo nº RR 9800-84.2009.5.02.0251, a Usiminas foi condenada a reparar o dano moral coletivo causado pela dispensa em massa de empregados, sem que fosse oportunizado o direito de discutir coletivamente a questão, procedendo de forma arbitrária (Brasil. Tribunal Superior do Trabalho, 2012).

Também configura o dano moral coletivo a lide simulada, ou seja, os sujeitos da relação de trabalho, para obterem benefícios recíprocos ajuízam reclamatórias trabalhistas para, por exemplo, obteção da quitação de rescisões contratuais mediante conciliação judicial, o que previamente já está acordado pelas partes sem o conhecimento do judiciário. Ou, ainda, pode configurar o dano moral coletivo quando há a utilização disfarçada da arbitragem nos conflitos individuais, ou seja, dá-se a aparência oficial a mera homologação de rescisões contratuais, a fim de evitar uma futura reclamatória.

Outra hipótese de dano moral coletivo é violação à intimidade com revistas íntimas ou filmagens dos locais de trabalho, de forma sigilosa, sem conhecimento prévio dos trabalhadores. Esta violação ofende não só direitos sociais, mas direitos individuais, como a dignidade da pessoa humana, podendo configurar não somente o dano moral coletivo, mas principalmente o dano moral individual.

Como exemplo de ofensa à intimidade do empregado, pode-se mencionar a inclusão de perguntas, em questionário confeccionado no momento da admissão, alusivas a doenças infecto-contagiosas ou indagações referentes à orientação sexual ou opção político-ideológica. Também, a instalação de câmeras de vídeo em vestiários, refeitórios ou qualquer outra área da empresa destinada à socialização ou congraçamento dos empregados é dano moral coletivo.

Na fundamentação da decisão no processo 00879.2010.017.10.00-7 (Brasília, 2011) foi analisada a conduta da empresa, ao final da jornada de trabalho, de revistar a bolsas e sacolas de empregadas e empregados sob os aspectos da honra e da dignidade dos trabalhadores, bem como se tal conduta era necessária para a preservação do patrimônio do empregador. Considerou-se que a empresa ignorava os princípios da boa-fé e da presunção de inocência ao proceder a revista dos pertences dos trabalhadores de forma diária e rotineira, consistindo essa em prática "abusiva, odiosa e humilhante" afrontando e violando a liberdade, a intimidade, a vida privada, a imagem, a honra e a dignidade dos trabalhadores a ela submetidos. Para que a empresa cessasse a revista, a condenação foi em obrigação de não fazer e no arbitramento de uma indenização no montante de R$ 450 mil.

Configura, ainda, o dano moral coletivo na esfera trabalhista a discriminação na contratação de pessoas portadoras de deficiência, como decidido pelo TST no RR – 65600-21.2005.5.01.0072 (Brasil. Tribunal Superior do Trabalho, 2012).

Também, a discriminação de trabalhadores sindicalizados, trabalhadores que ajuizaram reclamatórias trabalhistas em face do antigo empregador, trabalhadores portadores de algum tipo de enfermidade, configura o dano moral coletivo.

Em ofensa à dignidade da pessoa humana, práticas relacionadas com a exploração de trabalhadores em condições análogas à de escravos, com ameaças ou violência que impliquem no cerceamento da liberdade do empregado ou seus familiares em deixar o local de trabalho caracterizam o dano moral daqueles que estão submetidos a tal conduta do empregador. Também quando há utilização de mão de obra infantil resta configurado o dano moral coletivo, pois além da dignidade humana, a prática afronta os objetivos fundamentais do Estado.

Enfim, o rol de hipóteses de configuração do dano não se resume às supra citadas, pois dependendo da atividade do empregador, a possibilidade de fraude ou violação a algum direito do trabalhador pode ser inimaginável. Salienta-se que o empregador faz parte da sociedade e neste ínterim tem a obrigação de manter a ordem e assegurar o cumprimento das normas que a protegem.

## 5. Considerações finais

Ao chegar ao término da análise do dano moral coletivo é possível identificar características que lhe são peculiares. Então, partindo-se de conceitos gerais de responsabilidade civil, constata-se que para haver o dano moral coletivo deverão estar presentes os seguintes elementos: a ação ou omissão do agente, na análise, do empregador; a ocorrência de um dano moral em que foram violados os valores da coletividade e o nexo de causalidade que liga a conduta ao dano.

Na Justiça do Trabalho, até mesmo por ser protetiva ao trabalhador, não se exige a presença do elemento subjetivo, ou seja, a culpa do autor. Assim, quando há violação a direitos irrenunciáveis pode-se dizer que há responsabilidade objetiva pelo dano moral causado à coletividade de trabalhadores. Está, então, o empregador obrigado a reparar o dano causado.

O dano moral coletivo pode ser reparado com a determinação de uma obrigação de fazer, para que seja cumprida alguma norma legal, ou de uma obrigação de não fazer, abstenção de uma conduta. Porém, verificou-se que tão somente a reparação sob esta modalidade não era suficiente para que o empregador cessasse de ofender os direitos personalíssimos dos empregados, devendo ser fixada uma indenização pecuniária de forma proporcional e razoável para compensar a ofensa.

Dentre as hipóteses que a jurisprudência tem confirmado a existência do dano moral coletivo está a terceirização ilícita, o descumprimento de normas de proteção à saúde e à segurança do trabalho, o assédio moral e outras tantas fraudes.

Como observado, a terceirização ilícita, quando há afronta ao inciso I da Súmula 331 do TST, configura o dano moral coletivo, pois os trabalhadores deixam de receber os direitos trabalhistas elencados na Constituição Federal e na CLT, impondo-se sua reparação. Tal ofensa aos direitos da coletividade decorre, na maioria das vezes, quando há contratação de trabalhadores como terceirizados que acabam por exercer a atividade-fim da empresa tomadora de serviços.

Na hipótese de dano moral coletivo pelo descumprimento das normas de proteção à saúde e à segurança do trabalho, o empregador por sua conduta omissiva, na maioria das vezes, põe em risco a integridade física dos trabalhadores

Já, o assédio moral coletivo, quando o empregador, mesmo que por meio de seus prepostos, promove a insegurança no ambiente de trabalho com atitudes e gestos que ofendem os direitos personalíssimos da coletividade de trabalhadores, também configura o dano moral coletivo, impondo-se a reparação.

Por fim, cabe referir que por tudo analisado ao longo deste estudo, o dano moral coletivo necessita ser evitado pelo empregador, já que supostos "benefícios" adquiridos por meio da conduta omissiva ou comissiva que gera tal dano ao longo do tempo se tornarão um verdadeiro malefício. Além disso, a reparação, mesmo que imposta juridicamente, não será capaz de compensar os danos à imagem deste empregador.

A sociedade, inclusive o empregador, possuem direitos e deveres dentre os quais os direitos de personalidade e em havendo ofensa a eles necessita-se de uma reparação capaz de compensar o sofrimento da coletividade atingida e de punir o agressor.

# Referências bibliográficas

AUGUSTIN, Sérgio; ALMEIDA, Ângela. *A Indefinição Jurisprundecial em Face do Dano Moral Coletivo.* Disponível em <www.enm.org.br/?secao=mostra_biblioteca&bib_id=101&top=6>. Acesso em: 01 nov. 2012.

BITTAR FILHO, Carlos Alberto. *Coletividade Também Pode ser Vítima de Dano Moral Coletivo.* Disponível em <www.conjur.com.br/2004-fev-25/coletividade_tambem_vitima_dano_moral>. Acesso em: 01 nov. 2012.

BRASIL. Ministério do Trabalho e Emprego. Secretaria de Inspeção do Trabalho. Portaria N.° 3.214, 08 de Junho de 1978. Aprova as Normas Regulamentadoras – NR – do Capítulo V, Título II, da Consolidação das Leis do Trabalho, relativas a Segurança e Medicina do Trabalho. Disponível em: <www.mte.gov.br>. Acesso em: 31 out. 2012.

——. Tribunal Superior do Trabalho. Processo: RR – 57400-09.2004.5.03.0006 Data de Julgamento: 16/12/2009, Relator Ministro: Renato de Lacerda Paiva, 2ª Turma, Data de Divulgação: DEJT 05/03/2010 Recorrentes MINISTÉRIO PÚBLICO DO TRABALHO DA 3ª REGIÃO e BANCO ABN AMRO REAL S.A. e Recorrido OS MESMOS. Brasília, 2010. Disponível em: <www.tst.jus.br>. Acesso em: 31 out. 2012.

——. Tribunal Superior do Trabalho. Processo: RR – 65600-21.2005.5.01.0072 Data de Julgamento: 06/06/2012, Relator Ministro: Vieira de Mello Filho, 4ª Turma, Data de Divulgação: DEJT 22/06/2012 Recorrente FININVEST NEGÓCIOS DE VAREJO S.A. e Recorrido MINISTÉRIO PÚBLICO DO TRABALHO DA 1ª REGIÃO. Brasília, 2012. Disponível em: <www.tst.jus.br>. Acesso em: 01 nov. 2012.

——. Tribunal Superior do Trabalho. Processo: ARR – 14900-80.2006.5.01.0080 Data de Julgamento: 28/03/2012, Relatora Ministra: Maria de Assis Calsing, 4ª Turma, Data de Divulgação: DEJT 03/04/2012 Agravante e Recorrido CARREFOUR COMÉRCIO E INDÚSTRIA LTDA. e Agravado e Recorrente MINISTÉRIO PÚBLICO DO TRABALHO DA 1ª REGIÃO. Brasília, 2012. Disponível em: <www.tst.jus.br>. Acesso em: 01 nov. 2012.

——. Tribunal Superior do Trabalho. Processo: RR – 9800-84.2009.5.02.0251. Julgado em 26/09/2012, Relator Ministro: Aloysio Corrêa da Veiga, 6ª Turma, Data de Divulgação: DEJT 28/09/2012 Recorrente: MINISTÉRIO PÚBLICO DO TRABALHO DA 2ª REGIÃO e Recorridos: SINDICATO DOS TRABALHADORES NAS INDÚSTRIAS SIDERÚRGICAS, METALÚRGICAS, MECÂNICAS, DE MATERIAL ELÉTRICO E ELETRÔNICO E INDÚSTRIA NAVAL DE CUBATÃO, SANTOS, SÃO VICENTE, GUARUJÁ, PRAIA GRANDE, BERTIOGA, MONGAGUÁ, ITANHAÉM, PERUÍBE E SÃO SEBASTIÃO e USINAS SIDERÚRGICAS DE MINAS GERAIS S.A. – USIMINAS. Brasília, 2012. Disponível em: <www.tst.jus.br>. Acesso em: 01 nov. 2012.

——. Tribunal Superior do Trabalho. Processo: AIRR 90040-64.2006.5.04.0007. Julgado em 17/03/2012, Relatora Ministra Maria Doralice Novaes, 7ª Turma. Publicado em 30.03.2010 no DEJT. Agravante: RBS – ZERO HORA EDITORA JORNALÍSTICA S.A. Agravado: MINISTÉRIO PÚBLICO DO TRABALHO DA 4ª REGIÃO. Brasília, 2012. Disponível em: <www.tst.jus.br>. Acesso em: 03 nov. 2012.

BRASÍLIA. Tribunal Regional do Trabalho (10. Região). Acórdão no Processo 01231-2010-010-10-00-3 – 3ª Turma do TRT da 10ª Região. Julgado em 25.04.2012. Relator Desembargador Ribamar Lima Junior. Publicado em 04.05.2012 no DEJT. Recorrente Ministério Público do Trabalho e Recorrido Passaredo Transportes Aereos Ltda. Disponível em <www.tst10.jus.br> Acesso em: 02 nov. 2012.

——. Tribunal Regional do Trabalho (10. Região). Acórdão no Processo 00500-2008-007-086-2 – 2ª Turma do TRT da 10ª Região. Julgado em 09.02.2012. Relatora Juíza Elke Doris Just. Publicado em 02.03.2012 no DEJT. Recorrente: Ministério Público do Trabalho e Recorrido: Banco do Brasil S.A. Disponível em: <www.trt10.jus.br> Acesso em: 03 nov. 2012.

——. Tribunal Regional do Trabalho (10. Região). Acórdão no Processo nº 00879-2010-017-10-00-7 – 2ª Turma do TRT da 10ª Região. Publicado em 02.12.2011 no DEJT. Relator Desembargador Brasilino Santos Ramos. Recorrente: Ministério Público do Trabalho da 10ª Região, Recorridos: União de Lojas Leader Sa). Disponível em: <www.trt10.jus.br> Acesso em: 03 nov. 2012.

CAMPINAS. Tribunal Regional do Trabalho (15. Região). Acórdão no Processo 0112300-53.2007.5.15.0118 – Desembargador Relator Edmundo Fraga Lopes. Publicado em 19.03.2010. Recorrentes: Agropecuária Nossa Senhora do Carmo S.A. e Virgolino de Oliveira S.A. – Açucar e Álcool e Recorrido: Ministério Público do Trabalho. Disponível em: <www.trt15.jus.br> Acesso em: 03 nov. 2012.

CARVALHO FILHO, José dos Santos. *Ação Civil Pública*: comentários por artigo Lei nº 7.347 de 24/7/85. 7. ed. Rio de Janeiro: Lumen Juris, 2009.

GONÇALVES, Carlos Roberto. *Responsabilidade Civil*. 9. ed. São Paulo: Saraiva, 2005.

LEAL, Márcio Flávio Mafra. *Ações Coletivas, História, Teoria e Prática*. Porto Alegre: Sérgio Antônio Fabris Editora, 1998.

LEITE, José Rubens Morato. *Dano ambiental:* do individual ao coletivo extrapatrimonial. São Paulo: Revista dos Tribunais, 2000.

MACHADO, Paulo Affonso Leme. *Direito Ambiental Brasileiro*. 15. ed. São Paulo: Malheiros, 2007.

MARTINS, Sergio Pinto. A Terceirização e o Direito do Trabalho. 11. ed. São Paulo: Atlas, 2011.

MAZZILI, Hugo Nigro. *A Defesa dos Interesses Difusos em Juízo*. 23. ed. São Paulo: Saraiva, 2010.

MEDEIROS NETO, Xisto Tiago de. *Dano Moral Coletivo*. 2. ed. São Paulo: LTr, 2007.

MELO, Raimundo Simão de. *Direito Ambiental do Trabalho e a Saúde do Trabalhador:* Responsabilidades legais, dano material, dano moral, dano estético, perda de uma chance e prescrição. 4. ed. São Paulo: LTR, 2010.

MILARÉ, Édis. *Direito do Ambiente*: a gestão ambiental em foco. 5. ed. São Paulo: Revista dos Tribunais, 2007.

MINAS GERAIS. Tribunal Regional do Trabalho (3. Região). Acórdão do processo 01102-2006-024-03-00-0 (RO) Relator: ANTONIO ÁLVARES DA SILVA Origem: 24ª Vara do Trabalho de Belo Horizonte (MG). Recorrentes: TIM NORDESTE S.A. E A&C CENTRO DE CONTATOS S.A. e Recorridos OS MESMOS E MINISTÉRIO PÚBLICO DO TRABALHO. Julgado em 01.07.2009. Disponível em: <www.trt3.jus.br>. Acesso em: 31 out. 2012.

——. Tribunal Regional do Trabalho (3. Região). Acórdão do processo 00710-2004-087-03-00-8 (RO) – 8ª Turma do TRT da 3ª Região – Relatora: DENISE ALVES HORTA. Origem: 4ª Vara do Trabalho de Betim (MG). Recorrente: CERÂMICA SAFFRAN S/A e Recorrido: MINISTÉRIO PÚBLICO DO TRABALHO. Julgado em 16.11.2005. Disponível em: <www.trt3.jus.br>. Acesso em: 31 out. 2012.

——. Tribunal Regional do Trabalho (3. Região). Acórdão no processo 01341.2010-086-03.00.2 (RO) – 8ª Turma do TRT da 3ª Região – Relator Desembargador Márcio Ribeiro do Valle. Julgado em 19.10.2011. Recorrente: Caixa Econômica Federal e Recorrido: Ministério Público do Trabalho. Disponível em: <www.trt3.jus.br>. Acesso em: 03 nov. 2012.

MINUTTI, Paula Renata. *Dano Moral Coletivo na Justiça do Trabalho*. Disponível em <"http://www.fam2010.com.br/site/revista/pdf/ed2/art1.pdf>. Acesso em: 01 nov. 2012.

MORAES, Maria Celina Bodin de. *Danos à Pessoa Humana:* uma leitura civil-constitucional. 3. ed. Rio de Janeiro: Renovar, 2003.NASCIMENTO, Sônia Mascaro. *Assédio Moral Coletivo no Direito do Trabalho.* Disponível em: <HYPERLINK http://jus2.uol.com.br/doutrina/texto.asp?id=12367>. Acesso em: 01 nov. 2012.

SILVA NETO, Manoel Jorge e. *A Responsabilidade Civil por Dano Moral Difuso e Coletivo na Justiça do Trabalho.* Disponível em <HYPERLINK ww.lacier.com.br/artigos/Dano%20moral%20coletivo.doc>. Acesso em: 31 nov. 2012.

PARAÍBA. Procuradoria Regional do Trabalho na 13ª Região. MPT investiga terceirizações ilícitas no BB. Notícia veiculada em 17.08.2012. Disponível em: <www.prt13.mpt.gov.br>. Acesso em: 01 nov. 2012.

——. Tribunal Regional do Trabalho (13. Região). Acórdão do processo 01406-2005-008-13-00-2 (RO) Relator: VICENTE VANDERLEI NOGUEIRA DE BRITO Origem: 2ª Vara do Trabalho de Campina Grande (PB). Recorrentes: CONDOMÍNIO DO SHOPPING CENTER IGUATEMI CAMPINA GRANDE E MINISTÉRIO PÚBLICO DO TRABALHO e Recorridos OS MESMOS. Julgado em 20.09.2006. Disponível em: <www.trt13.jus.br>. Acesso em: 30 out. 2012.

PERNAMBUCO. Tribunal Regional do Trabalho (6. Região). Acórdão do processo 0138300-33.2006.5.06.0003 – 2ª Turma do TRT da 6ª Região – Relatora: JOSÉLIA MORAIS DA COSTA. Recorrentes: Jorge Chaves de Oliveira Filho, Ulisses Erico Medeiros Barbosa e PCG Processamento de Dados e Engenharia de Sistemas Ltda e Recorridos: Ministério Público do Trabalho e Outros. Julgado em 03.03.2010. Disponível em: <www.trt6.jus.br>. Acesso em: 31 out. 2012.

RAMOS, Luis Leandro Gomes. GALIA, Rodrigo Wasem. *Assédio Moral no Trabalho*: O abuso do poder diretivo do empregador e a responsabilidade civil pelos danos causados ao empregado – atuação do Ministério Público do Trabalho. Porto Alegre: Livraria do Advogado, 2012.

REIS, Clayton. O verdadeiro sentido da indenização dos danos morais. In: LEITE, Eduardo de Oliveira (Org.). *Grandes Temas da Atualidade*: Dano moral. V..2 Rio de Janeiro: Forense, 2002.

RIO GRANDE DO NORTE. Tribunal Regional do Trabalho. Acórdão no Processo 01034-2005-001-21-00-6 – Julgado em 15.08.2006. Rel. Juíza Joseane Dantas dos Santos. Recorrente: Ministério Público do Trabalho, Recorrido: Companhia Brasileira de Bebidas – AMBEV. Disponível em <www.trt25.jus.br>. Acesso em: 03 nov.2012.

RIO GRANDE DO SUL. Tribunal Regional do Trabalho (4. Região). Acórdão do processo: 00900-2006-007-04-00-0. Redatora: MARIA HELENA MALLMANN. Origem: 7ª Vara do Trabalho de Porto Alegre (RS). Recorrentes: MINISTÉRIO PÚBLICO DO TRABALHO E RBS ZERO HORA EDITORA JORNALÍSTICA S.A. e Recorridos OS MESMOS. Julgado em 27.02.2008. Disponível em: <www.trt4.jus.br>. Acesso em: 31 out. 2012.

——. Tribunal Regional do Trabalho (4. Região). Acórdão do processo 0122000-06.2008.5.04.0383 (RO) Relator: JOÃO GHISLENI FILHO. Origem: 3ª Vara do Trabalho de Taquara (RS). Recorrentes: INDÚSTRIA DE CALÇADOS SANTA CRISTINA LTDA e MINISTÉRIO PÚBLICO DO TRABALHO e Recorridos: OS MESMOS. Julgado em 24.03.2010. Disponível em: <www.trt4.jus.br>. Acesso em: 31 out. 2012.

RIZZARDO, Arnaldo. *Responsabilidade Civil*. Rio de Janeiro: Forense, 2005.

ROCHA, Júlio Cesar de Sá da. *Direito Ambiental doTrabalho*. São Paulo: LTR, 2002.

SANTA CATARINA. Tribunal Regional do Trabalho (12. Região). Acórdão do processo 00907-2005-042-12-00- 8 (RO) – 12ª Câmara do TRT da 12ª Região – Relatora: MARI ELEDA MIGLIORINI. Origem: Vara do Trabalho de Curitibanos (SC). Recorrente: TAFISA DO BRASIL S/A e Recorrido: MINISTÉRIO PÚBLICO DO TRABALHO. Julgado em 16.12.2009. Disponível em: <www.trt12.jus.br>. Acesso em: 31 out. 2012.S

CHIAVI, Mauro. *Aspectos Polêmicos e Atuais do Assédio Moral na Relação de Trabalho.* Disponível em: <http://www.lacier.com.br>. Acesso em: 01 nov. 2012.

SCHIAVI, Mauro. *Dano Moral Coletivo Decorrente da Relação de Trabalho.* Disponível em: <www.lacier.com.br/artigos/Dano%20Moral%20Coletivo.doc>. Acesso em: 01 nov. 2012.

STOCCO, Rui. *Tratado de Responsabilidade Civil:* Doutrina e jurisprudência. 7. ed. São Paulo: Revista dos Tribunais, 2007.

# — 9 —
# Responsabilidade trabalhista da administração pública em contratos de terceirização: uma leitura a partir da alteração paradigmática promovida pela ADC nº 16 – STF[1]

## RODRIGO DA SILVA GONÇALVES[2]

*Sumário*: 1. Introdução; 2. Terceirização de serviços; 2.1. Aspectos gerais sobre o fenômeno da terceirização; 2.2. O Contexto histórico-normativo e a omissão legislativa; 2.3. Súmula 331 – paradigma de terceirização normatizado pelo TST; 3. Terceirização de serviços na administração pública; 3.1. Permissivos legais; 3.2. Particularidades dos contratos administrativos de terceirização; 3.2.1. Atividade fiscalizatória: o poder-dever do ente público; 3.2.2. A presunção de irresponsabilidade contida no art. 71, § 1º, da Lei nº 8.666/93; 4. Responsabilidade da Administração Pública por inadimplemento das obrigações trabalhistas por parte da empresa prestadora de serviços; 4.1. Análise dialético-argumentativa das premissas que imputam e afastam a responsabilização do ente público à luz da ADC nº 16; 4.1.1. Responsabilidade estatal prevista no art. 37, § 6º, da CF; 4.1.2. Responsabilidade subjetiva; 4.1.2.1. Da culpa "in eligendo"; 4.1.2.2. Da culpa "in vigilando"; 4.1.3. Do óbice formal: da violação da reserva de plenário; 4.2. Ônus da prova da conduta culposa da Administração Pública – uma questão em aberto?; 5. Considerações finais; Referencial bibliográfico.

## 1. Introdução

O presente trabalho tem por escopo a análise da questão da responsabilidade da Administração Pública nos casos de inadimplemento das obrigações trabalhistas por parte da empresa prestadora de serviços, notadamente em função do impacto causado pelo julgamento da Ação Declaratória de Constitucionalidade (ADC) nº 16 pelo Supremo Tribunal Federal.

---
[1] O presente artigo foi apresentado no Programa de Ascensão Profissional da Diretoria Jurídica do Banco do Brasil, como requisito para a nomeação do cargo de Analista Jurídico B, atual Assessor Jurídico II, em outubro de 2012.
[2] Advogado. Especialista em Direito Bancário pela Fundação Getúlio Vargas (FGV).

Como aponta Delgado (2010, p. 416), o avanço do processo de terceirização no mercado de trabalho brasileiro nas últimas décadas tem desafiado a hegemonia da fórmula clássica de relação de emprego bilateral (arts. 2º, *caput*, e 3º, *caput*, ambos da Consolidação das Leis do Trabalho), havendo um debate inconcluso sobre o assunto (DELGADO, 2010, p. 443).

A temática é deveras polêmica, havendo divergência de posicionamentos a respeito da possibilidade de aceitação de tal estratégia de gestão pelo nosso ordenamento pátrio, especialmente no âmbito do Poder Público.

Muito embora a ADC nº 16 tenha definido algumas diretrizes, demonstraremos que a questão permanece inconclusa. Há que se referir que foi reconhecida a repercussão geral no Recurso Extraordinário nº 603397-SC, estando sobrestados os processos relacionados à matéria.

Apenas para se ter uma ideia da sua importância, a responsabilidade subsidiária da Administração Pública por encargos trabalhistas gerados pelo inadimplemento de empresa prestadora de serviço é o tema com maior número de processos sobrestados no Tribunal Superior do Trabalho (TST).[3] São, ao todo, 10.734 processos que aguardam, na Vice-Presidência do TST – responsável pelo exame de admissibilidade dos recursos extraordinários –, que o STF julgue o recurso extraordinário precitado, o que servirá de paradigma para os demais feitos que tratam da mesma matéria.

A abordagem do assunto foi dividida em três partes. Em um primeiro momento, iremos tratar da terceirização de serviços na Administração Pública, contextualizando este fenômeno, definindo seus principais conceitos, verificando o contexto histórico-normativo em que ele se formatou – pautado pela omissão legislativa –, e analisando detidamente o papel da Súmula 331, que constituiu – e constitui –, o principal dispositivo normativo aplicável sobre a terceirização no país.

Superado tal ponto, adentraremos nas particularidades da terceirização no âmbito da Administração Pública, verificando quais são os permissivos legais e as especificidades do contrato administrativo que terá por objeto a terceirização de serviços, dando especial atenção à questão do poder-dever fiscalizatório atribuído ao ente público e à categórica previsão de ausência de responsabilidade firmada no art. 71, § 1º, da Lei nº 8.666/93.

---

[3] Disponível em: <http://www.tst.jus.br/noticias/-/asset_publisher/89Dk/content/mais-de-40-temas-trabalhistas-com-repercussao-geral-aguardam-decisao-do-stf?redirect=http%3A%2F%2Fwww.tst.jus.br%2Fnoticias%3Fp_p_id%3D101_INSTANCE_89Dk%26p_p_lifecycle%3D0%26p_p_state%3Dnormal%26p_p_mode%3Dview%26p_p_col_id%3Dcolumn-2%26p_p_col_count%3D1>. Acesso em: 27/4/2011.

Na terceira parte, daremos enfoque ao tema da responsabilidade propriamente dita, sob dois vértices. Primeiramente, efetuaremos uma análise dialética dos argumentos favoráveis e contrários à responsabilização à luz das disposições assentadas pela Corte Suprema por meio da ADC nº 16.

Se, por um lado, constataremos que tais premissas se encontram mais pacificadas, por outro, verificaremos, mediante pesquisa jurisprudencial, que a questão do ônus da prova não se demonstra suficientemente esclarecida.

## 2. Terceirização de serviços

### 2.1. Aspectos gerais sobre o fenômeno da terceirização

Ao nos propormos estudar tal fenômeno, temos que percebê-lo como uma questão multidisciplinar, que facilmente suplanta o enfoque jurídico, pois envolve aspectos ideológicos, sociais, econômicos, dentre outros que permeiam a sociedade.

A realização da audiência pública pelo TST em 4 e 5 de outubro de 2011[4] – a primeira de sua história – escancarou uma realidade fática: evidenciou a existência de um verdadeiro mosaico de opiniões na sociedade sobre a terceirização.

Trata-se de um exemplo clássico da chamada *flexibilização*[5] das condições do trabalho que, nas palavras de Martins (2011, p. 26) refere-se a "um conjunto de regras que tem por objetivo instituir mecanismos tendentes a compatibilizar as mudanças de ordem econômica, tecnológica ou social existentes na relação entre o capital e o trabalho".

A figura típica de uma relação de emprego pressupõe a existência de duas partes – empregador e empregado –, que mantêm um vínculo caracterizado pela subordinação, pessoalidade, não eventualidade e onerosidade. Eis a concepção clássica protegida pelo diploma celetista (arts. 2º e 3º).

A terceirização consiste em uma quebra de tal paradigma ao admitir a inserção de um terceiro elemento nesta relação.[6] Assim, temos a figura

---

[4] Conforme notícia extraída do sítio: <http://www3.tst.jus.br/ASCS/audiencia_publica/index.php>, existem cerca de cinco mil recursos atualmente em tramitação no TST e outros milhares de processos em andamento na Justiça do Trabalho de todo o País. Acesso em: 27/04/2012.

[5] Segundo o mesmo autor, a teoria da flexibilização dos direitos trabalhistas surgiu a partir das crises econômicas existentes na Europa por volta de 1973, em decorrência do choque dos preços do petróleo. São outros exemplos: flexibilização da jornada de trabalho (*flextime*), divisão de trabalho por mais de uma pessoa (*jobsharing*), trabalho em tempo parcial (*part-time*), teletrabalho, estágio, trabalho temporário, entre outros. (MARTINS, 2011, p. 26).

[6] Conforme Martins (2011, p. 6), terceirização deriva do latim *tertius*, que seria o estranho a uma relação entre duas pessoas.

do contratante (tomador de serviços), a empresa contratada (prestadora de serviços) e o trabalhador (que mantém vínculo empregatício com esta última, prestando serviços em benefício da primeira).

Inúmeras definições existem acerca do conceito de terceirização de serviços. Na didática lição de Barros (2010, p. 452), tal prática consiste em transferir para outrem atividades consideradas secundárias, ou seja, de suporte, atendo-se a empresa à sua atividade principal.[7]

A atividade principal ou atividade-fim, no dizer de Delgado (2010, p. 425), são as atividades nucleares e definitórias da essência da dinâmica do tomador de serviços. Por outro lado, as atividades secundárias ou atividades-meio, nas palavras do mesmo doutrinador, são aquelas atividades periféricas à essência da dinâmica empresarial do tomador de serviços.

Nascimento (2000, p. 193) define terceirização como "o processo de descentralização das atividades da empresa no sentido de desconcentrá-las para que sejam desempenhadas em conjunto por diversos centros de prestação de serviços e não mais de um modo unificado numa só instituição".

Importante fixarmos tal conceito, visto que há que diferenciar a "prestação de serviços" da "intermediação de mão de obra". Na lição de Carelli (2004, p. 4), "todo e qualquer fornecimento de trabalhadores a outra empresa, salvo o caso de trabalhador temporário, observados os requisitos da lei, é contrário ao ordenamento jurídico pátrio".

Com efeito, segundo o Procurador do Trabalho, a única forma de intermediação de mão de obra subordinada legalizada no Brasil é o trabalho temporário, permitido pela Lei n° 6019/74, que trata do fornecimento de trabalhadores por empresa para atendimento de excepcional e extraordinária necessidade de outra empresa, devido a imperativo transitório de substituição de seu pessoal regular e permanente, ou a acréscimo extraordinário de serviços. Convém apontar que, na forma do art. 10 do referido diploma legal, o contrato não poderá exceder três meses, salvo autorização conferida pelo órgão local do Ministério do Trabalho e Previdência Social.

Estabelecidos tais conceitos, cumpre-nos afirmar que a licitude da terceirização de serviços será definida por tais elementos através da Súmula 331 do TST, conforme verificaremos doravante. Em outras palavras, resta vedada a contratação de trabalhadores por empresa interposta – ressalvada a excepcionalidade prevista na Lei n° 6019/74 –, e a terceirização de serviços afetos à atividade-fim da empresa.

---

[7] Quando tratarmos da Súmula 331 TST em tópico específico, verificaremos que a terceirização da atividade principal confunde-se com a licitude do instituto.

Superado tal ponto, mister assinalarmos que a terceirização tem natureza jurídica contratual comercial entre empresas, não pertencendo à área do Direito do Trabalho, e sim do Direito Comercial e Direito Civil, que trará reflexos na seara laboral, como aponta Carelli (2004, p. 3). É nesse sentido que Martins (2011, p. 12) afirma que é difícil dizer qual a sua natureza jurídica, pois, dependendo da hipótese em que a terceirização for utilizada, haverá elementos de vários contratos, mas, geralmente, será de um contrato de prestação de serviços.

O fato é que inúmeras definições poderiam ser citadas sobre a terceirização de serviços, mas, inexoravelmente, a conclusão a que se chega é que tal instituto busca formalmente a quebra do aspecto de bilateralidade da relação de trabalho subordinado. Sendo assim, muitos doutrinadores a veem com temeridade, haja vista que tal prática pode acarretar graves desajustes em contraponto aos clássicos objetivos tutelares e redistributivos que sempre caracterizaram o Direito do Trabalho ao longo de sua história. (DELGADO, 2010, p. 414)

São exemplos de atividades tipicamente terceirizadas a prestação de serviços de conservação, limpeza, segurança, vigilância, transportes, informática, copeiragem, recepção, reprografia, telecomunicações e manutenção de prédios entre tantas outras.[8]

Como aponta Martins (2011, p. 11), a terceirização se apresenta com maior ou menor intensidade em quase todos os países, tendo por objetivo principal não apenas a redução de custo, mas também trazer agilidade, flexibilidade, competitividade à empresa e também para vencer no mercado. Para o autor, a tomadora de serviços pretende, com a terceirização, a transformação dos seus custos fixos em variáveis, possibilitando o melhor aproveitamento do processo produtivo, com a transferência de numerário para aplicação em tecnologia ou no seu desenvolvimento e também em novos produtos.

Em tese, não há nada de errado em buscar maior eficiência ou competitividade, pois constituem preocupações inerentes às práticas mercadológicas mundiais. O problema é que o modelo adaptado para a realidade brasileira, muitas vezes, acabou burlando a legislação trabalhista, havendo típica relação empregatícia travestida de terceirização de serviços.[9]

---

[8] Vide art 7º da Instrução Normativa nº 2, de 30 de abril de 2008, Ministério do Planejamento, Orçamento e Gestão.

[9] Serve como exemplo o fenômeno da *pejotização* que tem sido objeto de preocupação do Ministério Público do Trabalho, pois se trata de prática fraudulenta que tem por objetivo mascarar a relação empregatícia através da coação exercida pelo efetivo empregador sobre os funcionários para compeli-los à constituição de pessoas jurídicas ou ampliando o quadro societário da empresa já existente e portadora de CNPJ, de forma a incluí-los como "pseudossócios", concedendo-lhes parcela ínfima do capital social. Para aprofundamento do tema ver: MARGARIDA, Silvânia Mendonça Almeida.

Para ilustrar um posicionamento favorável a tal prática, podemos citar, os argumentos levantados por Erminio Alves de Lima Neto – Presidente da Associação Brasileira das Empresas Prestadoras de Serviços a Terceiros (Aprest), que ressalta que:

> [...] flexibilização entre capital e trabalho resultou em vantagens para os dois lados, se, por parte do empresariado, ela é bastante visível, do lado dos trabalhadores não é menos significativa. Ao contrário do que pregam os apóstolos do apocalipse, os trabalhadores terceirizados terão melhores condições e maior espaço para o crescimento profissional. (LIMA NETO, p.131)

Lima Neto acrescenta que "o trabalhador tende a fortalecer a sua profissão, ganhando mais segurança pessoal do nível de especialização oferecido pelas empresas". Tal especialização acarretaria, em última instância, ganhos ao consumidor, pois teria acesso a produtos e serviços com preços mais competitivos e de melhor qualidade. (LIMA NETO, p.131)

*Contrario sensu*, para Souto Maior, em uma concepção mais crítica, a terceirização demonstra-se como técnica de intermediação de mão de obra, portanto, vai contra toda a lógica protetiva do Direito Laboral. Para o magistrado trabalhista, o papel da terceirização é a precarização das condições de trabalho:

> A terceirização, por isto, acabou assumindo um único papel: o de técnica de precarização das condições de trabalho. Aliás, a idéia de precarização é da própria lógica da terceirização, pois, como explica Márcio Túlio Viana, as empresas prestadoras de serviço, para garantirem sua condição, porque não têm condições de automatizar sua produção, acabam sendo forçadas a precarizar as relações de trabalho, para que, com a diminuição do custo-da-obra, ofereçam seus serviços a um preço mais acessível, ganhando, assim, a concorrência perante outras empresas prestadoras de serviço. (MAIOR, 2008)

Nesse diapasão, percebemos que a terceirização possui ferrenhos defensores e, não menos, inflexíveis críticos. Acatando a recomendação de Martins (2011, p. 1), por se tratar de uma realidade histórico-cultural que deve ser estudada de acordo com a noção de seu desenvolvimento dinâmico no transcurso do tempo, assinalamos que se trata de fenômeno jungido no contexto da globalização.

Por este aspecto, há que se referir que, erigida pela ideologia capitalista, temos que reconhecer que o fenômeno da terceirização desenvolveu-se no contexto que apresentava como características: a desregulamentação, a flexibilização, a redução do custo social, o absenteísmo do Estado, a completa liberdade de comércio entre as nações, a privatização indiscriminada das empresas estatais, a estabilização da economia a qualquer custo. (BONFIM, 1997, p.7)

---

*O direito do trabalho e o fenômeno da pejotização em sua origem, contextualização e consequências*. In: Âmbito Jurídico, Rio Grande,84,01/01/2011[Internet].Disponível em: <http://www.ambito-juridico.com br/site/index.php?n_link=revista_artigos_leitura&artigo_id=8824>. Acessado em: 01/05/2012.

Portanto, iremos tomar a terceirização de serviços como objeto de estudo – que propicia um expressivo exemplo revelador do caráter do Direito e da dinâmica de suas relações com o cotidiano concreto de uma sociedade (DELGADO, 2010, p. 444) –, perscrutando, principalmente, o impacto da ADC nº 16 sobre a responsabilização do ente estatal na qualidade de tomador de serviços.

### 2.2. O Contexto histórico-normativo e a omissão legislativa

Segundo Martins (2011, p. 2), no Brasil, a terceirização foi trazida por multinacionais por volta de 1950, pelo interesse que tinham em se preocupar apenas com a essência do seu negócio. Cita a indústria automobilística como exemplo, que contratavam a prestação de serviços de terceiros para a produção de componentes do automóvel, reunindo peças fabricadas por aqueles e procedendo à montagem final do veículo.

Apenas para registro, impende dizer que a CLT, em sua redação original, datada da década de 1940, fez menção apenas à duas figuras delimitadas de subcontratação de mão de obra: a empreitada e a subempreitada – previstas no art. 455 –, e a pequena empreitada contida no art. 652, *a*, III.[10]

Delgado (2010, p. 416) aponta que nos fins da década de 1960 e início da década de 1970, a ordem jurídica instituiu referência normativa mais destacada ao fenômeno da terceirização (ainda não designado por tal epíteto) na administração direta e indireta através do Decreto Lei nº 200/67 e da Lei nº 5.645/70.

Na década de 1970, merece destaque a lei do trabalho temporário (Lei nº 6.019/74), que permitia a substituição pessoal, visando ao acréscimo extraordinário de serviços, como já apontado alhures. Alguns autores entendem que a referida lei abriu as portas para a terceirização ao introduzir mecanismos legais para as empresas enfrentarem a competitividade do sistema econômico globalizado, possibilitando-lhes contratar mão de obra qualificada a menor custo e sem responsabilidade direta dos tomadores dessas atividades. (GONÇALVES, 2004, p.175)

Relativamente à década de 1980, podemos fazer referência à Lei nº 7.102/83, que regulamentava a segurança em estabelecimentos financeiros, permitindo a exploração de serviços de vigilância e de transporte de valores no setor financeiro (Decreto nº 89.056/83). (DELGADO, 2010, p. 4)

---

[10] São os artigos celetistas: "Art. 455. Nos contratos de subempreitada responderá o subempreiteiro pelas obrigações derivadas do contrato de trabalho que celebrar, cabendo, todavia, aos empregados, o direito de reclamação contra o empreiteiro principal pelo inadimplemento daquelas obrigações por parte do primeiro" e "Art. 652. Compete às Juntas de Conciliação e Julgamento: a) conciliar e julgar: III – os dissídios resultantes de contratos de empreitadas em que o empreiteiro seja operário ou artífice".

É de se observar que existe referência expressa à terceirização, conforme art. 31 da Lei nº 8.212/91, que trata do Custeio do Regime Geral de Previdência Social:

> Art. 31. A empresa contratante de serviços executados mediante cessão de mão-de-obra, inclusive em regime de trabalho temporário, deverá reter 11% (onze por cento) do valor bruto da nota fiscal ou fatura de prestação de serviços e recolher, em nome da empresa cedente da mão-de-obra, a importância retida até o dia 20 (vinte) do mês subsequente ao da emissão da respectiva nota fiscal ou fatura, ou até o dia útil imediatamente anterior se não houver expediente bancário naquele dia, observado o disposto no § 5º do art. 33 desta Lei. [...]
> § 3º Para os fins desta Lei, entende-se como *cessão de mão-de-obra* a colocação à disposição do contratante, em suas dependências ou nas de terceiros, de segurados que realizem serviços contínuos, *relacionados ou não com a atividade-fim da empresa, quaisquer que sejam a natureza e a forma de contratação*. (Redação dada pela Lei nº 9.711, de 1998). (grifos nossos)

Percebemos que o referido diploma tem por objetivo principal a imputação de responsabilidade ao tomador de serviços pelas verbas previdenciárias, independentemente de se tratar de terceirização lícita ou não, visto que o § 3º determina que "quaisquer que sejam a natureza e a forma de contratação, sendo os serviços relacionados ou não com a atividade-fim da empresa".

Outro dispositivo que prevê pontualmente o instituto da terceirização é o art. 15, § 1º, da Lei nº 8.036/90 que dispõe sobre o Fundo de Garantia do Tempo de Serviço:

> Art. 15. Para os fins previstos nesta lei, todos os empregadores ficam obrigados a depositar, até o dia 7 (sete) de cada mês, em conta bancária vinculada, a importância correspondente a 8 (oito) por cento da remuneração paga ou devida, no mês anterior, a cada trabalhador, incluídas na remuneração as parcelas de que tratam os arts. 457 e 458 da CLT e a gratificação de Natal a que se refere a Lei nº 4.090, de 13 de julho de 1962, com as modificações da Lei nº 4.749, de 12 de agosto de 1965.
> § 1º *Entende-se por empregador* a pessoa física ou a pessoa jurídica de direito privado ou de direito público, da administração pública direta, indireta ou fundacional de qualquer dos Poderes, da União, dos Estados, do Distrito Federal e dos Municípios, que admitir trabalhadores a seu serviço, bem assim aquele que, regido por legislação especial, encontrar-se nessa condição ou figurar como *fornecedor ou tomador de mão-de-obra, independente da responsabilidade solidária e/ou subsidiária a que eventualmente venha obrigar-se*. (grifos nossos)

Não obstante, em que pese a existência de dispositivos legais que, esparsamente, façam referência à terceirização, devemos frisar que não existe na legislação brasileira, até o momento, a devida regulamentação deste instituto.

Cabe consignar que, atualmente, existem pelo menos três projetos de lei em tramitação na Câmara dos Deputados que se propõem a regulamentar as relações de trabalho no ramo de prestação de serviços a terceiros: o PL nº 4.302/1998, de autoria do Poder Executivo; o PL nº 43.330/2004, do deputado Sandro Mabel (PL/GO); e o PL nº 1.621/2007, do deputado Vicentinho (PT/SP).[11]

Dessa forma, diante da inexistência de um marco regulatório sobre o tema e da necessidade, por parte da Justiça do Trabalho, de resolver as situações que se apresentavam, a jurisprudência trabalhista e a doutrina se debruçaram sobre o assunto no intuito de buscar instrumentos de controle civilizatório desse processo, de modo a compatibilizá-lo com os princípios e regras essenciais que regem a utilização da força do trabalho no mundo civilizado e no próprio Brasil. (DELGADO, 2010, p. 443)

Diante dos múltiplos posicionamentos, o Tribunal Superior do Trabalho editou duas súmulas sobre a matéria: a nº 256, de 1986, e a nº 331, de 1993, sendo esta última uma revisão da primeira. Eis a dicção que constava da Súmula 256:

Trabalho Temporário e Serviço de Vigilância – Contratação de Trabalhadores por Empresa Interposta- Salvo os casos de trabalho temporário e de serviço de vigilância, previstos nas Leis ns. 6.019, de 3 de janeiro de 1974, e 7.102, de 20 de junho de 1983, é ilegal a contratação de trabalhadores por empresa interposta, formando-se o vínculo empregatício diretamente com o tomador dos serviços.

A referida súmula foi revisada, posteriormente, pela Súmula nº 331 que passou a ser o principal instrumento normativo que disciplinou detalhadamente acerca do fenômeno da terceirização de serviços, que passaremos a tratar.

*2.3. Súmula 331 – paradigma de terceirização normatizado pelo TST*

Com efeito, uma súmula do Tribunal Superior do Trabalho não possui efeito vinculante, mas a reiterada aplicação da jurisprudência que se deu para determinado caso e se pretenda aplicar, indistintamente, a todas as hipóteses semelhantes (MARTINS, 2011, p.110). Trata-se, na realidade, de importante parâmetro a ser seguido pelos órgãos judicantes, culminando na modulação dos efeitos decisórios.

Diante da já apontada omissão legislativa, podemos afirmar que a Súmula 331 do TST despontou como a principal referência normativa acerca da terceirização no país.

Como veremos a seguir, o verbete trouxe a definição da responsabilidade subsidiária do tomador de serviços, na hipótese de inadimplemento das obrigações trabalhistas pela empresa prestadora de serviços.

---

[11] Disponível em:<http://www.conjur.com.br/2011-out-03/tst-promove-nesta-semana-audiencias-debater-terceirizacao>. Acesso em: 01/05/2012.

Na lição de Martins (2011, p. 137), responsabilidade subsidiária é a que vem em reforço ou em substituição de. Trata-se de espécie de benefício de ordem. Não pagando o devedor principal (empresa prestadora de serviços), paga o devedor secundário (empresa tomadora dos serviços). Na lição do mesmo doutrinador:

> O não pagamento das verbas trabalhistas devidas ao empregado mostra a inidoneidade financeira da empresa prestadora de serviços. Isso indica que a tomadora dos serviços tem culpa in eligendo e in vigilando, pela escolha inadequada de empresa inidônea financeiramente e por não a fiscalizar pelo cumprimento das obrigações trabalhistas. (MARTINS, 2011, p.138)

Assinala Martins (2011, p. 137) que alguns fundamentos legais da responsabilidade subsidiária residem nos arts. 186 e 927 do Código Civil que estabelecem que aquele que, por ato ilícito, causar dano a outrem, fica obrigado a repará-lo. Há, na verdade, abuso do direito de terceirizar, como atenta Delgado (2010, p. 455):

> O abuso do direito surgiria à circunstância de os contratos laborais terem firmado (ou se mantido) em virtude do interesse empresarial do tomador da obra ou serviço – portanto, do exercício do direito deste – convolando-se em abuso pela frustração absoluta do pagamento (se não acatada a responsabilização subsidiária do tomador originário pelas verbas do período de utilização do trabalho).

Aponta, ainda, que acertadamente o TST falou em responsabilidade subsidiária por aplicar, analogicamente, o art. 455 da CLT e o art. 942 do Código Civil que, embora mencione a responsabilidade solidária, a jurisprudência acabou consagrando o entendimento de que, no âmbito das terceirizações lícitas, a corresponsabilidade dos tomadores de serviços comporta o referido benefício de ordem, pois seu grau de culpa é notadamente inferior ao da empregadora inadimplente.

A tese da responsabilidade subsidiária prevaleceu em detrimento do entendimento minoritário que pugnava pela responsabilidade solidária. Pesquisando as razões, na jurisprudência, acerca de tal questão,[12] identificamos que um dos fundamentos da não incidência de responsabilidade solidária no contrato de terceirização de serviços é a não há formação de grupo econômico (art. 2º, § 2º, CLT), que, via de regra, a caracteriza.

De igual forma, constatamos que o art. 265 do Código Civil é destacado como importante argumento para tal mister, visto que a solidariedade não se presume, devendo resultar de lei ou da vontade das partes.

A Súmula 331 foi aprovada pela Resolução Administrativa nº 23/93, de acordo com a orientação do órgão Especial do Tribunal Superior do Trabalho, revendo a Súmula 256 e tendo a seguinte redação:

---

[12] TRT 4ª Região, RO, Proc. nº 0000203-13.2010.5.04.0571, Rel. Denis Marcelo de Lima Molarinho. Julgado em 21.07.2011.

CONTRATO DE PRESTAÇÃO DE SERVIÇOS. LEGALIDADE

I – A contratação de trabalhadores por empresa interposta é ilegal, formando-se o vínculo diretamente com o tomador dos serviços, salvo no caso de trabalho temporário (Lei no 6.019, de 03.01.1974).

II – A contratação irregular de trabalhador, mediante empresa interposta, não gera vínculo de emprego com os órgãos da administração pública direta, indireta ou fundacional (art. 37, II, da CF/1988).

III – Não forma vínculo de emprego com o tomador a contratação de serviços de vigilância (Lei no 7.102, de 20.06.1983) e de conservação e limpeza, bem como a de serviços especializados ligados à atividade-meio do tomador, desde que inexistente a pessoalidade e a subordinação direta.

IV – O inadimplemento das obrigações trabalhistas, por parte do empregador, implica a responsabilidade subsidiária do tomador de serviços quanto àquelas obrigações, desde que haja participado da relação processual e conste também do título executivo judicial.

No ano de 2000, julgando o Incidente de Uniformização de Jurisprudência suscitado no Recurso de Revista nº 297.751/96 e como resposta ao aprofundamento da terceirização no Poder Público, o TST editou a Resolução nº 96/2000, dando nova redação ao inciso IV:

IV – O inadimplemento das obrigações trabalhistas, por parte do empregador, implica a responsabilidade subsidiária do tomador dos serviços, quanto àquelas obrigações, inclusive quanto aos órgãos da administração direta, das autarquias, das fundações públicas, das empresas públicas e das sociedades de economia mista, desde que hajam participado da relação processual e constem também do título executivo judicial (art. 71 da Lei nº 8.666, de 21.06.1993). (Alterado pela Res. 96/2000, DJ 18.09.2000)

Após o julgamento da ADC nº 16, a Resolução TST nº 174/2011, em 24 de maio de 2011, alterou novamente a súmula, alterando, mais uma vez, o inciso IV e acrescentando os incisos V e VI:

IV – O inadimplemento das obrigações trabalhistas, por parte do empregador, implica a responsabilidade subsidiária do tomador dos serviços quanto àquelas obrigações, desde que haja participado da relação processual e conste também do título executivo judicial.

V – Os entes integrantes da Administração Pública direta e indireta respondem subsidiariamente, nas mesmas condições do item IV, caso evidenciada a sua conduta culposa no cumprimento das obrigações da Lei nº 8.666, de 21.06.1993, especialmente na fiscalização do cumprimento das obrigações contratuais e legais da prestadora de serviço como empregadora. A aludida responsabilidade não decorre de mero inadimplemento das obrigações trabalhistas assumidas pela empresa regularmente contratada.

VI – A responsabilidade subsidiária do tomador de serviços abrange todas as verbas decorrentes da condenação referentes ao período da prestação laboral.

Como o foco do nosso trabalho é analisar o impacto que a ADC nº 16 causou na Súmula 331, perscrutando acerca da responsabilização da Administração Pública, o atual inciso V é o que merece maior destaque para atendermos nosso propósito e iremos tratá-lo mais adiante de maneira mais pormenorizada.

Não obstante, ainda que de maneira sintética, entendemos que alguns conceitos basilares acerca da terceirização podem ser extraídos da Súmula 331 e merecem nossa atenção.

O inciso I define a terceirização ilícita, ou seja, a contratação de trabalhadores por empresa interposta, tendo como exceção o trabalho temporário previsto na Lei nº 6.019/74. O principal efeito, no caso de descumprimento de tal preceito é a formação do vínculo diretamente com o trabalhador.

Já o inciso II refere-se à hipótese em que o tomador seja ente público, evidenciando a barreira constitucional prevista no art. 37, II, deixando explícito que, mesmo diante de uma contratação irregular de trabalhador, mediante empresa interposta, não haverá vínculo empregatício com os órgãos da administração pública.

Quanto ao inciso III, verificaremos as hipóteses de terceirização lícita, isto é, sendo admitida a contratação de "serviços", e não de "trabalhadores por meio de empresa interposta", como já explanamos alhures. O verbete cita, ainda, os serviços de vigilância, conservação e limpeza, bem como a de serviços especializados ligados à atividade-meio. Neste caso, não haverá formação de vínculo, desde que inexista subordinação direta e pessoalidade.

Com relação ao inciso IV, devemos assinalar que criou, desde sua primeira edição, a figura da responsabilidade subsidiária do tomador de serviços pelo inadimplemento das obrigações trabalhistas por parte do empregador. Como expusemos acima, a sua atual redação não mais abrange o tomador ente público, pois foi transportado para o inciso V por força da Resolução nº 174/2011. Tal dispositivo estabelece as condições para que se configure a sobredita responsabilização: participação na relação processual e conste título executivo judicial. Trata-se de hipótese de terceirização lícita, porém há abuso do direito de terceirizar, visto que elegeu mal e não fiscalizou.

O inciso V, como já afirmamos, será nosso alvo de atenção doravante, enquanto que o inciso VI, pacificando divergências de interpretação, esclarece a abrangência da responsabilidade e a sua delimitação temporal.

Portanto, percebemos que a Súmula 331 criou conceitos extralegais denominando a chamada atividade fim e a atividade meio, as quais, repisamos, acabam por definir se a terceirização será lícita ou não, não olvidando da necessidade de ausência de pessoalidade e subordinação, sob pena de afronta à legislação trabalhista.

## 3. Terceirização de serviços na administração pública

### 3.1. Permissivos legais

Sabidamente, a Administração Pública encontra-se adstrita ao Princípio da Legalidade (art. 37 da Constituição Federal), só podendo fazer aquilo que a lei determina, e não aquilo que a lei não proíbe. (MARTINS, 2011, p.157)

Em uma análise histórica, verificaremos que, nos idos da década de 1960, já existia permissivo legal para que a Administração Pública contratasse serviços de terceiros, embora ainda não houvesse, na época, uma designação para terceirização. Trata-se do Decreto-Lei n° 200/67 que regulamentava a descentralização das atividades executivas, sempre que possível, mediante contrato, visando a impedir o crescimento desmesurado da máquina administrativa.

Tal possibilidade baseava-se no art. 10, § 7°, do referido decreto, conforme abaixo reproduzido:

Art. 10. A execução das atividades da Administração Federal *deverá ser amplamente descentralizada*.
[...]
§ 7º Para melhor desincumbir-se das tarefas de planejamento, coordenação, supervisão e controle e com o objetivo de impedir o crescimento desmesurado da máquina administrativa, a Administração *procurará desobrigar-se da realização material de tarefas executivas, recorrendo*, sempre que possível, *à execução indireta*, mediante contrato, desde que exista, na área, iniciativa privada suficientemente desenvolvida e capacitada a desempenhar os encargos de execução. (grifos nossos)

Mais tarde, o parágrafo único do art. 3° da Lei n° 5.645/70 traria exemplos de atividades que poderiam ser terceirizadas, tais como transporte, conservação, custódia, operação de elevadores, limpeza e outras assemelhadas.[13]

O Decreto n° 2.271/97, na mesma esteira, passou a regulamentar a contratação de serviços que poderiam ou não ser objeto de execução por terceiros:

Art. 1º No âmbito da Administração Pública Federal direta, autárquica e fundacional *poderão ser objeto de execução indireta* as atividades materiais *acessórias, instrumentais ou complementares* aos assuntos que constituem área de competência legal do órgão ou entidade.
§ 1º *As atividades de conservação, limpeza, segurança, vigilância, transportes, informática, copeiragem, recepção, reprografia, telecomunicações e manutenção de prédios, equipamentos e instalações serão, de preferência, objeto de execução indireta*. (grifos nossos)

---

[13] O referido dispositivo acabou sendo revogado, posteriormente, pela Lei n° 9.527, de 10 de dezembro de 1997.

Martins (2011, p.142) assevera que o Estado se beneficia ao destinar atividade que não lhe é essencial a outras pessoas mais competentes na prestação de serviços, podendo fazê-la por um custo menor, sendo até mesmo uma forma de diminuir o *déficit* estatal, racionalizando sua estrutura.

Com razão, além de atender ao Princípio da Eficiência, há que se trazer à tona que o ente público deverá, nos termos do art. 169 da Constituição Federal, respeitar os limites com despesa de pessoal, os quais foram regrados pela Lei de Responsabilidade Fiscal (Lei Complementar nº 101/00).

O art. 19 da referida lei, disciplinou que a despesa total com pessoal, em cada período de apuração e em cada ente da Federação, não poderá exceder os percentuais da receita corrente líquida, sendo estabelecido: I – União: 50% (cinquenta por cento); II – Estados: 60% (sessenta por cento) e III – Municípios: 60% (sessenta por cento).

Mister apontar que, mais recentemente, foi disciplinado pelo Ministério do Planejamento, Orçamento e Gestão um importante instrumento que regula a terceirização no âmbito da Administração Pública. Trata-se da Instrução Normativa nº 02, de 30 de abril de 2008, que dispõe detalhadamente sobre as regras e diretrizes para a contratação de serviços, continuados ou não.

Destacamos, no ponto, que a contratação de serviços mediante terceirização encontra-se detalhadamente prevista nos art. 6º ao art. 13 da referida instrução normativa, donde reproduzimos alguns dispositivos:

> Art. 6º Os serviços continuados que podem ser contratados de terceiros pela Administração são aqueles que *apóiam a realização das atividades essenciais* ao cumprimento da missão institucional do órgão ou entidade, conforme dispõe o Decreto nº 2.271/97.
> [...]
> Art. 10. É *vedado* à Administração ou aos seus servidores praticar atos de ingerência na administração da contratada, tais como:
> I – *exercer o poder de mando sobre os empregados da contratada*, devendo reportar-se somente aos prepostos ou responsáveis por ela indicados, exceto quando o objeto da contratação prever o atendimento direto, tais como nos serviços de recepção e apoio ao usuário;
> II – direcionar a contratação de pessoas para trabalhar nas empresas contratadas;
> III – *promover ou aceitar o desvio de funções dos trabalhadores da contratada*, mediante a utilização destes em atividades distintas daquelas previstas no objeto da contratação e em relação à função específica para a qual o trabalhador foi contratado;
> IV – considerar os trabalhadores da contratada como colaboradores eventuais do próprio órgão ou entidade responsável pela contratação, especialmente para efeito de concessão de diárias e passagens. (grifos nossos)

Outro aspecto crucial a ser apontado é que a terceirização admitida no setor público é aquela que se dá mediante a contratação de prestação de serviços, e não a que se traduz em mero fornecimento de mão de obra, pois tal prática, além de ser caracterizada como terceirização ilícita – como já mencionamos várias vezes neste trabalho –, seria uma verdadeira burla à exigência constitucional de contratação por concurso público (art. 37, II, da Carta Política).

Pelo todo exposto, concluímos que a terceirização é autorizada no setor público, desde que se trate de atividades acessórias, complementares, ou seja, atividades-meio, que podem ser objeto de execução indireta.

Com efeito, trata-se de importante instrumento à disposição da Administração Pública para ser utilizado com planejamento, em harmonia com o a estratégia institucional do ente público e observância das normas legais existentes, que contribuirá, com certeza, para a maior eficiência da administração.

*3.2. Particularidades dos
contratos administrativos de terceirização*

Uma vez verificados os permissivos legais, cabe, por ora, analisarmos a forma pela qual o ente público terceiriza a prestação de serviços.

O contrato de terceirização de serviços, na realidade, é um contrato administrativo sujeito aos ditames da Lei nº 8.666/93 – que regulamentou o art. 37, XXI, da Constituição Federal e institui as normas para licitações e contratos da Administração Pública.

Colocaremos em evidência alguns dispositivos importantes para a análise do tema, visto que será necessária a sua plena compreensão previamente à discussão da responsabilidade da Administração Pública por inadimplemento das obrigações trabalhistas por parte da empresa prestadora de serviços, como veremos adiante.

Analisando a Lei de Licitações, vislumbramos diversos preceitos que acarretarão reflexos no contrato administrativo de terceirização de serviços. Nessa senda, podemos citar que caberá ao ente público: a verificação da qualificação econômico-financeira para habilitação em licitação (art. 27, III, c/c art. 31); decidir acerca da exigibilidade de garantia – limitada até 5% do valor do contrato (art. 56, § 2º); a aplicação de sanções administrativas pela inexecução total ou parcial do contrato ou, mesmo, a sua rescisão (art. 87 c/c arts. 77 e seguintes) entre tantos outros dispositivos legais disciplinados na referida norma legal.

Seguindo essa tônica, cabe a evidenciação de dois dispositivos em especial, quais sejam a prerrogativa legal de fiscalização dos contratos (art. 58 c/c art. 67) e a presunção de irresponsabilidade contida no art. 71, § 1º, nas hipóteses de descumprimento de encargos trabalhistas pelo contratado (empresa prestadora de serviços).

### 3.2.1. Atividade fiscalizatória: o poder-dever do ente público

Entendemos que a questão da fiscalização, por parte da Administração Pública, nos contratos administrativos de terceirização de serviços, constitui o cerne do debate relativamente à possibilidade de se imputar ao ente estatal a responsabilidade – o que será melhor elucidado ao analisarmos o impacto da ADC nº 16 adiante. Há que se perquirir, portanto, se a sua atividade fiscalizatória decorre de um poder, de uma mera prerrogativa ou se estamos diante de uma imposição legal que, caso não cumprida, restará configurada a sua culpa *in vigilando*.

Iremos aprofundar tal assunto em momento posterior, quando tratarmos especificamente da responsabilidade por inadimplemento das obrigações trabalhistas pela empresa prestadora de serviços. Por ora cabe verificarmos a natureza do dever de fiscalizar que tem sido um dos principais motivos que tem imputado à Administração a responsabilidade subsidiária, nos termos da Súmula 331.

Para tanto, transcreveremos excerto do Acórdão em sede de Agravo de Instrumento em Recurso de Revista nº TST-AIRR-56200-75.2009.5.04.0551, que muito bem nos elucida a questão:

> O que entender, então, por dever de fiscalizar imposto à Administração Pública, na condição de tomadora dos serviços?
> Para o deslinde da questão, impende verificar que os arts. 58, III, e 67, caput e § 1º, da Lei nº 8.666/93 impõem à Administração Pública o ônus de fiscalizar o cumprimento de todas as obrigações assumidas pelo vencedor da licitação (dentre elas, por óbvio, as decorrentes da legislação laboral), consoante se depreende do teor dos mencionados dispositivos de lei:
> Art. 58. O regime jurídico dos contratos administrativos instituído por esta Lei confere à Administração, em relação a eles, a *prerrogativa* de:
> [...]
> III – fiscalizar-lhes a execução;
> [...]
> Art. 67. A execução do contrato *deverá ser acompanhada e fiscalizada por um representante da Administração especialmente designado*, permitida a contratação de terceiros para assisti-lo e subsidiá-lo de informações pertinentes a essa atribuição.
> § 1º O representante da Administração *anotará em registro próprio* todas as *ocorrências* relacionadas com a execução do contrato, *determinando* o que for necessário à *regularização* das faltas ou defeitos observados.
> Outro não é o entendimento de Marçal Justen Filho, consoante se depreende do excerto abaixo:
> Diante disso, a única solução para a Administração consiste em adotar todas as medidas preventivas possíveis. Isso envolve a desclassificação de propostas que não comportem o cumprimento adequado e satisfatório dos encargos trabalhistas, a fiscalização exata e precisa sobre o cumprimento das obrigações laborais e a identificação antecipada de riscos nesse setor. Caberá *exigir que o contratado comprove a absoluta regularidade n*

*pagamento da remuneração devida aos próprios empregados e o cumprimento de outras obrigações acessórias eventualmente incidentes.*
Ademais disso, a Administração deverá estar *atenta à ocorrência de qualquer defeito*. Assim, por exemplo, imagine-se que o fiscal da Administração Pública observe que alguns empregados do contratado não foram adequada e tempestivamente registrados para fins trabalhistas. Trata-se de infração extremamente grave, porque induz o risco de condenações futuras perante a Justiça do Trabalho, que poderão ter seus efeitos estendidos à Administração. Situação similar se passará diante da constatação de condições insalubres ou perigosas de trabalho, sem a existência de procedimentos preventivos ou adequados para assegurar a proteção ou a compensação pecuniária aos trabalhadores. Em todos esses casos, caberá à Administração *instaurar procedimento administrativo destinado a apurar fatos* e, se for o caso, *promover a rescisão do contrato*. Assim se deverá proceder ainda que a prestação esteja sendo executada de modo rigorosamente perfeito. O fundamento do sancionamento ao contratado ou, mesmo da rescisão contratual, será a infração à legislação trabalhista e os riscos de responsabilização pertinente. (Comentários à Lei de Licitações e Contratos Administrativos, 13ª ed. Dialética, 2009, p. 787).
Percebe-se, portanto, que não se admite a postura passiva da Administração Pública de não fiscalizar o cumprimento dos encargos laborais atinentes ao prestador dos serviços. [...] Desincumbir-se-á de tal dever ao exigir o demonstrativo mensal do pagamento dos salários, ao velar pela observância das normas de segurança e medicina do trabalho, ao zelar pelo respeito à jornada de trabalho prevista no art. 7º, XIII, da Constituição Federal, entre outras medidas.
*Caso o prestador dos serviços permaneça renitente* no descumprimento das obrigações laborais, *caberá* à Administração Pública, além de *reter os valores correspondentes* a eventuais salários atrasados, *aplicar as penalidades* previstas no art. 87 da Lei nº 8.666/93 (advertência, multa, suspensão temporária de participação em licitação e declaração de in doneidade) ou *rescindir o liame administrativo*, nos termos dos arts. 77 e 78 do referido diploma legal.
O que *não se pode tolerar* é que o administrador, no exercício da sua função de concretizar, via implementação de utilidades públicas, os preceitos constitucionais e legais, *subverta a finalidade do procedimento licitatório e das normas que regem a proteção daquele que disponibiliza o seu trabalho em proveito alheio.* [...] (grifos nossos)

A nosso ver, tais disposições demonstram, com argumentação que atende aos critérios de razoabilidade, que o Poder Público possui o "dever" de fiscalizar a execução dos contratos administrativos que firma, devendo implementar essa fiscalização mediante o acompanhamento quanto à execução do objeto do contrato com a empresa prestadora de serviços através de representante especialmente designado (art. 67).

Como se não bastassem as disposições contidas no próprio corpo da Lei de Licitações, há que se fazer referência aos preceitos contidos na Instrução Normativa nº 2 de 2008 do Ministério do Planejamento, Orçamento e Gestão, já referida no item 3.1 *retro*.

Cabe apontar para os artigos 31 a 35 que dispõem sobre "acompanhamento e fiscalização da execução dos contratos", disciplinando detalhadamente dever-prerrogativa no âmbito da Administração Pública

Federal, nada obstando sua aplicação em nível estadual e municipal, por analogia.

Nessa senda, o art. 31 é esclarecedor ao definir que o acompanhamento e a fiscalização da execução do contrato consistem na verificação da conformidade da prestação dos serviços e da alocação dos recursos necessários, de forma a assegurar o perfeito cumprimento do contrato, devendo ser exercidos por um representante da Administração, especialmente designado na forma dos art. 67 da Lei de Licitações.

O § 2º do art. 33 revela que o órgão contratante deverá monitorar constantemente o nível de qualidade dos serviços para evitar a sua degeneração, devendo intervir para corrigir ou aplicar sanções quando verificar um viés contínuo de desconformidade da prestação do serviço à qualidade exigida.

O art. 34, por seu turno, nos traz os aspectos que devem ser mensurados pelo fiscal responsável, sendo que o parágrafo 4º determina que o descumprimento total ou parcial das responsabilidades assumidas pela contratada, sobretudo quanto às obrigações e encargos sociais e trabalhistas, ensejará a aplicação de sanções administrativas, previstas no instrumento convocatório e na legislação vigente, podendo culminar em rescisão contratual.

Apenas para ilustrar algumas obrigações que são objeto de controle, podemos citar algumas exigências elencadas no § 5º, tais como a comprovação: recolhimento da contribuição previdenciária e FGTS; pagamento de salários no prazo; fornecimento de vale transporte e auxílio alimentação quando cabível; encaminhamento das informações trabalhistas exigidas pela legislação, tais como: a RAIS e a CAGED; cumprimento das demais obrigações dispostas na CLT em relação aos empregados vinculados ao contrato, etc.

Portanto, não restam dúvidas que a Administração Pública tem o dever de acompanhar a execução dos contratos de terceirização de serviços, pautando-se pelas diretrizes acima comentadas que tem por objetivo a realização de uma fiscalização eficiente.

Como, adequadamente, assevera a 8ª Turma do Tribunal Regional do Trabalho da 4ª Região, em Acórdão que julgou Recurso Ordinário (Processo nº 0001178-77.2010.5.04.0751, Julgado em 01.12.2011), não há que se confundir tal atividade com a assunção da direção pessoal dos serviços prestados pelos empregados da empresa contratada, até porque tal postura caracterizaria a intermediação ilícita de mão de obra, em burla ao princípio do concurso público – art. 37, II, da Constituição Federal. O que se espera da Administração, ao contratar empresas particulares para a execução indireta de serviços que lhe são afetos, é a postura de vigilância quanto ao acatamento das normas trabalhistas pelo contratado.

Nesse sentido, diante de uma situação de inadimplência das obrigações trabalhistas pela empresa prestadora de serviços, o fiscal do contrato deverá adotar as medidas cabíveis que configurem a sua efetiva fiscalização, notificando-a formalmente acerca de eventual descumprimento contratual, instaurando processo administrativo para aplicação das sanções administrativas, tais como preceitua o art. 87 da Lei nº 8.666/93 (I – advertência; II – multa, na forma prevista no instrumento convocatório ou no contrato; III – suspensão temporária de participação em licitação e impedimento de contratar com a Administração, por prazo não superior a 2 (dois) anos; IV – declaração de inidoneidade). Poderá, também, lançar mão das garantias contratuais (art. 56) quando for o caso, tudo para minimizar o risco de reclamatória trabalhista e doravante condenação por força da culpa *in vigilando*.

### 3.2.2. A presunção de irresponsabilidade contida no art. 71, § 1º, da Lei nº 8.666/93

Uma vez evidenciada a necessidade de a Administração Pública cumprir seu dever fiscalizatório dos contratos administrativos que tem por objeto a terceirização de serviços, passaremos, agora, a analisar a barreira legal à possibilidade de responsabilização do ente público nos casos de inadimplemento das obrigações trabalhistas por parte das empresas prestadoras de serviços.

O artigo 71 da Lei nº 8.666/93 dispõe claramente que o contratado é responsável pelos encargos trabalhistas, previdenciários, fiscais e comerciais resultantes da execução do contrato.

Como se não bastasse, o § 1º do art. 71 afirma de maneira categórica que a inadimplência do contratado, com referência aos encargos trabalhistas, fiscais e comerciais não transfere à Administração Pública a responsabilidade por seu pagamento, nem poderá onerar o objeto do contrato ou restringir a regularização e o uso das obras e edificações, inclusive perante o Registro de Imóveis.

Ocorre que, inobstante tal ressalva expressa, o fato é que prevaleceu – até o advento da ADC nº 16 –, a aplicação maciça da responsabilidade subsidiária do ente público por força da Súmula 331, conforme o julgamento do Incidente de Uniformização de Jurisprudência suscitado no Recurso de Revista nº 297.751/96 que reproduzimos para melhor compreender a questão:

INCIDENTE DE UNIFORMIZAÇÃO DE JURISPRUDÊNCIA – ENUNCIADO Nº 331, IV, DO TST – RESPONSABILIDADE SUBSIDIÁRIA – ADMINISTRAÇÃO PÚBLICA – ARTIGO 71 DA LEI Nº 8.666/93. *Embora o artigo 71 da Lei nº 8.666/93 contemple a ausência de responsabilidade* da Administração Pública pelo pagamento dos encargos trabalhistas, previdenciários, fiscais e comerciais resultantes da execução do contrato, é de se consignar que a *aplicação do referido dispositivo somente se verifica* na *hipótese em que o contratado agiu dentro de regras e procedimentos normais de desenvolvimento de suas atividades*, assim como de que o *próprio órgão da administração que o contratou pautou-se nos estritos limites e padrões da normatividade pertinente*. Com efeito, evidenciado, posteriormente, o descumprimento de obrigações, por parte do contratado, entre elas as relativas aos encargos trabalhistas, deve ser imposta à contratante a *responsabilidade subsidiária*. Realmente, nessa hipótese, não se pode deixar de lhe imputar, em decorrência desse seu comportamento omisso ou irregular, *ao não fiscalizar* o cumprimento das obrigações contratuais assumidas pelo contratado, em típica *culpa in vigilando*, a responsabilidade subsidiária e, conseqüentemente, seu dever de responder, igualmente, pelas conseqüências do inadimplemento do contrato. Admitir-se o contrário, seria menosprezar todo um arcabouço jurídico de proteção ao empregado e, mais do que isso, olvidar que a Administração Pública deve pautar seus atos não apenas atenta aos princípios da legalidade, da impessoalidade, mas sobretudo, pelo da moralidade pública, que não aceita e não pode aceitar, num contexto de evidente ação omissiva ou comissiva, geradora de prejuízos a terceiro, que possa estar ao largo de qualquer co-responsabilidade do ato administrativo que pratica. Registre-se, por outro lado, que *o art. 37, § 6º, da Constituição Federal consagra a responsabilidade objetiva da Administração*, sob a modalidade de risco administrativo, estabelecendo, portanto, sua *obrigação de indenizar sempre que cause danos a terceiro*. Pouco importa que esse dano se origine diretamente da Administração, ou, indiretamente, de terceiro que com ela contratou e executou a obra ou serviço, por força ou decorrência de ato administrativo. (grifos nossos)

Vale dizer que, nesse aspecto, o Tribunal Regional do Trabalho da 4ª Região sumulou o assunto da seguinte forma:

Súmula nº 11 – RESPONSABILIDADE SUBSIDIÁRIA DA ADMINISTRAÇÃO PÚBLICA DIRETA E INDIRETA. CONTRATOS DE PRESTAÇÃO DE SERVIÇOS. LEI 8.666/93.
A norma do art. 71, § 1º, da Lei nº 8.666/93 não afasta a responsabilidade subsidiária das entidades da administração pública, direta e indireta, tomadoras dos serviços. Resolução Administrativa nº 07/1999 Publ. DOE-RS dias 10, 11 e 12 de maio de 1999.

Gostaríamos de fazer algumas observações sobre o precitado Incidente de Uniformização – que foi considerado, por muito tempo, o principal parâmetro para a aplicação da responsabilidade subsidiária da Administração Pública. Primeiramente, parece-nos adequada a argumentação que a barreira contida no § 1º do art. 71 só se verificará na hipótese do ente público ter desempenhado o seu poder-dever de fiscalização, como já exposto no item anterior. Assim, a obediência ao art. 67 é *pressuposto* para a isenção de responsabilidade prevista no primeiro artigo.

Outrossim, conforme fortemente defendido pela jurisprudência laboral,[14] é descabida a interpretação literal do art. 71, § 1º, da Lei nº 8.666/1993. Literal e isolada do contexto normativo constitucional, uma vez que a existência de responsabilidade do ente público terceirizador

---

[14] Apontamos, como exemplo, decisão exarada nos autos do processo nº 000714-07-2011-5-04-0561 (TRT 4ª Região, Julgado em 17.11.2011).

deve ser considerada no âmbito sociojurídico de relação jurídica de emprego estabelecida no contexto contemporâneo da terceirização de serviços e da crescente precarização das relações de trabalho.

Portanto, a Administração Pública possui um papel relevante no acompanhamento dos contratos administrativos de terceirização de serviços, sob pena de ser responsabilizada. Cabe-nos frisar, no entanto, que o julgado busca a fundamentação na responsabilidade objetiva (art. 37, § 6º, da Carta Magna), a qual nos parece inadequada, conforme se verá apartadamente.

### 4. Responsabilidade da Administração Pública por inadimplemento das obrigações trabalhistas por parte da empresa prestadora de serviços

Verificamos que a terceirização carece de regulamentação legislativa e que a Súmula 331 desponta no cenário como o grande balizador desta prática de contratação de serviços.

Como apontado acima, a redação do atual inciso V da sobredita súmula vai no sentido diametralmente oposto ao teor do art. 71, § 1º, da Lei nº 8.666/93. Diante da controvérsia, foi instaurada a Ação Declaratória de Constitucionalidade nº 16 – DF, movida pelo Governador do Distrito Federal, tendo em vista que esse dispositivo legal "tem sofrido ampla retaliação por parte dos órgãos do Poder Judiciário, em especial o Tribunal Superior do Trabalho, que diuturnamente nega vigência ao comando normativo expresso no art. 71, § 1º, da Lei Federal nº 8.666/93".[15]

O Supremo Tribunal Federal julgou a precitada ação em 24.11.2010, sendo ementada da seguinte forma:

RESPONSABILIDADE CONTRATUAL. Subsidiária. Contrato com a administração pública. Inadimplência negocial do outro contraente. Transferência consequente e automática dos seus encargos trabalhistas, fiscais e comerciais, resultantes da execução do contrato, à administração. Impossibilidade jurídica. Consequência proibida pelo art., 71, § 1º, da Lei federal nº 8.666/93. Constitucionalidade reconhecida dessa norma. Ação direta de constitucionalidade julgada, nesse sentido, procedente. Voto vencido. É constitucional a norma inscrita no art. 71, § 1º, da Lei federal nº 8.666, de 26 de junho de 1993, com a redação dada pela Lei nº 9.032, de 1995. (ADC 16, Relator(a): Min. CEZAR PELUSO, Tribunal Pleno, julgado em 24/11/2010, DJe-173 Divulg 08-09-2011 PUBLIC 09-09-2011 Ement Vol-02583-01 PP-00001)

Com o julgamento da ADC nº 16, chegou-se ao consenso de que o Tribunal Superior do Trabalho não poderia mais generalizar os casos de responsabilização do ente público nos contratos de terceirização de

---

[15] Arguição do Governador do Distrito Federal – autor da ADC nº 16.

serviços, devendo investigar com mais rigor se a inadimplência tem como causa principal a falha ou falta de fiscalização pelo órgão público contratante.

Assim, se o paradigma criado pelo TST caracterizava-se pela presunção de culpa, com a responsabilização automática da Administração Pública em função do mero inadimplemento, agora, por determinação do STF, tal responsabilidade só poderia ser atribuída ao ente estatal se restasse evidenciada a sua conduta culposa no cumprimento das obrigações da Lei nº 8.666, de 21.06.1993, especialmente na fiscalização do cumprimento das obrigações contratuais e legais da prestadora de serviço como empregadora, como passou a constar no inciso V da própria Súmula 331.

Vamos analisar, neste momento, o embate dialético-argumentativo das principais teses que se confrontavam sobre o assunto, tendo como pano de fundo as diretrizes traçadas pela ADC nº 16.

### 4.1. Análise dialético-argumentativa das premissas que imputam e afastam a responsabilização do ente público à luz da ADC nº 16

Como já referimos no item 3.2.2, a responsabilidade estatal prevista no art. 37, § 6º, da Constituição Federal (responsabilidade objetiva) foi a tônica que fundamentou a Súmula 331, como constatamos no teor do acórdão que julgou o Incidente de Uniformização de Jurisprudência suscitado no Recurso de Revista nº 297.751/96.

Sobre o tema, insta afirmar que, a nosso ver, parece impossível, juridicamente, a coexistência das responsabilidades objetiva e subjetiva em relação a uma mesma pessoa jurídica e em decorrência de um mesmo fato, pois são incompatíveis quanto aos pressupostos exigíveis (a primeira independe de culpa ou dolo; já a segunda, exige a comprovação da culpa).

Em que pese tal contradição, detectamos que, na jurisprudência, há, indevidamente, uma interconexão entre tais elementos, senão vejamos:[16]

> No caso em exame, resta clara a culpa in vigilando do ente público, em face da omissão no seu dever de fiscalizar o contrato de trabalho, em razão da inadimplência constatada pela eg. Corte a quo, verificado que o empregado não recebeu as verbas do contrato de trabalho.
> Diante da responsabilidade do administrador público, pela culpa in vigilando, *por força da incidência do art. 37, § 6º, da Constituição Federal*, é de se manter a responsabilidade subsidiária. (grifos nossos)

---

[16] TST, 6ª. T, AIRR, 2567-65.2010.5.06.0000, Rel. Min. Aloysio Corrêa da Veiga, Publicado em 29.01.2011.

Portanto, sua análise é crucial para o tema, mormente, pelo afastamento de tal entendimento promovido pelo julgamento da ADC nº 16. Somado a isso, torna-se imprescindível a análise da responsabilidade subjetiva, pois nela, o Poder Judiciário poderá encontrar justificativa plausível para responsabilização subsidiária do ente público, enquanto tomador de serviços terceirizados.

Por fim, trataremos da questão formal relativa à cláusula de reserva de plenário.

### 4.1.1. Responsabilidade estatal prevista no art. 37, § 6º, da CF

A responsabilidade estatal contida no dispositivo constitucional em cotejo é uma questão muito ampla e demandaria uma análise extensa para abarcar satisfatoriamente a sua completude.

Para atendermos aos propósitos do presente estudo, iremos discorrer, ainda que sucintamente, sobre seus principais aspectos, pois se trata, como já dito, de um dos fundamentos que serviu de base para a Súmula 331 (TST-IUJ-RR-297.751/96.2):

> [...] Registre-se, por outro lado, que o art. 37, § 6º, da Constituição Federal consagra a responsabilidade objetiva da Administração, sob a modalidade de risco administrativo, estabelecendo, portanto, sua obrigação de indenizar sempre que cause danos a terceiro. Pouco importa que esse dano se origine diretamente da Administração, ou, indiretamente, de terceiro que com ela contratou e executou a obra ou serviço, por força ou decorrência de ato administrativo.

Para fins didáticos, (GANDINI, 2003) costuma-se analisar as espécies de responsabilidade civil conforme a perspectiva analisada. São elas:

1. Quanto ao seu *fato gerador*, poderá ser:

*a) Responsabilidade contratual:* proveniente de conduta violadora de norma contratual;

*b) Responsabilidade extracontratual ou aquiliana:* resultante da violação de um dever geral de abstenção, de respeito aos direitos alheios legalmente previstos.

2. Quanto ao *agente*, poderá ser:

*a) Responsabilidade direta:* proveniente de ato do próprio responsável;

*b) Responsabilidade indireta:* provém de ato de terceiro, vinculado ao agente ou de fato de animal ou coisa inanimada sob sua guarda.

3. Quanto ao seu *fundamento*, poderá ser:

*a) Responsabilidade subjetiva:* presente sempre o pressuposto culpa ou dolo. Portanto, para sua caracterização devem coexistir os seguintes elementos: a conduta, o dano, a culpa e o nexo de causalidade entre a conduta e o dano.

*b) Responsabilidade objetiva:* não há a necessidade da prova da culpa, bastando a existência do dano, da conduta e do nexo causal entre o prejuízo sofrido e a ação do agente. A responsabilidade está calcada no risco assumido pelo lesante, em razão de sua atividade.

Para Mello (2007, p.969) responsabilidade objetiva "é a obrigação de indenizar que incumbe a alguém em razão de um procedimento lícito ou ilícito que produziu uma lesão na esfera juridicamente protegida de outrem". Assim, para configurá-la é suficiente a mera relação causal entre o comportamento e o dano.

Venosa (2004, p. 279) explica que a responsabilidade objetiva (que prescinde a análise da culpa) divide-se em três subespécies: culpa administrativa, risco administrativo e risco integral.

A *culpa administrativa* constitui-se no primeiro estágio de transição dos princípios do direito civil para o direito administrativo, pois leva em conta a falta do serviço, para dela inferir a responsabilidade da administração, não prescindindo do elemento culpa do órgão da administração.

Pela teoria do *risco administrativo* surge a obrigação de indenizar o dano, como decorrência tão só do ato lesivo e injusto causado à vítima pela Administração, não se exigindo falta do serviço ou culpa dos agentes. A demonstração da culpa da vítima exclui a responsabilidade da Administração, assim como a culpa concorrente, do agente e do particular, autoriza uma indenização mitigada ou proporcional ao grau de culpa.

Pelo *risco integral* haveria em qualquer hipótese de nexo causal a responsabilidade da Administração. É a modalidade extremada que não pode ser aceita, e de fato não o é em qualquer legislação, pois leva a desvios e abusos.

Segundo Rizzardo (2005, p. 363), a teoria do risco integral importa em atribuir a responsabilidade ao Estado por todos e quaisquer danos, mesmo diante da culpa de quem se considera vítima, indo além do dispositivo constitucional em cotejo, visto que o Estado arca com prejuízos que aparecem mesmo que não decorrente do exercício das atividades dos agentes públicos, ou da omissão no dever que deveriam cumprir. Tal entendimento levaria a uma situação extremada, criando uma situação insuportável e dando azo à aniquilação do ente estatal.

O artigo 37, § 6º, da Constituição Federal assim reza que as pessoas jurídicas de direito público e as de direito privado prestadoras de serviços públicos responderão pelos danos que seus agentes, nessa qualidade, causarem a terceiros, assegurado o direito de regresso contra o responsável nos casos de dolo ou culpa.

O Supremo Tribunal Federal decidiu que a interpretação a ser dada ao art. 37, § 6º, da Carta Política é a teoria do risco administrativo, conforme julgamento, de 23.08.2003, do RE 234010 AgR / RJ:

CONSTITUCIONAL. ADMINISTRATIVO. RESPONSABILIDADE CIVIL DAS PESSOAS JURÍDICAS DE DIREITO PÚBLICO E DAS PESSOAS JURÍDICAS DE DIREITO PRIVADO PRESTADORAS DE SERVIÇO PÚBLICO. C.F., art. 37, § 6º. I. – A responsabilidade civil das pessoas jurídicas de direito público e das pessoas jurídicas de direito privado prestadoras de serviço público, *responsabilidade objetiva*, com base no *risco administrativo*, é abrandada ou excluída pela culpa da vítima. II. – No caso, o acórdão recorrido, com base na prova, que não se reexamina em sede de recurso extraordinário, concluiu pela culpa exclusiva da vítima. III. – Agravo não provido.

Assim, trata-se de concepção de responsabilidade objetiva que comporta seu afastamento ante a presença de determinadas situações, aptas a excluir o nexo causal entre a conduta do Estado e o dano causado ao particular, quais sejam a força maior, o caso fortuito, o estado de necessidade e a culpa exclusiva da vítima ou de terceiro. GANDINI (2003)

Gandini (2003) aponta que a doutrina, no que tange à natureza da responsabilidade do Estado por conduta comissiva, põe-se de acordo. Todavia, no que pertine à conduta *omissiva*, dividem-se em dois grupos: os que defendem a natureza *objetiva* dessa responsabilidade e os que a entendem *subjetiva*. No primeiro grupo estão autores como Yussef Said Cahali, Odete Medauar, Álvaro Lazzarini, Carvalho Filho e Celso Ribeiro Bastos, entre outros; no segundo, Celso Antonio Bandeira de Mello, Maria Sylvia Zanella Di Pietro, Lucia Valle Figueiredo e outros.

Mello (2007) distingue três situações distintas: a) casos em que é o próprio comportamento do Estado que gera o dano (conduta comissiva); b) casos em que não é uma atuação do Estado que produz o dano, mas, por omissão sua, evento alheio ao Estado causa um dão que o Poder Público tinha o dever de evitar (conduta omissiva); c) casos em que também não é uma atuação do Estado que produz o dano, contudo é por atividade dele que se cria a situação propiciatória do dano, porque expôs alguém a risco (quando praticar dano ambiental, consoante art. 16 da Lei nº 6.938/81 e o art. 225, § 3º, da Constituição Federal, ou dano nuclear, nos termos do art. 21, XXIII, alínea *d*, da Carta Política).

Na primeira e na terceira situação, o autor entende que é de se aplicar a responsabilidade objetiva. Na segunda hipótese, se o Estado não agiu (o serviço não funcionou, funcionou tardia ou ineficientemente), não pode, logicamente, ser ele o autor do dano. Se não foi o autor, só cabe responsabilizá-lo caso esteja obrigado a impedir o dano, ou seja, se descumpriu dever legal que lhe impunha obstar ao evento lesivo. Logo, como bem conclui Mello (2007, p. 977), a responsabilidade estatal por ato omissivo é sempre responsabilidade por comportamento ilícito e, assim sendo, necessariamente ensejará responsabilidade subjetiva, pois não há conduta ilícita do Estado (embora do particular possa haver) que não seja proveniente da negligência, imprudência ou imperícia (culpa) ou, então, deliberado propósito de violar a norma que o constituía em dada obrigação (dolo) – que são exatamente as modalidades de responsabilidade subjetiva.

Tal situação em que a omissão do ente estatal ensejou (não causou) o dano é justamente a hipótese que se amolda ao caso da omissão na fiscalização da Administração Pública do adimplemento das obrigações trabalhistas nos contratos de terceirização de serviços. Portanto, estamos diante de responsabilidade subjetiva – que enseja o exame da culpa –, e não objetiva.

Ressaltamos que tal entendimento não é unânime entre os autores pátrios, conforme apontado. Não obstante tal divergência doutrinária, o fato é que no julgamento da ADC nº 16, a Ministra Cármen Lúcia teceu considerações cruciais acerca da responsabilização da Administração Pública com base no art. 37, § 6º, da Carta Magna.

Segundo a Ministra, para se ter configurada a responsabilidade da entidade estatal, o dano causado a terceiro deverá ter sido em decorrência da prestação do serviço público que tenha como autor agente público. Trata-se de requisito necessário a sua configuração que independe se o dano tenha tido sua origem em um ato comissivo ou omissivo.

No caso da situação disciplinada pelo art. 71, § 1º, da Lei 8.666/93, o dano considerado seria o inadimplemento de obrigações trabalhistas por empresa que *não integra a Administração Pública*. Logo, não se poderia jamais caracterizar como agente público.

Neste viés, a previsão legal de impossibilidade de transferência da responsabilidade pelo pagamento de obrigações trabalhistas não adimplidas pelo contratado particular não contraria o princípio da responsabilidade do Estado, mas apenas disciplina a relação entre o ente público e seu contratado.

A Ministra argumenta que entendimento diverso poderia levar à preocupação já externada pelo Ministro Gilmar Mendes, em artigo intitulado *"Perplexidades acerca da responsabilidade civil do Estado: União 'seguradora universal'?"*. Outrossim, ressalta que, *in casu*, poderia haver um duplo prejuízo a ser arcado pela União, tendo em vista que a Administração Pública havia cumprido com suas obrigações contratuais.

Por outro lado, a Ministra reconhece que não há como prosperar o argumento, muitas vezes alegado pelo ente público, de que não há como fiscalizar os contratos administrativos, sob pena de constituir em uma verdadeira afronta ao Princípio da Legalidade.

Aliás, foi exatamente neste sentido que o Ministro César Peluso, insistentemente, se referia ao longo do debate: "considero a norma constitucional também, o que não impedira que a Justiça do Trabalho continuasse reconhecendo a responsabilidade da Administração com base nos fatos de cada causa".[17]

Assim, consoante manifestado na ADC nº 16, resta inaplicável ao caso da terceirização de serviços pelo ente público com base na responsabilidade objetiva prevista no art. 37, § 6º, do Texto Maior. O fundamento de eventual responsabilização deverá ser outro, que necessitará a verificação da culpa, no caso concreto, conforme veremos adiante.

*4.1.2. Responsabilidade subjetiva*

Como vimos, a ADC nº 16 pacificou a não aplicabilidade da responsabilidade objetiva, devendo ser analisada pelo Poder Judiciário, em cada caso concreto, a existência de culpa, notadamente, porquanto a Corte Suprema identificou que a Justiça Trabalhista vinha aplicando automaticamente a responsabilidade subsidiária ao ente público na ocorrência de mero inadimplemento das obrigações trabalhistas pelo prestador de serviços.

Assim, dada a sua eficácia *erga omnes* e efeito vinculante, a decisão do STF na ADC nº 16 acabou fazendo com que o TST revisasse a Súmula 331 que, com a Resolução TST nº 174/2011, em 24 de maio de 2011, passou a determinar a necessidade de constatação da "conduta culposa" na fiscalização do cumprimento das obrigações da prestadora de serviços (inciso V do referido verbete).

Verifica-se, portanto, que o fundamento da responsabilidade da Administração Pública decorrerá da culpa *in eligendo* ou da culpa *in vigilando* – elementos ensejadores da responsabilidade subjetiva.

*4.1.2.1. Da culpa "in eligendo"*

Segundo Caio Mario (1998, p. 72), a culpa *in eligendo* consiste na "má escolha de uma pessoa a quem é confiada certa tarefa".

Há que se atentar para a inexistência de discricionariedade do ente público para escolher com quem contratar, em função do art. 37, XXI, da Carta Magna:

Art. 37. A administração pública direta e indireta de qualquer dos Poderes da União, dos Estados, do Distrito Federal e dos Municípios obedecerá aos princípios de legalidade, impessoalidade, moralidade, publicidade e eficiência e, também, ao seguinte:

---

[17] STF, ADC 16/DF, Rel. Min. Cezar Peluso, 24.11.2010, p. 38.

XXI – ressalvados os casos especificados na legislação, as obras, *serviços*, compras e alienações *serão contratados mediante processo de licitação pública* que assegure igualdade de condições a todos os concorrentes, com cláusulas que estabeleçam obrigações de pagamento, mantidas as condições efetivas da proposta, nos termos da lei, o qual somente permitirá as exigências de qualificação técnica e econômica indispensáveis à garantia do cumprimento das obrigações. (grifos nossos)

Portanto, ao contrário do que ocorre com as empresas privadas que têm possibilidade de firmar contratos livremente, no âmbito da Administração Pública a contratação de terceiros, prestadores de serviços, não se resume a um ato puramente discricionário, pois não cabe ao administrador praticá-lo com liberdade de escolha quanto ao seu conteúdo e destinatário, nem tampouco está adstrito à sua conveniência, oportunidade ou modo de fazê-lo.

Nessa vereda, é a doutrina de Alexandre de Moraes (2009, p. 324), que nos esclarece que: "o Administrador Público somente poderá fazer o que estiver expressamente autorizado em lei e nas demais espécies normativas, inexistindo, pois incidência de sua vontade subjetiva, pois na Administração Pública só é permitido fazer o que a lei autoriza".

Portanto, só se configura a culpa *in eligendo* se restar comprovado que o ente público não tenha observado os pressupostos de habilitação jurídica, qualificação técnica, econômico-financeira e regularidade fiscal, conforme determinado pelo art. 27 da Lei nº 8.666/93.

### 4.1.2.2. Da culpa "in vigilando"

A culpa *in vigilando*, conforme Caio Mario (1998, p. 71), "existe quando uma pessoa falta ao dever de velar, ou comete uma desatenção quando tinha a obrigação de observar".

Assim, no que diz respeito à terceirização, a culpa *in vigilando* ocorrerá quando o fiscal designado pelo art. 67 da Lei nº 8.666/93 não desempenhar sua função fiscalizatória.

A Lei de Licitações apenas se limita a determinar que o licitante vencedor mantenha, durante toda a vigência do contrato, as mesmas condições impostas no edital de licitação. Não raro, a tese defensiva da União alegava que não poderia exercer um poder fiscalizatório maior do que a lei determina, estando adstrita a exigir a mesma documentação da fase de habilitação para aferição de idoneidade da contratada durante a execução do contrato.

Como vimos no item 3.2.2., existe, indubitavelmente, disposição legal que determina que a Administração Pública exija documentos diversos daqueles previstos na Lei nº 8.666/93, tal como consta na IN nº 2 de 2008.

Nessa linha de raciocínio, não se desincumbindo do seu poder-dever fiscalizatório nos contratos administrativos de terceirização, estará a Administração Pública sujeita a ser responsabilizada por força da culpa *in vigilando* – que deverá restar comprovada nos autos.

### 4.1.3. Do óbice formal: da violação da reserva de plenário

Um dos principais motivos que levou a questão da responsabilidade da Administração Pública nos contratos de terceirização de serviços – assunto eminentemente trabalhista –, à Suprema Corte, foi a não obediência à reserva de plenário.[18]

Discutia-se, portanto, como uma súmula, editada por resolução administrativa, poderia afastar a aplicação de lei ordinária, sem que seja declarada a sua inconstitucionalidade, fazendo com que várias Reclamações chegassem ao STF.[19]

O artigo 97 da Constituição Federal determina que somente pelo voto da maioria absoluta de seus membros ou dos membros do respectivo órgão especial poderão os tribunais declarar a inconstitucionalidade de lei ou ato normativo do Poder Público.

A Súmula Vinculante nº 10 preceitua que "viola a cláusula de reserva de plenário (CF, artigo 97) a decisão de órgão fracionário de tribunal que, embora não declare expressamente a inconstitucionalidade de lei ou ato normativo do poder público, afasta sua incidência, no todo ou em parte".

Assim, somente por meio da declaração de inconstitucionalidade do art. 71 da Lei nº 8.666/93, observado o art. 97 e a Súmula Vinculante nº 10 poderia o TST reconhecer a responsabilidade subsidiária da Administração Pública.

Conforme aponta Alexandre de Moraes (2006, p. 648) o desrespeito à obrigatoriedade de observância da cláusula de reserva de plenário acarreta a nulidade do julgamento: a jurisprudência do STF tem reiteradamente proclamado que a desconsideração do princípio em causa gera a nulidade absoluta da decisão judicial colegiada que, emanada de órgão meramente fracionário, haja declarado a inconstitucionalidade de determinado ato estatal.

---

[18] Conforme consta do acórdão da ADC nº 16, foram suscitados outros dispositivos constitucionais, como a afronta aos princípios da legalidade, da liberdade e da ampla acessibilidade nas licitações públicas.

[19] A enxurrada de Reclamações à Corte Suprema foi, aliás, um dos motivos determinantes para que aquele órgão ultrapassasse a carência de ação suscitada pelo relator e enfrentasse o mérito da questão, conforme discussão do plenário.

Não raro, deparamo-nos com o argumento, do próprio Tribunal Superior do Trabalho,[20] no sentido de que não haveria que se falar em violação à reserva de plenário, porquanto o Enunciado n° 331 teria resultado do julgamento, por votação unânime, do pleno do TST.

Há que ressalvar que o próprio STF já decidiu a tal respeito, evidenciando que, inobstante o pronunciamento do Tribunal através da sua Corte Especial, houve, sim, afronta à Súmula Vinculante n° 10, senão vejamos:

> PROCESSUAL. AGRAVO REGIMENTAL. RECLAMAÇÃO. AFRONTA À SÚMULA VINCULANTE 10. OCORRÊNCIA. AGRAVO PROVIDO. I – Para que seja observada a cláusula de reserva de plenário, é necessário que o Plenário ou o Órgão Especial do Tribunal reúna-se com o fim específico de julgar a inconstitucionalidade de uma lei ou ato normativo. II – Embora tenha a atual redação do item IV do Enunciado 331 do TST resultado de votação unânime do pleno daquele Tribunal, o julgamento ocorreu em incidente de uniformização de jurisprudência. III – Dessa forma, afastada a incidência do art. 71, § 1º, da Lei 8.666/1993, sem o procedimento próprio, restou violada a Súmula Vinculante 10. IV – Agravo regimental provido, para julgar procedente a reclamação. (Rcl 7517 AgR / DF – DISTRITO FEDERAL AG.REG. NA RECLAMAÇÃO Relator(a): Min. RICARDO LEWANDOWSKI Julgamento: 24/11/2010 Órgão Julgador: Tribunal Pleno)

O fato é que, em que pese a decisão acima transcrita, a jurisprudência laboral vinha, de forma maciça, entendendo que tal óbice formal não era capaz de impedir a responsabilização do ente público.

*4.2. Ônus da prova da conduta culposa da Administração Pública – uma questão em aberto?*

O julgamento da ADC n° 16 provocou uma profunda alteração na normatização da terceirização criada pela Súmula 331, pois, além de declarar a constitucionalidade do art. 71, § 1º, da Lei n° 8.666/93 – implicando dizer que não há a transferência automática da responsabilidade pelo pagamento das obrigações trabalhistas ao ente público –, afastou a aplicabilidade da responsabilidade objetiva, visto que, nos termos do voto da Ministra Cármen Lúcia, a empresa contratada não pode ser qualificada como agente da Administração Pública.

Por outro lado, deixou claro que poderá haver possibilidade de imputação de responsabilidade, porém sob outro argumento, qual seja a responsabilidade subjetiva – que ensejará a apreciação do elemento culpa –, tendo tratado pontualmente apenas da culpa in *vigilando*.

Dessa forma, a questão volta-se para a análise do contexto fático-probatório, a fim de verificar a conduta culposa do agente, sobretudo

---

[20] TST, 8ª T, AIRR, 80900-94.2009.5.03.0082, Rel. Min. Dora Maria da Costa, Publicado em 01.06.2012.

com relação à sua omissão fiscalizatória no acompanhamento dos contratos.

Ocorre que pouco se tem debatido a respeito da questão do ônus da prova – elemento chave que permitirá a verificação concreta da responsabilidade do ente público. Neste sentido, pelas regras processuais, o art. 818 da CLT prevê que a prova das alegações incumbe à parte que as fizer, enquanto o art. 333 do Código de Processo Civil – aplicado supletivamente na seara trabalhista pela incidência do art. 769 celetista –, aponta que o ônus da prova incumbe: I – ao autor, quanto ao fato constitutivo do seu direito; II – ao réu, quanto à existência de fato impeditivo, modificativo ou extintivo do direito do autor.

Convém lembrar que, não raro, a jurisprudência trabalhista – em atendimento aos princípios específicos de proteção ao hipossuficiente – aplica a inversão do ônus da prova em favor do trabalhador. Nesta esteira, torna-se pertinente a transcrição de seguinte julgado, da lavra do Ministro Caputo Bastos, em sede de Agravo de Instrumento em Recurso de Revista nº TST-AIRR-61300-53.2009.5.04.0731:

> Os *empregados reclamantes*, quando ajuízam uma ação trabalhista, devem fazer prova dos *fatos constitutivos de seu direito*, conforme as regras de distribuição do ônus da prova. Já os *reclamados*, em provado o fato constitutivo do direito do reclamante, devem fazer prova dos *fatos extintivos, impeditivos e modificativos de tal direito.* [...]
> Já no que diz respeito à culpa in vigilando, é necessária a *aplicação da inversão do ônus da prova em favor do reclamante*. Nesse caso, não há ato administrativo algum a ser presumido legítimo. Na verdade, a discussão é exatamente sobre a existência de fiscalização do ente público e não sobre a suficiência, legitimidade ou validade dessa fiscalização. Nesse caso, *apenas a Administração Pública tem condições de provar a ausência de fato constitutivo do reclamante*, ou seja, apenas a Administração Pública tem condições de provar que fiscalizou efetivamente a empresa por meio, por exemplo, de requerimentos de relatórios de pagamentos mensais de FGTS, salários entre outros meios. Apenas com a prova prévia da existência da fiscalização poderá o juízo adentrar a discussão sobre a sua legitimidade. [...] (grifos nossos)

De outro norte, percebe-se que, a aplicação do princípio da maior aptidão para a prova, conforme excerto extraído de decisão prolatada pelo Tribunal Regional do Trabalho da 4ª Região, que ilustra tal entendimento:

> [...] No caso dos autos, não há qualquer prova de que o recorrente tenha atuado de forma diligente na fiscalização do cumprimento do contrato de prestação de serviços. De acordo com o *princípio da maior aptidão para a prova do empregador*, e, levado em consideração que é *inviável ao trabalhador constituir prova de inexistência de fato*, tal ônus lhe incumbia. [...] (Acórdão do processo 0000324-30.2010.5.04.0025 (RO) Redator: MARIA MADALENA TELESCA. Participam: ANA ROSA PEREIRA ZAGO SAGRILO, WILSON CARVALHO DIAS Data: 13/10/2011) (grifos nossos)

Nada obstante, analisando o comportamento da jurisprudência no âmbito do TST, em uma perfunctória verificação dos julgados realizados entre março e abril do corrente ano,[21] a amostragem nos permitiu identificar que a grande maioria das turmas vêm decidindo pela impossibilidade de condenação da Administração Pública nos contratos de terceirização, caso não reste configurada a culpa *in vigilando* nos autos.

> [...] II) RECURSO DE REVISTA – RESPONSABILIDADE SUBSIDIÁRIA DO TOMADOR DE SERVIÇOS – SÚMULA 331, IV E V, DO TST.
> [...] 4. Em face dessa orientação do STF é que o TST, revendo sua Súmula 331, incluiu o inciso V, admitindo apenas excepcionalmente a responsabilidade subsidiária do ente público, no caso de ficar evidenciada especialmente a culpa – *in vigilando* – ou, ao menos, a culpa -in eligendo- do tomador dos serviços. Ou seja, não com base em presunção ou responsabilidade objetiva.
> 5. Na hipótese vertente, *apesar de o Regional mencionar as culpas – in vigilando – e – in eligendo –, não registrou em que teria consistido a conduta culposa do Reclamado.* Ora, a postura da Corte de origem revela *decisão genérica*, em que se atribui responsabilidade subsidiária pelo *mero inadimplemento* da empresa contratada, o que se impõe o provimento do recurso de revista, para *afastar a responsabilidade subsidiária* imposta contra expresso texto de lei (Lei 8.666/93, art. 71, § 1º) ferindo o princípio da legalidade (CF, art. 5º, II). Recurso de revista provido. (Recurso de Revista nº TST-RR-38900-42.2008.5.01.0059)

Apenas para registro, devemos afirmar que existe entendimento turmário (6ª Turma) que determina o retorno dos autos ao Tribunal Regional de origem com o fim de examinar a sobredita responsabilidade:

> RECURSO DE REVISTA. CONTRATAÇÃO DE COOPERATIVA FRAUDULENTA. ENTE PÚBLICO. AUSÊNCIA DE APRECIAÇÃO DA RESPONSABILIDADE SUBSIDIÁRIA EM FACE DA CULPA IN VIGILANDO. [...] Após a decisão do Pretório Excelso no julgamento da ADC 16, não mais se vislumbra a possibilidade de declaração de responsabilidade subsidiária do tomador de serviços por mero inadimplemento pelo prestador. *No caso em exame, não há como se manter a decisão* que entende pela manutenção da responsabilidade subsidiária do ente público, mas também não é possível, diante da restrita cognição em instância extraordinária, identificar se o ente público fiscalizou o contrato de trabalho, *sem que a Corte a quo trate das premissas* específicas que remetam à *efetiva ausência de fiscalização*. O provimento do recurso deve se dar para determinar o *retorno dos autos ao Tribunal Regional de origem com o fim de examinar a responsabilidade por culpa in vi gilando, nos termos definidos pela ADC 16*. Recurso de Revista conhecido e parcialmente provido. ( Recurso de Revista nº TST-RR-53900-34.2008.5.01.0075) (grifos nossos)

Assim, diante das considerações feitas, não nos restam dúvidas que compete ao ente público desempenhar satisfatoriamente a fiscalização dos contratos administrativos de terceirização de serviços, porém o encargo do ônus da prova não foi suficientemente esclarecido pela ADC nº 16, permanecendo a questão em aberto.

Diante do exposto, entendemos que, pelo menos por cautela, caberá à Administração Pública apresentar em suas defesas toda documentação que comprove a legalidade da licitação e fiscalização das empresas con-

---

[21] Lembramos que o presente artigo foi elaborado em 2012.

tratadas no intuito de afastar a possibilidade de condenação por responsabilidade subsidiária alicerçada na ocorrência de culpa *in eligendo* ou *in vigilando*.

## 5. Considerações finais

Através do presente estudo, procuramos evidenciar que a terceirização de serviços constitui um tema complexo, que divide opiniões e que, em razão da ausência de normatização legal, foram sendo construídos parâmetros jurisprudenciais pelo TST que acabaram sendo fortemente contestados pelo ente público.

O resultado dessa verdadeira arena de disputas, mesmo com o advento da decisão do STF através da ADC nº 16, ainda não restou pacificado. Estamos, ainda, diante de um processo de construção de identidade da terceirização de serviços no Brasil que proteja os interesses dos trabalhadores e se harmonize com a livre iniciativa e o desenvolvimento econômico.

Trata-se, com efeito, de prática e tendência amplamente adotada pelo mercado e que enfrenta, hodiernamente, um ambiente regulatório instável, notadamente em razão do sobrestamento dos feitos que tratam do tema em cotejo, que estão a aguardar uma definição mais concreta da matéria.

Em que pese o Supremo Tribunal Federal ter declarado a constitucionalidade do art. 71, § 1º, da Lei nº 8.666/1993, isto não implica dizer que tal dispositivo constitui um salvo-conduto irresponsabilizatório, pois, sob outros fundamentos, poderá o ente público ser responsabilizado, notadamente em razão da sua omissão na fiscalização dos contratos administrativos de terceirização.

Ocorre que o mero inadimplemento (presunção de culpa) não é mais o parâmetro para condenação da Administração Pública. Há que se configurar, em cada caso concreto, a evidenciação da sua conduta culposa, calcada, sobretudo, na *culpa in vigilando*.

Como já debatido, entendemos que caberá, pelo menos por cautela, ao ente público desincumbir-se do ônus da prova da fiscalização efetuada, em razão das peculiaridades existentes na processualística laboral e da falta de definições no âmbito da ADC nº 16 sobre o tema.

Se para os críticos da terceirização a decisão da Corte Suprema possa ter se assemelhado a um retrocesso ou derrota da Súmula 331, preferimos acreditar que a questão fundamental é a busca de um novo modelo de terceirização que esteja vinculado ao princípio da moralidade e da eficiência administrativa, primando pela qualidade na gestão de tais contratos.

Diante disso, é crucial que a Administração Pública efetue o devido acompanhamento e controle do cumprimento das condições contratuais estabelecidas com a empresa terceirizada, tudo para garantir a qualidade dos serviços, bem como resguardar interesses dos trabalhadores, evitando a caracterização de pessoalidade e subordinação de tais empregados, sob pena de corromper a licitude do modelo de terceirização que se almeja.

## Referencial bibliográfico

BARROS, Alice Monteiro de. *Curso de Direito do Trabalho.* 6. ed. São Paulo: LTr, 2010.

BONFIM, Benedito Calheiros. *A Globalização e a Flexibilização do Direito do Trabalho.* Revista do Direito Trabalhista, n.1, jan. 1997.

BRASIL. *Decreto nº 2.271,* de 7. jul. 1997. Disponível em: http://www.planalto.gov.br/ccivil_03/decreto/D2271.htm. Acesso em: 03. mar.2011.

——. *Decreto-Lei nº 200,* de 25. jan. 1967. Disponível em: http://www.planalto.gov.br/ccivil/decreto-lei/Del0200compilado.htm. Acesso em: 03. mar.2011.

——. *Lei nº 8.666,* de 21. jun.1993. Disponível em: http://www.planalto.gov.br/ccivil_03/Leis/L8666compilado.htm. Acesso em: 03. mar.2011.

——. *SUPREMO TRIBUNAL FEDERAL.* Informativo nº 610. ADC e art. 71, § 1º, da Lei 8.666/93. Publicado eletronicamente em 2 de dezembro de 2010. Disponível em: http://www.stf.jus.br//arquivo/informativo/documento/informativo610.htm. Acesso em: 1.mai.2012.

——. *Consolidação das Leis do Trabalho.* Decreto-Lei nº 5.442, de 01.mai.1943. Disponível em: http://www.planalto.gov.br/ccivil_03/Decreto-Lei/Del5452compilado.htm. Acesso em: 03.mar.2011.

——. *Constituição da República Federativa do Brasil,* de 5 de outubro de 1988. Disponível em: http://www.planalto.gov.br/ccivil_03/Constituicao/ConstituicaoCompilado.htm. Acesso em: 03.mar.2011.

CARELLI, Rodrigo de Lacerda. *Formas atípicas de trabalho.* São Paulo: LTr, 2004.

DELGADO, Maurício Godinho. *Curso de Direito do Trabalho.* 9ª ed. São Paulo: LTr, 2010.

LIMA NETO, Erminio Alves de. *TST Reconhece Trabalho Terceirizado.* Revista Síntese Trabalhista, v. 50.

GANDINI, João Agnaldo Donizeti; SALOMÃO, Diana Paola da Silva. *A responsabilidade civil do Estado por conduta omissiva.* Jus Navigandi, Teresina, *ano 8, n. 106, 17 out. 2003.* Disponível em: <http://jus.com.br/revista/texto/4365>. Acesso em: 28 abr. 2012.

GONÇALVES, Antônio Fabrício de Matos. *Flexibilização trabalhista.* Belo Horizonte: Mandamentos, 2004.

MAIOR, Jorge Luiz Souto. *Pelo cancelamento da súmula nº 331 do TST.* http://www.sindinstalacao.com.br/UploadDoc/doutrina%20ref.%20terceiriza%C3%A7%C3%A3o%20-%20s%C3%BAmula%20331.rtf. 2008. Acesso em: 15 agosto.2009.

MARTINS FILHO, Ives Gandra da Silva. *Manual Esquemático de Direito do Trabalho e Processo do Trabalho.* 7. ed. São Paulo: Saraiva, 1998.

MARTINS, Sergio Pinto. *A terceirização e o direito do trabalho.* 11 ed. rev. e ampl. – São Paulo: Atlas, 2011.

MELLO, Celso Antônio Bandeira de. *Curso de Direito Administrativo.* 22. ed. rev. e atual. São Paulo: Malheiros, 2007.

MORAES, Alexandre de. *Direito constitucional.* 19. ed. São Paulo: Atlas, 2006.

——. *Direito Constitucional.* 24. ed. São Paulo: Atlas, 2009.

NASCIMENTO, Amauri Mascaro. *Iniciação ao Direito do Trabalho.* 30ª. ed. São Paulo:LTr, 2000.

PEREIRA, Caio Mario da Silva. *Responsabilidade Civil.* 8 ed. Rio de Janeiro: Forense, 1998.

RIZZARDO, Arnaldo. Responsabilidade Civil: Lei nº 10.406, de 10.01.2002. Rio de Janeiro: Forense, 2005.

VENOSA, Sílvio de Salvo. *Direito Civil: parte geral.* 4. ed. São Paulo: Atlas, 2004.

— 10 —

# A responsabilidade da administração pública na terceirização de serviços: cotejo entre a Lei 8.666/1993 e a Súmula 331 do TST, a partir da ADC-16/DF[1]

## DAVID CORRÊA DÓRIA[2]

*Sumário*: 1. Introdução; 2. Terceirização do Direito do Trabalho brasileiro; 2.1. Análise introdutória; 2.2. Definindo terceirização; 2.3. Terceirização na jurisprudência; 2.3.1. O Enunciado 256, do Tribunal Superior do Trabalho; 2.3.2. Terceirização segundo a Súmula 331, antes da ADC 16-DF; 2.3.3. Súmula 331, após a ADC 16-DF; 3. Aspectos relevantes da responsabilidade civil para o trabalho terceirizado na administração pública; 3.1. Responsabilidade subjetiva e responsabilidade objetiva; 3.2. Responsabilidade direta e indireta; 3.3. Responsabilidade civil do Estado; 3.4. Danos decorrentes da omissão do agente público – responsabilidade subjetiva ou objetiva?; 3.5. Responsabilidade patrimonial sobre verbas decorrentes do contrato de trabalho; 4. O julgamento da Ação Direta nº 16 e a responsabilidade da administração pública pelo crédito do trabalhador terceirizado; 4.1. A Ação Direta de Constitucionalidade 16; 4.2. Fundamentos jurídicos acerca da (ir)responsabilidade do Estado sobre o crédito do trabalhador terceirizado; 4.3. Fundamento para responsabilidade patrimonial do tomador, a partir de uma interpretação sistemática do ordenamento jurídico; 4.3.1. Premissas básicas; 4.3.2. Regime de responsabilidade na tomada de serviços. Teoria objetiva e subjetiva; 4.3.3. Da responsabilidade civil do tomador de serviços, após o julgamento da ADC 16/DF; 5. Considerações finais; Referências bibliográficas.

## 1. Introdução

A responsabilidade do tomador de serviços em face do inadimplemento do prestador, no âmbito da terceirização, estava encerrada pelo entendimento consolidado na Súmula 331 do Tribunal Superior do Trabalho, por meio do qual se evidenciava o dever, subsidiário, de adim-

---

[1] O presente artigo foi apresentado no Programa de Ascensão Profissional da Diretoria Jurídica do Banco do Brasil S.A, em julho de 2012.

[2] Advogado. Pós-graduando em Direito e Processo do Trabalho pela Universidade Anhanguera – Uniderp.

plemento da obrigação trabalhista, atribuído tanto à pessoa jurídica de direito público quanto à de direito privado.

Entretanto, no julgamento da Ação Direta de Constitucionalidade 16/DF, em novembro de 2010, em que restou declarada a constitucionalidade do artigo 71, § 1º, da Lei 8.666/1993, o Supremo Tribunal Federal apontou para o conflito existente entre esta disposição legal e a jurisprudência trabalhista, o que culminou na revisão daquele verbete.

A partir do entendimento da Suprema Corte, reabriram-se questões até então dirimidas, como a responsabilidade da Administração Pública na contratação de serviços e a teoria que orienta o dever de reparação pelo Ente Público.

Nesse diapasão, para uma breve abordagem sobre tais aspectos, pretende-se conceituar a terceirização de serviços, consoante o regramento trabalhista, além de encontrar os fundamentos jurídicos que legitimam a sua admissibilidade no ordenamento pátrio.

Em seguida, serão abordados aspectos gerais sobre o sistema de responsabilidade civil, para estabelecer distinções entre as regras de responsabilidade direta e indireta, objetiva e subjetiva, além de compreender o regime de responsabilidade patrimonial do Estado e do tomador de serviços, segundo a legislação tutelar do trabalho.

Ao final, são feitas considerações sobre o julgamento da Ação Direta de Constitucionalidade, para apontar qual foi a conclusão do Supremo Tribunal Federal, e alguns aspectos que não receberam tratamento e poderiam ser determinantes para outra resposta à problemática.

## 2. Terceirização do Direito do Trabalho brasileiro

### 2.1. Análise introdutória

Até meados do século XX, o modo de produção adotado nas empresas seguia um padrão rígido, com divisão das tarefas em operações básicas, para serem executadas de forma rápida e em larga escala.[3] Durante este período, as empresas visavam à produção massificada, organizando-se a partir de uma estruturação vertical de trabalho, por meio de vínculos hierárquicos entre os agentes produtivos, para executar todas as tarefas afetas a um segmento produtivo.

---

[3] Vide RAMOS, José Eduardo Silvério. A relação de emprego: conceito de empregador e empregado e a parassubordinação. Disponível no sítio <https://www.plenum.com.br/Plenum_jp/lpext.dll?f=templates&fn=hitlist-frame.htm&2.0>. Acesso em 17-ago-2011.

Como bem descreve DELGADO,[4] esta concentração de atividades produtivas sob uma administração única foi batizada de *grande indústria*,

> um modelo de organização do processo produtivo, baseado na intensa utilização de máquinas e profunda especialização e mecanização de tarefas, de modo a alcançar a concretização de um sistema de produção sequencial, em série rotinizada.

Sob este contexto econômico e por influência da conjuntura política e social do início do século XX, surgiu o Direito do Trabalho como um sistema de princípios e regras com o objetivo de regular as relações jurídicas travadas entre o capital e o trabalho, motivo pelo qual, assenta DELGADO,[5] o conteúdo do Direito do Trabalho foi desenvolvido a partir de uma categoria básica – a relação jurídica nuclear do modo de produção do período – o contrato de emprego.

Significa dizer que todo arcabouço teórico pertinente à matéria do Direito Laboral foi construído a partir da experiência do contrato de emprego: a relação de trabalho base do regime produtivo na *grande indústria*.[6]

Sem embargo, a partir da segunda metade do século passado, mudanças no cenário econômico e político determinaram uma transformação no modo de organização das empresas, que culminou na substituição do modelo de produção massificado pela produção flexível e enxuta.

Esta transição observou novas tendências da administração científica, como a teoria da *focalização*,[7] segundo a qual o empresário deveria concentrar seus recursos no enfoque principal da sua organização e relegar as demais atividades para execução por agentes especializados.

Neste novo cenário produtivo, ganhou relevância o fenômeno da terceirização de serviços como meio de estabelecimento de estruturação mais dinâmica e menos onerosa à empresa, ensejando, por consequência, uma nova forma de interação entre o capital e o trabalho, de sorte a merecer a atenção e a reflexão pelo Direito do Trabalho.

### 2.2. Definindo terceirização

Doutrinariamente a terceirização vem definida como:

> (...) a estratégia empresarial que consiste em uma empresa transferir para outra, e sob o risco desta, a atribuição parcial ou integral, da produção de uma mercadoria ou a rea-

---

[4] DELGADO, Maurício Godinho. *Curso de Direito do Trabalho*. 8ª ed. São Paulo: LTr, 2009, p. 84.

[5] Op. cit., p. 53.

[6] Sobre a noção de grande indústria, vide AMORIM, Helder Santos. *A terceirização no serviço público*: à luz da nova hermenêutica constitucional. São Paulo: LTr, 2009, p. 26.

[7] Conforme SANTOS, Diogo Palau Flores dos. *Terceirização de serviços pela Administração Pública*: estudo da responsabilidade subsidiária. São Paulo: Saraiva, 2010, p. 17.

lização de um serviço, objetivando – isoladamente ou em conjunto – a especialização, a diminuição de custos, a descentralização da produção (...).[8]

Como estratégia para a *focalização* da empresa, a terceirização oferece a possibilidade de o agente produtivo concentrar sua atuação em uma atividade específica, obtendo as demais por meio de parcerias.

Por esta razão, a doutrina majoritária admite a adoção do modelo terceirizante apenas em relação às chamadas *atividades-meio*, fases acessórias ou complementares no processo produtivo, necessárias à realização da *atividade-fim* da empresa.

Neste sentido, destaca MARTINS:[9]

> Consiste a terceirização na possibilidade de contratar terceiro para a realização de atividades que geralmente não constituem o objeto principal da empresa. Essa contratação pode compreender tanto a produção de bens como serviços, como ocorre na necessidade de contratação de serviços de limpeza, de vigilância ou até de serviços temporários.

Vide Alice Monteiro de BARROS:[10]

> O fenômeno da terceirização consiste em transferir para outrem atividades consideradas secundárias, ou seja, de suporte, atendo-se a empresa à sua atividade principal. Assim, a empresa se concentra na sua atividade-fim, transferindo as atividades-meio.

Pelo prisma do Direito do Trabalho, a terceirização estabelece uma relação trilateral de labor, estabelecida por meio de um contrato civil ou administrativo entre prestador e tomador de serviços, e, ao mesmo tempo, de um contrato de emprego entre o prestador de serviço e a pessoa física do trabalhador.[11]

Diferentemente da relação tradicional de emprego, na terceirização, o beneficiário da atividade do obreiro não é seu empregador, mas pessoa jurídica com quem o trabalhador não mantém qualquer vínculo contratual.

Vide Maurício Godinho DELGADO:[12]

> Para o Direito do Trabalho terceirização é o fenômeno pelo qual se dissocia a relação econômica de trabalho da relação justrabalhista que lhe seria correspondente. Por tal fenômeno insere-se o trabalhador no processo produtivo do tomador de serviços sem que se estendam a este os laços justrabalhistas, que se preservam fixados com uma entidade interveniente.

---

[8] SOBRINHO, Zéu Palmeira *apud* SANTOS, Diogo Palau Flores dos. *Terceirização de serviços pela Administração Pública*: Estudo da responsabilidade subsidiária. São Paulo: Saraiva, 2010, p. 19.

[9] Op. cit., p. 10.

[10] BARROS, Alice Monteiro de. Curso de direito do trabalho. 4ª ed. rev. e ampl. – São Paulo, LTr, 2008, p. 446.

[11] Conforme artigo de Maurício Sanchotene de AGUIAR, Terceirização: alguns aspectos jurídicos. Disponível em <http://www.ufsm.br/direito/artigos/trabalho/terceirizacao>. Acesso em 30-08-2011.

[12] *Curso de Direito do Trabalho*. 8ª ed. São Paulo: LTr, 2009, p. 407.

E BELMONTE:[13]

Terceirização é a transferência, a pessoa física ou jurídica contratado pelo final tomador de serviços, de exploração de parte secundária da atividade empresarial. O trabalhador não mantém laços trabalhistas com o tomador final e sim com a entidade interveniente, pelo que não se configura relação de emprego entre o tomador final e o trabalhador.

A assunção desta nova modalidade de labor representa enorme desafio para o Direito do Trabalho contemporâneo, uma vez que toda a matriz ideológica deste sistema foi baseada na dinâmica da empresa tradicional do século XX, estruturada de forma vertical e sob o poder diretivo do empresário-empregador.

Não obstante isso, a legislação pátria nunca cuidou de estabelecer conceitos, requisitos e responsabilidades em relação à terceirização de serviços. No âmbito trabalhista, a CLT apenas autoriza o estabelecimento de relação triangular de trabalho na empreitada e subempreitada.[14]

Além da CLT, as normas que autorizam relações triangulares de labor no âmbito privado são: a *Lei 6.019, de 03.01.74*, que institui o trabalho temporário nas empresas urbanas; e a *Lei 7.102, de 20.07.83*, que disciplina os serviços de vigilância e transporte de valores.

No Direito Público, encontram-se normas jurídicas que autorizam a contratação de serviços pelos entes administrativos: a) *Decreto-Lei 200, de 25.02.67*, que dispõe sobre a organização da Administração Federal; b) *Lei 8.666, de 21.06.93*, que institui normas para licitações e contratos da Administração Pública; c) *Decreto 2.271/97*, dispõem sobre a natureza dos serviços cuja execução pode ser objeto de contrato pela Fazenda Pública; d) *Lei n° 9.472/97*, rege a organização dos serviços de telecomunicações. No inciso II do seu artigo 94, autoriza a contratação de serviços para execução de "atividades inerentes" das concessionárias; e) *Instrução Normativa n° 2, de 30.04.2008, MPOG*, dispõe sobre regras e diretrizes para a contratação de serviços por órgãos ou entidades integrantes da Administração Pública Direta e Autárquica Federal.

A toda evidência, a legislação não cuidou, até o momento, de estabelecer o objeto, os pressupostos e as responsabilidades em face da terceirização de atividades da empresa, sobretudo em relação aos aspectos trabalhistas desse modelo produtivo – ressalvadas as hipóteses do trabalho temporário (Lei 6.019/74) e da atividade de vigilância e transporte de

---

[13] BELMONTE, Alexandre Agra. *Curso de Responsabilidade trabalhista*. 2ª ed. São Paulo: LTr, 2009, p. 198.

[14] Art. 455. Nos contratos de subempreitada responderá o subempreiteiro pelas obrigações derivadas do contrato de trabalho que celebrar, cabendo, todavia, aos empregados, o direito de reclamação contra o empreiteiro principal pelo inadimplemento daquelas obrigações por parte do primeiro. Parágrafo único – Ao empreiteiro principal fica ressalvada, nos termos da lei civil, ação regressiva contra o subempreiteiro e a retenção de importâncias a este devidas, para a garantia das obrigações previstas neste artigo.

valores (Lei 7.102/83), e as diretrizes genéricas ao gestor público, para a contratação de serviços no âmbito administrativo.

Diante de tamanha omissão legislativa, e considerando a abrangência que esta prática adquiriu no final do século passado, ganhou relevo o papel da jurisprudência na solução dos conflitos advindos destas relações jurídicas.

### 2.3. Terceirização na jurisprudência

#### 2.3.1. O Enunciado 256, do Tribunal Superior do Trabalho

A primeira posição adotada pela Justiça do Trabalho pode ser vista no Enunciado 256, do Tribunal Superior do Trabalho.[15]

Como se desprende do seu texto, o verbete considerava ilícita toda a contratação de serviços não previstas em lei, pressupondo a terceirização como fenômeno absolutamente excepcional, admitida apenas nas hipóteses taxativamente autorizadas no ordenamento positivo.

Contudo, ao tempo deste entendimento jurisprudencial, o mercado já contava com inúmeras empresas especializadas na prestação de serviços, assim como diversas tomadoras dependiam desta comercialização para sua atividade produtiva.

Para Octávio Bueno MAGANO,[16] o Enunciado 256 apresentava-se totalmente desconectado da realidade econômica, em que se sobressai "o fenômeno da cooperação ente empresas".

#### 2.3.2. Terceirização segundo a Súmula 331, antes da ADC 16-DF

Em substituição ao entendimento restritivo do Enunciado 256, o TST editou a Súmula nº 331, em dezembro de 1993, posteriormente alterada pela Resolução 96/2000.[17]

---

[15] Enunciado 256. Salvo os casos de trabalho temporário e de serviços de vigilância, previstos nas Leis nº 6.019, de 3-7-74, e 7.102, de 20-6-86, é ilegal a contratação de trabalhadores por empresa interposta, formando-se o vínculo empregatício diretamente com o tomador de serviços.

[16] *Apud* CAMPOS, José Ribeiro de, in Aspectos da terceirização e o Direito do Trabalho. Disponível em <https://www.metodista.br/revistas/revistas-ims/index.php/RFD/article/viewFile/496/494>. Acesso em 01 de setembro de 2011.

[17] Contrato de Prestação de Serviços – Legalidade. I – A contratação de trabalhadores por empresa interposta é ilegal, formando-se o vínculo diretamente com o tomador dos serviços, salvo no caso de trabalho temporário (Lei nº 6.019, de 03.01.1974). II – A contratação irregular de trabalhador, mediante empresa interposta, não gera vínculo de emprego com os órgãos da administração pública direta, indireta ou fundacional (art. 37, II, da CF/1988). (Revisão do Enunciado nº 256 – TST). III – Não forma vínculo de emprego com o tomador a contratação de serviços de vigilância (Lei nº 7.102, de 20/06/1983), de conservação e limpeza, bem como a de serviços especializados ligados à atividade--meio do tomador, desde que inexistente a pessoalidade e a subordinação direta. IV – O inadimplemento das obrigações trabalhistas, por parte do empregador, implica a responsabilidade subsidiária

Com este verbete, restou reconhecida a licitude da terceirização nas atividades acessórias e de apoio (atividade-meio) da empresa, possibilitando a concentração dos seus esforços em sua atividade principal.

Esta evolução da jurisprudência, além de aumentar significativamente a abrangência de serviços passíveis de contratação, alterou o paradigma sob o qual foi estruturado o Direito trabalhista. Segundo AMORIM:[18]

> A partir deste momento as exceções ao clássico regime da relação bilateral de trabalho em atividades empresariais permanentes não mais dependeriam de expressa previsão legal, mas estariam pressupostamente autorizadas pelo próprio regime, sob certas condições, rompendo-se um paradigma argumentativo que, até a edição do Enunciado n. 256, sete anos antes, figurava como premissa de sobrevivência do próprio Direito do Trabalho.

O Direito do Trabalho passou, assim, a reconhecer a licitude dos contratos civis de prestação de serviços, não apenas com relação às atividades previstas em lei, mas em toda atividade considerada de apoio ou acessória, que não versasse sobre a atividade nuclear da empresa (a denominada atividade-fim).

Essa dicotomia entre atividade-meio e atividade-fim, conforme explica DELGADO,[19] vinha sendo gestada na doutrina nacional por influência das normas dirigidas à Administração Pública e "como parte do esforço para melhor compreender a dinâmica jurídica da terceirização por além dos estritos limites colocados pela antiga Súmula 256 do TST".

Contudo, conforme ressalva PIMENTA,[20] a ampliação do rol de atividades terceirizáveis trouxe consigo a preocupação com a precarização das relações de trabalho e com o risco de frustração do crédito trabalhista, em face do estabelecimento de empresas inidôneas no ramo destes serviços.

Por esta razão, a admissibilidade da terceirização consolidada na Súmula 331 veio acompanhada da responsabilização subsidiária do tomador dos serviços.

---

do tomador dos serviços, quanto àquelas obrigações, inclusive quanto aos órgãos da administração direta, das autarquias, das fundações públicas, das empresas públicas e das sociedades de economia mista, desde que hajam participado da relação processual e constem também do título executivo judicial (art. 71 da Lei nº 8.666, de 21.06.1993). (Alterado pela Res. 96/2000, DJ 18.09.2000).

[18] AMORIM, Helder Santos. Op. cit., p. 119.

[19] DELGADO, Maurício Godinho. Op. cit., p. 418.

[20] PIMENTA, José Roberto Freire. A responsabilidade da Administração Pública nas terceirizações, a decisão do Supremo Tribunal Federal na ADC N. 16-DF e a nova redação dos itens IV e V da Súmula 331 do Tribunal Superior do Trabalho. Artigo publicado na Revista LTr, Vol. 75, nº 7, de julho de 2011, disponível em <http://www.calameo.com/read/001049933701f3358d7a2>. Acesso em 10/01/2012.

Desta sorte, o Tribunal Superior do Trabalho não obstaculizava a contratação de serviços, mas, por outro lado, mantinha razoável proteção ao crédito trabalhista.[21]

### 2.3.3. Súmula 331, após a ADC 16-DF

Embora haja fixado um critério objetivo para aferição da licitude da terceirização de serviços, a Súmula 331 (item IV), por estender a responsabilidade do tomador aos entes da Administração Pública, teve a sua legalidade questionada em face de aparente violação com o disposto no artigo 71, § 1º, da Lei 8.666/1993.

Até o julgamento da ADC-16/DF, entendia-se que os julgamentos baseados na Súmula 331 não implicavam declaração de inconstitucionalidade do disposto na Lei 8.666, mas mero juízo de legalidade.

Todavia, o julgamento de procedência da Ação Direta 16 teve por consequência a revisão do Enunciado trabalhista:[22] foi incluído o inciso V, para esclarecer que a responsabilidade da Administração não se fundamenta no mero inadimplemento das prestações trabalhistas, mas na sua omissão em fiscalizar o cumprimento destas obrigações, conforme dispõe a Lei 8.666/93.

---

[21] Veja-se que a CLT, no artigo 455, dispõe a cerca da responsabilidade subsidiária do empreiteiro principal, em face das obrigações do subempreiteiro. A Lei do Trabalho Temporário, L. 6.0179/1974, estipula a responsabilidade solidária do tomador dos serviços, em face da falência da empresa gestora da mão de obra. Estas normas, embora mantenham a responsabilidade direta do empregador, determinam que o tomador de serviços deve garantir a satisfação dos direitos dos trabalhadores, fazendo prevalecer a ideia de que ninguém pode se beneficiar do trabalho a revelia da realização dos direitos fundamentais do trabalho.

[22] SUM-331 CONTRATO DE PRESTAÇÃO DE SERVIÇOS. LEGALIDADE (nova redação do item IV e inseridos os itens V e VI à redação) – Res. 174/2011, DEJT divulgado em 27, 30 e 31.05.2011.
I – A contratação de trabalhadores por empresa interposta é ilegal, formando-se o vínculo diretamente com o tomador dos serviços, salvo no caso de trabalho temporário (Lei nº 6.019, de 03.01.1974). I – A contratação irregular de trabalhador, mediante empresa interposta, não gera vínculo de emprego com os órgãos da Administração Pública direta, indireta ou fundacional (art. 37, II, da CF/1988). III – Não forma vínculo de emprego com o tomador a contratação de serviços de vigilância (Lei nº 7.102, de 20.06.1983) e de conservação e limpeza, bem como a de serviços especializados ligados a atividade-meio do tomador, desde que inexistente a pessoalidade e a subordinação direta. IV – O inadimplemento das obrigações trabalhistas, por parte do empregador, implica a responsabilidade subsidiária do tomador dos serviços quanto àquelas obrigações, desde que haja participado da relação processual e conste também do título executivo judicial. V – Os entes integrantes da Administração Pública direta e indireta respondem subsidiariamente, nas mesmas condições do item IV, caso evidenciada a sua conduta culposa no cumprimento das obrigações da Lei n.º 8.666, de 21.06.1993, especialmente na fiscalização do cumprimento das obrigações contratuais e legais da prestadora de serviço como empregadora. A aludida responsabilidade não decorre de mero inadimplemento das obrigações trabalhistas assumidas pela empresa regularmente contratada. VI – A responsabilidade subsidiária do tomador de serviços abrange todas as verbas decorrentes da condenação referentes ao período da prestação laboral.

Desta feita, a partir da nova redação da Súmula 331, os entes administrativos apenas responderão pelo crédito trabalhista, quando concorrerem, de forma culposa, para o seu inadimplemento.

*Data maxima venia*, a análise da responsabilidade da Administração Pública no âmbito da terceirização de serviços possui argumentos e razões que ultrapassam o examinado na Ação Direta 16/DF, consoante se pretende demonstrar a seguir.

### 3. Aspectos relevantes da responsabilidade civil para o trabalho terceirizado na Administração Pública

*3.1. Responsabilidade Subjetiva e responsabilidade objetiva*

No que diz respeito aos seus fundamentos, tem-se que a responsabilidade patrimonial pode ser justificada na culpa do agente causador do dano, chamada responsabilidade subjetiva, ou amparar-se na teoria do risco da atividade exercida, conhecida como responsabilidade objetiva.

O dever de indenizar fundado na culpa é a regra geral no direito privado brasileiro, conforme artigo 186, combinado com 927, *caput*, ambos do Código Civil.

Esta modalidade centra-se na figura do agente causador do sinistro e no seu comportamento contrário ao direito, ou seja, o dever de indenizar passará, de modo preponderante, pela verificação do ato praticado pelo ofensor.

Entretanto, CAVALIERI[23] explica que a noção clássica de ato ilícito (que define a culpa como o erro de conduta daquele que não toma as precauções e cuidados do "homem prudente") tornou-se insatisfatória para a averiguação da responsabilidade civil.

Segundo o ilustre jurista, as necessidades sociais empurraram a doutrina e jurisprudência para uma concepção mais ampla do elemento subjetivo (culpa), que abrangesse todos os fatos da vida real causadores de dano, mesmo que alguns escapem da concepção clássica de "omissão de diligência imputável moralmente".

Nesse movimento expansionista da concepção tradicional, foram criadas algumas presunções de culpa, aplicáveis às situações nas quais restasse implícito um "dever genérico de não prejudicar",[24] mitigando o conceito clássico de culpa de tal sorte que, sem rejeitar o Direito positivo,

---

[23] Op. cit., p. 11.
[24] VENOSA, Silvio de Salvo. Op. cit., p. 13.

tornou-se possível dar maior eficácia à teoria subjetiva e à sua finalidade, de ressarcir os prejuízos injustamente provocados.

Alexandre Agra BELMONTE[25] exemplifica algumas destas presunções, como a responsabilidade do proprietário de prédio em construção; e a culpa presumível do profissional liberal na prestação de serviço ao consumidor hipossuficiente ou detentor de alegação verossímil.

Sintetizando, a responsabilidade civil subjetiva trata de uma relação jurídica que envolve o dever sucessivo de reparação por aquele que, em razão de sua conduta culposa (culpa em sentido lato), pratica um ato ilícito que acarreta prejuízo injusto a outrem.

Todavia, a ampliação da teoria subjetiva não se mostrou suficiente para bem distribuir os ônus decorrentes de sinistros causados pela vida em sociedade, os quais restaram potencializados pelo avanço tecnológico e a massificação das relações sociais.

Eis a explicação de Vilson Rodrigues ALVES:[26]

> A crescente dilatação do corpo social, com o aumento populacional e o inevitável recrudescimento dos eventos danosos, com atingimento lesivo da mais larga quantidade de vítimas, também por maior número de responsáveis, veio a demonstrar gradativamente a insuficiência da teoria subjetiva na definição da responsabilidade civil para a composição dos conflitos.

Em outras palavras, a massificação e complexidade das relações travadas na sociedade contemporânea criaram fortes obstáculos para que a responsabilidade civil atendesse sua "função adaptivo-social", por meio da aplicação da teoria clássica, o que motivou o advento e avanço teórico de outro fundamento – outra teoria – a justificar o dever de indenizar.

Outrossim, o Código Civil passou a esposar essa nova orientação, por meio do parágrafo único do art. 927, atribuindo a responsabilidade civil não apenas pelos danos causados por ato ilícito, mas também pelos prejuízos decorrentes do exercício de atividade que, por sua natureza, importar riscos a direitos de outrem.[27]

Corrobora Alexandre BELMONTE:[28]

> Assim, além da responsabilidade subjetiva, fundada na culpa (caput do art. 927 do CC), o legislador agora prevê a responsabilidade objetiva nos casos especificados em lei e na ocorrência de dano derivado do exercício de atividade de risco (parágrafo único do art. 927 do CC).

Vale esclarecer que, tanto a teoria subjetiva quanto a objetiva pressupõem, para incidência do dever de indenizar, a caracterização de uma

---

[25] Op. cit., p. 54.
[26] Op. cit., p. 47.
[27] DINIZ, Maria Helena. Op. cit., p. 57.
[28] Op. cit., p. 49.

conduta humana do imputado, um dano sofrido pela vítima e o nexo de causalidade entre ambos.

A diferença básica que reside entre as teorias consiste na aferição de culpa, ou mais precisamente, num erro de conduta imputável a um agente: enquanto na responsabilidade subjetiva esta culpa baseia o dever de indenizar; na objetiva, não há exame de qualquer elemento subjetivo para incidência da obrigação ressarcitória.

Conforme explica MELLO,[29] a responsabilidade objetiva "é o dever de indenizar que se imputa a alguém, em razão da mera relação de causalidade verificada entre o comportamento do agente e o dano resultante deste".

Assim, se a responsabilidade subjetiva está baseada na ideia de culpa, a objetiva encontra amparo jurídico na teoria do risco.

Esta teoria prega que aquele que exerce uma atividade perigosa deve assumir os riscos e reparar o dano dela decorrente.

> A responsabilidade fundada no risco consiste, portanto, na obrigação de indenizar o dano produzido por atividade exercida no interesse do agente e sob seu controle, sem que haja qualquer indagação sobre o comportamento do lesante, fixando-se no elemento objetivo, isto é, na relação de causalidade entre o dano e a conduta do seu causador.[30]

Embora a legislação civil anterior já admitisse a coexistências destes dois modelos de responsabilidade, a modalidade subjetiva estava estabelecida como regra, ressalvada apenas algumas hipóteses em que a lei prescrevia o dever de indenizar sem culpa.

De outra sorte, o Código Civil vigente optou por uma relação de complementaridade entre as duas teorias, a fim de atingir a completude do microssistema.

CAVALIERI FILHO[31] indica os fundamentos normativos para aplicação da teoria objetiva: o abuso de direito (artigo 186); o exercício de atividade de risco ou perigosa (artigo 927, parágrafo único); danos causados por produto (artigo 931); responsabilidade por fato de outrem (artigo 932, combinado com 933); responsabilidade pelo fato da coisa ou animal (artigos 936 e 937, combinados com 933); e a responsabilidade dos incapazes (artigo 928).

No âmbito trabalhista, o dever objetivo de indenizar pode decorrer do risco da atividade desempenhada (artigo 2º, "caput", da CLT cumulado com o artigo 927, parágrafo único, do Código Civil), ou da lei – como nos casos de resolução de contrato empregatício prejudicial à gravidez

---

[29] MELLO, Celso Antônio Bandeira de. Curso de direito administrativo. 27ª ed. rev. e atual. até a Emenda Constitucional nº 64. São Paulo: Malheiros, 2010, p. 1005.

[30] DINIZ, Maria Helena apud José Ribeiro de CAMPOS, op. cit., p. 39.

[31] Op. cit., 159.

(artigo 394, CLT), e a responsabilidade do empreiteiro diante do inadimplemento do subempreiteiro (artigo 455, CLT).

Neste novo panorama da responsabilidade, regido por ambas as teorias, atingiu-se uma distribuição mais equânime dos ônus da vida em sociedade, dotando de maior eficácia as normas que estipulam o dever de indenizar, frente à massificação, complexidade e dinâmica das relações sociais. O mérito do paradigma instituído no Código Civil é o de superar a concepção individualista da legislação anterior por uma preocupada com a realização de valores sociais, alinhada aos institutos modernos de proteção à pessoa humana.

### 3.2. Responsabilidade Direta e Indireta

Outra classificação leva em conta a pessoa a quem é imputado o dever de indenizar.

Nesse sentido, fala-se em responsabilidade direta – nos casos em que o agente a quem se imputa o dever sucessivo é o próprio causador do dano; ou responsabilidade indireta – hipóteses em que o sancionado é pessoa distinta daquele que provocou o prejuízo, mas que com esta guarda alguma relação jurídica capaz de justificar, nos termos do ordenamento, a sua responsabilização patrimonial.

Embora a responsabilidade direta seja a regra no Direito pátrio, admitindo-se a imputação de terceiro apenas diante de previsão legal explícita,[32] a doutrina identifica um movimento expansionista do instituto, com o intuito de ampliar as possibilidades de reparação de prejuízos e reduzir a situação de desamparo do ofendido.[33]

CAVALIERI[34] explica que a atribuição de responsabilidade à pessoa diversa do autor material do dano não ocorre de forma arbitrária, mas apenas em hipóteses nas quais "esse alguém esteja ligado por algum vínculo jurídico ao autor do ato ilícito, de sorte a resultar-lhe, daí, um dever de guarda, vigilância ou custódia".

O que se convencionou chamar de responsabilidade por fato de outrem, na realidade, diz respeito a uma obrigação por ato omissivo próprio, pois a pessoa que é demandada a responder terá sempre concorrido para o dano, por falta de cuidado ou vigilância.

---

[32] Conforme SANTOS, Enoque Ribeiro dos. *Responsabilidade objetiva e subjetiva do empregador em face do novo Código Civil*. São Paulo: LTr, 2007, p. 17.

[33] Vide VENOSA, Silvio de Salvo. Op. cit, p. 57; e Santos, Enoque Ribeiro dos. Op. cit., p. 18.

[34] Op. cit., p. 200.

Se a conduta do autor material do ilícito é a causa imediata do sinistro, a omissão daquele que tem o dever de guarda ou vigilância é a causa mediata.

Em apertada síntese, a responsabilidade pelo fato de outrem constitui-se pela infração do dever de vigilância. Não se trata, em outras palavras, de responsabilidade por fato alheio, mas por fato próprio decorrente da violação do dever de vigilância. Por isso, alguns autores preferem falar em responsabilidade por infração dos deveres de vigilância, em lugar de responsabilidade pelo fato de outrem.[35]

Sob outro enfoque, VENOSA[36] expõe que o dever de reparar o dano causado por outrem (responsabilidade indireta) decorre de "uma culpa presumida por fato de terceiro", e, além disso, seus pressupostos são distintos daqueles exigidos na responsabilização direta.

Na lição do professor VENOSA,[37] o artigo 933[38] estipula uma responsabilidade objetiva do terceiro, o que importa concluir que a sistemática vigente prescinde dos conceitos de culpa *in vigilando, in eligendo, in contrahendo* e análogos, posto que o fundamento jurídico que embasa o dever de indenizar não mais se sustenta na culpa do agente ofensor.

Com a evolução da teoria do risco, estas presunções de culpa perderam sua finalidade, haja vista que a culpa deixou de ser pressuposto para incidência do dever de reparação sobre o terceiro.

Isto não significa dizer que desapareceram os pressupostos da responsabilidade civil. Em verdade, para que o patrimônio do terceiro seja acionado, é preciso demonstrar a existência dos requisitos exigidos para responsabilização do causador direto do prejuízo.

Assim, comprovados estes requisitos, será imputado o dever solidário de indenizar aquele que mantém algum dos vínculos jurídicos do artigo 932 com o causador do dano, sem qualquer perquirição ou presunção de culpa sobre sua conduta.

Diz-se que se trata de um dever solidário, pois o *caput* do artigo 932 dispor "são também responsáveis pela reparação". Embora não utilize o vocábulo técnico – solidariedade – é forçoso concluir neste sentido, pela

---

[35] CAVALIERI FILHO, Sérgio. Op. cit., p. 201.

[36] Idem, ibidem.

[37] Idem, p. 60.

[38] Art. 932. São também responsáveis pela reparação civil: I – os pais, pelos filhos menores que estiverem sob sua autoridade e em sua companhia; II – o tutor e o curador, pelos pupilos e curatelados, que se acharem nas mesmas condições; III – o empregador ou comitente, por seus empregados, serviçais e prepostos, no exercício do trabalho que lhes competir, ou em razão dele; IV – os donos de hotéis, hospedarias, casas ou estabelecimentos onde se albergue por dinheiro, mesmo para fins de educação, pelos seus hóspedes, moradores e educandos; V – os que gratuitamente houverem participado nos produtos do crime, até a concorrente quantia. Art. 933. As pessoas indicadas nos incisos I a V do artigo antecedente, ainda que não haja culpa de sua parte, responderão pelos atos praticados pelos terceiros ali referidos.

utilização do advérbio "também", a indicar que a obrigação de indenizar recai, cumulativamente, sobre as pessoas arroladas nos incisos do artigo transcrito acima.

Não há que se levar em conta, portanto, qualquer elemento subjetivo na conduta deste terceiro (dolo ou culpa), pois o artigo 933 estipula uma responsabilidade objetiva.

A responsabilidade indireta pode recair sobre um terceiro de forma solidária ou subsidiária.

O vínculo de solidariedade que une os responsáveis torna-os todos devedores, citando como exemplo a qualidade de grupo econômico, do artigo 2º, §2º, da CLT, em relação aos créditos trabalhistas do empregado de um de seus membros.

De outra sorte, a subsidiariedade traz como característica uma ordem de preferência sobre quem deve ser demandado, conforme explica BELMONTE:

> na subsidiariedade há uma estratificação vertical, que implica no chamamento sucessivo dos responsáveis, primeiro o principal, depois o subsidiário. É o chamado benefício de ordem. Por esta razão, o responsável subsidiário tem o direito de regresso contra o devedor principal para reaver integralmente o que solveu, porquanto o débito era somente do devedor principal. Desta forma exige-se a inadimplência ou insolvência do devedor principal para efetivar-se a responsabilidade subsidiária.[39]

Na lição de Pablo S GAGLIANO,[40] na responsabilidade subsidiária uma das pessoas detém o débito, enquanto a outra apenas a responsabilidade, acarretando em preferência na execução do devedor.

Não existe definição legal de subsidiariedade. O artigo 827 do Código Civil (que trata da responsabilidade do fiador) e o art. 596 (dispõe sobre a responsabilidade dos sócios pelas dívidas da sociedade) apenas garantem ao responsável o benefício de ordem, ou seja, o direito de que primeiro sejam excutidos os bens do devedor.

Disso, infere-se que a subsidiariedade, sob o aspecto do credor, tem o sentido de reforço ao adimplemento da obrigação, enquanto sob o aspecto do responsável, traz embutida a preferência pela execução dos bens do devedor.

Por esta razão, sempre que a responsabilidade indireta do terceiro estiver condicionada ao inadimplemento, falência, ou qualquer outro evento, criando-se uma hierarquia de preferências, estar-se-á diante de um vínculo subsidiário entre os responsáveis (como é o caso do emprei-

---

[39] Da monografia A prevenção da responsabilidade subsidiária e solidária nos contratos de terceirização: O estudo de caso no âmbito do Superior Tribunal de Justiça, de Leonardo Ribeiro Guimarães MONTEIRO, Brasília, 2008, p. 21.

[40] *Apud* CAMPOS, op. cit., 32.

teiro principal, em relação ao inadimplemento trabalhista pelo subempreiteiro; ou da empresa tomadora dos serviços, em relação à empresa gestora de mão de obra temporária).

### 3.3. Responsabilidade civil do Estado

A obrigação de indenizar que se imputa à Fazenda Pública merece capítulo próprio no estudo da responsabilidade patrimonial.

Sem pretensão de aprofundar a matéria, passamos a tratar do dever estatal de ressarcimento, apenas com o objetivo de esclarecer que o regime jurídico a que o Estado se submete, assim como os fundamentos que o embasam, são distintos daqueles que incidem sobre os demais sujeitos de direito.

Na realidade, tendo em vista o objeto do presente estudo, passamos a expor, a seguir, como o Poder Público está submetido a um dever de indenizar que se fundamenta em regras de direito público[41] – diferentemente das regras de responsabilidade que incidem sobre as pessoas e atividades particulares, sujeitas eminentemente à responsabilidade patrimonial segundo normas de direito privado.

Outrossim, a legislação pátria consagrou a teoria objetiva de responsabilidade do Estado, segundo a qual, conforme já explanada alhures, a existência do dever de reparação depende das provas do prejuízo, da autoria e do nexo causal, sem que seja preciso averiguar eventual erro de conduta do agente.

Esta responsabilidade é baseada na teoria do risco administrativo, uma adaptação da teoria do risco para a atividade pública, como justificação para a responsabilização sem culpa do Poder Público.

Segundo esta, o Estado deverá indenizar o prejudicado quando o prejuízo decorrer de sua atividade, restando eximido quando o sinistro for resultado de atividade da vítima, de terceiro ou da natureza.

É, portanto, a causalidade[42] o critério científico pelo qual será imputado ou não o dever de indenizar.

Logo, quando a causa do prejuízo for o funcionamento do serviço público, independentemente da sua regularidade, a responsabilidade será atribuída ao respectivo ente. De outra sorte, se a razão para ocor-

---

[41] A responsabilidade civil do Estado tem como norma maior o Art. 37, § 6º, da Constituição: "As pessoas jurídicas de direito público e as de direito privado prestadoras de serviços públicos responderão pelos danos que seus agentes, nessa qualidade, causarem a terceiros, assegurado o direito de regresso contra o responsável nos casos de dolo ou culpa".

[42] CAHALI, Yussef Said. *Responsabilidade civil do Estado*. 3ª ed. rev., atual. ampl. São Paulo: RT, 2007, p. 41.

rência do sinistro for outra, estar-se-á diante de hipótese que exime ou atenua a obrigação da Fazenda em indenizar.

Este critério, segundo CAHALI,[43] é capaz de estabelecer os devidos limites à teoria do risco administrativo, impedindo que sua aplicação importe no acionamento desmensurado do erário público, ou, como preferem muitos doutrinadores, protegendo a esfera pública contra o perigo de se tornar "seguradora universal" dos riscos sociais.

> Sempre que a condição de agente do Estado tiver contribuído de algum modo para a prática de ato danoso, ainda que simplesmente lhe proporcionado a oportunidade para o comportamento ilícito, responde o Estado pela obrigação ressarcitória. Não se faz mister, portanto, que o exercício da função constitua a causa eficiente do evento danoso; basta que ela ministre a ocasião para praticar-se o ato. A nota constante é a existência de uma relação entre a função pública exercida pelo agente e o fato gerador do dano.[44]

Com relação às pessoas jurídicas destinatárias deste regime de responsabilidade, CAHALI[45] alega que o critério balizador para sua incidência é a natureza do serviço prestado.

Em outras palavras, o regime de responsabilidade do direito público, fundado na teoria do risco administrativo, seria aplicável sobre as atividades abrangidas ao âmbito do serviço público.

Assim, todas as pessoas físicas ou jurídicas, sejam de direito público ou privado, quando na prestação de um serviço público, respondem objetivamente pelos danos que seus agentes causem a terceiros.

### 3.4. Danos decorrentes da omissão do agente público – responsabilidade subjetiva ou objetiva?

Embora não reste dúvida sobre a aplicação da teoria objetiva no Direito Público,[46] a doutrina diverge sobre seu âmbito de incidência.

Para Maria Helena DINIZ[47] e Sérgio CAVALIERI FILHO,[48] aplica-se a regra de responsabilidade desvinculada da culpa tanto para as condutas comissivas quanto para as omissivas dos agentes administrativos.

Segundo esta corrente, o modelo de responsabilidade patrimonial do Estado (artigo 37, § 6º, CF/88 e 43, Código Civil) prescinde do elemento culpa para configuração do ato ilícito. Em outras palavras, para a

---

[43] Op. cit., p. 41.
[44] CAVALIERI FILHO, Sérgio. Op. cit., p. 247.
[45] Op. cit., p. 90.
[46] Aliás, vale esclarecer que a responsabilidade objetiva é a regra geral do regime público brasileiro desde a Carta Magna de 1946, simplesmente ratificada pela Constituição vigente – vide MELLO, Celso Antônio Bandeira de. Op. cit., p. 1026.
[47] Op. cit., p. 617.
[48] Op. cit., p. 251.

caracterização da ilicitude, basta restar apurado que a conduta do agente público não condiz com o dever jurídico imposto pelo ordenamento.

Dessa senda, ressalta CAVALIERI que, nos casos de omissão específica do Poder Público – quando a omissão estatal propicia a ocorrência do dano, num contexto em que tinha o dever de agir – o Estado será responsabilizado, independentemente da aferição de falha no serviço.[49]

De outra sorte, inexistindo dever legal para impedir a ocorrência do prejuízo (omissão genérica), o Ente Público será obrigado a indenizar apenas se restar provado o erro de conduta, a culpa dos seus agentes.

Outra corrente doutrinária[50] alega que a teoria objetiva restringe-se às hipóteses de danos causados por condutas comissivas da Administração, observando-se, para danos decorrentes de sua omissão, a regra geral vigente no Direito Privado – a da responsabilidade patrimonial subjetiva.

Conforme MELLO, trata-se de situações nas quais o autor do dano não é o Poder Público, de tal sorte que apenas terá obrigação de reparar o prejuízo, se comprovado o seu dever jurídico de impedir o sinistro.

Em apartada síntese, o dever de reparar dano decorrente de omissão estatal dependeria da prova da ilicitude deste não fazer, ou seja, a prova da negligência, da imprudência, da imperícia ou do manifesto propósito em lesar nesta omissão.

> Com efeito, se o Estado não agiu, não pode, logicamente, ser ele o autor do dano. E, se não foi o autor, só cabe responsabilizá-lo caso esteja obrigado a impedir o dano. Isto é: só faz sentido responsabilizá-lo se descumpriu dever legal que lhe impunha obstar ao evento lesivo.[51]

Todavia, seguindo a lição de MELLO, existem situações nas quais o dano depende, para sua ocorrência, de uma situação propiciada pelo Estado. "São hipóteses nas quais *é o Poder Público quem constitui, por ato comissivo seu, os fatores que propiciarão decisivamente a emergência de dano*".[52] Ainda que não seja a atuação comissiva do Estado a provocar o prejuízo de terceiro, a sua conduta o expõe ao risco.

Trata-se de hipóteses em que a atuação do Estado expõe terceiros a riscos (depósito de explosivos, recintos de guardas de animais, manicômios, etc.), ainda que o dano verificado não decorra de conduto positiva

---

[49] "Os nossos Tribunais têm reconhecido a omissão específica do Estado quando a inércia administrativa é a causa direta e imediata do não impedimento do evento, como nos casos de morte de detento em penitenciária e acidente com aluno de colégio público durante o período de aula". Op. cit., p. 253.

[50] Hely Lopes MEIRELLES e Celso Antônio Bandeira de MELLO, oportunamente citados.

[51] MELLO, Celso Antônio Bandeira de. Op. cit., p. 1029.

[52] Op. cit., p. 1034.

do Ente Público, incidirá a sua responsabilidade objetiva, fundada na teoria do risco-criado.

Na lógica desta doutrina, se as atividades públicas são necessárias e benéficas para o convívio social, aqueles danos cuja ocorrência tenha sido propiciada pelas mesmas, devem ser reparados pelo Ente Público na forma da responsabilidade objetiva, a fim de ser observado o princípio da equânime distribuição dos encargos públicos.

Veja-se que, mesmo aparentemente opostas as correntes doutrinárias supracitadas, no que diz respeito à responsabilidade do Poder Público por danos decorrentes de sua omissão, ambas reconhecem a existência do dever de indenizar desvinculado da culpa, quando a atividade do Ente Público estiver diretamente ligada ao fato danoso, seja porque é considerada uma *omissão específica* (conforme lição de DI PIETRO[53]), ou porque a atividade estatal *expôs o particular ao risco* (segundo Bandeira de MELLO).

Com estas compreensões, pretende-se demonstrar que, nas atividades terceirizadas pela Administração Pública, os danos sofridos pelos trabalhadores deveriam ser ressarcidos pelo respectivo ente tomador, independentemente do exame de culpa, seja porque se estaria diante de uma omissão específica, seja porque seria reconhecido o risco a que o Estado expôs estes trabalhadores.

### 3.5. Responsabilidade patrimonial sobre verbas decorrentes do contrato de trabalho

A responsabilidade patrimonial no âmbito trabalhista versa sobre o dever de reparar prejuízo moral ou material que decorra das relações de trabalho.

BELMONTE[54] esclarece que este dever de reparação costuma recair sobre o próprio agente que pratica o ato causador do dano (responsabilidade direta) – ou seja, a responsabilidade pelo dano causado ao empregado recai sobre o empregador e aos demais integrantes do seu grupo econômico, em razão do vínculo de solidariedade que os une (artigo 2º, §2º, da CLT).

Não obstante isso, há situações em que o dever de indenização recairá sobre um terceiro, alheio ao contrato de trabalho, por determinação da ordem jurídica.

---

[53] DI PIETRO, Maria Sylvia Zanella. *Parcerias na administração pública: concessão, permissão, franquia, terceirização, parceria público-privada e outras formas.* 8ª ed. São Paulo: Atlas, 2011.

[54] Op. cit., p. 68.

DELGADO[55] elenca as cinco situações fático-jurídicas nas quais o dever de indenizar recai a pessoa distinta do empregador: (a) do sócio da entidade societária empregadora, em face dos débitos trabalhistas da sociedade; (b) da empresa tomadora de trabalho temporário (L. 6019); (c) da tomadora de serviços terceirizados (Súm. 331, IV); (d) do empreiteiro, em face do débito do subempreiteiro (art. 455); (e) do dono da obra, pelas verbas laborais devidas pelo empreiteiro;

Em razão dos fins almejados com o presente trabalho, serão comentadas apenas duas das situações relacionadas acima: a responsabilidade do tomador de serviços temporários e de outros serviços terceirizados.

Conforme tratado anteriormente, o trabalho temporário, regulado pela Lei 6.019/74, estabelece uma relação jurídica trilateral entre trabalhador, empresa tomadora e empresa prestadora de serviços – trata-se de uma estrutura de relação semelhante àquela verificada na terceirização de serviços, porém, de caráter temporário.

A Lei 6.019, em seu artigo 16, atribuiu à empresa cliente (tomadora), na hipótese de falência da prestadora, a responsabilidade solidária pelas contribuições previdenciárias, pela remuneração e pela indenização prevista em seu artigo 12, "f", referente ao período em que dispôs da mão de obra terceirizada.

Embora este vínculo de solidariedade estivesse condicionado à falência da empresa empregadora e abrangesse apenas algumas parcelas específicas, a jurisprudência deu ampla aplicabilidade ao preceito legal, a fim de atingir qualquer vantagem decorrente do contrato de trabalho, seja este de trabalho temporário ou de qualquer espécie de serviço terceirizado – conforme disposto na Súmula 331 do TST.

Em vez de restringir a responsabilização indireta à falência da empresa prestadora, a Súmula 331 acabou por abranger qualquer situação de inadimplemento, sem discriminar ou se limitar a algum tipo de verba, mas toda e qualquer obrigação trabalhista.

Entretanto, se de um lado houve ampliação da incidência da responsabilidade indireta, cujo suporte fático passou a ser o mero inadimplemento da empregadora; por outro, foi estabelecido um benefício de ordem em favor do tomador, ou seja, passou a ser reconhecido o vínculo de subsidiariedade entre os agentes exploradores do trabalho humano.

Na lição de BELMONTE,[56] a responsabilidade subsidiária configura-se em proteção aos direitos do trabalhador, não se fundamentando

---

[55] Maurício Godinho. *Curso de direito do Trabalho*. 10 ed. São Paulo: LTr, 2011, p. 468.
[56] Idem, ibidem.

no dolo ou na culpa do terceiro, mas "decorre do aproveitamento final da mão de obra empregada em atividade lucrativa, que torna o tomador garante dos créditos do trabalhador".

Com não se fundamenta em qualquer elemento psíquico ou volitivo da conduta do tomador, deve-se concluir que a responsabilidade subsidiária do tomador de serviços é objetiva.

Assim dispõe BELMONTE.[57]

> A responsabilização subsidiária do tomador final decorre da interpretação analógica dos artigos 16[58] da Lei 6.019/74 e 455 da CLT, com base nos princípios da proteção do trabalhador, do risco empresarial e da efetividade e preferência no recebimento dos créditos trabalhistas, consubstanciados nos arts 2º, *caput*, da CLT e 100 da Constituição Federal

Assim, se os novos métodos de produção capitalista privilegiam a descentralização empresarial, fragmentando o exercício da atividade econômica – como, por exemplo, através da terceirização – impõe-se, a fim de adequar o contexto econômico à proteção jurídica garantida aos trabalhadores, que aquele que se beneficia da força de trabalho responda pelo crédito trabalhista inadimplido pelo empregador.

> Neste caso, o que a doutrina constata, na verdade, é que, diante das circunstâncias inerentes à terceirização, há uma 'superioridade das razões' ditadas pelo princípio do valor social do trabalho, diante das razões oferecidas pelos princípios da livre iniciativa e da autonomia da vontade, ao pretenderem uma posição indene de responsabilidades ao tomador de serviços. E este é um raciocínio de proporcionalidade.[59]

A teoria do risco empresarial, consubstanciada nos artigos 2º, *caput*, da CLT e 927 do Código Civil, aliada ao princípio da proteção ao trabalhador impõem a determinação de uma garantia para a satisfação do crédito trabalhista, a ser suportada pelo tomador final do serviço.

Esta garantia legal, posto que fundada na contratação de empresa intermediadora de mão de obra, evidencia tratar-se dever jurídico fundamentado em um nexo objetivo (que não perquire culpa ou qualquer outro elemento psíquico-volitivo do agente imputado), diante do que há de ser considerada responsabilidade objetiva.

Nada obstante, destaque-se a posição de Sérgio Pinto MARTINS,[60] para quem o dever subsidiário de indenizar recai sobre o tomador de serviços, tendo em vista a sua culpa *in eligendo* ou *in vigilando* "pela escolha

---

[57] BELMONTE, op. cit., p. 200.

[58] Art. 16, Lei 6.019/74: No caso de falência da empresa de trabalho temporário, a empresa tomadora ou cliente é solidariamente responsável pelo recolhimento das contribuições previdenciárias, no tocante ao tempo em que o trabalhador esteve sob suas ordens, assim como em referência ao mesmo período, pela remuneração e indenização previstas nesta Lei.

[59] AMORIM, Helder Santos. Op. cit., p. 181.

[60] Op. cit., p. 140.

inadequada de empresa inidônea financeiramente e por não a fiscalizar pelo cumprimento das obrigações trabalhistas".

Na doutrina de MARTINS, a responsabilidade subsidiária do tomador observa a teoria subjetiva (regra geral do Código Civil), invertendo-se o *onus probandi* pela militância de presunção favorável ao trabalhador.

Embora a defesa desta teoria, o Mestre e Juiz paulista admite que o fundamento jurídico da subsidiariedade é o benefício auferido pelo tomador de serviços com o desforço do trabalhador.

> Se a tomadora é beneficiária da prestação de serviços do trabalhador, deve responder subsidiariamente, conforme a orientação do inciso IV da Súmula 331 do TST. O artigo 182 do Código Civil mostra que anulado o negócio jurídico, restituir-se-ão as partes ao Estado em que antes dele se achavam, e, não sendo possível restituí-las serão indenizadas pelo equivalente. Não é possível determinar o retorno do empregado ao status quo ante, porque não pode ser devolvida sua energia de trabalho. Assim, ele tem de receber de quem foi beneficiado da prestação de serviços.[61]

Veja-se que o próprio defensor da responsabilidade subjetiva reconhece, como embasamento da obrigação subsidiária, a existência de um vínculo objetivo entre as partes, trabalhador e o tomador de serviços, qual seja o benefício auferido por este com a mão de obra empenhada por aquele.

Por conseguinte, ainda que invoque as presunções de culpa *in eligendo* e *in vigilando,* a doutrina de MARTINS reforça o entendimento pela aplicação da teoria objetiva na responsabilização do tomador.

Diante do exposto, pretende-se deixar claro que os fundamentos e requisitos para responsabilização do tomador de serviços – em caráter subsidiário – são aqueles próprios da responsabilidade civil indireta, vistos e analisados no tópico 3.2 deste capítulo, diferentemente daqueles que baseiam a responsabilidade direta.

Com isso, deve ficar claro que o dever subsidiário de reparar não se condiciona à verificação de culpa do tomador de serviços, uma vez que sua responsabilidade não decorre de sua conduta propriamente dita, mas no fato de que, como beneficiário da atividade laboral, deve garantir a satisfação dos créditos trabalhistas, na esteira do que dispõe a Lei 6.019, fundamento de validade para a terceirização no país.

A seguir, será visto como esta sistemática também deveria ser aplicada à Administração Pública, independentemente do disposto na Lei de Licitações, artigo 71, § 1º.

---

[61] MARTINS, Sérgio Pinto. Op. cit., p. 139.

## 4. O julgamento da Ação Direta nº 16 e a responsabilidade da administração pública pelo crédito do trabalhador terceirizado

### 4.1. A Ação Direta de Constitucionalidade 16

O Governador do Distrito Federal moveu a Ação Direta de Constitucionalidade nº 16, pretendendo ver declarada a constitucionalidade do artigo 71, § 1º, da Lei 8.666/93, cuja vigência, em suas razões, era negada pelos Tribunais Trabalhistas em seus julgados.

Sustentou em seu pedido que a aplicação do item IV da Súmula 331 do TST, nas lides trabalhistas, consolidava entendimento "diametralmente oposto" ao da norma supratranscrita, por responsabilizar a Administração pelo inadimplemento de obrigação trabalhista assumida por seus contratados.

A Ministra Carmen Lúcia foi a primeira a manifestar-se favoravelmente ao pleito. No seu entender, o dispositivo da Lei 8.666/93 não violava as regras de responsabilidade estatal, porque o dano causado ao trabalhador, resultante do inadimplemento das obrigações trabalhistas, não decorre da conduta de nenhum agente público.

Seguindo a citada Ministra, ainda que o Administrador deva fiscalizar o cumprimento das obrigações assumidas pelo seu contratado, conforme preconizam as disposições da Lei de Licitações, isto não implicaria, de forma automática, a responsabilização do Estado por eventual inadimplemento da obrigação trabalhista.

> Contudo, eventual descumprimento pela Administração Pública do seu dever legal de fiscalizar o adimplemento de obrigações trabalhistas por seu contratado, se for o caso, não impõe a automática responsabilidade subsidiária da Entidade da Administração Pública por esse pagamento, pois não é capaz de gerar vínculo de natureza trabalhista entre a pessoa estatal e o empregado da empresa particular.[62]

Para o Ministro Marco Aurélio, os precedentes que basearam a Súmula 331 foram fundamentados nos artigos 37, § 6º, da Constituição e Art. 2º da Consolidação das Leis do Trabalho, os quais não poderiam servir de fundamento para a responsabilidade da Administração.

No que diz respeito ao artigo 2º, § 2º, da CLT, o ilustre julgador declarou que este dispositivo impõe o vínculo de solidariedade entre as diferentes empresas, em razão da "direção, controle ou administração" de uma pela outra, fato que não ocorre com a Administração.

E, quanto ao artigo 37, § 6º, da Constituição, entendeu que a norma não versaria sobre a responsabilidade da Administração quando "arre-

---

[62] Acórdão da Ação Direta de Constitucionalidade, p. 34.

gimenta mão de obra, mediante prestadores de serviços, considerando o inadimplemento da contratada".

Em síntese, foram os argumentos preponderantes no julgamento de procedência da Ação Direta de Constitucionalidade nº 16.[63]

Comentando o resultado do julgamento, o Ministro PIMENTA[64] conclui que a decisão do STF impede a Justiça do Trabalho de atribuir, de forma automática e absoluta, à Administração a responsabilidade pelo inadimplemento trabalhista do prestador terceirizado, amparando-se no exclusivo entendimento sumulado.

Não obstante isso, poderá o Poder Público ser responsabilizado por este inadimplemento, quando verificada a presença da culpa *in eligendo* (diante de irregularidades no procedimento licitatório) ou de culpa *in vigilando* (pela omissão no dever de fiscalização do cumprimento das obrigações trabalhistas.

Nesse sentido, o efeito jurídico do julgamento da ADC 16-DF foi o de afastar a responsabilidade contratual da Administração pelas obrigações trabalhistas contraídas por suas prestadoras de serviços, de tal sorte que "o ente público jamais poderá ser considerado, automaticamente, o devedor principal daqueles trabalhadores".

A constitucionalidade do dispositivo da Lei 8.666/93, frise-se, não veda o Judiciário trabalhista de, à luz de elementos fáticos trazidos em cada processo, reconhecer a existência de conduta dolosa ou culposa do Poder Público, como fundamento para a sua responsabilização – subjetiva – pelos prejuízos amargados com o inadimplemento de obrigação trabalhista.

### 4.2. Fundamentos jurídicos acerca da (ir)responsabilidade do Estado sobre o crédito do trabalhador terceirizado

Com a devida vênia que merecem os pronunciamentos da Corte Suprema, tem-se que o julgamento da ADC-16/DF não encerra o conflito de interesses e valores envolvidos no tema.

---

[63] Ementa, *in verbis*: RESPONSABILIDADE CONTRATUAL. Subsidiária. Contrato com a administração pública. Inadimplência negocial do outro contratante. Transferência consequente e automática dos seus encargos trabalhistas, fiscais e comerciais, resultantes da execução do contrato, à administração. Impossibilidade jurídica. Consequência proibida pelo art., 71, § 1º, da Lei Federal nº 8.666/93. Constitucionalidade reconhecida dessa norma. Voto vencido. É constitucional a norma inscrita no art. 71, § 1º, da Lei federal nº 8.666, de 26 de junho de 1993, com a redação dada pela Lei nº 9.032, de 1995.

[64] A responsabilidade da Administração Pública nas terceirizações, a decisão do Supremo Tribunal Federal na ADC N. 16-DF e a nova redação dos itens IV e V da Súmula 331 do Tribunal Superior do Trabalho. Artigo de José Roberto Freire PIMENTA, publicado na Revista LTr, Vol. 75, nº 7, de julho de 2011, disponível em <http://www.calameo.com/read/001049933701f3358d7a2>. Acesso em 10/01/2012.

A responsabilidade patrimonial em sede de terceirização pela Administração Pública envolve outras questões que não foram suficientemente suscitadas naquele julgamento, razão por que passamos a discutir alguns deles.

Apenas para ilustrar, cite-se a posição de CAFFARO,[65] segundo o qual a antiga redação da Súmula 331, IV, seria inconstitucional, por fazer uma interpretação equivocada do artigo 37, § 6º, da Constituição Federal.

Em sua ótica, a responsabilidade objetiva do Estado abrangeria apenas as atividades de prestação de serviços públicos, assim excluídos os demais atos e contratos da Administração, inclusive na condição de tomador de serviços, nos quais responderia segundo a regra geral da responsabilidade, baseada na noção de culpa.

Já para Diogo Palau F. dos SANTOS,[66] os três fundamentos jurídicos utilizados pela Súmula 331 (culpa *in eligendo*, risco administrativo e culpa *in vigilando*) não podem incidir sobre a terceirização realizada no âmbito administrativo.

Quanto à culpa *in elegendo*, a sua adoção no aspecto colidiria com outra presunção erigida em favor da Administração Pública: a de legitimidade dos atos administrativos (praticados no certame licitatório).

Com relação à responsabilidade fundada no risco administrativo, SANTOS sustenta que não há nexo de causalidade entre a conduta do agente público e o dano sofrido pelo trabalhador, uma vez que o inadimplemento da obrigação trabalhista se deve a fato exclusivo do empregador-prestador do serviço.

Assim, considerando que a causalidade é pressuposto para incidência do dever de indenizar, sua ausência, *in casu*, eximiria a Administração de qualquer obrigação.

Por fim, sobre a *culpa in vigilando*, concebida como a presunção de falha ou omissão no dever de tutela ou fiscalização, SANTOS salienta que tais deveres são de competência exclusiva do Ministério Público do Trabalho e dos órgãos integrantes do Ministério do Trabalho.

Desta senda, apenas os Entes a que estes órgãos se subordinam (Ministério Público e União Federal) poderiam responder por culpa *in vigilando*.[67]

---

[65] O Pós-positivismo, do Direito do Trabalho e a noção de interesse público – a terceirização na Administração Pública e a Súmula N. 331 do TST em questão. Revista de Direito do Trabalho. LTr, Vol. 74, nº 12, Dezembro de 2010, p. 1478.

[66] SANTOS, Diogo Palau Flores dos. Terceirização de serviços pela Administração Pública: Estudo da responsabilidade subsidiária. São Paulo: Saraiva, 2010, p. 82.

[67] Defendendo esta posição, Alfredo C. SIMON aduz que a Administração tomadora dos serviços se obriga, nos termos da Lei 8.666/93, a verificar apenas "se foi efetiva a prestação do serviço contra-

Em posição contrária ao disposto na Lei 8.666/93, DELGADO[68] e MARTINS[69] defendem que a exclusão de responsabilidade da Fazenda fere o artigo 37, § 6°, da Constituição Federal, porque as regras de responsabilidade previstas na Carta Magna não admitiriam qualquer ressalva pela legislação infraconstitucional.

Para MARTINS,[70] ainda que declarada a constitucionalidade do § 1° do artigo 71, o comando da Lei 8.666/93 não implicaria a revisão da Súmula 331, uma vez que são disposições que tratam de situações distintas: enquanto o diploma legal abordaria a responsabilidade direta da Administração, o enunciado trabalhista versaria sobre a sua responsabilidade indireta (subsidiária).

Advogando tese semelhante, PIMENTA[71] aduz que a responsabilidade subsidiária do tomador de serviços é imposta como garantia aos trabalhadores contra insolvência econômica do prestador de serviços.

Neste sentido, a subsidiariedade seria justificada pelo caráter teleológico do Direito do Trabalho[72] – ou seja, a busca por melhorias na condição social do trabalhador – conforme estipula o artigo 7°, *caput*, da Constituição Federal.

Enfim, argumentos não faltam para embasar teses tanto favoráveis quanto desfavoráveis ao dever de indenizar da Fazenda enquanto tomadora de serviços, motivo pelo qual é preciso que os operadores do Direito distingam quais os valores e bens devem preponderar na relação jurídica em tela, a fim de indicar solução que se respalde perante a pluralidade de fontes que abordam o tema.

### 4.3. Fundamento para responsabilidade patrimonial do tomador, a partir de uma interpretação sistemática do ordenamento jurídico

#### 4.3.1. Premissas básicas

A responsabilidade trabalhista da Administração enquanto tomadora de serviços é matéria pertinente a diversos segmentos da Ciência Jurídica, por envolver direitos dos trabalhadores, responsabilidade civil do Estado e outros aspectos de Direito Administrativo, razão por que

---

tado pela empresa responsável pela execução", sem poder avançar sobre a competência dos órgãos de fiscalização do trabalho, in A responsabilidade da União nas terceirizações. Artigo disponível em <http://www.esapergs.org.br/site/arquivos/artigo_1303824791.pdf>. Acesso em 07-abr-2012.

[68] Maurício Godinho DELGADO, Op. cit.., p. 433.

[69] Op. cit., p. 150.

[70] Vide TST, 2T., RR 523.658/98.0, j. 6-12-00. Rel. Min. Vantuil Abdala, LTr 65-06/590 *apud* MARTINS, Sérgio P. Op. cit., p. 152.

[71] Op. cit., p. 779.

[72] Op. cit., p. 139.

não é possível refletir sobre os seus contornos sem recorrer aos diversos microssistemas jurídicos que envolvem o tema.

Nesse diapasão, uma solução adequada para os conflitos advindos desta relação triangular de trabalho deve ter em conta a pluralidade de interesses envolvidos, bem como os bens juridicamente protegidos em questão, apurando e justificando o operador do Direito quais interesses devem sobrepor-se aos demais em cada caso concreto.

Nesse sentido, PIMENTA[73] ressalta que os direitos trabalhistas têm *status* de direitos fundamentais, e, como tal, merecem receber uma "tutela jurisdicional privilegiada", prevalecendo, numa escala axiológica, sobre o interesse público secundário do Estado.

Complementando esta noção, a desembargadora Tereza GEMIGNANI[74] esclarece que nos Estados Democráticos de Direitos, erigidos a partir da centralidade e supremacia de suas Constituições, sempre que um interesse particular estiver protegido por cláusula de direito fundamental, sua satisfação sobrepõe-se, inclusive, aos interesses do erário público.

Desta sorte, qualquer interpretação sobre o tema deve ter em conta a condição de preponderância dos direitos trabalhistas, dada sua condição de direito fundamental no ordenamento constitucional.

A ausência de norma legal específica que regulamente o serviço terceirizado é outro aspecto relevante.

Como se pretendeu demonstrar alhures, o Direito do Trabalho foi assentado sobre uma relação jurídica-base – o contrato de emprego – admitindo-se outras formas de exploração de mão de obra apenas por meio de lei especial, que regulamente a atividade, fixe limites para sua prática e atribua as responsabilidades de cada agente.

Assim ocorre com a representação comercial autônoma (Lei 4.886/65); com o trabalho doméstico (Lei 5.859/72); o trabalho temporário (Lei 6.019/74); a vigilância e transporte de valores (Lei 7.102/83), o trabalho por prazo determinado (Lei 9.601/98) e o estágio profissional (Lei 11.788/08), além de outros.

Entretanto, a terceirização de serviços recebeu tratamento peculiar no Direito Pátrio: embora não haja a devida regulamentação legislativa até o presente momento, restou admitida a sua prática (vide Súmula 331, TST), condicionada à responsabilização subsidiária do tomador dos serviços – numa solução que atende parte dos interesses da classe

---

[73] PIMENTA, José Roberto Freire. Op. cit., p.783-4.
[74] GEMIGNANI, Tereza Aparecida Asta. Artigo 71 da Lei 8.666/93 e Súmula 331 do C. TST: poderia ser diferente? Plenum online. Disponível em: <https://www.plenum.com.br/Plenum_jp/lpext.dll?f=templates&fn=main-sumdoc.htm&2.0>. Acesso em: 04/01/2012.

empresarial, porque respalda a contratação de serviços no mercado; e, concomitantemente, atende em parte aos interesses da classe obreira, reforçando a garantia de satisfação dos seus créditos por meio da subsidiariedade.

O importante é que, se a relação de trabalho terceirizado é praticada à revelia de uma norma legal que a autorize, a falta de norma expressa atribuindo responsabilidade ao tomador de serviços não sustenta a tese de sua irresponsabilidade. Se a legitimação jurídica da terceirização advém de analogia ou outras fontes supletivas do Direito, por corolário lógico, que estas mesmas fontes supletivas sejam adotadas para definir o regime de responsabilidade aplicável.

Por esta razão, entende-se que a falta de norma específica não deve ser justificativa para isenção de responsabilidade do tomador dos serviços, seja pessoa de direito público ou privado.

Por fim, a Lei 8.666/93, em seu artigo 71, § 1º, não pode ser interpretada em sua literalidade, como causa absoluta de exclusão da responsabilidade estatal.

Isto porque a Constituição Federal e o ordenamento jurídico já fixaram pressupostos para incidência do dever de indenizar (conduta, dano e nexo de causalidade, associados ou não ao elemento culpa, conforme a teoria adotada).

Com base nas normas jurídicas do direito posto, além de princípios e noções de moralidade presentes na Constituição Federal, todo aquele que comete dano injusto poderá ser demandado a repará-lo.

Nesse sentido, qualquer previsão em lei que, de forma genérica e abstrata, exima o agente do dever de indenizar, colide com a Constituição Federal e todo ordenamento jurídico.

Por conseguinte, frise-se que qualquer análise da responsabilidade estatal na terceirização deve atentar para as três premissas supra destacadas: a prevalência dos direitos trabalhistas no ordenamento jurídico; a omissão legislativa quanto à terceirização de serviços; e, ainda, o caráter relativo da proibição contida no artigo 71, § 1º, da Lei 8.666.

### 4.3.2. Regime de responsabilidade na tomada de serviços. Teoria objetiva e subjetiva

A partir das premissas elucidadas no tópico anterior, através das quais se conclui que todos os sujeitos de direito – inclusive aqueles com personalidade jurídica de direito público – devem se submeter ao dever de indenizar, é preciso apontar a quais regras do sistema de responsabilidade os tomadores de serviço devem se submeter.

Conforme exposto no segundo capítulo, este sistema é orientado por duas teorias: a subjetiva, fundamentada na culpa do agente causador do dano; e a objetiva, baseada na teoria do risco.

Além disso, pessoas jurídicas de direito público estão regidas por diploma distinto dos particulares, com princípios, regras e fundamentos pertinentes à sua natureza publicista.

Por estas razões, o que será analisado a seguir são os fundamentos e o regime jurídico a que se regem as pessoas jurídicas de direito público, enquanto contratantes de serviços.

Imprescindível, para tanto, tomar como referência de todo o sistema de responsabilidade estatal o artigo 37, § 6º, da Constituição Federal:

> as pessoas jurídicas de direito público e as de direito privado prestadoras de serviços públicos responderão pelos danos que seus agentes, nessa qualidade, causarem a terceiros, assegurado o direito de regresso contra o responsável nos casos de dolo ou culpa

Este dispositivo consagra a teoria da responsabilidade objetiva do Estado, incidentes sobre os danos causados por ação administrativa, com vistas à reparação do ofendido, ou seja, tem como requisito principal a violação da esfera jurídica protegida do sujeito passivo.

Diante de atos ilícitos praticados pelo Estado, o dever de indenizar, além de atender ao imperativo de legalidade, também se fundamenta no princípio da repartição equânime dos encargos públicos, "evitando que alguns suportem prejuízos ocorridos por ocasião ou por causa de atividades desempenhadas no interesse de todos".[75]

A responsabilidade objetiva da pessoa de direito público incide, além das hipóteses de danos oriundos de sua conduta comissiva, sobre situações em que o dano é gerado por conta de uma situação propiciada pelo próprio ente público.

Nessa situação encontra-se a terceirização de serviços pela Administração, uma vez que esta, ao contratar a prestação de serviços por empresa especializada, propicia a situação passível de ocorrência de dano ao trabalhador, qual seja, a tomada de serviços do obreiro sem a devida contraprestação a qual este faz jus.

Conforme LORA,[76] ao inadimplir obrigações contratuais frente aos trabalhadores arregimentados por força do ajuste celebrado com a Administração Pública, a prestadora de serviço causa dano aos seus empregados, em cuja causação participou o Estado.

---

[75] MELLO, Celso Antonio Bandeira de *apud* LORA, Ilse Marcelina Bernardi. Direitos fundamentais e responsabilidade da administração pública na terceirização de serviços: inconstitucionalidade do § 1º do art. 71 da Lei 8.666/93. Plenum online. Disponível em <https://www.plenum.com.br/Plenum_jp/lpext.dll?f=templates&fn=hitlist-frame.htm&2.0>, acesso em 01-ago-2011.

[76] Op. cit., p. 12

Por conseguinte, as disposições da antiga redação da Súmula 331, IV, do TST, encontravam amparo normativo no artigo 37, § 6º, da Constituição Federal – aqui, pedindo vênia à interpretação expressada pelo Ministro M. Aurélio, no julgamento da ADC-16, conforme relatado alhures – fundamentando a responsabilidade objetiva do ente público tomador de serviços na modalidade do risco administrativo.

Nesse sentido, esclarecem SEVERO e KROST:[77]

> Em outras palavras, ao introduzir no texto constitucional a responsabilidade expressa da Administração Pública pelos atos de seus agentes, sem exigir comprovação de culpa (art. 37), a Constituição não apenas adota a teoria do risco, como também – e em decorrência disso – estabelece um dever de prevenção e de precaução por parte do administrador. Vale dizer: é obrigação do agente público a adoção de medidas que evitem risco de dano (ou dano efetivo) a terceiros, bem como a abstenção de atos que possam gerar esse mesmo efeito. No caso das relações de trabalho, a opção administrativa de "terceirizar", obtendo mão-de-obra sem a realização de concurso público, é sem dúvida praticada com manifesta assunção de risco de produção do resultado lesivo, via de regra verificado pelo inadimplemento de verbas salariais.

Nem há que se falar, portanto, em culpa *in eligendo* ou *in vigilando*, regras de inversão do ônus da prova (da culpa), vigentes no Código Civil de 1916, enquanto o sistema da responsabilidade patrimonial sustentava-se, preponderantemente, na teoria subjetiva.[78]

A mera inversão do ônus *probandi* – como pretendem os adeptos das teorias da culpa *in eligendo* e *in vigilando* – não condiz com as atuais diretrizes da responsabilidade civil e da responsabilidade do Estado, uma vez que os fundamentos para o dever de indenizar cada vez menos se condicionam à culpa do agente ofensor, mas cada vez mais no seu dever de arcar com os riscos inerentes à atividade que explora; na noção de socialização dos riscos; e, quanto à Administração Pública, no princípio da equânime distribuição dos encargos sociais.

Por conseguinte, os entes administrativos e prestadores de serviço público deveriam responder, independentemente de culpa, pelo inadimplemento das obrigações trabalhistas dos seus contratados, por corolário lógico do regime imposto pelo artigo 37, § 6º, da Constituição Federal,

---

[77] Alessandro da Silva, Oscar Krost e Valdete Souto Severo. Fundamentos à responsabilidade solidária e objetiva da tomadora de serviços na 'terceirização'. *Revista Jurisplenum Trabalhista e Previdenciária* nº 32, out/2010. Disponível em <http://www.plenum.com.br>. Acesso em 16-08-2011.

[78] Sob a égide do Código de 1916, as presunções de culpa (*in eligendo, in vigilando, in contrahendo*, etc.), serviram de expediente para atenuar o encargo probatório das vítimas, em situações nas quais a dificuldade na comprovação do elemento subjetivo criava um obstáculo ao direito de reparação. Em face disso, a legislação passou a admitir a inversão do ônus probatório, para não inviabilizar o pleito indenizatório, mas, ao mesmo tempo, sem se desconectar da teoria subjetiva. Frise-se, entretanto, que estas regras se aplicavam ao direito privado, não abrangendo "as pessoas jurídicas de direito público e as de direito privado prestadoras de serviços públicos", "pelos danos que seus agentes, nessa qualidade, causarem a terceiros" (artigo 37, § 6º, da CF88).

norma fundamental e inderrogável do Direito público, conforme interpretava a antiga redação da Súmula 331, IV, do TST.

### 4.3.3. Da responsabilidade civil do tomador de serviços, após o julgamento da ADC 16/DF

Do julgamento da Ação Direta de Constitucionalidade nº 16, o Supremo Tribunal Federal deixou assentado que à Administração Pública não pode ser transferida, de forma automática, a responsabilidade civil pelo inadimplemento de obrigação trabalhista.

Por decorrência disso, e a partir da revisão da Súmula 331, a configuração do dever de indenizar do ente público, em sede de trabalho terceirizado, passou a depender da prova do seu erro de conduta.

A partir do julgamento da ADC-16, como bem reflete o inciso V da Súmula 331, a Jurisprudência inovou no ordenamento, criando uma espécie de responsabilidade subsidiária subjetiva, ou seja, uma responsabilidade indireta que depende da verificação de culpa, ou, mais precisamente, da prova de falha na "fiscalização do cumprimento das obrigações contratuais e legais da prestadora de serviço".

Com a devida *vênia* aos seus defensores, não parece configurar a melhor interpretação, pois, conforme explanado anteriormente, a responsabilidade indireta decorre de mero vínculo jurídico entre o responsável subsidiário e o responsável direto, quando ao primeiro incumbir dever de vigilância sobre a conduta deste, logo não depende da verificação de culpa. Neste caso, no mero vínculo contratual entre a Administração tomadora e o prestador dos serviços.

Para estas situações, a substituição da teoria objetiva pela subjetiva, além de representar significativo retrocesso social, não mantém consistência lógica com o sistema de responsabilidade civil vigente.

Diante disso, considerando a autoridade da decisão pelo Supremo, a fim de dar efetividade ao comando do artigo 71, § 1º, da Lei 8.666/93, para estabelecer a responsabilidade subjetiva do ente público tomador de serviços, e considerando a inconsistência na combinação da teoria subjetiva com a modalidade de responsabilidade indireta, a única alternativa viável ao julgador trabalhista é a inversão do ônus probatório, aplicando-se a revogada tese da culpa *in vigilando*.

Deste modo, caberia ao ente público provar a efetiva fiscalização sobre as atividades do seu prestador de serviço, no que tange ao cumprimento das obrigações trabalhistas, como forma de eximir-se do dever de reparar o dano sofrido pelo empregado terceirizado.

A inversão do ônus fundada na culpa *in vigilando*, ainda que teoria defasada no regime vigente de responsabilidade, resulta no expediente mais adequado para conformar a responsabilidade indireta do tomador dos serviços com a teoria subjetiva.

Frise-se que, na esteira da teoria da culpa *in vigilando*, há inversão dos encargos probatórios, de sorte que o trabalhador não precisará provar a falha na fiscalização pela Administração tomadora dos serviços, uma vez que milita presunção ao seu favor.

## 5. Considerações finais

A terceirização de serviços foi admitida no sistema jurídico pela jurisprudência dos Tribunais trabalhistas, em oposição ao Direito positivo, cuja omissão legislativa enseja a conclusão por sua inadmissibilidade.

A fim de conformar o ordenamento com atividades empresariais disseminadas no sistema produtivo pátrio, e, ao mesmo tempo, sem fragilizar a proteção juridicamente estabelecida ao crédito trabalhista, o Tribunal Superior do Trabalho editou a Súmula 331, estabelecendo critérios para licitude da contratação de serviços, com a devida responsabilidade do respectivo tomador.

Consoante explica PIMENTA,[79] a responsabilidade subsidiária do tomador de serviços foi a condição estabelecida para a licitude da terceirização, de tal sorte que o desenvolvimento econômico-produtivo não fosse alcançado ao custo dos direitos fundamentais de alguns trabalhadores.

Com relação ao sistema da responsabilidade civil, considerando que a terceirização de serviços é admitida por analogia com a Lei do Trabalho Temporário (Lei 6.019), a Súmula 331, coerentemente, estipulou o dever de indenizar em sede de terceirização nos mesmos moldes em que estabelecido para a tomadora de serviços temporários, independentemente se pessoa de direito público ou privado.

Este dever subsidiário de indenizar funda-se no fato de o tomador ser o efetivo beneficiário das atividades laborais do obreiro, assumindo ele a condição de garantidor da satisfação dos direitos fundamentais do trabalho, observando a prevalência dos direitos do trabalho sobre os interesses da livre iniciativa.

A subsidiariedade referida na Súmula, portanto, baseava-se num vínculo objetivo (auferir vantagem com a exploração do trabalho), desvinculado de qualquer elemento subjetivo (dolo ou culpa), conforme a teoria da responsabilidade objetiva.

---

[79] PIMENTA, José Roberto Freire. Op. cit.

Nos termos da responsabilidade do Estado, na terceirização de serviços pelas entidades administrativas, o Ente Público propicia situação passível de dano ao trabalhador terceirizado, razão por que deve garantir (leia-se, responder subsidiariamente) pelos direitos dos trabalhadores que lhe prestaram serviços, interpretação em conformidade com o disposto no artigo 37, §6°, da Constituição Federal.

Nada obstante, ao interpretar a *questio* no julgamento da ADC-16/DF, o Supremo Tribunal Federal optou por afastar a responsabilidade objetiva da Administração frente ao crédito trabalhista, ao argumento de que a sua obrigação de indenizar deva estar calcada na falha de sua fiscalização do cumprimento do contrato firmado com o prestador dos serviços.

Desta senda, o STF definiu que o dever subsidiário do Estado observa a regra geral da responsabilidade baseada na culpa, com a inversão do ônus da prova, segundo as defasadas teorias das culpas *in eligendo* e *in vigilando*, o que não representa, no nosso sentir, a melhor interpretação do sistema de responsabilidade civil do Direito Público.

### Referências bibliográficas

AGUIAR, Maurício Sanchotene de. *Terceirização: alguns aspectos jurídicos*. Disponível em http://www.ufsm.br/direito/artigos/trabalho/terceirizacao. Acesso em 30-08-2011.

ALVES, Vilson Rodrigues. Responsabilidade civil do Estado por atos dos agentes dos poderes legislativo, executivo e judiciário. Tomo I. Campinas: Bookseller, 2001.

AMORIM, Helder Santos. A terceirização no serviço público: à luz da nova hermenêutica constitucional. São Paulo: LTr, 2009.

BARROS, Alice Monteiro de. *Curso de direito do trabalho*. 4ª ed. rev. e ampl. São Paulo: LTr, 2008.

BELMONTE, Alexandre Agra. *Curso de Responsabilidade trabalhista*. 2ª ed. São Paulo: LTr, 2009.

BRASIL. Congresso Nacional. Constituição de República Federativa do Brasil, de 05 de outubro de 1988. *Diário Oficial da União*, Brasília, Distrito Federal. Disponível em <http://www.planalto.gov.br/ccivil_03/Constituicao/Constitui%C3%A7ao.htm>. Acesso em 03 de agosto de 2011.

——. Congresso Nacional. Decreto-Lei n° 200, de 25 de fevereiro de 1967. *Diário Oficial da União*, Brasília, Distrito Federal. Disponível em <http://www.planalto.gov.br/ccivil_03/decreto-lei/del0200.htm>. Acesso em 08 de agosto de 2011.

——. Congresso Nacional. Decreto-Lei n° 5.452, de 1° de maio de 1943. *Diário Oficial da União*, Brasília, Distrito Federal. Disponível em < http://www.planalto.gov.br/ccivil_03/decreto-lei/Del5452.htm>. Acesso em 08 de agosto de 2011.

——. Congresso Nacional. Lei n° 8.666, de 21 de junho de 1993. *Diário Oficial da União*, Brasília, Distrito Federal. Disponível em <http://www.planalto.gov.br/ccivil_03/leis/L8666cons.htm>. Acesso em 11 de novembro de 2011.

_____. Congresso Nacional. Lei nº 10.406, de 10 de janeiro de 2002. *Diário Oficial da União*, Brasília, Distrito Federal. Disponível em <http://www.planalto.gov.br/ccivil_03/leis/2002/L10406.htm>. Acesso em 08 de agosto de 2011.

CAFFARO, Leonardo de Mello. O Pós-positivismo, do Direito do Trabalho e a noção de interesse público – a terceirização na Administração Pública e a Súmula N. 331 do TST em questão. São Paulo: LTr, Vol. 74, nº 12, Dezembro de 2010.

CAHALI, Yussef Said. *Responsabilidade civil do Estado*. 3ª ed. Rev., atual. Ampl. – São Paulo: RT, 2007.

CAMPOS, José Ribeiro de. *Aspectos da terceirização e o Direito do Trabalho*. Disponível em https://www.metodista.br/revistas/revistas-ims/index.php/RFD/article/viewFile/496/494. Acesso em 01 de setembro de 2011.

CAVALIERI FILHO, Sérgio. *Programa de responsabilidade civil*. 9ª ed. São Paulo: Atlas, 2010.

DELGADO, Maurício Godinho. *Curso de Direito do Trabalho*. 8ª ed. São Paulo: LTr, 2009.

DINIZ, Maria Helena. Curso de Direito Civil. V. 7: responsabilidade civil. 18ª ed. rev., aum. e atual de acordo com o novo Código Civil (Lei 10.406, de 10-1-2002) e o Projeto de Lei 6.960/2002 – São Paulo: Saraiva, 2004.

DI PIETRO, Maria Sylvia Zanela. Direito Administrativo. 25ª ed. São Paulo: Atlas, 2012.

_____. Parcerias na administração pública: concessão, permissão, franquia, terceirização, parceria público-privada e outras formas. 8ª ed. São Paulo: Atlas, 2011.

GAGLIANO, Pablo Stolze. Novo Curso de Direito Civil, volume III: responsabilidade civil. 8ª Ed. rev. e atual. São Paulo: Saraiva, 2010.

GEMIGNANI, Tereza Aparecida Asta. *Artigo 71 da Lei 8.666/93 e Súmula 331 do C. TST: poderia ser diferente?* Plenum online. Disponível em: <https://www.plenum.com.br/Plenum_jp/lpext.dll?f=templates&fn=main-sumdoc.htm&2.0>. Acesso em: 04/01/2012.

HINZ, Henrique Macedo. A terceirização trabalhista e as responsabilidades do fornecedor e do tomador dos serviços: um enfoque multidisciplinar. Rev. TST, Brasília, Vol. 71, Nº 2, maio-ago 2005.

LEITE, Carlos Henrique Bezerra. *Aspectos jurídicos da terceirização*. Plenum Online. Disponível em <http://www.plenum.com.br>. Acesso em 02-08-2011.

LORA, Ilse Marcelina Bernardi. Direitos fundamentais e responsabilidade da administração pública na terceirização de serviços: inconstitucionalidade do § 1º do art. 71 da Lei 8.666/93. Plenum online. Disponível em https://www.plenum.com.br/Plenum_jp/lpext.dll?f=templates&fn=hitlist-frame.htm&2.0, acesso em 01-ago-2011.

MARTINS, Sérgio Pinto. *A terceirização e o direito do trabalho*. 10ª ed. rev. e ampl. – São Paulo: Atlas, 2010.

MEIRELLES, Hely Lopes. *Direito Administrativo Brasileiro*. 36ª ed. São Paulo: Malheiros, 2010.

MELLO, Celso Antônio Bandeira de. *Curso de direito administrativo*. 27ª ed. rev. e atual. até a Emenda Constitucional nº 64. São Paulo: Malheiros, 2010.

MONTEIRO, Leonardo Ribeiro Guimarães. A prevenção da responsabilidade subsidiária e solidária nos contratos de terceirização: O estudo de caso no âmbito do Superior Tribunal de Justiça. Brasília, 2008.

NERY JUNIOR, Nelson. *Código Civil Comentando e legislação extravagante*. 3ª ed. São Paulo: Editora Revista dos Tribunais, 2005.

PIMENTA, José Roberto Freire. A responsabilidade da Administração Pública nas terceirizações, a decisão do Supremo Tribunal Federal na ADC N. 16-DF e a nova redação dos itens IV e V da Súmula 331 do Tribunal Superior do Trabalho. Revista

LTr, Vol. 75, n° 7, de julho de 2011, disponível em http://www.calameo.com/read/001049933701f3358d7a2. Acesso em 10/01/2012.

RAMOS, José Eduardo Silvério. *A relação de emprego: conceito de empregador e empregado e a parassubordinação*. Disponível no sítio https://www.plenum.com.br/Plenum_jp/lpext.dll?f=templates&fn=hitlist-frame.htm&2.0. Acesso em 17-ago-2011.

SANTOS, Diogo Palau Flores dos. *Terceirização de serviços pela Administração Pública*: estudo da responsabilidade subsidiária. São Paulo: Saraiva, 2010.

SANTOS, Enoque Ribeiro dos. *Responsabilidade objetiva e subjetiva do empregador em face do novo Código Civil*. São Paulo: LTr, 2007.

SILVA, Alessandro; KROST, Oscar; SEVERO, Valdete Souto. *Fundamentos à responsabilidade solidária e objetiva da tomadora de serviços na 'terceirização'*. Revista Jurisplenum Trabalhista e Previdenciária n° 32, out/2010. Disponível em <http://www.plenum.com.br>. Acesso em 16-08-2011.

SIMON, Alfredo Crossetti. *A responsabilidade da União nas terceirizações*. Disponível em http://www.esapergs.org.br/site/arquivos/artigo_1303824791.pdf. Acesso em 07-04-2012.

VENOSA, Silvio de Salvo. *Direito Civil: responsabilidade civil*. 3ª ed. São Paulo: Atlas, 2003, v. 4.

— 11 —

# A configuração do exercício de cargo de confiança dos empregados em estabelecimentos bancários do Brasil à luz do disposto no artigo 224, § 2º, da Consolidação das Leis do Trabalho[1]

FELIPE ALVES SANMARTIN[2]

*Sumário*: 1. Introdução; 2. A configuração do exercício de cargo de confiança dos empregados em estabelecimentos bancários; 2.1. Requisitos legais e jurisprudenciais para o enquadramento no cargo de confiança diferenciada; 2.2. Necessidade de análise da realidade fática – divergência de entendimentos judiciais – presente carga de subjetividade; 2.3. Principais fragilidades na defesa das instituições bancárias; 2.4. Importância da prova documental; 2.5. Necessidade de prova da diferenciação de confiança do cargo exercido – análise de fragilidades apontadas pelos Tribunais – implementação da defesa das instituições bancárias; 3. Considerações finais; Referencial bibliográfico.

## 1. Introdução

Atualmente, uma das principais fragilidades enfrentadas pelos estabelecimentos bancários brasileiros em demandas judiciais trabalhistas é a (des)configuração do exercício do cargo de confiança diferenciada de seus empregados. Por via de consequência, sempre em que a parte Reclamante consegue fazer prova suficiente para afastar a existência de confiança especial no cargo exercido, as condenações impostas às instituições bancárias atingem grande monta, uma vez que resta, normalmente, reconhecido o direito ao empregado de no mínimo 2 (duas) horas extraordinárias prestadas diariamente, decorrentes da diferença da jornada

---

[1] O presente artigo foi apresentado no Programa de Ascensão Profissional da Diretoria Jurídica do Banco do Brasil, como requisito para a nomeação do cargo de Assessor Jurídico II, em dezembro de 2013.

[2] Advogado. Especialista em Direito Constitucional pela Universidade Luterana do Brasil (ULBRA) e em Gestão de Negócios Financeiros pela Fundação Getúlio Vargas (FGV).

habitualmente prestada (8 horas – artigo 224, § 2°, da CLT) e da judicialmente reconhecida (6 horas – artigo 224, *caput*, da CLT).

Nesse ponto o assunto ganha extrema relevância para as instituições financeiras, pois o enfrentamento judicial recorrente sobre a matéria e as não raras condenações impostas ao Bancos repercutem de maneira negativa, expondo as instituições a múltiplos riscos, tais como o de imagem, o legal e o financeiro.

Assim, as fragilidades que envolvem a configuração do exercício de cargo de confiança dos empregados de estabelecimentos bancários devem ser apreciadas no intuito de fortalecer a defesa judicial dos interesses das instituições, partindo-se da premissa do correto enquadramento no plano de carreira e da higidez do mesmo quando determina que os cargos comissionados são todos detentores de confiança diferenciada, enquadrando-se, assim, na jornada de trabalho de 8 (oito) horas.

Portanto, faz-se importante uma análise das vulnerabilidades jurídicas enfrentadas pelas instituições bancárias sobre o tema, a fim de serem traçadas algumas diretrizes no intuito de mitigar os riscos envolvidos e abrandar as consequências judiciais que vem sendo repetidamente infligidas a tais empresas.

Para tal é indispensável se verificar se a defesa judicial dos Bancos quanto à matéria está abarcando todos os principais aspectos necessários para a confirmação de que aqueles cargos considerados pelas empresas como detentores de especial fidúcia realmente são dotados de tal característica. É imperioso saber, além disso, quais os pontos que, enfrentados judicialmente, trazem sucesso à defesa dos interesses e do posicionamento das instituições bancárias em seus planos de carreira/comissões.

Some-se ao exposto que, embora se conheça a existência de procedimentos já adotados (e alguns que, embora previstos e permitidos, deixam de ser implementados) pelos Bancos para mitigar o risco de condenação advinda do afastamento judicial do exercício de cargo de confiança dos empregados, é possível se dizer que há outros que auxiliariam e reforçariam a defesa das instituições financeiras no aspecto, mas que acabam não sendo efetivados.

## 2. A configuração do exercício de cargo de confiança dos empregados em estabelecimentos bancários

Como já referido, o artigo 224, *caput*, da Consolidação das Leis do Trabalho trata da jornada ordinária do empregado em estabelecimento bancário, fixando-a em 6 (seis) horas contínuas nos dias úteis. Tal jornada é a carga padrão exercida por todos os empregados bancários, com exceção dos que estejam investidos nos cargos/funções que se invistam de confiança diferenciada.

Os cargos/funções de confiança diferenciada, que autorizam a exceção à jornada ordinária de 6 (seis) horas estão evidenciados no § 2º do mesmo artigo 224 da Consolidação das Leis do Trabalho,[3] o qual determina a exclusão dos empregados que exerçam as funções ali descritas da norma geral, sendo aplicável aos mesmos a jornada de 8 (oito) horas de labor.

Ocorre que as instituições bancárias do Sistema Financeiro Nacional vêm sendo repetidamente questionadas judicialmente sobre a adequação ou não dos cargos/funções exercidos por seus funcionários à jornada diferenciada prevista no artigo 224, § 2º, da Consolidação das Leis do Trabalho. A apresentação de pedidos judiciais de desconsideração da jornada ampliada de 8 (oito) horas e enquadramento dos empregados na carga de 6 (seis) horas prevista como regra, de tanto repetida, fez com que o Tribunal Superior do Trabalho editasse entendimento específico sobre a matéria, conforme consubstanciado no enunciado da Súmula nº 102.[4]

Como se verifica do acima exposto, o Excelso Tribunal trabalhista consignou importantes considerações sobre o exercício de cargo de con-

---

[3] Art. 224. A duração normal do trabalho dos empregados em bancos, casas bancárias e Caixa Econômica Federal será de 6 (seis) horas continuas nos dias úteis, com exceção dos sábados, perfazendo um total de 30 (trinta) horas de trabalho por semana. § 1º A duração normal do trabalho estabelecida neste artigo ficará compreendida entre 7 (sete) e 22 (vinte e duas) horas, assegurando-se ao empregado, no horário diário, um intervalo de 15 (quinze) minutos para alimentação. § 2º As disposições deste artigo não se aplicam aos que exercem funções de direção, gerência, fiscalização, chefia e equivalentes, ou que desempenhem outros cargos de confiança, desde que o valor da gratificação não seja inferior a 1/3 (um terço) do salário do cargo efetivo.

[4] Súmula nº 102 do TST. BANCÁRIO. CARGO DE CONFIANÇA (mantida) – Res. 174/2011, DEJT divulgado em 27, 30 e 31.05.2011. I – A configuração, ou não, do exercício da função de confiança a que se refere o art. 224, § 2º, da CLT, dependente da prova das reais atribuições do empregado, é insuscetível de exame mediante recurso de revista ou de embargos. (ex-Súmula nº 204 – alterada pela Res. 121/2003, DJ 21.11.2003). II – O bancário que exerce a função a que se refere o § 2º do art. 224 da CLT e recebe gratificação não inferior a um terço do seu salário já tem remuneradas as duas horas extraordinárias excedentes de seis. (ex-Súmula nº 166 – RA 102/1982, DJ 11.10.1982 e DJ 15.10.1982). III – Ao bancário exercente de cargo de confiança previsto no artigo 224, § 2º, da CLT são devidas as 7ª e 8ª horas, como extras, no período em que se verificar o pagamento a menor da gratificação de 1/3. (ex-OJ nº 288 da SBDI-1 – DJ 11.08.2003). IV – O bancário sujeito à regra do art. 224, § 2º, da CLT cumpre jornada de trabalho de 8 (oito) horas, sendo extraordinárias as trabalhadas além da oitava. (ex-Súmula nº 232- RA 14/1985, DJ 19.09.1985). V – O advogado empregado de banco, pelo simples exercício da advocacia, não exerce cargo de confiança, não se enquadrando, portanto, na hipótese do § 2º do art. 224 da CLT. (ex-OJ nº 222 da SBDI-1 – inserida em 20.06.2001). VI – O caixa bancário, ainda que caixa executivo, não exerce cargo de confiança. Se perceber gratificação igual ou superior a um terço do salário do posto efetivo, essa remunera apenas a maior responsabilidade do cargo e não as duas horas extraordinárias além da sexta. (ex-Súmula nº 102 – RA 66/1980, DJ 18.06.1980 e republicada DJ 14.07.1980). VII – O bancário exercente de função de confiança, que percebe a gratificação não inferior ao terço legal, ainda que norma coletiva contemple percentual superior, não tem direito às sétima e oitava horas como extras, mas tão somente às diferenças de gratificação de função, se postuladas. (ex-OJ nº 15 da SBDI-1 – inserida em 14.03.1994)

fiança pelos empregados em estabelecimentos bancários, das quais possuem maior destaques as descritas nos incisos I, II, e IV da citada Súmula nº 102.

### 2.1. Requisitos legais e jurisprudenciais para o enquadramento no cargo de confiança diferenciada

Como se verifica do anteriormente exposto, o Excelso Tribunal trabalhista consignou importantes considerações sobre o exercício de cargo de confiança pelos empregados em estabelecimentos bancários, das quais possuem maior destaques as descritas nos incisos I, II, e IV da citada Súmula nº 102.

O inciso I da aduzida Súmula faz importante alerta de que, para a configuração do exercício de cargo de confiança pelo bancário, se faz necessária a prova das reais atribuições do empregado. Tal entendimento deixa mais evidente a importância de que os Bancos aperfeiçoem suas defesas, tanto no que se refere à produção de prova documental quanto testemunhal, para que o conjunto de provas demonstre que a realidade fática dos seus empregados que prestam jornada diferenciada de 8 (oito) horas é a de exercício de cargo de confiança diferenciada.

Provado o exercício de cargo de confiança diferenciada pelos empregados sujeitos à jornada de 8 (oito) horas, há ainda que se produzir prova sobre outro requisito legal, o qual é reproduzido no inciso II, da Súmula em comento, que trata da necessidade do pagamento de gratificação de função superior a 1/3 (um terço) do salário do cargo efetivo.

Quanto ao requisito por último elencado, por ser este de natureza objetiva, facilmente comprovado pela prova documental, não é onde se situa a fragilidade das empresas bancárias, até mesmo porque, cientes da normal legal, as instituições tratam de cumpri-lo sempre que o empregado está investido em cargo/função considerada de especial fidúcia nos planos de carreira/comissões da instituição, enquadrando-o, assim, à jornada de 8 (oito) horas.

Já o requisito indicado no inciso I da Súmula anteriormente colacionada, qual seja, a comprovação das reais atribuições do empregado, é onde reside severa insegurança jurídica e grande carga de subjetividade. Isto porque o conceito de que alguma atividade seja de confiança diferenciada pode ser de interpretação individual, podendo estar configurada para um julgador e não para outro.

Ademais, ainda há expressa ressalva de que "a configuração, ou não, do exercício da função de confiança a que se refere o art. 224, § 2º, da CLT, dependente da prova das reais atribuições do empregado, é insuscetível de exame mediante recurso de revista ou de embargos". Tal situação faz com que seja indispensável a discussão exaustiva e aprofundada da moldura fática (reais atribuições) do empregado detentor do cargo de confiança no Juízo de origem da demanda e em eventual Recurso ao Tribunal Regional, de vez que o Tribunal Superior do Trabalho não revolverá a matéria fática envolvida na contenda.

Atendidos os requisitos fáticos de enquadramento da função do empregado em cargo de confiança diferenciada e provado que este recebe gratificação de função superior a 1/3 (um terço) do salário do cargo efetivo, atraem-se as consequências descritas ao final do citado inciso II e também do inciso IV já acima reproduzido. Nesta situação, portanto, o bancário já tem remuneradas as duas horas extraordinárias excedentes de seis, cumpre jornada de trabalho de 8 (oito) horas, sendo extraordinárias as trabalhadas além da oitava.

### 2.2. Necessidade de análise da realidade fática – divergência de entendimentos judiciais – presente carga de subjetividade

Não obstante, recapitulando o acima exposto, para o atendimento dos requisitos fáticos ao enquadramento na jornada de 8 (oito) horas, entende-se que sempre há de se dar maior atenção à verdade fática vivenciada pelo empregado detentor de cargo de confiança. Tal se reforça porque, como referido, o entendimento judicial acerca de quais são os atributos/características necessárias para a configuração de especial fidúcia é muitas vezes pessoal, mas sempre variável e submetido a critérios subjetivos.

Vejamos, a título de exemplo, manifestações jurisprudenciais quanto à configuração de cargo bancário de confiança que traduzem *nuances* de entendimento que se afiguram distintos, se comparados entre si:

> Entendo que, para o enquadramento do bancário na norma exceptiva do parágrafo 2º do artigo 224 da CLT, não é necessário que o cargo exercido seja de efetiva autonomia gerencial nos moldes do expresso no artigo 62 da CLT, que se refere à confiança excepcional. No entanto, é essencial a verificação de poderes de representação ou de gestão. Tem-se que o encargo de gestão é aquele no qual o empregado substitui o empregador, tendo poder de autonomia nas opções importantes a serem tomadas.[5]

Neste primeiro exemplo, resta evidenciado que, ao entendimento da douta Desembargadora Relatora, o empregado deve ter poderes de representação ou de gestão para que possa ser considerado como exercente de cargo/função de confiança diferenciada. O posicionamento judicial, nesta situação, foi no sentido de que a existência da confiança diferen-

---

[5] Acordao do processo 0001207-63.2012.5.04.0006(RO). Data: 12/12/2013. Origem: 6ª Vara do Trabalho de Porto Alegre/RS. Órgão julgador: 7ª Turma. Redator: Tânia Regina Silva Reckziegel. Participam: Maria da Graça Ribeiro Centeno, Manuel Cid Jardon

ciada está atrelada à substituição do empregador e à possibilidade de influenciar em decisões de importância para a empresa.

Já o posicionamento de outra Turma do mesmo Tribunal Regional do Trabalho caminha de maneira mais permissiva para o enquadramento de empregado de estabelecimento bancário em cargo de confiança especial e à jornada elastecida do § 2º do artigo 224 da Consolidação das Leis do Trabalho. Consignou o Eminente Desembargador Marcelo José Ferlin D'Ambroso em seu voto:

> Para saber se o empregado bancário ocupante de cargo de confiança está enquadrado na exceção contida no art. 224, § 2º, da CLT, é imprescindível a prova de que está investido de fidúcia especial, isto é, exercendo atividades diferenciadas não atribuídas a outros empregados, a evidenciar que o empregador deposita maior confiança no trabalho do detentor desse cargo especial. Para tanto, *não é necessário que o empregado seja hierarquicamente superior a todos os demais empregados do setor, mas apenas que seja detentor de uma fidúcia especial, que ocupe uma posição que o diferencia dos demais, seja pela natureza da própria função, em razão de apresentar maior relevância para os interesses da empresa, seja pela capacitação técnica exigida para o exercício de atribuições que envolvem maior responsabilidade, o que o destaca dos demais empregados.* O traço distintivo para o enquadramento do empregado bancário na exceção prevista pelo art. 224, § 2º, da CLT reside, portanto, na prova, a cargo do empregador, de que o obreiro exercente da função de confiança recebia atribuições especiais e diferenciadas, não delegadas a outros empregados. Neste caso, o empregado detentor de cargo de confiança estará sujeito à jornada de oito horas.[6]

Como se pode constatar, comparado ao primeiro entendimento jurisprudencial citado, o imediatamente anterior, embora advindo do mesmo Tribunal, possui grau de exigência extremamente inferior. Se no primeiro a posição adotada foi no sentido de necessidade do poder de representação ou gestão, no outro foi admitido que havendo posição diferenciada do cargo, seja pela natureza da função ou seja pela capacitação técnica que o diferencie do cargo ordinário. Para esta Turma Recursal, conforme se verifica, o poder de representação ou gestão não é necessário para a confirmação de cargo de confiança diferenciada.

Por sua vez, em julgado advindo do Tribunal Regional do Trabalho da 10ª Região, as razões consignadas no Acórdão sobre Recurso Ordinário revelam critérios (como dito, subjetivos) também bem menos exigentes para a configuração da confiança especial do empregado bancário, frisando que uma delegação ínfima do poder diretivo do empregador ao empregado, que diferencie este dos demais, já seria o suficiente para caracterizar a especial fidúcia, conforme segue:

---

[6] Acordão do processo 0000753-35.2012.5.04.0022(RO). Data: 08/05/2014. Origem: 22ª Vara do Trabalho de Porto Alegre. Órgão julgador: 2ª Turma. Redator: Marcelo José Ferlin D'Ambroso. Participam: Tânia Rosa Maciel de Oliveira, Alexandre Corrêa da Cruz

O primeiro ponto do recurso patronal reside na questão atinente à caracterização da função de confiança. Ordinariamente, o bancário está sujeito à jornada de seis horas diárias, na forma do art. 224 da CLT. A exceção encontra-se capitulada no §2º do mesmo dispositivo, somente se aplicando "aos que exercem funções de direção, gerência, fiscalização e equivalentes, ou que desempenhem outros cargos de confiança, desde que o valor da gratificação não seja inferior a 1/3 (um terço) do salário do cargo efetivo." Assim, ao buscar o enquadramento do empregado na exceção legal, assume o banco empregador o ônus probatório quanto ao preenchimento dos requisitos estabelecidos em lei, já que se trata de fato impeditivo do direito vindicado (art. 333, II, CPC). Cumpre destacar, inicialmente, que o mero pagamento de gratificação superior a 1/3 (um terço) do cargo efetivo não se revela suficiente para se impor ao bancário o cumprimento de jornada de oito horas diárias. Mister se faz que as atribuições efetivas do empregado sejam revestidas de condições especiais que exijam uma fidúcia extraordinária, diferenciada daquela já inerente a todo contrato de trabalho. Certamente que a norma celetista não exige para a configuração do cargo de confiança bancária amplos poderes de mando e de gestão, o que somente precisam ser aferidos para a hipótese do inciso II do art. 62 da CLT. *No entanto, a outorga pelo empregador de certos poderes, ainda que mínimos, constitui exatamente o traço que diferencia a fidúcia ínsita a toda relação de emprego daquela conferida ao chamado empregado de confiança. Não há outra forma de se definir a função de confiança se não como sendo a que integra no corpo de suas atribuições uma delegação mínima do poder diretivo inerente ao empregador.* Na interpretação do contido no §2º do art. 224 da CLT, a expressão "outros cargos de confiança" não pode ser destacada da primeira parte que se refere às "funções de direção, gerência, fiscalização, chefia e equivalentes". O que pretendeu o legislador foi enquadrar como cargos de confiança todos aqueles nos quais se inserem funções diretivas, fiscalizatórias ou de coordenação. Se de outra forma se entender, estar-se-á transferindo ao empregador o poder de definir o que será cargo de confiança dentro da empresa, e assim, escapar das balizas legais que visam proteger o empregado com a estipulação da jornada especial. *Portanto, todo empregado é de confiança. Mas aqueles que recebem uma delegação especial de atribuições próprias do seu empregador se revelam detentores da fidúcia especial que o diferencia dos demais.*[7]

A existência de subordinados é outro tema controvertido quando os Tribunais julgam demandas onde está sendo perquirida a existência ou não de confiança diferenciada no cargo exercido pelo empregado. Também nesse aspecto o entendimento trilha a linha da subjetividade, sendo decidido conforme a convicção de cada julgador. Para comprovar o exposto, basta que se confronte decisões de órgãos judiciais diversos:

HORAS EXTRAS. ART. 224, § 2º, DA CLT. CARGO DE CONFIANÇA BANCÁRIA NÃO CONFIGURADO. *Não configura cargo de confiança bancária, nos termos do art. 224, § 2º, da CLT, o exercício de cargo em comissão cujas tarefas têm caráter técnico-operacional, sem fidúcia especial, delegação de responsabilidade do empregador ou subordinados* (inteligência da súmula 102 do Colendo TST). Recurso conhecido e provido.[8]

---

[7] Acórdão do processo 00780-2013-005-10-00-8 RO. Data: 25/06/2014. Origem: 5ª Vara do Trabalho de Brasília/DF. Órgão julgador: 1ª Turma. Redator: Francisco Luciano de Azevedo Frota

[8] Acórdão do processo 00871-2010-012-10-00-9 RO. Data: 24/08/2011. Origem: 12ª Vara do Trabalho de Brasília/DF. Órgão julgador: 2ª Turma. Redator: Mário Macedo Fernandes Caron

BANCÁRIO – CARGO DE CONFIANÇA NOS MOLDES DO ART. 224, § 2º DA CLT – REQUISITOS – Independente da nomenclatura do cargo, para que o empregado seja enquadrável no art. 224, § 2º da CLT deve exercer atributos de forma a garantir-lhe a plena autonomia de gestão, diferenciado hierarquicamente dos demais funcionários que compõem o setor ou departamento. Deve o empregado exercer atividade de maior responsabilidade na hierarquia funcional da reclamada; ter padrão desassemelhado dos vencimentos (gratificação de função não inferior a 1/3 dos seu salário); ter fidúcia especial (participar do comitê que deliberava sobre operações bancárias, liberar créditos a clientes, possuir assinatura autorizada, firmar documentos em conjunto). *Não há necessidade de subordinados.*[9]

Não há, em tudo o que se verificou anteriormente, qualquer critério objetivo que contribua para a homogeneidade no enfrentamento da (in)existência do cargo de confiança do empregado bancário sujeito à jornada prevista no artigo 244, § 2°, da Consolidação das Leis do Trabalho. O que há, sim, são decisões baseadas em critérios quase sempre subjetivos e advindos de convicções pessoais dos julgadores.

Nesse aspecto, necessário se retomar o entendimento vertido e pacificado no inciso I da já citada Súmula nº 102, do Colendo Tribunal Superior do Trabalho, que afirma que "*a configuração, ou não, do exercício da função de confiança a que se refere o art. 224, § 2°, da CLT, dependente da prova das reais atribuições do empregado*". Ao que se verifica, a principal vulnerabilidade das instituições bancárias se posiciona justamente na prova real, fática, de que aquele empregado que está questionando judicialmente sua jornada, estava de maneira correta e justificada, investido em cargo de confiança diferenciada e, por consequência, submetido à jornada laboral de 8 (oito) horas diárias.

### 2.3. Principais fragilidades na defesa das instituições bancárias

Da experiência em enfrentamentos anteriores e sucessivos da matéria, é possível se dizer que de maneira corriqueira resta facilmente provado, sendo inclusive poucas vezes questionado, o requisito de pagamento de gratificação de função superior a 1/3 (um terço) do salário do cargo efetivo. Os protestos mais severos dos litigantes são sempre direcionados à inexistência de fidúcia especial, o outro requisito legal faltante para o enquadramento na jornada estendida. Para provar a existência deste requisito é que normalmente os Bancos envidam seus maiores esforços, contudo, nem sempre com sucesso.

Aí é que reside, portanto, uma das maiores vulnerabilidades das entidades bancárias: na prova fática de que o cargo desempenhado pelo empregado possui elementos que configurem a confiança diferenciada.

---

[9] Acórdão do processo 04666-2012-673-09-00-9-ACO-22108-2014. Data: 03/07/2014. Órgão julgador: 6ª. Turma. Redator: Sérgio Murilo Rodrigues Lemos

O insigne doutrinador e magistrado Sérgio Pinto Martins, autor de diversas obras na seara trabalhista, refere nos *Comentários à CLT* (2009, p. 224) que "*A simples nomenclatura dada ao cargo não irá caracterizá-lo como de confiança, além do que a prova do cargo de confiança pertence à empresa, por se tratar de fato impeditivo do direito à 7ª e 8ª horas como extras*". Portanto, acionado judicialmente, o Banco há de provar a confiança especial investida no empregado.

É bem verdade que ninguém contrata quem não confia, sendo que com qualquer instituição bancária (talvez, ainda, principalmente com estas, dado ao trato direto com dinheiro) não seria diferente. Contudo, embora todos os empregados sejam de confiança, requisito básico para o contrato de trabalho, nem todos podem ter o mesmo grau de acesso a informações e comprometimento com os resultados da empresa. Assim como o Banco deposita confiança ordinária nos empregados que se limitam às tarefas meramente burocráticas e cotidianas, também necessita investir confiança diferenciada nos empregados que tratam de assuntos estratégicos, sigilosos, que não possam ou não devam ser tratados pelos que não estão enquadrados nos cargos de confiança.

Dentro da identificada fragilidade de produção de prova real do cargo de confiança diferenciada dos empregados se encontra justamente a necessidade de diferenciação dos cargos/funções. Por lógica, o discurso da parte adversa se posiciona no sentido de que suas atribuições não eram mais importantes ou distintas das que praticadas pelos empregados comuns, sendo esse o ponto a ser combatido.

O empregado que reclama, alega, normalmente, que suas atribuições eram corriqueiras e meramente técnico-burocráticas. Aduz que não possuía posição de destaque na instituição, não tinha amplos poderes de mando e gestão, todas as decisões eram compartilhadas, enfim, que não tinha funções que pudessem caracterizar a confiança diferenciada. Ao Banco questionado, resta a prova contrária a tais argumentos.

O fato de o empregado não possuir subordinados ou amplos poderes de mando e gestão não impedem o reconhecimento do exercício de cargo de confiança diferenciada. Não é necessário que o empregado seja o *alter ego* da empresa, nem que esteja investido no mais alto grau da escala hierárquica. O fato de haver um superior imediato não é óbice ao reconhecimento da fidúcia especial.

Valentin Carrion (2012, p. 239), ao tratar das exigências para a configuração do cargo de confiança diferenciada, assim refere:

> A expressão cargo de confiança não tem o alcance próprio que se lhe dá habitualmente no direito do trabalho, aquele cujo o empregado representa o empregador perante terceiros, o representa, e é demissível ad nutum, tal como previsto para o gerente (art. 62). Isso é evidente não só porque o texto legal menciona funções que não são de confiança no sentido

restrito, mas ainda porque o legislador acrescentou "e outros". [...] Não basta o cargo, mas "confiar" funções ao empregado. Não é a confiança total, mas ter liberdade para decidir até um limite, uma confiança limitada.

Alice Monteiro de Barros (2012, p. 555), por sua vez, ao passo em que confirma a necessidade de que sejam atendidos os pressupostos fáticos do exercício de confiança diferenciada pelo empregado, bancário, também esclarece a desnecessidade de amplos poderes ao mesmo, referindo:

> Os cargos a que alude o § 2º do art. 224 da CLT são considerados de "confiança especial", resultam da natureza da atividade e do comissionamento do trabalhador. A exceção prevista nesse dispositivo legal, que sujeita o bancário a oito horas diárias de trabalho, abrange todos os cargos que pressupõem atividades de coordenação, supervisão ou fiscalização, não exigindo a lei amplos poderes de mando e gestão. Daí se infere que a expressão cargos de confiança bancária tem aqui um alcance muito maior do que aquele previsto no art. 62, II, da CLT. A configuração ou não do exercício da função de confiança, a que se refere o art. 224, § 2º, da CLT, depende da prova das reais atribuições do empregado, sendo insuscetível de exame mediante recurso de revista.

O que se verifica é que é necessário se esclarecer durante a defesa da instituição financeira todos e quaisquer pontos que diferenciem o cargo questionado, de especial confiança, daquele exercido pelo empregado ordinário. A fim de afastar a fragilidade já constatada de que as provas reais venham a não configurar, ao menos no entendimento judicial, a existência da confiança diferenciada do cargo, é imprescindível o enfrentamento aprofundado das diferenças existentes no cargo de confiança diferenciada.

Tomando como base, a título de exemplo, o empregado que exerce função não denominada como gerencial, que embora não possua subordinados, não tenha procuração/substabelecimento para atuar em nome da empresa, não represente a empresa oficialmente perante terceiros, não seja preposto, mas ao mesmo tempo possua alçada diferenciada (não somente negocial, mas também administrativa – liberação de alterações de senhas, liberações de cheques, *verbi gratia*), acessos diferenciados aos sistemas operacionais, trate de informações que subsidiam a tomada de decisão sobre a concessão ou não de empréstimo/financiamento pleiteado e/ou tenha acesso a informações sigilosas/estratégicas que, por lógica, não são de acesso irrestrito. Tal empregado, embora não seja gerente e não tenha subordinados, exerce cargo diferenciado, com atribuições que não são comuns aos demais empregados.

Na situação anteriormente relatada, a prova fática importante a ser constituída processualmente reside justamente na diferença de atribuições, exercidas pelo detentor de confiança diferenciada e não passíveis de realização pelo empregado ordinário, a despeito da existência dos demais balizadores comumente adotados pelo judiciário, tais como configuração de cargo gerencial, existência de subordinados, representação da instituição financeira perante terceiros, poder de mando ou gestão, etc.

Do exposto, tem-se que existem elementos que podem e precisam ser explorados pelas instituições financeiras em suas defesas, pois atendem o quanto basta a premissa de que, realmente, o empregado tinha atribuições e confiança diferenciadas. A contraposição fática e documental entre os cargos possuidores de confiança diferenciada e os cargos comuns é mais do que importante, é indispensável.

## 2.4. Importância da prova documental

Quanto à prova documental, muitas vezes a comparação entre as normas internas da instituição financeira que conceituam os cargos, tal como o plano de cargos/comissões/carreira, comparando o cargo questionado (comissionado, de confiança especial), com o cargo ordinário, comum (cuja nomenclatura varia conforme a empresa), cargo que não detém confiança diferenciada, já é, *per se*, respeitável prova da diferença de atribuições entre este cargo e o que possui confiança diferenciada.

Outro ponto em que a defesa das instituições bancárias seguidamente é prejudicada, fragilizada, se encontra justamente na produção da prova documental. De maneira recorrente se enfrenta a situação em que determinados documentos que deveriam estar sob a guarda das mesmas (seja na dependência onde o empregado trabalhava ou em alguma centralizadora) já não mais existem ou sequer chegaram a existir.

Alguns desses documentos são de suma importância para a tese defensiva, tais como documentos onde o empregado assina, tomando formal ciência e concordando com as atribuições do cargo, jornada e se responsabilizando ainda pelos acessos de sistema e de informações diferenciadas que o são confiadas a partir da investidura no cargo de confiança diferenciada.

Os referidos documentos deixam a toda evidência que o empregado voluntariamente se candidatou ao cargo de confiança exercido e que o mesmo tinha ciência de que, a partir da posse no cargo, teria, além de acesso a informações diferenciadas e estratégicas, compromissos diferenciados, por tal motivo estando enquadrado na jornada de 8 (oito) horas de trabalho.

Embora tais documentos possam e devam ser elaborados e firmados para formalizar o compromisso entre as partes, Banco empregador e empregado, quando requeridos para fins de produção de prova e instrução da defesa da instituição em ações judiciais movidas que visam desconfigurar a existência de confiança diferenciada do cargo, não são apresentados, seja por não terem sido produzidos ou seja por não terem sido localizados.

Em decorrência dessa situação, justo onde poderia facilmente se intensificar, a defesa da instituição financeira resta ainda mais frágil, prejudicada pela inexistência de prova essa que seria determinante, com a assinatura do então litigante confirmando sua ciência de que, a partir daquele momento, estava investido em cargo/função de confiança diferenciada, sujeito, portanto, à jornada de trabalho de 8 (oito) horas.

Há, ainda, situações em que se identifica a ausência de documento que poderia ser produzido para o resguardo jurídico da instituição bancária, mas que não o é por ausência de previsão normativa/procedimental. É o caso de atribuições manifestamente atinentes ao cargo exercido, que não são comuns aos demais cargos e que, muito embora tenham sido delegadas verbalmente, tacitamente ao empregado, não restam documentalmente comprovadas. Caso houvesse formalização da atribuição delegada ao cargo exercido pelo funcionário, com a assinatura de ciência por parte deste, tal situação enriqueceria a prova documental a ser apresentada judicialmente para comprovar a diferenciação do cargo questionado.

É que em razão da atual complexidade do ambiente bancário, ainda mais em se tratando de bancos múltiplos (com carteiras comercial, de investimento, financiamento, crédito, imobiliária, etc.), não há como se tratar de todas as atribuições atinentes aos cargos em um plano de cargos/funções/comissões. Portanto, as atribuições não são exaustivas, podendo ocorrer de um empregado exercer atividade que, embora que concernente ao seu cargo/função, não está prevista em norma interna, razão pela qual a formalização por outro meio se faz necessária para que de documente a transferência de responsabilidade.

Esse é o caso, por exemplo, do empregado que em decorrência do seu cargo, por tradição, por questão consuetudinária, é o responsável pela guarda da chave do cofre ou da fechadura de entrada da agência bancária, ainda que não haja atribuição formal para tal. Ora, na situação em destaque, seria de suma relevância que houvesse documento específico onde o empregado apusesse sua assinatura, tomando ciência e se responsabilizando por tal atribuição.

Implementada e cumprida a sugestão, a instituição bancária teria prova documental tanto da entrega da referida chave, mantendo o exemplo, quanto da ciência dos poderes/atribuições pela empresa transferidos ao empregado, bem como da diferenciação de confiança neste investida por intermédio do ato.

Restaria patente, *in casu*, que aquele empregado possuidor da chave do cofre/agência detinha efetivamente poderes diferenciados e superiores aos dos colegas de trabalho que não a tinham, comprovando de maneira clara e simples a confiança diferenciada ao mesmo atribuída.

Outro caso que merece destaque é a formalização de Procurações/Substabelecimentos das instituições financeiras aos empregados, no mínimo, denominados de gerência média (cargos inferiores aos gerentes gerais de agência e superiores aos não gerenciais). Embora na prática alguns dos gerentes tenham poderes substabelecidos pelos Bancos, tal não é a praxe, ainda que não exista impedimento para que assim ocorra.

Nesse passo, a outorga formal de poderes a empregados de maior hierarquia, sendo possível e sempre que possível, como em muitas situações nas instituições bancárias, deve ser efetivada, posto que se verifica dos enfrentamentos judiciais que a existência e apresentação de Procuração/Substabelecimento em nome dos Reclamantes é elemento de extrema convicção dos Juízos para a configuração de especial confiança do cargo exercido.

Outro aspecto que poderia ser explorado pelas entidades bancárias, não havendo qualquer vedação legal no sentido, está na confecção de documento de ciência de subordinação/vinculação entre empregados que se encontrem em tal situação. É o caso, por exemplo, de gerente de contas/carteira que possua assistente, assessor ou Escriturário sob sua subordinação, circunstância que corriqueiramente ocorre nas agências das instituições bancárias.

Embora se saiba que a existência de subordinados não é essencial para a configuração do cargo de confiança, como alhures defendido, não é de se negar que a prova neste sentido firma ainda mais a certeza do Juízo sobre a diferenciação do cargo e a confiança investida naquele empregado ao qual outros deviam se reportar.

Portanto, em havendo superioridade e subordinação direta entre cargos, vinculados pelas situações fáticas envolvidas (seja em razão de carteira de clientes, grupo, plataforma, núcleo), também se mostra interessante à empresa envolvida a existência de prova documental de que determinado empregado, investido em cargo de confiança, tinha outro(s) sob sua subordinação e que este(s), por tal motivo, deviam àquele se reportar e prestar satisfações.

*2.5. Necessidade de prova da diferenciação de confiança do cargo exercido – análise de fragilidades apontadas pelos Tribunais – implementação da defesa das instituições bancárias*

Verifica-se do que foi mencionado que ainda há mecanismos e procedimentos que não são e poderiam ser adotados pelas instituições financeiras bancárias para proteger ainda mais a empresa de decisões judiciais que, ao largo das previsões dos normativos internos, desconstituem a confiança especial depositada em determinados cargos/funções dos planos de carreira/cargos/comissões dos Bancos, dada à alegada ausência de prova de "posição de destaque" ou "atribuições e poderes diferenciados", afirmativas estas que poderiam facilmente ser infirmadas pela implementação de sugestões no rumo das acima indicadas.

Vejamos exemplo de decisão judicial recente onde uma instituição financeira foi condenada ao pagamento de horas extras em decorrência de adoção da jornada de 6 (seis) horas para ex-empregado que exercia o cargo/função de Gerente, justamente em razão de não haver documentos (conforme acima defendido) que provassem a diferenciação do grau de fidúcia nela investido. Segue a fundamentação do voto do Desembargador André Reverbel Fernandes que culminando com a condenação do Banco lá envolvido:

> O art. 224, *caput*, da CLT estabelece que os trabalhadores em instituições bancárias têm jornada de 6 horas, limitadas a 30 horas por semana. O parágrafo segundo desse dispositivo excepciona essa regra em relação aos empregados que ocupem funções de direção, gerência, fiscalização, chefia e equivalentes, desde que recebam gratificação de função não inferior a 1/3 do salário do cargo efetivo, para os quais vale o limite constitucional de 8 horas diárias e 40 horas semanais.
>
> É certo que a confiança do cargo bancário, prevista no parágrafo 2º do art. 224 da CLT, não se confunde com a do artigo 62 da CLT, não exigindo a outorga ou o exercício de poderes de administração e gestão. Mas também é certo que a simples denominação do cargo de confiança ou em comissão não é suficiente para enquadrá-lo na exceção prevista no referido dispositivo, até porque todo o contrato de trabalho tem como base a fidúcia. *O que importa não é o nomen juris do cargo ou função, ou a descrição do cargo prevista em norma da empresa, mas a realidade consubstanciada na prestação de trabalho e na relação jurídica.* Em verdade, a repetição de reclamatórias com o mesmo objeto vem demonstrando que se tornou praxe a designação de cargos como sendo de confiança, ainda que ausentes os elementos que os caracterizem como tal. Assim, não basta a fidúcia comum, inerente a qualquer contrato de trabalho para a configuração do cargo de confiança. Essa distinção deve ser feita sob o ponto de vista jurídico trabalhista, sendo necessário que o empregado possua poderes que pressuponham uma confiança especial.
>
> No caso em exame, compartilha-se do entendimento da Juíza de origem de que a autora não estava inserida na exceção do parágrafo segundo do art. 224 da CLT. *Não obstante formalmente enquadrada como ocupante de cargo de confiança, as atribuições desempenhadas pela autora não importavam em qualquer fidúcia especial.* Com efeito, todas as testemunhas ouvidas são uníssonas quanto ao fato da reclamante não possuir subordinados e tampouco alçada para liberação de crédito ou assinatura autorizada. Também esclarecem que a autora estava subordinada ao gerente geral da agência.
>
> Deste modo, vê-se que as atividades desenvolvidas pela reclamante, enquanto gerente executiva de contas e gerente expansão de mercado (informação de empregado das fls. 398/399), ao contrário do que fundamenta o reclamado, não importavam em qualquer fidúcia especial. As atividades alegadas pelo Banco na contestação, às fls. 364 e 366 – visitar clientes, analisar sua situação econômica e realizar a abertura de contas – tampouco

indicam a existência de qualquer fidúcia especial. A autora se limitava a desenvolver atividades burocráticas, sem qualquer poder decisório. *A autora não tinha subordinados e sequer tinha poderes para representar o reclamado. Tampouco tinha alçada para conceder crédito.* Em suma, as tarefas desenvolvidas não se caracterizavam pela especial fidúcia inerente às atribuições do ocupante de cargo de confiança bancário.

O fato da autora receber gratificação de função superior a 1/3 do salário efetivo não é suficiente para enquadramento na exceção legal, consoante jurisprudência sumulada no TST (item I da Súmula 102), porquanto não comprovado que tivesse poderes de mando, destacando-se dos demais empregados que não ocupavam cargos em comissão. Desse modo, aplicável à reclamante a regra geral do caput do art. 224 da CLT, relativa à jornada de seis horas.

Estando a reclamante inserido na regra geral do *caput* do art. 224 da CLT, esta faz jus às horas extras excedentes a 06 horas diárias, uma vez que esta é a jornada normal do bancário.[10]

É de se notar que na visão jurisprudencial o afastamento da confiança diferenciada do cargo se fundamentou em basicamente três premissas que poderiam ter sido afastadas ou ao menos questionadas se adotados os procedimentos anteriormente defendidos. Na situação, a Reclamante, embora participante da gerência média, não tinha Procuração/Substabelecimento do Banco, não restou passível de comprovação as diferenças entre o cargo desenvolvido e o cargo ordinário (não detentor de confiança diferenciada) e não houve prova de que a mesma possuía subordinados.

Em outro julgado do Egrégio Tribunal Regional do Trabalho da 4ª Região, envolvendo instituição bancária, o Conspícuo Desembargador Gilberto Souza dos Santos também reforça a ausência de pressupostos para a configuração do cargo de confiança, referindo em seu relatório:

(...) Do conjunto probatório constata-se que o *autor não tem procuração para a representação do banco, tampouco poderes de gestão*, atuando sempre autorizado por seu superior hierárquico, *não tendo empregados a ele subordinados*. Também, da prova oral vê-se que suas atividades se ligavam a assuntos técnicos e procedimentais, inerentes à atividade bancária, que não revelam o exercício do poder de mando ou decisório relevante. Ausente fidúcia especial, tampouco fração do poder de comando do empregador (...)[11]

O que se verifica, portanto, é que também a jurisprudência local e pátria (conforme, inclusive, entendimentos vertidos em Súmulas do Colendo Tribunal Superior do Trabalho) ao mesmo passo em que determina requisitos mínimos para a confirmação da existência de cargo de confiança diferenciada, aponta nitidamente as carências e fragilidades

---

[10] Acordao do processo 0000988-52.2010.5.04.0028(RO). Data: 23/07/2014. Origem: 28ª Vara do Trabalho de Porto Alegre. Órgão julgador: 4ª Turma. Redator: André Reverbel Fernandes. Participam: Marcelo Gonçalves de Oliveira, George Achutti

[11] Acórdao do processo 0001525-80.2011.5.04.0006 (RO). Data: 05/09/2013. Origem: 6ª Vara do Trabalho de Porto Alegre. Redator: Gilberto Souza dos Santos. Participam: Ricardo Tavares Gehling, João Batista de Matos Danda.

das instituições bancárias em suas defesas, quanto às provas produzidas e apresentadas.

Corolário do exposto, cumpre aos Bancos, por intermédio de seus departamentos jurídicos, ao identificar as fragilidades, seja de maneira administrativa ou em decorrência dos enfrentamentos judiciais sobre a matéria, tomar todas e quaisquer precauções possíveis a fim de evitar repetição das mesmas em situações futuras, o que somente se consegue, como visto, com o fiel cumprimento dos normativos internos naquilo em que tangem ao exercício do cargo de confiança diferenciada, bem como pela incessante busca pelo aperfeiçoamento e ampliação do espeque dos mesmos, com adoção de procedimentos e mecanismos que ao mesmo passo em que protejam os interesses das instituições financeiras, posicionem-se como importantes e necessários mitigadores dos riscos envolvidos, dos quais citam-se, a título de exemplo, o de imagem, o financeiro, mas principalmente, o legal.

## 3. Considerações finais

Verifica-se, de tudo o que referido, que tanto a legislação, quanto a doutrina e jurisprudência cercam a matéria de requisitos para que seja reconhecida a configuração do exercício de cargo de confiança dos empregados em instituições financeiras bancárias.

Por consequência lógica, existe a necessidade de que os Bancos, sempre que questionados judicialmente, demonstrem o preenchimento de ditos requisitos, o que, por sua vez, somente se alcança por meio de uma defesa rica e completa dos argumentos da empresa, aliados à disponibilização e sustentação de provas reais que determinado empregado cumpria jornada de 8 (oito) horas de trabalho por estar efetivamente investido em cargo/função enquadrado no disposto do artigo 224, § 2º, da Consolidação das Leis do Trabalho.

Tal se refere porque a despeito de existir normas internas das instituições bancárias editadas com a finalidade específica de delimitar os cargos de confiança diferenciada, com suas atribuições e jornada contratual estipulada, há de se transpor aos autos dos processos em que estas são questionadas todas e quaisquer situações fáticas e/ou documentais que provem o quanto baste ao Judiciário que aquela função tida como cargo de confiança assim deve ser entendida, na forma da lei e frente às reais atribuições e responsabilidades do cargo exercido, que, em última análise, é o que essencialmente importa ao Julgador.

Paralela ao exposto e não menos importante é a necessidade de aprimorar, se e em tudo que possível, os elementos de defesa dos Bancos, revisitando mecanismos já utilizados para determinar a existência de confiança especial nos cargos desenvolvidos pelos empregados sujeitos à jornada de 8 (oito) horas, bem como implantando novos procedimentos que se demonstrem proveitosos para tal.

Há, no aspecto, circunstâncias onde as instituições bancárias ainda podem em muito melhorar os subsídios para sua defesa judicial, seja pelo efetivo cumprimento das normas internas que já preveem documentos ou procedimentos para a caracterização e confirmação dos cargos tratados como de confiança diferenciada, seja pela edição/normatização de outros ainda não utilizados, mas que se mostrem eficazes para tal, dos quais os citados anteriormente são meros exemplos, não exaustivos.

Tem-se, portanto, que verdadeiramente existem vulnerabilidades jurídicas que envolvem a configuração do exercício de cargo de confiança dos empregados em instituições bancárias integrantes do Sistema Financeiro Nacional do Brasil, as quais devem ser sempre e profundamente sopesadas no afã de fortalecer a defesa judicial dos interesses das empresas, sempre que demandadas. Tudo isto partindo-se da premissa de que os cargos comissionados são detentores de confiança diferenciada, enquadrando-se na jornada de trabalho de 8 (oito) horas, a fim de confirmar e fazer vigorar o que previsto pela instituição financeira quando da edição de seu plano de carreira/cargos/comissões, buscando elidir os Bancos das condenações que vem, não raras as vezes, os sendo impostas e que neles repercutem de maneira nefasta em todos os aspectos.

## Referencial bibliográfico

BARROS, Alice Monteiro de. *Curso de Direito do Trabalho*. 8. ed. São Paulo: LTr, 2012.

BRASIL. Constituição da República Federativa do Brasil de 1988. *Diário Oficial da União*. Brasília (DF), 05 out. 1988, Disponível em *http://www.planalto.gov.br/ccivil_03/constituicao/constituicaocompilado.htm*. Acesso em: 04 jun. 2013.

_____. Decreto-Lei nº 5.452, de 1º de maio de 1943. Aprova a Consolidação das Leis do Trabalho. *Diário Oficial da União*. Rio de Janeiro (RJ), 1º mai. 1943, Disponível em *http://www.planalto.gov.br/ccivil_03/decreto-lei/del5452.htm*. Acesso em: 04 jun. 2013.

CARRION, Valentin. *Comentários à Consolidação das Leis do Trabalho*. 37. ed. atual. por Eduardo Carrion. São Paulo: Saraiva, 2012.

DELGADO, Maurício Godinho. *Curso de Direito do Trabalho*. 9. ed. São Paulo: LTr, 2010.

GARCIA, Gustavo Filipe Barbosa. *Curso de Direito do Trabalho*. 4. ed. rev., atual. e ampl. Rio de Janeiro: Forense, 2010.

JORGE NETO, Francisco Ferreira; CAVALCANTE, Jouberto de Quadros Pessoa. *Direito do Trabalho*. 4. ed. Tomo II. Rio de Janeiro: Lumen Juris, 2008.

MARTINEZ, Luciano. Curso de Direito do Trabalho: Relações Individuais, Sindicais e Coletivas do Trabalho. 3. ed. São Paulo: Saraiva, 2012.

MARTINS, Sergio Pinto. *Comentários à CLT*. 13. ed. São Paulo: Atlas, 2009.

_____. *Direito do Trabalho*. 25. ed. 2. reimpr. São Paulo: Atlas, 2009.

MARTINS FILHO, Ives Gandra da Silva. *Manual de Direito e Processo do Trabalho*. 19. ed. rev. e atual. São Paulo: Saraiva, 2010.

TRIBUNAL Regional do Trabalho da 4ª Região. Disponível em: *www.trt4.jus.br*. Acesso em: 07 set. 2014.

TRIBUNAL Regional do Trabalho da 9ª Região. Disponível em: *www.trt9.jus.br*. Acesso em: 07 set. 2014.

TRIBUNAL Regional do Trabalho da 10ª Região. Disponível em: *www.tr10.jus.br*. Acesso em: 07 set. 2014.

TRIBUNAL Superior do Trabalho. Disponível em: *www.tst.jus.br*. Acesso em: 07 set. 2014.

*Impressão:*
Evangraf
Rua Waldomiro Schapke, 77 - POA/RS
Fone: (51) 3336.2466 - (51) 3336.0422
E-mail: evangraf.adm@terra.com.br